平等権

（形式的平等 ＋ 実質的平等）

法の下の平等

- 両性の本質的平等（第24条） — 婚姻生活における男女平等
- 教育機会の均等（第26条） — ひとしく教育を受ける権利
- 選挙権の平等（第44条） — 1人1票＋1票の価値の平等

請求権
＝ 受益権

- 請願権（第16条） — 行政腐敗の是正機能
- 国家賠償請求権（第17条） — 公務員の不法行為についての国・地方の賠償責任（代位責任）
- 裁判を受ける権利（第32条） — 裁判請求権
- 刑事補償請求権（第40条） — 不当抑留・拘禁の後に無罪となった場合

参政権
＝ 国民主権

（国家への自由）

間接

- 公務員の選定・罷免権（第15条） ─ 選挙権／被選挙権（立候補の自由）

直接

- 最高裁判所裁判官の国民審査権（第79条） — （任命後初の）衆議院総選挙時
- 地方特別法の住民投票権（第95条） — 国会議決＋住民投票
- 憲法改正の国民投票権（第96条） — 国会発議（衆参両議院総議員3分の2以上の賛成）

社会権
＝ 作為請求権

（国家による自由）

生存権（第25条）
「健康で文化的な最低限度の生活」（プログラム規定説）

- 教育を受ける権利（第26条） — 義務教育（無償）
- 勤労権（第27条） — 職業紹介
- 労働三権（第28条） — 団結権・団体交渉権・団体行動権（争議権）

大学受験　一問一答シリーズ

3rd Edition

政治・経済 一問一答【完全版】

東進ハイスクール・東進衛星予備校　講師

清水雅博
(しみずまさひろ)

東進ブックス

1	特集	0
1-8	政治	I
1-14	政治	II
1-8	政治	III
1-9	政治	IV
1-2	経済	V
1-12	経済	VI
1-20	経済	VII
1-4	経済	VIII
1-6	経済	IX

はしがき

　共通テストをはじめとした公民「政治・経済」で高得点を狙うには、単なる事項羅列型「一問一答集」では不十分！　**思想のキーポイント、制度・仕組みの存在理由、問題点とその対策までを含めた入試本番実戦型の「一問一答集」**でなければ、飛躍的な得点力アップは望めません。

　このようなコンセプトにおいて、予備校の現場で数多くの合格者を輩出してきた著者の信念から編集・改訂された**全2,177問**の「一問一答集」、それが本書です。

　過去のセンター試験や一般入試、模擬試験、予想問題の出題内容を改めて分析し、出題されているポイントを抽出、厳選し直しました。特に注力したのは、「受験生の弱点になりやすいもの」という観点です。そのようにしてテーマ別に問題を分類してあります。このような"合格メソッド"が集約されているがゆえに本書は**【完全版】**なのです。

　「確かに共通テストでは、ここが問われる！」
　「この時事テーマや重要テーマは出題されそうだ！」
　「こうすれば覚えられる！　理解できる！」

といった学習の成果を本書では実感できることでしょう。受験生の皆さん、「実戦力と得点力は、こうやってアップするんだ！」という実感を味わってみませんか？

　入試本番での実戦力と得点力が効率的にアップする本書の大きな特長は、以下の通りです。

①基本事項と時事問題の融合

　基本事項を過去問などからピックアップし、まずは、頻出度　★★★　と　★★　を中心に、重要なポイントを押さえていくとよいでしょう。また、過去問などをもとに、共通テストで求められる力を想定した完全予想問題として改題または新作しています。「新たな出題傾向や時事問題には対応できないのでは……」という不安は無用です。試験に問われるであろう「基礎」から「最新時事」まで一気に学習することができます。

②統計・資料データ問題にも対応

　特に、「経済」分野では、統計・資料データ問題が大きな得点源になります。本書では入試で狙われるそれらの問題も掲載しています。また、複雑で覚えにくい内容

や論点については、図表やフローチャートとして自然に覚えられるように問題を工夫しました。受験生の弱点を見抜いた作問を心がけています。

③「得点差」となる理由・問題点・対策など背景や流れを重視

　従来型の「一問一答集」では完全に対応し切れない最大の理由は、背景と流れがわからずに、単なる事項の暗記に陥ってしまうことです。制度・仕組みがなぜ作られ、対策がなぜ行われているのかといった背景や流れにこだわって問題選びをしています。この点に実際の入試問題攻略のカギとなるという筆者の考えが込められているのです。

三訂版によせて
清水 雅博

本書の使い方

　本書は、一問一答形式の政治・経済（政経）対応問題集です。赤シートやしおりで正解を隠す基本的な学習だけでなく、問題文の赤文字を隠す（正解は隠さずに見る）という応用も可能。右ページにある「スパイラル方式」の学習もオススメです。自分に合った学習法で効率的に用語の知識を固めていきましょう。

1 正解を隠して学習する（基本）

2 問題文の赤文字を隠して学習する（応用）

　　　　　　　　赤シートで消えた赤文字を答える　　　　　　　　　　正解は隠さずに見る

| □ 30 | ＿＿＿とは、国民が国に対して「　　　　」の保障を要求する権利である。 | 最低限度の生活 |

　　◆このことをワイマール憲法第151条では「**人たるに値する生活**」と表現した。

―〈 凡例 〉―

- ❶＝**チェックボックス**。間違った問題に ✔ を入れ、反復演習に活用してください。
- ❷＝**問題文**。大学入試問題をテーマごとに一問一答式に再編して収録しています。◆印では、上記の問題に関する「補足事項」や「より深く理解するための知識」などを記しています。
- ❸＝**空欄（＋頻出度）**。重要な用語や知識が空欄になっています。空欄内の★印は、大学入試における頻出度を3段階で示したものです。

※同じ用語で★の数が異なるものは、その用語の問われ方の頻度の違いによるものです。

※チェックボックスの下にも★印で頻出度を表示しています。問題文中の空欄と同じ★の数になっているので、「まず、どの問題から解くか、覚えるか」を選ぶ際に参照してください。

- ❹＝**正解**。原則、空欄と「同じ行の位置」に正解がくるようにしています。正解と正解の間は黒いカンマ（,）で区切っています。

「頻出順」とスパイラル方式学習

　本書の問題は、その重要度や頻出度を徹底的に分析した重要頻度を3段階に分けました。

頻出度3 ★★★ ▶ 最頻出レベル

　星3個の問題は、これらの知識が頭の中に入っていないと、入試で痛い目にあう（絶対に必須の）最頻出のものです。まずは星3個の問題だけでもやってみてください。なお、時事問題をはじめとして、今後の出題の可能性が極めて高いものも含まれます。星3個のものすべてが"基本中の基本"の知識となります。

頻出度2 ★★ ▶ 頻出レベル

　星2個の問題は、確実に合格点を取るために頭の中に入れておかなければならない知識です。星3個が完璧になったら、次はこの星2個の問題にチャレンジしてみましょう。時間があれば、星3個の問題を解きながら解いてください。時間がなければ、星2個の問題だけピックアップして解いても構いません。

頻出度1 ★ ▶ 標準レベル

　星1個の問題は、限りなく満点に近い点数を取るために不可欠となる知識です。時間があれば、星3または2個の問題を解きながら取り組んでみてください。

　さらに、本書の特長として、空欄以外の問題文でも、**キーワードとなる語句**は赤文字になっています。付属の赤シートをかざすと消えて見えます。新たな「空欄」問題として取り組んでみましょう。
　一方、**理解のカギとなる語句**やフレーズなどは**太文字**にしています。赤文字、**太文字**いずれも空欄になっている重要語句とともに頭の中に入れてください。
　また、本書では、最近の入試で繰り返し問われている出題傾向（トレンド）も1つの「時事」として捉え、「時事問題」のポイントをさらに凝縮しています。一気に解き進めましょう。

　このように、下のレベルの問題を解く際に上のレベルの問題も解いていく、という学習をすることによって、**重要頻度の高い用語から順にバランス良く強化・復習（星3個の問題は最大3回復習）**することができます。
　これが、本書を含めた**東進ブックス「一問一答」シリーズ**の最大の特長であるスパイラル（らせん）方式の学習法です。ぜひ実践して、その効果を味わってみてください（「一問一答」シリーズについては**右のQRコードからアクセス！**）。

目 次

0 巻頭特集

◆ 時事&重要テーマ

1 人類の現代的課題

～正義・公正・格差 ……………… 8

I 政治分野

◆ 民主主義の原理と発展

1 国家の理論と機能 ……………… 17

2 社会契約説 ……………… 20

3 民主政治とその形態 ……………… 21

4 法の支配と法治主義 ……………… 24

5 基本的人権の種類と歴史 ……………… 26

6 近代の法体系 ……………… 29

7 人権の国際化 ……………… 30

8 主要国の政治機構 ……………… 35

II 政治分野

◆ 日本国憲法

1 明治憲法から日本国憲法へ …… 44

2 日本国憲法の三大原則～国民主権 … 48

3 日本国憲法の三大原則～平和主義 … 51

4 日本国憲法の三大原則

～基本的人権の尊重 ……………… 56

5 日本国憲法と人権 (1)～自由権 … 58

6 日本国憲法と人権 (2)～平等権 … 66

7 日本国憲法と人権 (3)～社会権 … 71

8 日本国憲法と人権 (4)～参政権・請求権 … 74

9 新しい人権と法 ……………… 76

10 日本の統治機構 (1)～三権分立 … 81

11 日本の統治機構 (2)～国会 (立法) … 84

12 日本の統治機構 (3)～内閣 (行政) … 90

13 日本の統治機構 (4)～裁判所 (司法) … 94

14 地方自治と地方分権 ……………… 100

III 政治分野

◆ 現代政治の諸問題

1 日本の選挙制度 ……………… 109

2 政党と圧力団体 ……………… 118

3 日本の政党政治 (1)～55年体制 … 120

4 日本の政党政治 (2)

～55年体制の崩壊 ……………… 122

5 日本の政党政治 (3)

～2001年以後 ……………… 123

6 日本の政党政治 (4)

～「政権交代」以後 ……………… 125

7 日本の政党政治 (5)

～第二次安倍内閣以後 ……………… 126

8 現代政治の諸問題と行政改革 …… 129

IV 政治分野

◆ 国際政治

1 国際社会の形成と国際連盟 …… 136

2 国際連合 (1)～成立過程と組織・機能 … 139

3 国際連合 (2)～平和・安全保障 … 144

4 戦後国際関係史 (1)

～冷戦 (東西対立) の展開 ……… 149

5 戦後国際関係史 (2)

～冷戦終焉からポスト冷戦へ …… 153

6 戦後国際関係史 (3)

～9・11後の世界 ……………… 155

7 大量破壊兵器の禁止・制限 …… 157

8 現代の地域・民族紛争

～その背景と原因 ……………… 160

9 戦後日本外交の展開 ……………… 167

Ⅴ 経済分野

◆ 経済理論①経済体制と経済思想
1 資本主義経済と社会主義経済 …… 170
2 資本主義の歴史と経済理論 …… 173

Ⅵ 経済分野

◆ 経済理論②市場・経済変動・金融・財政
1 市場機構~需要・供給曲線のシフト …… 181
2 市場の失敗~独占・寡占 …… 190
3 経済の三主体と企業形態 …… 197
4 広義の国民所得、狭義の国民所得 …… 204
5 国富~「豊かさ」と「格差」 …… 211
6 経済成長率と景気変動 …… 212
7 インフレーション、デフレーション …… 215
8 通貨制度と日本銀行の役割 …… 216
9 金融と金融機関の役割 …… 223
10 財政~機能・政策・構造 …… 229
11 租税制度 …… 234
12 公債~国債と地方債 …… 239

Ⅶ 経済分野

◆ 現代経済の諸問題
1 第二次世界大戦前の日本経済 …… 244
2 日本経済の動向 (1)
　　~復興から高度経済成長へ …… 245
3 日本経済の動向 (2)~2度の石油危機 …… 250
4 日本経済の動向 (3)
　　~「バブル」と「失われた10年」 …… 251
5 日本経済の動向 (4)~2010年以降 …… 258
6 産業構造の変化 …… 261
7 中小企業 …… 265
8 農業問題と農政 …… 267
9 食の安全をめぐって …… 272
10 消費者問題 …… 273
11 公害問題と環境保護 …… 276

12 国際分業と貿易 …… 279
13 国際収支 …… 281
14 外国為替市場 …… 288
15 戦後の自由貿易体制 (1)
　　~IMF体制 …… 291
16 戦後の自由貿易体制 (2)
　　~GATTからWTOへ …… 295
17 グローバル化と通貨・金融危機 …… 300
18 地域経済統合 …… 305
19 南北問題 …… 311
20 日本の貿易~現状と国際比較 …… 316

Ⅷ 経済分野

◆ 地球環境と人類の未来
1 人口問題 …… 321
2 資源エネルギー問題 …… 325
3 地球環境問題 …… 332
4 現代社会の特質と課題 …… 341

Ⅸ 経済分野

◆ 労働・社会保障
1 労働運動の歴史 …… 350
2 労働三法 …… 353
3 現代日本の労働問題 …… 360
4 社会保障の歴史 …… 370
5 日本の社会保障 (1)~特徴と課題 …… 373
6 日本の社会保障 (2)~少子高齢化対策 …… 380

● 索引 …… 389

0

巻頭特集
SPECIAL SECTION
時事&重要テーマ

1 人類の現代的課題~正義・公正・格差

□ 1 近代の ★★★ 権思想が主張した「**人間は生まれなが**
★★★ **らにして** ★★★ **かつ** ★★★ **である**」という価値は、
今日でも ★★★ な社会の基礎となる原理である。

自然,
自由, 平等,
公正

□ 2 **1994年**に国連開発計画（UNDP）が『人間開発報告書』
★★ において飢餓、人権侵害、貧困などから**人間の生活を**
守る ★★ という概念を提起した。

人間の安全保障

◆人間の安全保障とは、世界的に人口が急増する中で飢餓や貧困、
人権侵害、差別、感染症などの**人間的な問題が紛争を招く大き**
な原因となっていることから、これらの諸問題を解決すること
で、人間開発を通じた平和と人々の生活の安全を実現するとい
う考え方である。

□ 3 インドの経済学者で1998年に**ノーベル経済学賞を受賞**
★★ した ★★ は、貧困解消のためには、人間の潜在能
力を等しく保障し、またこれを向上させる必要がある
と指摘し、人間の ★★ という考え方を示した。

セン（アマーティ
ア=セン）
安全保障

□ 4 ★★★ （HDI）は、教育や所得などの人間的な暮らし
★★★ に関する「質」を示す指数で、出生時の平均 ★★★ や
成人 ★★★ 率、初等・中等・高等教育の総就学率、1
人あたりの GDP などで算出される。

人間開発指数,
余命,
識字

◆人間開発指数（Human Development Index）とは、各国の
人々の生活の質や度合いを示す指標で、パキスタンの経済学者
マブーブル=ハックによって作成された。センの潜在能力アプ
ローチを発展させたものであり、国連開発計画（UNDP）の『人
間開発報告書』で発表される。0~1で示され、指数の最も高い
国が1、最も低い国が0となる。0.55以下の国は、中央アフリ
カ地域に多く分布する。

□ 5 センは、著書『**不平等の再検討**』において、「すべての
★★ 人の ★★ に配慮しようとすれば、不利な立場の人
を優遇する、『 ★★ な扱い』が必要な場合がある」
と述べている。

平等,
不平等

□**6** フランスの経済学者 ★ は、資産収入の拡大が所
★　得格差を生み出すとして、格差の是正を唱え、著書
　『21世紀の資本』は世界的なベストセラーとなった。

トマ゠ピケティ

□**7** アメリカの政治哲学者 ★★★ は『正義論』の中で、社
★★★　会を規律する正義とは、自らの利益を追求する合理的
　な人々が共存する相互の合意によってもたらされると
　して、 ★★★ 説の考え方を活かしつつ基本的な財の
　配分をめぐる平等の原理として ★★★ を捉え直した。

ロールズ

社会契約,
正義

◆ロールズは、正義とは単に幸福を追求する功利主義の思想に立
つものではなく、多くの人々が納得できる普遍的原理を意味し、
社会契約説の考え方に基づき、最も不遇な人を救う差別のよう
に、誰もが納得のできる合理的差別は正当化できると主張した。

□**8** ロールズは、全員に等しい機会が与えられた ★★
★★　な競争であっても、社会的 ★★ が生じることはあ
　るとした上で、もしそうした競争により社会の中で最
　も恵まれない人々の暮らし向きが改善しないならば、
　社会的 ★★ は是正されなければならないと説いた。

公正,
格差

格差

◆ロールズは、性別や人種などのあらゆる属性を排除した「無知の
ヴェール」を想定し、そこから正義を改めて考えた。多くの人々
が納得できる弱者保護のための格差（差別）を正義として承認す
る前提として、第1原理には、各人は制度・枠組みに対して平
等な権利を与えられていること、第2原理には、①その不平等
が社会で最も恵まれない境遇の者の最大の便益をもたらすと無
理なく予期されるものであること、②全員に開かれている地位
や職務に付帯する制限であることを挙げている。

□**9** アメリカの政治哲学者 ★ は、リバタリアニズム
★　（自由至上主義）などを批判し、共同体の中での共通善
　である正義を追求する点でコミュニタリアニズム（共
　同体主義）の代表者の1人である。

サンデル

◆サンデルの主著に『これからの「正義」の話をしよう』などがあ
る。

□**10** 1970年代後半に国際労働機関（ILO）が提唱した ★★
★★　という概念は、衣食住だけでなく、安全な飲み水や公
　衆衛生の整備、医療、教育、雇用などの生活条件を含
　む、人が生きていく上で最低限必要なものを指す。

ベーシック゠
ヒューマン゠ニー
ズ（BHN）

◆2000年の国連ミレニアム・サミットで、15年までに世界の絶
対的貧困（Absolute Poverty）を半減させることを目標にミレ
ニアム開発目標（MDGs）を採択した。絶対的貧困とはベーシッ
ク゠ヒューマン゠ニーズ（BHN）が達成されていない状態で、1日
1.90ドル（約200円）以下の生活を余儀なくされている人々の
生活状態を指す（2018年時点）。

0
特集

1

人類の現代的課題〜正義・公正・格差

9

0 巻頭特集 1 人類の現代的課題〜正義・公正・格差

□**11** 歴代の主な<u>ノーベル平和賞</u>の受賞者に関する次の表中
★★ の空欄 **A 〜 N** にあてはまる適語を答えよ。

年	受賞者	受賞理由など
1977	**A** ★★	国際人権保護団体
88	**B** 国連 ★★	停戦監視
91	**C** ★★	ミャンマーの民主化活動
95	**D** ★★	科学者たちの反核運動
97	地雷禁止国際キャンペーン (ICBL)	対人地雷の製造と使用の廃止運動
99	**E** ★★	世界各地での先駆的な人道的活動
2000	**F** ★★	韓国大統領。南北朝鮮の融和を推進
01	<u>国際連合</u>（国連）	国際平和秩序の形成
	<u>コフィ=アナン</u>	第7代国連事務総長
04	ワンガリ=マータイ	環境保護活動、「MOTTAINAI」
05	モハメド=エルバラダイ	第4代 IAEA 事務局長
	<u>国際原子力機関</u>（IAEA）	核・原子力の平和利用
06	<u>ムハマド=ユヌス</u>	**G** ★★ 銀行創設
	G ★★ 銀行	貧困者への融資活動
07	**H** ★★	『不都合な真実』で地球温暖化問題を啓発
	「<u>気候変動</u>に関する政府間パネル」（IPCC）	気候変動への国際的な取り組み
09	**I** ★★	現職アメリカ大統領として「<u>核なき世界</u>」を提言
12	**J** ★★	ヨーロッパの平和と和解に貢献
13	**K** ★★	化学兵器廃絶活動
14	**L** ★★	女性教育と平和を求める活動
17	**M** ★★	<u>核兵器禁止条約</u>の批准推進活動
20	国連 **N** ★★	世界各地における食糧支援活動

A アムネスティ
  =インターナ
  ショナル

B 平和維持活動
  (PKO)

C アウン=サン
  =スー=チー

D パグウォッシ
  ュ会議

E 国境なき医師団
  (MSF)

F 金大中

G グラミン

H アル=ゴア

I オバマ

J 欧州連合
  (EU)

K 化学兵器禁止機
  関 (OPCW)

L マララ=ユス
  フザイ

M 核兵器廃絶国
  際キャンペー
  ン (ICAN)

N 世界食糧計画
  (WFP)

10

□**12** 道徳感情論の提唱者であり、主著『 ★★★ 』の中で**自由競争**は「神の見えざる手」**により導かれる**と説いたアダム=スミスは、 ★★★ という道徳的な感情が、利己心に基づく各人の行動を内面から規制して、私益と公益の調和が図られるとした。
★★★

◆アダム=スミスは、利己心は道徳感情によって社会正義と調和可能なものと考え、行為の善悪を決する道徳の評価基準として、人々の間に共有できる感情である共感を重視した。

諸国民の富（国富論）
共感

□**13** ★★ （自由至上主義）では、個人には労働で得た財産を ★★ する権利があるので、国家が社会福祉制度のためにそれを強制的に奪うことは認められないとする。
★★

リバタリアニズム，
所有

□**14** アメリカの哲学者ノージックは、個人の自由は最大限尊重されるべきものであり、国家が強制的 ★★ によって富を再分配することは、個人の自由に対する侵害である。そのため、あるべき国家の姿は「 ★★ 国家」と考えた。
★★

課税.

最小

◆このような考え方をリバタリアニズム（自由至上主義）と呼ぶ。

□**15** 福祉国家に代表される「大きな政府」としての国家の役割を見直し、国家による介入を少なくし、再び「小さな政府」を目指す考え方を ★★★ 主義という。それは、個人の ★★★ や ★★★ 緩和による**競争原理を重視**する。
★★★

新自由，
自由，規制

◆新自由主義（ネオ=リベラリズム）は、それまでの自由主義的国家が、個人の自由を守るために行われる**所得再分配や社会保障政策**などの福祉的政策を通じて、課税や規制を強化したがゆえに個人の自由を失わせたと捉えた。

□**16** 新自由主義の政策によって、競争が促進された一方で、経済の安定のための ★★★ が緩和・撤廃されたために、多くの国で所得の ★★★ の拡大や経済の危機や混乱が生じた。
★★★

規制，
格差

0 巻頭特集　1 人類の現代的課題〜正義・公正・格差

□17 先進国では高度な医療を享受できるのに、発展途上国では貧困の中で高い乳児死亡率に直面し、違法な臓器売買が行われているなど、科学技術の発達が引き起こした生命にかかわる「**生命の [★★] 問題**」と呼ばれる格差の問題がある。

南北

◆新型コロナウイルス感染症(COVID-19)の世界的な流行拡大においても、「**生命の南北問題**」が存在している。感染症対策は医療や科学分野を中心に、グローバルな協力・連携体制が必要不可欠といえる。

□18 次の「象」の姿に似たグラフは、世界全体で収入の最も少ない人から多い人までを横軸に並べて、1988〜2008年までの20年間で、所得がどの程度増えたかを示している。最も豊かな先進国の超富裕層と上位 **A [★★] 〜B [★★] %** の人々（中国など新興国の一部の人々）は、所得が50％超も増える一方で、「象」の鼻のくびれ付近とされる上位 **C [★★] 〜D [★★] %** の人々（先進国の中・低所得層）の収入は、増加率が10％未満でほとんど増えていない。

A 30
B 70
C 10
D 20

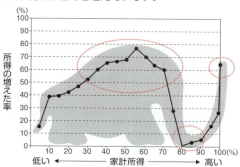

◆グラフの中で横軸の「80〜90％」の家計所得の人々が「上位10〜20％」の所得層であり、先進国の中・低所得層に相当する。近年の先進国における<u>ポピュリズム（大衆迎合主義）</u>の台頭の背景には、既存の政党や組織が中・低所得層の意思や利益を実現する機能を果たさずに、この数十年間で進行した**グローバリゼーションの恩恵**をごく一部の富裕層のみが享受しているという一般大衆の批判が存在している。富裕層の所得格差ではなく、**中・低所得者層の利益を図る政策**を掲げることが、**一般大衆の広い支持を獲得する**傾向を生み出す。

19. 資産や所得の格差を測る方法の1つとして、次の図に示した<u>ローレンツ</u>曲線がある。図は、横軸に最低所得者から最高所得者へ順に並べた場合の人数の累積比率を、縦軸にそれらの人々の所得の累積比率をとり、所得の分布の状態を示したものである。所得が完全に均等に分配されていれば、この曲線は原点Oを通る45度の直線に一致し、不均等であればこの直線から下に張り出す曲線となる。図に示した曲線**イ**と曲線**ロ**は、2つの異なる所得分布の状態をそれぞれ示している時、不均等の度合いは**A** ★★★ よりも**B** ★★★ の方が大きい。また、格差を是正する累進所得税や公的扶助などの**所得再分配政策**によって、曲線は**C** ★★★ から**D** ★★★ の方向に移動する。

A イ
B ロ
C ロ
D イ

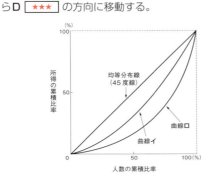

20. 次の図に関して、以下の小問の空欄にあてはまる語句や数値を答えよ。

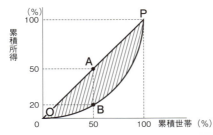

(1) 対角線上の点Aは各世帯の所得が全く ★★ ことを、点Bは ★★ %の世帯の合計所得が国全体の所得の ★★ %しか存在しないことを示す。

(1) 等しい,
50,
20

0 巻頭特集 1 人類の現代的課題～正義・公正・格差

（2）例えば、人口の50%が5,000円の所得を、残りの50%が15,000円の所得をそれぞれ得ている場合、ジニ係数は ★★ となる。

（2）

0.25

（3）弓形の斜線部分の面積が大きくなるほど所得分布の不平等は ★★ くなる。

（3）

大き

◆ジニ係数はグラフの斜線部分の面積を対角線がなす三角形の面積で割った数値であるので、（2）の計算方法は以下の通りとなる。
$100 × 100 × 1/2 = 5,000$
$25 × 50 × 1/2 + (25+100) × 50 × 1/2 = 3,750$
$(5,000 − 3,750) ÷ 5,000 = 0.25$

□ 21 ★★ 日本の当初所得（所得再分配前）のジニ係数は、1980年には0.35程度であったが、80年代後半のバブル景気や、2000年代初めの小泉政権下で、 ★★ は拡大し、 ★★ 程度までに上昇している。

所得格差,
0.55

◆なお、当初所得のジニ係数算出には公的年金が含まれない。そのため、年金のみで生活する世帯が増えると当初所得のジニ係数は上昇する。

□ 22 ★ 格差社会を示す指標に関する次の表中および文中の空欄 **A** ～ **D** に適する国名または語句を入れよ。国名はアメリカ、スウェーデン、日本のいずれかが入る。

国名	2000年頃	2015年
A ★	17.1%	17.8%
B ★	15.3%	15.7%
C ★	5.3%	9.1%

A アメリカ
B 日本
C スウェーデン

全世帯の中で**所得中央値の世帯の半分未満の所得しかない世帯の割合**を **D** ★ といい、階層間の格差を示す指標として注目されている。

D 相対的貧困率

◆相対的貧困とは、世帯の所得が、その国の等価可処分所得の中央値の半分に満たない状態を指し、一般的な水準から比べて生活に困窮しているとされる。日本の相対的貧困率は、2000年15.3%、09年16.0%、12年16.1%、15年15.7%、18年15.4%と高い傾向にあり、格差が続いていると推測される。また、18歳未満の「子どもの貧困率」は、15年の13.9%から18年の13.5%と大きな改善が見られず、依然として**子どもの7人に1人が貧困状態**にある。2014年には「子どもの貧困対策の推進に関する法律（子どもの貧困対策法）」が施行された。

23 ★★

★★ とは、人間の行動を科学的に分析するために応用される理論のことで、利害関係を持つ相手がいる状況で、自分と相手の利益を考えて**最適な行動**を決めるための思考法である。

◆相手の行動が自分の結果に影響を与え、自分の行動が相手の結果に影響を与える。このような**戦略的状況**において、ゲーム理論は、現実の社会や自然界で複数の主体が関わる意思決定の問題や、行動の相互に依存し合う状況を、数理的なモデルを用いて研究し、解決を図るものである。代表的な理論モデルに「**囚人のジレンマ**」がある。

ゲーム理論

24 ★★★

国家間の協力が容易でないことを説明する際に、次の表で示したようなゲームを考えることができる。このゲームでは、甲国と乙国の2つの国があり、お互いに話し合えない設定において、それぞれが同時に「協力」「裏切り」のいずれかの戦略を選ぶとする。そうして選択された戦略の結果、それぞれの国は表中の該当する得点を得られる。より高い得点がそれぞれの国にとって望ましい。例えば、甲国は「A ★★★」を、乙国は「B ★★★」を選べば、甲国は1点を、乙国は11点をそれぞれ獲得する。よって、甲国にとって、乙国が「C ★★★」でなく「D ★★★」を選んだ方がより得点を得られる。このゲームからいえるのは、双方の国が同時に「E ★★★」を選べば両国の合計得点は最大化できるが、もし相手国が「F ★★★」を選んだ場合は、自国には最小の得点しか得られない結果となってしまう。相手国が「G ★★★」を選ぶかどうかがわからないので、結局、甲国も乙国も「H ★★★」を選択してしまう。

A 協力
B 裏切り

C 裏切り
D 協力

E 協力
F 裏切り

G 協力
H 裏切り

| | | 乙国 ||
		協力	裏切り
甲国	協力	甲国に10点 乙国に10点	甲国に 1点 乙国に11点
	裏切り	甲国に11点 乙国に 1点	甲国に 2点 乙国に 2点

特集 1 人類の現代的課題〜正義・公正・格差

15

0 巻頭特集　1 人類の現代的課題〜正義・公正・格差

□ 25 次の表は、イ、ロ、ハという３つの政策の優劣について、X、Y、Zの３人が下したそれぞれの評価を示したものである。XとZは、イがロよりも、YはロがイよりもそれぞれYがれている政策と考えていて、この場合に３人で多数決を行うと、２対１で、イがロよりも優れているという結論が出る。ロとハ、イとハの優劣についても同じように決めるものとする。こうして定められた２つの政策相互の優劣の関係を前提に、３つの政策の優劣を確定して最も優れた政策を多数決で決めようと考えた。３人の多数決でイがロよりも優れているという結論が出た場合を「イ＞ロ」と表すとする。この方法を採用したとしても、**最も優れた政策を多数決で決められない**という結果が導き出される。「ロ＞A ★★ 」であり、「イ＞B ★★ 」であり、「ハ＞C ★★ 」となるからである。

A　ハ
B　ロ
C　イ

	最も優れた政策	次いで優れた政策	最も劣った政策
X	イ	ロ	ハ
Y	ロ	ハ	イ
Z	ハ	イ	ロ

◆ロより劣ったものがあると評価しているのはXとYであり、この２人を見ると、ロはハよりも優れている（ロ＞ハ）。
イより劣ったものがあると評価しているのはXとZであり、この２人を見ると、イはロよりも優れている（イ＞ロ）。
ハより劣ったものがあると評価しているのはYとZであり、この２人を見ると、ハはイよりも優れている（ハ＞イ）。
すると、イが２票、ロが２票、ハが２票となり、すべて同数となる。結局、２つの政策相互の優位性を多数決で決める方法では、最も優れた政策を決定することができない。

I

政治分野

POLITICS

民主主義の原理と発展

1 国家の理論と機能

ANSWERS □□□

□1 プラトンは著書『　★★　』において、優れた知恵を備
★★　えた哲学者が善のイデアを認識して国を治めるとい
う　★★　を理想国家のあり方であると説いた。

国家

哲人政治

□2 人間は生きていく上で、必ず　★★　という生活共同
★★　体に参加する。古代ギリシアの哲学者　★★　は「人
間は　★★　動物」であると説いた。

◆アリストテレスは、人間とはポリスという共同体の中に生きる
上で、相手の善を互いに願うことが大切であるとして友愛（フィ
リア）を重視した。

社会,
アリストテレス,
ポリス的 (社会的、
政治的)

□3 富と権力が公平に分配された社会を正義が実現した社
★★　会だと考えたアリストテレスは、部分的正義には各々
の能力や成果に応じた報酬を配分する　★★　的正義
と、対人関係における利害関係を公平に裁く　★★　的
正義の2つがあると説いた。

◆配分的正義とは、働いた者にそれに応じた報いが与えられるこ
と。調整的正義とは、悪い行いをした者にはそれに応じた制裁
が与えられること。

配分,
調整

□4　★★　は、理性による道徳法則と動機の正しさに従
★★　うことが真の自由であり、人格を尊重し合う目的の王
国が理想国家だとして、　★★　を主張した。

カント

国際平和

□5 カントは『　★★★　』で永久平和を唱え、後に　★★★
★★★　の精神に引き継がれた。

◆カントの永久平和の思想に共鳴したアメリカ大統領ウィルソン
は「14カ条の平和原則」において国際連盟の設立を提唱した。

永久平和のために
(永遠平和のために),
国際連盟

□6 政治とは、社会に存在する多元的な利益の矛盾対立を
★　調整し、　★　を維持する権力作用である。

社会秩序

□7 社会には様々な社会集団が存在するが、国家も社会集
★★　団の1つに過ぎないと捉えながらも諸集団の利益を調
整するのが国家の役割とする国家論を　★★　という。

多元的国家論

17

1　政治分野　1　国家の理論と機能

□**8**　国家を構成する**3つの要素**とは、主権、　★★　（領土・
★★　　領海・領空）および　★★　（国民）である。

領域,
人民

□**9**　主権には**統治権**以外に、国の政治の　★★　、　★★
★★　　（最高独立性）という**3つの意味**がある。

最高意思決定権,
対外的独立性

　　◆16世紀後半のフランスの思想家ボーダン（ボダン）は、著書『国
　　家論』で主権の概念を提唱し、主権を君主に与えるべきと説くと
　　ともに、主権とは国家の絶対的かつ永続的な権力であり、分割
　　できないことを論じた。

□**10**　国家主権や君主主権における「主権」とは、国の政治の
★　　　　★　を意味する。

最高意思決定権

□**11**　ポツダム宣言第8条の「**日本国の**主権は、本州、北海
★　　道、九州及四国……に局限せらる」にいう「主権」とは
　　　★　の意味である。

統治権

□**12**　日本国憲法前文3段の「いづれの国家も、自国のこと
★　　のみに専念して他国を無視してはならないのであつて、
　　政治道徳の法則は……自国の**主権**を維持し、他国と対
　　等関係に立たうとする各国の責務であると信ずる」で
　　いう「**主権**」とは、　★　の意味である。

対外的独立性（最
高独立性）

□**13**　各国が追求する独自かつ固有の利益のことを、一般
★　　に　★　という。

国家的利益（国益、
ナショナル＝インタ
レスト）

　　◆各国は、「領土確保、安全保障、資源の確保、自国の繁栄」とい
　　う、国家的利益を主張し合いながら国際関係を維持している。

□**14**　国連海洋法条約は、　★★★　（EEZ）を　★★★　カイリ
★★★　と規定しているが、東シナ海の尖閣諸島のように、こ
　　　　　　　せんかく
　　の水域が国どうしで重なる場合、中間線を画定する外
　　交努力が必要となる場合もある。

排他的経済水域,
200

　　◆領海（12カイリ）と排他的経済水域（200カイリ）を除いた海
　　洋のすべては公海で、各国の主権がおよばない水域である。す
　　べての国が航行の自由、上空飛行の自由、漁業の自由、調査の
　　自由など国連海洋法条約で「**公海自由の原則**」が承認されている
　　が、近年はクジラ保護など生物資源の確保のため、公海の自由
　　が一部制限される場合がある。なお、大陸棚が200カイリより
　　も先に続く場合には、その限界点まで排他的経済水域が**自然延**
　　長される。また、基線から24カイリまでに沿岸国は接続水域を
　　設定でき、通関、財政、出入国管理、密輸入や密漁など違法行
　　為が疑われる船舶を予防的に取り締まる警察活動を行うことが
　　できる。1996年には**国際海洋法裁判所**が設立され、主に海洋法
　　条約の解釈や適用にかかわる紛争を取り扱う。

18

□15 国家の**主権**が及ぶ範囲(領域)に関する次の図中の空欄 A～Eにあてはまる語句を答えよ。

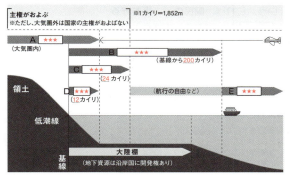

A 領空
B 排他的経済水域（EEZ）
C 接続水域
D 領海
E 公海

□16 **イェリネック**などが説いた ★★ では、国家は政治的行為を組織的に遂行する**法人**であるとする。

国家法人説

□17 ★★ に立ち、美濃部達吉が ★★ を主張したが、**天皇を対外的代表機関に過ぎないと捉えた**点で天皇制批判とみなされ、昭和前期に弾圧を受けた。

国家法人説, 天皇機関説

□18 **ホッブズ、ロック、ルソー**が説いた ★★ では、国家は、**自然権を守る**ために**人々の自発的な**合意と契約によって作られた権利擁護機構であるとする。

社会契約説

□19 社会契約説を主張する**ロック**は、**君主が絶対的な権限を有する政治体制**である絶対王政（絶対主義）と、それを正当化する政治思想である ★ を批判した。

王権神授説

□20 国防や治安など**必要最小限の役割を果たす**18・19世紀の国家のことを ★★★ 国家という。それは、**国民の**自由**権を守ることを目的とする** ★★★ 国家であり、**必要最小限の法律を作る** ★★★ 国家である。

夜警,
自由,
立法

◆ドイツの社会主義者ラッサールが、消極国家で自由放任の「小さな政府」を皮肉って「夜警国家」と名づけた。

□21 **夜警国家を支えた経済学説**は、 ★★ の ★★ 主義の考え方である。

アダム=スミス, 自由放任

1 政治分野　2 社会契約説

□**22**　景気や物価対策、完全雇用政策といった**国民の福祉充**
★★★　**実**などの役割を果たす20世紀以降の現代国家のこと
を ★★★ 国家という。これは、**国民の**生存権を守る
ことを目的とする ★★★ 国家であり、市場介入のた
めの政策を専門家集団が行う ★★★ 国家である。

◆福祉国家を支えた経済学説は、ケインズの有効需要論である。

福祉,
社会,
行政

□**23**　**福祉国家**では巨額の ★★★ が発生するため、反ケイ
★★★　ンズ主義に基づき財政再建を目指し、**再び**小さな政府
に戻ろうとする考え方のことを ★★★ 主義という。

◆新自由主義は資本主義の基本に立ち戻る点で新保守主義 (ネオ＝
コンサバティズム) ともいわれ、反ケインズ主義の経済学に立脚
する考え方である。1980年代のレーガノミックス (アメリカ) や
サッチャーリズム (イギリス)、中曽根行財政改革 (日本) などの
理論的根拠となっている。

財政赤字

新自由

2 社会契約説

ANSWERS □□□

□**1**　西洋近代の ★★★ 的精神に基づき、啓蒙思想家たちは
★★★　人間の社会にも自然法則のように特定の時代や社会の
あり方に制約されない**普遍的な原則**としての ★★★
法があると強調するようになった。

◆グロティウスは国際社会には守るべき自然法があると主張した
ことから「**近代自然法の父**」「**国際法の父**」と呼ばれる。

合理

自然

□**2**　ホッブズは、自然状態における「闘争**状態**」を避けるた
★★★　め、人々は自らの主権を自然法に基づいて ★★★ する
★★★ を結んで国家を作ったとした。

放棄 (全面譲渡),
社会契約

□**3**　ホッブズによれば、自然権を譲渡された個人ないし合議
★★★　体は、『旧約聖書』に登場する怪獣 ★★★ のような強大
な権力を持つべきであり、人民はこの権力に服従しなけ
ればならない。

◆主著『リヴァイアサン』には巨人の怪物を国家に見立てた扉絵が
ある。その怪物の胴体には無数の人形が描かれている。社会契
約で成り立つ国家を構成する国民を表しているのだろう。

リヴァイアサン

□**4**　★★★ は、生命、自由、財産など人間として当然保
★★★　有している前国家的な権利である ★★★ を、**理性の**
法の観点から正当化した。

◆ホッブズが**性悪説**に立つのに対し、ロックは人間の自然**状態**を
「**自由・平等・平和**」な状態だとする**性善説**に立っていた。

ロック,
自然権

20

□**5** ロックは、国民の ★★★ を受けた政府が、国民の
★★★
★★★ である生命、自由、財産の権利を侵害した場
合、**国民は政府に対し** ★★★ **する権利**があるとした。

信託（委託），
自然権，
抵抗

◆ロックは、国民は政府に対する信託（委託）契約の取り消しの権
利、すなわち抵抗権（革命権）を行使できるとし、1688年の**名誉
革命**を正当化した。また、人民主権と間接民主制が政治の基本
形態であるとした。

□**6** ロックは『統治論（市民政府二論）』で、「個々の人間は
★★
身体という ★★ を ★★ している。本人を除け
ば、何人もこれに対する権利を持たない」と述べた。

財産，所有

□**7** ルソーは、主権は個々の ★★★ に存在し、 ★★★ が
★★★
集合し、融合する社会契約によって作られたものが国
家であると考え、その政治形態の基本は ★★★ 民主
制であるとした。

人民，人民

直接

◆ルソーは、人民主権を主張し、「イギリス人が自由なのは選挙
をする時だけで、選挙が終われば奴隷になってしまう」と述べ、
ロックの間接民主制を批判した。

□**8** ★★★ は、『**社会契約論**』の中で、**公共の利益を図る**
★★★
意志である ★★★ に基づく**直接民主制**を主張した。

ルソー，
一般意志

◆ルソーは、人民は直接、共同体において議決権を行使するが、公
共の利益を図るという一般意志に従って議決を行うことで、市
民としての自由が得られると考えた。

□**9** ロックの思想は ★★★ 宣言に反映されており、ルソ
★★★
ーの平等思想は ★★★ 宣言に盛り込まれている。

アメリカ独立，
フランス人権

◆アメリカ独立宣言には、ロックの抵抗権（革命権）が明記されて
いる。フランス人権宣言第1条には、**ルソーの平等思想**が明記
されている。

3 民主政治とその形態

ANSWERS □□□

□**1** **支配の正当性（正統性）**に関して、**マックス=ウェーバー**
★★★
の分類によると、**絶対君主制は伝統的支配、独裁政治
は** ★★★ **的支配、議会民主制は** ★★★ **的支配**とさ
れる。

カリスマ，合法

□**2** 君主制に対して、**国家元首を国民の選挙で選ぶ**ことに
★★
よって、**国民の意志が国家の政治活動を決定する政治
形態**を、一般に ★★ 制という。

共和

I
政治

3 民主政治とその形態

21

1 政治分野　**3** 民主政治とその形態

☐**3**
★★★
1863年、アメリカ南北戦争中に行われたリンカーン大統領のゲティスバーグ演説で語られた「人民の、人民による、人民のための　★★★　」には、★★★　主義の**本質**が示されている。

政治, 民主

◆人民自身が政治を行えば、自らの自由を奪うことはなく、**民主政治**は自由権**を保障**するための有効な手段となり得るとする（リベラル=デモクラシー、自由民主主義）。1863年、リンカーン大統領は、南北戦争で激戦地となったペンシルバニア州ゲティスバーグで演説を行い、民主主義の理想を「人民の、人民による、人民のための政治」と表現した。

☐**4**
★★
直接民主制は古代ギリシアの都市国家である　★★　や　★★　の一部の州（カントン）など人口の少ない地域で実施されることがある。

ポリス,
スイス

◆植民地時代のアメリカの**タウン=ミーティング**も直接民主制の一例といえる。

☐**5**
★★
間接民主制は、国民の意見を　★★　によって選ばれた代表者の集まりである　★★　を媒介として立法に反映させる民主政治形態である。

選挙,
議会

☐**6**
★★★
ロックの**権力分立**の考え方に影響を受けたフランスの　★★★　は、**司法権**を**独立**させた現代に通じる三権分立を説き、『　★★★　』を著した。

モンテスキュー,
法の精神

◆ロックは、政治権力を立法権、執行権、同盟権（連合権、外交権）に分けることを主張し、中でも立法権が執行権よりも優位に立つべきと考えた。一方、厳格な三権分立論を展開したモンテスキューは、権力間の**抑制と均衡**（チェック=アンド=バランス）で権力の濫用や腐敗を防ぐことを唱え、フランス革命からフランス人権宣言、アメリカ合衆国の政治体制などに影響を与えた。

☐**7**
★★★
三権分立の目的は国家権力を　★★★　権・　★★★　権・　★★★　権の**三権**に分けて権力の濫用を防ぐ点にある。

立法, 行政,
司法 ※順不同

◆フランス人権宣言第16条では「**権利の**保障が確保されず、権力の分立が定められていない社会は、およそ憲法を持つものではない」と述べられている。

☐**8**
★★
★★　制は**立法権**を行使する議会を2つに分けて、一院の暴走を防止する議会システムである。

二院

◆イギリスの**ハリントン**は、審議の院と議決の院に分けるべきであると主張した。

☐**9**
★★★
内閣が議会（下院）に対して連帯責任を負うとする政治制度を　★★★　制という。

議院内閣

◆国民代表議会の信任によって**行政権を持つ**内閣が成り立つ制度のこと。**イギリスや日本**などが採用している。

☐ **10** ロックのいう近代的な**議会政治の原理**とは、 ★★ 　代表,
★★ の原理、 ★★ の原理、**行政監督**の原理である。　　審議 ※順不同

　　　◆代表の原理、審議の原理、多数決の原理を、議会政治の三原理
　　　と呼ぶ場合もある。

☐ **11** **選挙**や**議会**が原則とする**多数決**の手段について、人々
★ が納得し得る ★ 形成や**決定が難しい**場合、その　　合意
ための**話し合いへの参加を重視**し合意形成を目指す
「 ★ **民主主義**」が注目されている。　　　　　　　　熟議

☐ **12** アメリカの政治学者**ダール**は、包摂性（包括性）と異議
★ 申立て（意見表明）という２つの軸から民主主義の手続
的な側面に着目した ★ という概念で、民主政治　　ポリアーキー
の内実について分析した。

　　　◆ポリアーキーは、政府に対する異議申立てと、広範囲な**政治参
　　　加**がともに可能な政治体制に関する概念である。ダールは、多
　　　くのグループが政治参加を行い自由に競争するものが民主主義
　　　であると捉えた。

☐ **13** 「**証拠に基づく政策立案**」という意味の ★ は、政　　EBPM
★ 策の企画を、その目的を明確化した上で合理的根拠（エ
ビデンス）に基づいて実行し、その政策効果を合理的
根拠で検証することである。

　　　◆EBPM（Evidence-based Policy Making）は、政策効果の測
　　　定に関連する情報や統計などのデータを活用し、政策の有効性
　　　を高めていくことで、国民の行政に対する信頼を得るものとな
　　　る。

☐ **14** **行政権**を持つ**大統領**を ★★★ が**選挙**という形でコン　　国民,
★★★ トロールする政治制度を ★★★ **制**という。　　　　　　大統領

　　　◆大統領制はアメリカやフランス、ドイツ、ロシア、韓国などが
　　　採用しているが、国によって選出方法が直接選挙か間接選挙と
　　　異なっている。

☐ **15** **旧ソ連**では、権力分立とは異なる考え方から、全人民　　民主的権力集中
★ を代表する合議体に**すべての権力**を集中させる ★ 　　（民主集中、権力集
制を採用していた。　　　　　　　　　　　　　　　　　　中）

☐ **16** **ドイツ**や**イタリア**のように**多党** ★★ **政権**の下にあ　　連立
★★ る国や、**スイス**のように**連邦制・二院制・国民投票制**
度を採用する国では、政策決定過程で数多くの政治主
体が ★★ **権を行使**することが可能となっている。　　拒否

I
政治

3
民主政治とその形態

23

I 政治分野　4 法の支配と法治主義

□ **17** 日本では、フランスなど欧州の国々と異なり、憲法改
★★★ 正を除いた**国政レベルの重要問題**について、<u>直接民主</u>
<u>制</u>に基づく ★★★ 制度が認められていない。

国民投票

◆直接民主制を主張したルソーの母国**フランス**では、<u>大統領</u>**に重**
要問題についての国民投票施行権が認められている。もともと
重要問題の国民投票の慣行を持たないイギリスでも、2016年6
月に<u>EU</u> 残留か離脱かを問う<u>国民投票</u>が実施され、離脱票が僅
差で上回った。なお、日本の<u>国民投票法</u>（2007年制定、10年施
行）に基づいて行われる国民投票は、重要問題一般に関するもの
ではなく**憲法改正**に限られる。

□ **18** 2002年に ★★ では**国際連合（国連）加盟の是非**を問
★★ う<u>国民投票</u>**が実施**され、加盟を決定した。

スイス

◆2014年9月には、<u>スコットランド</u>でイギリスからの分離・独立
の是非を問う<u>住民投票</u>が行われたが、**独立は否決**された。

□ **19** 近年、日本でも一部の**地方公共団体**で**重要問題の決定**
★★★ **の際**に ★★★ を自主的に実施する例が増えている。

住民投票

◆**住民投票条例**などを自主的に制定して実施する例が増えてい
る。**市町村合併の賛否を問う際**に行われることも多い。なお、地
方で実施されている日本の**住民投票**は、住民の意思を問うもの
であるが、国政に対しては**法的拘束力を持たず**、単なる民主ア
ピールに過ぎない。

4 法の支配と法治主義

ANSWERS □□□

□ **1** ヨーロッパでは、**中世から近代への移行期**に ★★
★★ と呼ばれる君主の権力を基礎とした政治形態が成立し
ていった。

絶対主義（絶対王
政）

◆フランス国王**ルイ14世**が残したとされる「<ruby>朕<rt>ちん</rt></ruby>は国家なり」とい
う言葉がこの政治体制を象徴している。

□ **2** ★★★ とは、権力者の専断的・恣意的支配である**人**
★★★ **の支配**を排し、たとえ**権力者といえども正義の法であ**
る ★★★ **法に拘束される**という原理である。

法の支配

自然

◆<u>法の支配</u>とは、国家権力の濫用を防ぐという<u>法</u>の役割に関する
原則である。公権力は法律に基づいて支配を行えば足りるとす
る**法治主義**を批判し、悪法による支配を認めない。国家権力の
行使は、<u>法</u>に基づいてなされなければならず、この場合の<u>法</u>が
基本的人権を侵すようなものであってはならないとする考え方
である。日本国憲法は**基本的人権の保障**を目指す点で<u>法の支配</u>
の立場にある。

24

□**3** 1215年、イギリスで ★★ （大憲章）が採択され、裁
判官ブラクトンは「国王といえども**神と** ★★ **の下
にある**」と述べたが、この言葉は法の支配の確立を国
王に対して要求したものである。

◆エドワード=コークは、王権神授説を唱える国王ジェームズ1
世に対して、このブラクトンが述べた言葉を引用し、法の支配を
主張した。彼は権利請願（1628年）の起草者としても知られる。

マグナ=カルタ,
法

□**4** **法の支配**の具体的なあらわれとして、日本国憲法第
81条の ★★★ 制度、第14条の法の下の平等、第
31条などの ★★★ 主義、第98条の憲法の ★★★
性などがある。

◆法の支配の具体的なあらわれのうち、権力者も自然法（正義の
法）に拘束されることを明記するのが、日本国憲法第99条であ
る。同条の規定は国民にではなく公務員に**憲法尊重擁護義務**を
課している。

違憲審査（違憲立
法審査）,
罪刑法定, 最高法
規

□**5** **法治主義**とはもともと、行政に対して議会が制定した
法律に従うことは要請するものの、法律の内容までは
問わない ★ **的法治主義**であるが、現在は法の支
配と同様に、行政が従うべき法律の内容に関しても基
本的人権を侵害しないものであることを要求する
★ **的法治主義**の意味で用いられることもある。

形式

実質

□**6** **形式的法治主義**の具体的なあらわれとして、明治憲法
における、権利の制限を正当化する ★★ の規定が
ある。

◆形式的法治主義は、法律に基づいて統治を行う方が効率的であ
るとする考え方で、法は統治の道具とみなされている。そのた
めに「**悪法も法なり**」とする**法律万能主義**に陥りやすい。ドイツ
の**プロイセン憲法**や、それを模範として作られた**明治憲法（大日
本帝国憲法）**が典型例である。

法律の留保

□**7** 法や命令以外で、社会の中で歴史的に発達した**伝統的
な行動様式**を ★ という。

◆法を犯せば刑罰、道徳に反すれば良心の呵責というように、慣
習では村八分などの**社会的制裁**を受ける。慣習を**規範化**したも
のが慣習法である。

慣習

□**8** ★★★ は、「国家の統治基本を定めた法」であり、日
本国憲法第98条では「国の最高法規」と定められてい
る。

憲法

**I
政治**

**4
法の支配と法治主義**

25

1 政治分野 5 基本的人権の種類と歴史

□**9** 公と私の区分を前提とした国家観に立つ**初期の立憲主**
★★★ **義**では、個人の ★★★ を保障するためには、個人の
私的領域への国家の ★★★ は極力抑制されるべきだ
と考えられ、国家権力の ★★★ を防止するための**規**
範としての法の役割が重視された。

自由,
介入,
濫用

5 基本的人権の種類と歴史

ANSWERS □□□

□**1** 近代市民革命によって獲得された**権利は**国家権力**から**
★★★ **の**個人**の自由の保障**を求める ★★★ であったが、そ
の後、資本主義経済の発展とともに**国家の積極的介入**
を求める ★★★ も主張されるようになった。

自由権

社会権

□**2** 自由権**は、国家からの自由を実質とする** ★★★ **的権**
★★★ 利であるのに対して、 ★★★ 権**は、国家による自由**を
本質とする ★★★ **的権利**である。

消極,
社会,
積極

◆資本主義経済の発展に伴って生じた弊害に対応するために、**人**
たるに値する生活の保障を国家に求めるという趣旨から社会権
が登場した。社会権は**経済的弱者を保護して実質的平等を実現**
することを目的としている。

□**3** 参政権**は、国家への（政治参加の）自由を実質とする**
★★★ ★★★ **的権利**であり、選挙権や ★★★ などを含む。

能動, 被選挙権

□**4** 財産と教養のある市民（**新興ブルジョアジー**）が中心と
★★★ なって**絶対君主を倒し**、自由権と民主政治を**獲得した**
出来事を総称して ★★★ という。

市民革命

□**5** イギリスでは、17世紀に**ピューリタン革命（清教徒革**
★★ **命）**と ★★ を経て、1689年に ★★ が採択され
て**民主的統治**と**自由権**が獲得された。

名誉革命, 権利章
典

◆権利請願（1628年）で、国王チャールズ1世に対して**議会の同意**
のない課税の禁止や身体の自由の保障を求めたが、後に国王が
これを無視したために、王権を打倒するピューリタン革命につ
ながった。名誉革命（1688年）の集大成として権利章典（1689年）
が発布され、国民の請願の自由、信教の自由、財産の自由や王
権制限などの民主的な統治構造が規定された。

□**6** 1776年6月に制定されたアメリカの ★★ は、世界
★★ で初めて**生得的権利の不可侵性を明記した成文憲法**で
ある。

ヴァージニア権利
章典（ヴァージニ
ア州憲法）

26

□ **7** 1776年7月に採択された ★★★ は、「われわれは、自
★★★ 明の真理として、すべての人は ★★★ に造られ、造
物主によって一定の奪いがたい不可侵の権利を付与さ
れ、……」と謳って、 ★★★ 人権の考え方を明記した。

アメリカ独立宣言,
平等

天賦

□ **8** 1787年制定の ★★★ は、現在も機能する世界最古の
★★★ 成文憲法であり、**厳格な三権分立**、**大統領制**、**連邦議
会**などを特色とする。

アメリカ合衆国憲
法

□ **9** 1789年採択の ★★★ は、**自由と平等、所有権の** ★★★
★★★ **性**を明記し、**自由権を集大成**した歴史文書である。

フランス人権宣言,
神聖不可侵

◆「**人および市民の権利宣言**」とも呼ぶ。第2条で自然権を「自由、
所有権、安全および圧制への抵抗」と位置づけ、第3条で「すべ
ての主権の原理は、本質的に国民にある」として国民主権を定め
ている。**絶対王政**を打倒した1789年のフランス革命は「自由・平
等・博愛」をスローガンに掲げた。

□ **10** 政治のあり方を最終的に決定する権力が国民にあると
★★★ いう基本原理は、18世紀のヴァージニア権利章典以
降、人権の保障などとともに様々な法典や宣言で謳わ
れるようになった。次の**A**～**C**は、それらの抜粋であ
る（『人権宣言集』(1957年、岩波文庫) などより)。下
の語群からあてはまるものをそれぞれ選べ。

「**A** ★★★ 」

第3条　あらゆる主権の原理は、本質的に国民に存する。
第16条　権利の保障が確保されず、権力の分立が規定
されていないすべての社会は、憲法をもつものではない。

A　フランス人権
宣言

「**B** ★★★ 」

そもそも国政は、国民の厳粛な信託によるものであつ
て、その権威は国民に由来し、その権力は国民の代表
者がこれを行使し、その福利は国民がこれを享受する。

B　日本国憲法

「**C** ★★★ 」

第1条　すべての人間は、生れながら自由で、尊厳と
権利について平等である。
第21条 (1) 何人も、直接に、または自由に選出される
代表者を通じて、自国の政治に参与する権利を有する。

C　世界人権宣言

【語群】アメリカ独立宣言　フランス人権宣言
　　　　ワイマール憲法　日本国憲法　世界人権宣言

I
政治

5
基本的人権の種類と歴史

1 政治分野 5 基本的人権の種類と歴史

□11 参政権拡大の理論的根拠となった思想には、19世紀
★★ イギリスの ★★ がある。

功利主義

◆功利主義とは、幸福を追求する考え方で、幸福は**数量化でき計測可能である**とする**量的功利主義**や、幸福には**質的な差がある**とする**質的功利主義**がある。

□12 功利主義の代表者には、**快楽を量的に捉えて計算し**
★★★ た ★★★ と、**快楽の質を追求し人間の精神的満足を重視**した ★★★ がいる。

ベンサム,
J.S. ミル

◆ベンサムは「**最大多数の最大幸福**」、J.S. ミルは「**満足した豚より不満足な人間がよい**」と述べた。

□13 J.S. ミルは、幸福の1つである ★★★ を達成する手
★★★ 段となる**民主政治を確立**する必要があるとして
★★★ の拡大を説き、ベンサムは「**最大多数の最大幸福**」を実現するために**多数意見を採用して議論の決着を図る** ★★★ 原理を導入する**議会改革**を唱えた。

自由

参政権

多数決

□14 普通選挙とは ★★★ 以外に関する制限を設けない選
★★★ 挙のことであり、性別や ★★★ 、納税額などの**資格制限を撤廃**する選挙制度である。

年齢,
財産

◆性別資格制限などを撤廃し、成年男女に等しく選挙権を与える制度を**男女普通選挙**という。なお、平等選挙とは「1人1票」（数の平等）と「1票の価値の平等」の2つの原則を意味する。

□15 イギリスの ★★★ 期には労働者階級が形成され、や
★★★ がて政治意識を高めた**労働者**たちは ★★★ 運動で制限選挙に反対し、**普通選挙の確立**を要求した。

産業革命,
チャーティスト

◆1837〜48年に起こったチャーティスト運動は、男子を中心とした**普通選挙権の獲得運動**であった。しかし、イギリスで**普通選挙**が確立したのは、20世紀に入ってからである。第4回選挙法改正（**1918年**）で21歳以上の男子と、30歳以上の女子に、第5回選挙法改正（**1928年**）で21歳以上の男女に選挙権が認められた。

□16 1848年に**世界で初めて制度として**、男子普通選挙を実
★★ 現したのは ★★ である。

フランス

□17 1893年、**世界初の**女子選挙権は ★★ で実現された。
★★

ニュージーランド

◆ヨーロッパの国でありながら、女子選挙権の確立が1971年と遅くなった国はスイスである。

□18 日本では、1925年に ★★ 歳以上の男子普通選挙法、
★★ 1945年に ★★ 歳以上の男女普通選挙法が成立した。

25,
20

28

□**19** 1919年、**ドイツ**のワイマール（ヴァイマル）で開かれた
★★★ 　国民議会で制定された憲法は、**世界で最初に** ★★★ **権**
　を規定したことで有名で、中でも重要な権利は ★★★
　権である。

社会,
生存

□**20** 社会権とは、国民が国家に「 ★★★ 」の保障を求め
★★★ 　る ★★★ **的権利**で、 ★★★ **からの自由**などを意味
　する。
　　◆ワイマール（ヴァイマル）憲法第151条では「**人たるに値する生
　　活**」と表記した。

人間に値する生活
（人たるに値する
生活）,
積極, 貧困

6 近代の法体系

ANSWERS □□□

□**1** 自然法が ★★ **権**を保障する前国家的な**永久不変の**
★★ 　**法規範**であるのに対し、 ★★ **法**は国家成立後に形
　成された**人為の法**であり、成文法や ★★ **法**を含む。

自然,
実定,
不文

□**2** ★★ **法**は条文化された法律であるのに対し、 ★★
★★ 　**法**は条文はないが法的確信が得られる規範であり、判
　例法や慣習法などはこれにあたる。
　　◆イギリスの通常裁判所で確立された判例法であるコモン=ロー
　　は不文法（不文憲法）の代表例である。

成文, 不文

□**3** ★★ **法**は公権力と国民の関係を規律するのに対し、
★★ 　 ★★ **法**は私人相互間の紛争を解決する法規範であ
　るが、私人間の契約関係に**公権力**が介入して社会的弱
　者を保護する法律は一般に ★★ **法**と呼ばれる。
　　◆公法には憲法、刑法、民事訴訟法、刑事訴訟法など、私法には民
　　法、商法など、社会法には労働基準法、最低賃金法などがある。

公,
私,

社会

□**4** ★★ **法**が権利と義務の内容を定める法律であるの
★★ 　に対し、 ★★ **法**は裁判などの進行や利用の**手続**を
　定める法律である。

実体,
手続

□**5** 手続法には、民事裁判の進行方法を定める ★★ **法**、
★★ 　刑事裁判の進行方法を定める ★★ **法**、**行政処分**な
　どの拘束力を否定することや反論の機会を保障する
　 ★★ **法**などがある。

民事訴訟,
刑事訴訟

行政手続

1 政治分野　7 人権の国際化

□ **6** 法はその形式や機能、内容によって様々に分類される。
★★　次の①～③のように法の分類を行った場合に空欄A～
Cに入る法の分類区分について、下の語群より選べ。

　　①法の定まり方による分類：自然法とA ★★ 法
　　②法の規定内容による分類：実体法とB ★★ 法
　　③法の適用範囲による分類：一般法とC ★★ 法

A　実定
B　手続
C　特別

【語群】特別　臨時　手続　自由　実定　成文

□ **7** 経済的弱者の保護を目的に ★ の原則が支配する
★　私法の領域に国の法律が介入するのを ★ という。

◆例えば、**労働基準法**や**最低賃金法**は国が定めた社会法であるが、
私法の領域である契約自由の原則を修正して、**経済的弱者であ
る労働者を保護**している。

契約自由,
私法の公法化

7 人権の国際化

ANSWERS □□□

□ **1** 18世紀的権利である自由権が登場した歴史的背景に
★★★　は ★★★ が、19世紀的権利である参政権が登場し
た歴史的背景には ★★★ が、20世紀的権利である
社会権が浸透した背景には ★★★ がある。

市民革命,
普通選挙運動,
世界恐慌

□ **2** 第二次世界大戦後、基本的人権の保障は1つの国家に
★★　おいてだけでなく、国際的に確保されるべきものとい
う**人権の** ★★ **化**が進んだ。それは ★★ による
人権抑圧が大戦の背景にあると考えられたからである。

国際, ファシズム

□ **3** アメリカ大統領の ★★★ は、教書の中で「 ★★★ 」
★★★　を唱え、それらの権利は世界人権宣言に明記された。

◆「四つの自由」とは、「言論と表現の自由」「信教の自由」「恐怖か
らの自由」「欠乏からの自由」である。

フランクリン=
ローズヴェルト,
四つの自由

□ **4** 大西洋憲章や国際連合憲章で人権尊重と**人権の国際化**
★★★　が唱えられてきた中で、**1948年**に ★★★ がその集大
成として**国連総会で採択**された。

◆世界人権宣言は、世界的なレベルで人権の保障を目指した最初の
国際的文書であり、すべての人間は、生まれながらにして自由で
あり、尊厳および権利について平等であることを規定している。

世界人権宣言

□ **5** 1948年の世界人権宣言は最も基本的な人権である自由
★★　権のみならず ★★ 権を規定するなど、基本的人権
の尊重を謳っているが、 ★★ は持たない。

生存,
法的拘束力

30

□ **6** **★★★** は、**★★★** に法的拘束力を付与する目的で
★★★ 1966年に国連総会で採択、**76年に発効**した。「**経済**
的・社会的及び文化的権利に関する国際規約（A規約、
社会権規約）」と「**市民的及び政治的権利に関する**国際
規約（B規約、自由権規約）」とがあり、いずれも締約
国に対する **★★★** を持つ。

◆国際人権規約は、批准国に条約内容の実現を義務づけている。

国際人権規約，世
界人権宣言

法的拘束力

□ **7** **国際人権規約**のA規約について、日本は祝祭日の給
★★ 与、**公務員**の **★★** 権などは留保し、1979年に批准
した。

◆中等・高等教育の漸進的無償化についても日本は批准を留保して
いたが、2012年に留保を撤回し批准に踏み切った。民主党政権下
で実施された国公立の高等学校の無償化を考慮したものである。

争議

□ **8** 2008年、**国際人権規約のA規約の** **★★★** が採択され、
★★★ 13年に発効したが、日本は批准していない。

選択議定書

□ **9** **国際人権規約のB規約の** **★★★** は、所属する国家
★★★ （政府）によって自由権と参政権を侵害された国民個人
が **★★★** に通報し、その救済を求めることができる
旨を定めている。

◆一般に個人通報制度と呼ぶ。**国際司法裁判所には救済申立てが
できない。**同裁判所は**国家間の紛争解決**に特化している。なお、
国連の人権理事会は、それまで活動してきた「人権委員会」に代
わり、**2006年**に国連総会の決議によって設置されたが、規約人
権委員会とは別組織である。

選択議定書

規約人権委員会

□ **10** 1989年に国連で採択された**国際人権規約第二選択議定**
★★★ 書、すなわち **★★★** 条約を日本は批准していない。

死刑廃止

□ **11** 1951年、国連で採択された **★★★** 条約の批准国は、帰
★★★ 国すると迫害されるおそれがある者を保護しなければ
ならないと定められているが、保護（庇護）義務のある
「難民」は **★★★** と政治難民で、**★★★** は「難民」に
はあたらず、その対象とされていない。

◆難民を迫害の危険にさらされている国へ送還せず、これを
保護するという国際法上の原則をノン=ルフールマン（non-
refoulement）の原則といい、難民条約の基礎をなす。

難民（難民の地位
に関する）

戦争難民，経済難
民

□ **12** 1982年、日本は難民条約（難民の地位に関する条約）を
★★★ 批准したのを機に **★★★** 法を施行した。

出入国管理及び難
民認定

I
政治

7 人権の国際化

31

1 政治分野　7 人権の国際化

□13 1948年に国連で採択された、**集団殺害罪の防止及び処罰に関する条約**を ★★ 条約という。
★★
◆日本は現在もジェノサイド条約を批准していない。

ジェノサイド

□14 1965年に国連で ★★ 条約が採択され、アパルトヘイトのような人種差別を深刻な人権侵害として、その廃止を要請している。
★★
◆**南アフリカ共和国**で1948～91年にかけて行われた**人種隔離政策**をアパルトヘイトという。少数派の白人政権が大多数の黒人を政治的・社会的に差別した。なお、日本は1995年に同条約をついに批准した。

人種差別撤廃

□15 現在、日本で在日外国人として居住している韓国や朝鮮に出自を持つ人々やその子孫に対する差別を ★★ 差別という。
★★
◆日本の植民地時代の朝鮮半島より日本本土（内地）へ移住者だけでなく、労働力などとして強制連行された人々の子孫も含まれる。この人々は、日本で生まれ、教育を受け、生活しているにもかかわらず、就職や結婚などの面で差別を受けることがある。帰化することで日本国籍を取得する者もいるが、なお韓国・朝鮮籍を保持している者も少なくない。

在日韓国・朝鮮人

□16 日本では、1995年の人種差別撤廃条約批准を契機に、アイヌ民族を差別的に扱ってきた ★ 法を廃止し、97年に ★ 法を制定したが、先住民族としての権利は明記されず、2019年4月成立の「 ★ 」で、アイヌ民族を**法律上初めて先住民族と認めるも**先住権は明記されなかった。
★
◆「アイヌ新法」と呼ばれる**アイヌ施策推進法**は、アイヌ民族を先住民族と明記し、差別の禁止などを盛り込んでいる。

北海道旧土人保護,
アイヌ文化振興,
アイヌ新法

□17 日本が、**1985年**に ★★★ 差別撤廃条約を批准するに先立ち制定ないし改正した法律として、 ★★★ 法、改正**労働基準法**、改正 ★★★ 法がある。
★★★

女子（女性）,
男女雇用機会均等,
国籍

□18 **1984年**に国籍法が改正され、日本国籍取得の要件が ★★ 血統主義から ★★ 血統主義に改められた。
★★
◆父系**血統主義**：　父が日本人　▶　子は日本人
　　↓
父母両系**血統主義**：父または母が日本人　▶　子は日本人

改正前の父系**血統主義**では、**父が日本人で母が外国人の場合、子は日本人となれるが、母が日本人でも父が外国人の場合、子は日本人となれない**ことになっていた。これは、子に対してはもちろん、日本人の母に対する差別となることから法改正が行われ、父母両系**血統主義**に改められた。

父系, 父母両系

☐ **19** 1999年制定の ★★★ 法は、女子の社会参加のための
★★★ 積極的格差是正措置（ ★★★ ）を公的機関に求めてい
る。

◆ポジティブ=アクション（アファーマティブ=アクション）は、
ジェンダー（文化的・社会的に作られる性差）だけでなく、人種
など構造的な差別の解消に向けて実施される積極的是正措置で
あり、機会の平等よりも結果の平等を実現するものである。日
本では、高齢者やハンディキャップのある者への**法定雇用率**（民
間企業や公的機関への雇用の義務づけ措置）が導入されている。

☐ **20** ★ 条約は、子どもの意見表明権などを明記し、子
★ どもが保護されるだけでなく権利の主体であるべきこ
とを定めている。

◆「子ども」とは満18歳未満で、**意見表明権**、**人格権**、**プライバ
シーの権利**、**飢餓からの解放の権利**などが与えられている。な
お、日本は、子どもの権利条約を批准した当初には国内法制定
を不要としていたが、2016年**児童福祉法**に子どもを権利主体に
位置づけるとした。

☐ **21** 健常者との社会生活の中で、身体または精神に障がい
★★ のある人々に対する差別を ★★ 差別という。

☐ **22** ★★ 条約は、**2006年**に国連で採択されたもので、締
★★ 約国に障がい者の広範な問題を解決する施策を実施す
るよう要請している。

☐ **23** 2014年、日本は ★ 条約を批准したが、それに先
★ 立つ11年には ★ 法を改正し12年に施行すると
ともに、05年に制定、06年に施行する**障害者自立支援
法**を ★ 法に改正した。

◆障害者雇用促進法の制定により、国や地方公共団体、企業は原
則として一定の割合で障がい者の雇用を行うことが義務づけら
れている。障害者総合支援法では、障がい者の定義に**難病など
を加え**、重度訪問介護の対象者の拡大、共同生活介護（**ケアホー
ム**）と共同生活援助（**グループホーム**）の一元化などが行われた。

☐ **24** 国際結婚が破綻した際に、その子どもを一方の配偶者
★ が強制的に国境を越えて連れ去った場合、子どもを元
の国（常居所）に返還することを定めた国際条約である
★ 条約を、2014年に日本は批准した。

◆このハーグ条約の正式名称は「**国際的な子の奪取の民事上の
側面に関する条約**」。政府間組織である**ハーグ国際私法会議**
（HCCH）で1980年に採択され、83年に発効している。子ども
を常居所（常居住地）に戻し、そこで正式な親権を決定する。

男女共同参画社会
基本,
ポジティブ=アク
ション（アファー
マティブ=アクシ
ョン）

子どもの権利(児童
の権利に関する)

障がい者

障害者権利

障害者権利,
障害者基本

障害者総合支援

ハーグ

**I
政治**

7 人権の国際化

33

1 政治分野　7 人権の国際化

☐25 ⭐⭐ 　★★　 は思想、信条、人種などの理由で不当に弾圧されている「**良心の囚人**」の救済や死刑の廃止運動に取り組む国際人権 NGO（非政府組織）で、国連との協議資格も有している。

アムネスティ=インターナショナル

☐26 ★ オランダに本部を置く**国際環境保護団体**　★　は、**非暴力直接行動**を特徴とし、国連より「総合協議資格」を認められている。

グリーンピース

☐27 ★ 　★　 は、1863年に**戦時の負傷者を救済する目的**で**アンリ=デュナン**によって創設され、現在は**人道支援**のため幅広い活動をしている。

赤十字国際委員会

☐28 ⭐⭐ 　★★　 はフランスで設立された組織で、世界各地の戦災地、災害被災地、難民キャンプなどで医療活動を行い、1999年にはノーベル平和賞を受賞した。

国境なき医師団（MSF）

☐29 ★ 困窮した人々に対して、国連だけでなく、各国からも発展途上国への国際的な支援が行われ、日本もその一環として、独立行政法人である　★　（国際協力機構）が**青年海外協力隊**を派遣している。

ジャイカ
JICA

☐30 ⭐⭐ 2006年にノーベル平和賞を受賞した**バングラデシュの経済学者**　★★　は　★★　を設立し、**貧しい人々の零細な事業に対する融資**（マイクロクレジット）を無担保で行い貧困の解消に取り組んだ。

ムハマド=ユヌス，グラミン銀行

☐31 ★ 2014年にノーベル平和賞を受賞したパキスタンの人権活動家　★　は、**女性と子どもの権利の確立**、および　★　の自立の実現に向け、世界中のすべての子どもに質の高い　★　が保障されるように訴えている。

マララ=ユスフザイ，女性，教育

☐32 ⭐⭐ 　★★　 とは、アフリカ系アメリカ人に対する警察の残虐行為をきっかけにアメリカで始まった**人種差別抗議運動**である。

ブラック　ライブズ
Black Lives
マター
Matter（BLM）

◆2020年5月、アメリカのミネソタ州の都市ミネアポリスで、アフリカ系アメリカ人の男性が白人の警察官に首を圧迫されて死亡した事件をきっかけに広まった人種差別抗議運動で、デモ隊の掲げたスローガンが "Black Lives Matter"（「黒人の命は大切だ」「黒人の命こそ大切にしなくてはならない」）である。**新型コロナウイルス感染症**（**COVID-19**）の流行拡大による貧困層の経済的打撃、トランプ政権の国政運営に対する異議なども相まって、この運動はアメリカ全土、さらに全世界へと広がった。

34

8 主要国の政治機構

ANSWERS □□□

I 政治

8 主要国の政治機構

□■**1** **イギリス**では原則として ［ ★★ ］の多数党の党首が首
★★ 相となり、**フランス**では ［ ★★ ］制と**議院内閣制**とを
  合わせた形態を、**ドイツ**では大統領職は存在するが政治
  的実権はなく、基本的には ［ ★★ ］制を採用している。

> ◆イギリスで多数党の党首を首相に任命し、少数党となった際に
> は首相を辞任するという議院内閣制が創始されたのは、18世紀
> 前半の<u>ウォルポール</u>内閣である。

下院（庶民院）,
大統領

議院内閣

□■**2** イギリスの<u>首相</u>は日本と同じく ［ ★★★ ］の**第一党**の**党**
★★★ **首**が就任するのが通常であり、国民（有権者）の選挙に
  よって選ばれる**アメリカ**などの<u>大統領</u>と対照的である。

> ◆伝統的にイギリスは二大政党制なので、<u>首相</u>には**下院（庶民院）**
> の<u>第一党</u>（<u>多数党</u>）の**党首**が国王によって当然に任命される。日
> 本は国会で首相の指名が行われるが、イギリスでは形式的には
> 議会による首相指名行為は省略されている。

国会（議会）

□■**3** イギリスの下院議員は、［ ★ ］歳以上の有権者による
★ 小選挙区制の選挙で選出され、議員の任期は ［ ★ ］
  年である。

> ◆なお、上院（貴族院）は、<u>貴族身分</u>を有する者、世襲貴族などで
> 構成され、非民選で任期は終身である。1990年代に**労働党**の**ブ**
> **レア政権**下で上院改革が行われ、定数が大幅に減らされた。世
> 襲貴族の対象が限定され、代わりに功績のある者を一代貴族と
> 認めて上院議員の地位を与えている。

18,
5

□■**4** イギリスでは**二院制**を採用しているが、**法律案**や**金銭**
★★★ **法案**などにおいて ［ ★★★ ］の**原則**が確立している。

> ◆日本の<u>衆議院の優越</u>は、**イギリス**を模範にしたものである。

下院優越

□■**5** イギリスでは法案などの議案の審議は、本会議を中心
★ に慎重に行われており、**法案は3回読み合わせを行う**
  ［ ★ ］制が採用されている。

三読会

□■**6** イギリスの国王は、18世紀前半のジョージ1世の時
★★ 代以降、**議会**の<u>助言</u>の**下**に ［ ★★ ］を行使する存在と
  なった。このような国王のあり方を指して「**国王は**
  ［ ★★ ］**すれども** ［ ★★ ］**せず**」という。

> ◆<u>立憲君主制</u>とは、君主が憲法に従って統治を行う政治形態であ
> る。**制限君主制**とも呼ばれる。現在のイギリスのように国王が
> 実権を持たない場合、**議会主義的君主制**という。

国王大権

君臨, 統治

35

1 政治分野　**8** 主要国の政治機構

□**7** イギリスは成文の憲法がない　★★　の国であるが、
★★　数多くの成文法や**権利請願**、**権利章典**などの**歴史文
書**、　★★　が憲法の役割を果たしている。

不文憲法

判例法

□**8** イギリスでは、**2009年の司法改革**で　★　が創設さ
★　れ、その地位も　★　からの**独立性**が保障されたが、
アメリカや日本と異なり　★　権**は有しない**。

最高裁判所,

上院,

違憲立法審査

◆従来、**イギリス**の最高裁判所に該当した最高法院は、上院議員
たる少数の法律貴族で構成され、**司法権の独立が弱かった**。

□**9** イギリスの**二大政党**は、資本家や貴族、地主階級の支
★★　持を受ける　★★　と、労働者階級の支持を受ける
★★　である。

保守党,

労働党

□**10** イギリスでは、**2010年の下院総選挙**の結果、第一党が
★★　★★　から　★★　に移ったものの、第三の政党で
ある　★★　が健闘したため、どの政党も過半数の議
席を獲得できなかった。

労働党,　保守党,

自由民主党

◆2010年5月、保守党と自由民主党が連立政権を組織し、キャメ
ロン政権が発足した。二大政党制が崩れたため、**第二次世界大戦
後初の連立政権**が誕生した。どの政党も単独過半数を確保でき
ない状況をイギリスでは**ハングパーラメント**（宙ぶらりん議会）
と呼ぶ。

□**11** 2011年、イギリスでは内閣が党利党略によって下院を
★　解散するなどの解散権濫用を防ぐために　★　法が
制定された。

議会任期固定

◆下院を解散できるのは、下院が内閣不信任案を可決した場合か、
下院の定数の3分の2以上の賛成があった場合に限ることに
なった。

□**12** イギリスでは、政権を担当していない**野党**は　★★★
★★★　を組織し、**政権交代に備える**ことが慣例になっている。

影の内閣（シャド
ー=キャビネット）

□**13** 伝統的に二大政党制であったイギリスでは、与野党の党
★★★　首が政治争点について直接議会で討論する　★★★　制
が採用されてきたが、日本でも**国会審議を活性化する**
ためにこれを模範として　★★★　制が導入された。

クエスチョン=タ
イム

党首討論

◆イギリス下院の本会議場は与党と野党が対峙するように座席が
配置され、中央の演説台で質疑などが行われるが、その中央部
と左右の議員席を分ける2本の赤い線が床に引かれている。こ
れを**剣線（ソードライン）**という。この線から踏み出さないこと
で、議会が討議の場所であることを表している。

□14 1970年代末以降のイギリスの政権与党と歴代首相につ
★★　いて、下の表の空欄 **A** ～ **C** にあてはまる政党名を、空
欄 **D** ～ **H** にあてはまる人名を、それぞれ答えよ（2021
年4月時点）。

在任期間	政権与党	首　相
1979～90	A ★★	D ★★
1990～97	A ★★	メージャー
1997～2007	B ★★	E ★★
2007～10	B ★★	F ★★
2010～15	A ★★ / C ★★	G ★★
2015～16	A ★★	
2016～19	A ★★	メイ
2019～	A ★★	H ★★

A　保守党

B　労働党

C　自由民主党
D　サッチャー
E　ブレア
F　ブラウン
G　キャメロン
H　ジョンソン

◆2015年の下院総選挙で保守党が過半数の議席を獲得したことか
ら、自由民主党との連立政権は解消され、キャメロンが続投し、
保守党の単独政権となった。これにより、イギリスは再び二大政
党制となった。その後、翌16年6月のEU（欧州連合）離脱の
是非を問う国民投票で離脱が過半数となった結果を受け、キャ
メロンは辞任し、メイが首相に就任した（サッチャーに続き、史
上2人目の女性首相）。しかし、19年6月EU離脱交渉の難航
からメイは辞任し、翌7月にジョンソンが就任、同年12月の下
院総選挙での保守党圧勝により同政権は信任を得て、20年1月
にEUから離脱した。

□15 アメリカの大統領は、軍の最高指揮権を持つとともに、
★★　各省長官や大使その他の外交使節、連邦最高裁判所裁
判官などの高級官吏の ★★ 権を持つ。

任命

◆ただし、高級官吏任命には連邦議会の上院の同意が必要である。

□16 **アメリカの立法機関である連邦議会は二院制**であるが、
★　その権限は法律案などについて上院（元老院）と下院
（代議院）は対等である一方で、 ★ 院には条約締
結同意権と高級官吏任命同意権など ★ 院優越事
項が存在する。

上，
上

□17 アメリカの大統領は、連邦議会の ★ 院の ★
★　を得て、条約を締結する権限を有する。

上，同意

I
政治

8
主要国の政治機構

37

I 政治分野 8 主要国の政治機構

□**18** アメリカの大統領は**連邦議会から** ★★★ **されない点**
★★★
で強い地位にあり、任期中、政治責任は問われない。

◆アメリカの大統領制は、イギリスの議院内閣制とは異なり、大統領の任期4年間で、その間は政治責任を問われないため、強力なリーダーシップを発揮できる。その反面、無能な大統領が選ばれると4年間、国政の混乱が続いてしまう。

不信任

□**19** アメリカの大統領も**連邦議会により** ★★ **される**こ
★★
とはあるが、憲法や法律に違反した大統領を解任する
制度であって、政治的失敗の責任を問うものではない。

◆大統領の弾劾は下院の訴追により、上院の出席議員の3分の2以上の賛成で議決を行うことができる。なお、不信任が政治責任を問うものであるのに対して、弾劾は法律違反の責任を問うものである。歴代大統領で弾劾訴追されたのは、ジョンソン（1868年）、クリントン（1998年）、トランプ（2020年）の3人であるが、いずれも弾劾決議は否決された。1970年代にはニクソンがウォーターゲート事件（民主党本部への盗聴事件に端を発する一大政治スキャンダル）で弾劾決議の手続が進んでいたが、その最中に大統領辞任を発表した。

弾劾

□**20** アメリカの大統領は**連邦議会に対する** ★★★ **権を持**
★★★
たないが、日本やイギリスなどの議院内閣制の下では、
内閣はこの権限を下院に対して行使できる。

◆なお、大統領は連邦議会に議席を持たない。

解散

□**21** アメリカでは**厳格な三権分立**が採用されており、大統
★★
領には ★★ **権がない**代わりに、連邦議会で制定さ
れた法案に対して ★★ **権を発動**できる。

◆大統領が連邦議会で可決した法案を拒否した場合、連邦議会に差し戻され、出席議員の3分の2以上の賛成で再可決されれば成立する。

法案提出,
拒否

□**22** アメリカの大統領は法案提出権を持たないが、**必要な**
★★
立法は ★★ という形で連邦議会に勧告できる。

◆一般教書、大統領経済報告、予算教書が「三大教書」と呼ばれる。原則として年1回、大統領は連邦議会に対して、国の現状やこれからの政策方針を説明する**一般教書演説**を行う。これは国民に向けてテレビ中継も行われる。

教書

□**23** **アメリカ合衆国憲法修正第22条**で、大統領の**任期**は
★★
★★ **年**で ★★ **選**は禁止されている。

◆唯一の例外は第32代のフランクリン=ローズヴェルト大統領で3選を果たした（任1933〜45年）。彼の死後、憲法が修正されて正式に2選までとされた。

4, **3**

24 アメリカの大統領選挙では、まず有権者が大統領を選出する 　★　 を、　★　 歳以上の有権者が選ぶ間接選挙によって選出する。

大統領選挙人, 18

◆アメリカの大統領選挙は大統領選挙人による間接選挙であるが、それは形式的であり、実質的には直接選挙といえる。

25 アメリカの大統領選挙は、有権者による大統領選挙人の選挙が各州で行われ、その州で1票でも多く得票した政党が、**その州すべての選挙人を獲得**する 　★　 方式（ウィナー=テイク=オール）が採用されている。

勝者総取り

◆アメリカ大統領選挙は、4年に1度のうるう年に行われ、二大政党の民主党と共和党は、それぞれ**予備選挙**で公認候補者を1人に絞り込み、11月の大統領選挙人選挙（割当総数538人）で、その過半数を獲得した政党の候補者の当選が事実上決定する。12月には大統領選挙人による大統領選挙が形式的に行われる。

26 アメリカの大統領の任期の半分にあたる2年目に、上院と下院の同時選挙となる 　★　 選挙が行われ、次期政権与党と大統領を占うものとして注目される。

中間

◆下院の任期は2年、上院の任期は6年であるが、**2年ごとに3分の1ずつ改選**されることから、大統領選挙と同時に上院と下院の選挙が行われると、その大統領任期中の中間選挙でも上院と下院の選挙が行われることになる。2018年11月の中間選挙では、共和党のトランプ政権の下で、下院は民主党が勝利し、議席の過半数を獲得し、上院と下院で多数派が異なった。20年の大統領選挙に合わせて行われた上下院選挙でも、下院は民主党が過半数を維持、上院も引き続き民主党が主導権を握ることになった。

27 　★★★　 権とは連邦議会の行った立法や、行政府による命令や処分などが**憲法に適合するか否かを**裁判所が**審査**する権限で、アメリカでは判例法により確立した。

違憲立法審査

◆イギリスの最高裁判所（旧最高法院）は**違憲立法審査権を持たない**。日本では憲法第81条に違憲立法審査制度（違憲立法審査権）が明記されている。

28 アメリカの二大政党は、黒人や労働組合など大衆の支持を受けて**リベラルな主張を行う** 　★★　 と、資本家の支持を受けて**保守的な主張を行う** 　★★　 である。

民主党,
共和党

I
政治

8
主要国の政治機構

I 政治分野 **8** 主要国の政治機構

□**29** 第二次世界大戦後のアメリカの歴代大統領と政権与党
★★ について、下の表の空欄**A**～**C**にあてはまる人名と、
空欄**D**～**I**にあてはまる政党名を、それぞれ答えよ
（2021年4月時点）。

代	大統領	政　党	在任期間
33	トルーマン	民主党	1945～53
34	アイゼンハウアー	共和党	1953～61
35	A　★★	D　★★	1961～63
36	ジョンソン	民主党	1963～69
37	ニクソン	共和党	1969～74
38	フォード	共和党	1974～77
39	カーター	民主党	1977～81
40	B　★★	E　★★	1981～89
41	ジョージH.W.ブッシュ（父）	共和党	1989～93
42	クリントン	民主党	1993～2001
43	ジョージW.ブッシュ（子）	共和党	2001～09
44	C　★★	F　★★	2009～17
45	トランプ	G　★★	2017～21
46	バイデン	I　★★	2021～

A　ケネディ

B　レーガン
C　オバマ
D　民主党
E　共和党

F　民主党

G　共和党

I　民主党

□**30** **社会主義国**では、**国民代表議会に権力を集める**という
★ 　★　制が採用されることが多い。

　◆旧ソ連邦の最高権力機関は立法権を持つ最高ソビエト（最高会
　　議）であり、そこに**権力を集中**させていた。

民主的権力集中
（民主集中、権力
集中）

□**31** 15の共和国の集合体だった旧ソ連邦は1991年12月
★ に解体し**緩やかな主権国家の統合**を目指す　★　を
結成した。

　◆当初は12ヶ国で結成された国家連合体であるが、2009年にグ
　　ルジア（ジョージア）が脱退し、2020年4月現在、正式加盟国は
　　9ヶ国である。

独立国家共同体
（CIS）

□**32** ロシア連邦議会の下院は内閣　★　決議権を持ち、
★ 　　★　が下院の解散権を持つ。

不信任,
大統領

□33 2004年、　★　は大統領に再選され、以後も政権担当
★ に意欲を見せたが、当時のロシア憲法では連続③選が
禁止であったため、　★　が大統領に就任した。しか
し、12年に再び　★　が大統領に当選した。

プーチン

メドベージェフ，
プーチン

◆メドベージェフ政権下、ロシアの大統領の任期を**4年から6年
に延長する憲法改正**が行われ、2012年に就任した<u>プーチン</u>から
適用された。これにより、18年の大統領選挙で通算４選を果た
し、24年に任期満了となる。さらに、20年7月の憲法改正
で、これまでの在任期間をリセットした上で、今後は連続して
三選禁止から、通算して三選禁止（生涯2期まで）と定められた
ため、<u>プーチン</u>は24年から2期（最長2036年まで）大統領に在
任が可能となり、超長期政権への道が開かれた。

□34 中国（中華人民共和国）の国家元首は、全国人民代表大
★ 会（全人代）で選出される　★　で、内閣の長であ
る　★　（首相）とともに政治を行う。

国家主席，
国務院総理

◆2013年には<u>国家主席</u>に<u>習近平</u>が、<u>国務院総理</u>（首相）に<u>李克強</u>が
就任した。18年には憲法を改正し、国家主席の任期についての
規定を削除し、<u>習近平</u>が恒久的に在職する体制が整えられた。

□35 中国の議会は　★★　と呼ばれ、国家の最高機関とし
★★ て位置づけられており、　★★　制である。

全国人民代表大会
（全人代），
一院

◆中国の政治体制は、国家権力の最高機関である<u>全国人民代表大
会</u>に、すべての権力が集中する<u>民主的権力集中制</u>（民主集中制）
を採用している。最高司法機関である<u>最高人民法院</u>の長官や裁
判官も<u>全国人民代表大会</u>で選出される。

□36 中国は、経済力を高めるとともに、いわゆる膨張政策
★ によって、　★　**権益を拡大する動き**を見せ、日本の
みならず　★　諸国との間でも摩擦を起こしている。

海洋，
東南アジア

◆**東シナ海**では日本との間で<u>尖閣諸島</u>をめぐる摩擦がある一方、
南シナ海では2014年に西沙諸島と南沙諸島の**領有権**をめぐり中
国と<u>ベトナム</u>との摩擦が激化、またフィリピンが中国による人
工島造成に関して**常設仲裁裁判所**に提訴し、16年には中国側の
主張を全面的に否定する判決が出された。しかし、中国は人工
島の造成を続けている。

□37 フランスの大統領は、<u>国民</u>による　★★　で選出され、
★★ **大きな権限を持っている**ものの、　★★　は議会の多
数派から選出されるため、「**半大統領制**」と呼ばれる。

直接選挙，
首相

◆ただし、現在の**第五共和政**におけるフランスの大統領は任期で
ある5年間で議会（下院）から不信任をされず、「**帝王の大権**」と
も呼ばれる**下院解散権**を持つ点で、**強大な権限**を有している。下
院は大統領を不信任とすることはできないが、大統領とともに
行政を担う内閣を不信任とすることができる。いわば、内閣は
大統領に代わって議会に対して責任を負う。なお、下院議員の
任期も5年である。

I
政治

8
主要国の政治機構

41

1 政治分野　8 主要国の政治機構

□**38** 国民の直接選挙によるフランスの大統領選挙では、
★　　　　　★　回投票制という独自の方法が採用されている。

2

◆2回投票制とは、1回目の投票で有効投票の過半数を獲得した候補者がいない場合は上位2名の決選投票を行う方法。大統領の任期は最長で「5年×2期＝10年」である。オランドの任期満了に伴う2017年の大統領選挙は、同政権の経済相マクロンと極右政党「国民戦線」のルペンの争いで、1回投票と2回投票ともにマクロンが第1位となり、史上最年少の39歳で当選した。

□**39** フランスの大統領は、重要問題を国民に直接問うため
★★　に　★★　施行権を持っている。

国民投票

◆2005年にはEU憲法をめぐる国民投票が行われた。

□**40** 現憲法下のフランスでは、政党や政治勢力の異なる大
★　統領と首相が政権を共存し、ともに政権運営にあたる
　　　★　政権が樹立されたことがある。

保革共存

◆これはコアビタシオン（フランス語で「同棲」「同居」の意）と呼ばれている。議会与党によって、大統領が指名した首相が不信任を受けることを避けるという意図もある。政党間の合議で形成される連合政権や連立政権ではない点に注意。

□**41** ドイツの政治制度について、任期5年の連邦　★★
★★　は内閣を構成せず、議会によって選ばれる　★★　が
　　　内閣をリードする。

大統領,
首相

◆ドイツの大統領は、連邦会議で選出され（間接選挙）、その立場は実権を持たず象徴的な形式的役割を負うだけである。国民によって選出された大統領が大きな権限を持つアメリカなどとは大きく異なる。なお、ドイツの連邦会議は国会の連邦議会（下院）とは異なる大統領選出機関である。

□**42** ドイツはフランスと同じく大統領制と　★★　の複合
★★　型の政治制度を採用しているが、ドイツは後者を中心
　　　としていることで、首相が強い権限を持つ。

議院内閣制

□**43** 2005年以来、ドイツでは旧東ドイツ出身で　★
★　（CDU）に所属する　★　がドイツ史上初の女性の
　　　首相を務めた。

キリスト教民主同
盟,
メルケル

◆2018年10月に地方選で大敗を喫したメルケルは、21年9月の任期満了をもって首相を退任した。1989年、東西統一後のドイツ首相と所属政党は次の通り。コール（～1998年：キリスト教民主同盟（CDU））→シュレーダー（1998～2005年：ドイツ社会民主党（SPD））→メルケル（2005～21年：キリスト教民主同盟（CDU））→ショルツ（2021年～：ドイツ社会民主党（SPD））。

□**44** 国の政治体制を次の表中**A**〜**F**のように分類した場合、下の語群の各国があてはまるものを記号で答えよ。

	議院内閣制	半大統領制	大統領制
連邦国家	A	B	C
単一国家	D	E	F

※この「単一国家」とは、中央政府に統治権が集中する国家を指す。

【語群】 イギリス　アメリカ　フランス　ロシア
　　　　ドイツ　　日本

イギリス　D
アメリカ　C
フランス　E
ロシア　　B
ドイツ　　A
日本　　　D

I 政治
8 主要国の政治機構

◆**イギリス**は単一国家で議院内閣制（D）である。議院内閣制とは議会の信任に基づいて首相を中心とした内閣が存立し、行政権を行使する仕組みであり、**イギリス**で発達した。一般に首相は下院の第1党の党首が務め、下院優位の原則が認められている。これは**日本**も同様（D）である（日本の下院は衆議院にあたる）。正式な国名は「グレートブリテン及び北アイルランド連合王国」で、イングランド、ウェールズ、スコットランド、北アイルランドの4つの王国の連合体であり、その統一性が重視されている。**アメリカ**は自治権の認められた州（state）の連合による連邦国家で大統領制（C）を採用している。各州が刑法、民法など州法を立法する権利を有し、州が1つの国家の実質を持つので連邦国家と考えられている。**フランス**は単一国家で半大統領制（大統領制と議院内閣制の複合型：E）である。身分制国家であった王政を市民革命で覆して共和国となった歴史を持つ。**ドイツ**は連邦国家で、フランスと同様に形式的には大統領制と議院内閣制の複合型の政治体制であるが、実質的には首相に権限があり、通常は議院内閣制を中心とする政治体制と分類される（A）。**ロシア**は連邦国家で半大統領制（大統領制と議院内閣制の複合型：B）である。

□**45** いくつかの中南米やアジア諸国で行われた　★★　という体制は、西欧諸国が導入している議会制　★★　主義とは異なり、経済開発を政権の正当性の根拠として**強権的独裁政治**を行う体制である。

開発独裁,
民主

◆開発独裁は、**経済的発展と開発**を掲げることで独裁政治が民衆の一定の支持を受ける大衆迎合主義（ポピュリズム）的な側面を持つ政治体制であるが、経済成長が達成され、国民生活が豊かになるのに伴い、民主主義を求める動きが強まり、その政権は崩壊する場合も多い。冷戦期の東南アジアでは**フィリピン**のマルコス政権や**インドネシア**のスハルト政権、東アジアでは**韓国**の朴正煕政権が開発独裁体制であった。

II

政治分野
POLITICS
日本国憲法

1 明治憲法から日本国憲法へ

ANSWERS □□□

□**1** 1874年の「**民撰議院設立建白書**」の提出に始まり、**板**
★★　**垣退助**らを中心に、憲法の制定や国会開設の要求がなされた政治運動を ★★ という。

自由民権運動

□**2** ★★ は、自由民権運動の急進的指導者として**人民**
★★　**による**抵抗**権**を主張し、権力者によって**上から与えられる** ★★ 的民権から、人民が自ら勝ち取る**下からの** ★★ 的民権へと移行させていくべきであると説いた。

中江兆民

恩賜,
恢復(回復)

□**3** 自由民権思想家の ★★ が起草した憲法案「**東洋大**
★★　**日本国国憲按**」には ★★ 権が認められており、主権在民や天賦人権も主張された革新的な内容であった。

植木枝盛,

抵抗

◆大日本帝国憲法の制定以前に、民間で様々な憲法案が作成されていた。これらは私擬憲法と呼ばれる。植木枝盛は自由民権運動の代表的活動家で、板垣退助らが結成した立志社に参加していた。著書に『民権自由論』『言論自由論』『天賦人権弁』などがある。「東洋大日本国国憲按」は、国民主権、一院制議会、抵抗権などを保障していた私擬憲法の1つである。

□**4** 1889年施行の**明治憲法**(★★★)には、立憲主義的な
★★★　要素も見られた一方で、**万世一系**で ★★★ とされた ★★★ に主権があるとされ、その権限が広く認められていた。

大日本帝国憲法,
神聖不可侵,
天皇

◆国家意思の最終的、最高の決定権が天皇にあるとする基本原理を天皇主権という。

□**5** 明治憲法は、天皇が定め、国民に対して与える形式
★★　の ★★ 憲法であるのに対して、**日本国憲法**は主権者たる国民が定めた ★★ 憲法である。

欽定,
民定

◆伊藤博文(初代内閣総理大臣)らは、欽定憲法であるプロイセン憲法を模範として明治憲法を起草した。

44

□ **6** 明治憲法下では、天皇は**統治権を** ★★ する存在で
★★ あり、**軍の** ★★ など広範で、議会や内閣から独立
した天皇大権を持っていた。

◆明治憲法は天皇大権として、**独立命令、緊急勅令、宣戦・講和**
の権利などを認めていた。

総攬,
統帥権

□ **7** 明治憲法下では、**帝国議会**は天皇の立法権の ★★
★★ **機関**であり、それぞれの**国務大臣**は天皇の行政権の
★★ **機関**であった。

◆**内閣制度**は、1885年の太政官達により創始され、89年公布の
内閣官制で、その運用基準が示された。**明治憲法**(1889年発布、
90年施行)には内閣制度に関する規定はなく、**内閣総理大臣**は
天皇によって任命され、国務大臣の任免権も天皇にあった。ゆ
えに、内閣総理大臣は国務大臣を任免することなど強い権限は
与えられず、内閣における**同輩中の**首席でしかなかった。また、
内大臣(宮中で天皇を常時補佐する役職)や宮内大臣(宮内省の
長。皇室の事務責任者)が内閣の外に置かれ、軍令機関が内閣か
ら独立していたことなど、憲法における内閣そのものの位置づ
けは曖昧であった。

協賛

輔弼

□ **8** **帝国議会**は、皇族・華族・勅任議員からなる ★★ と
★★ 民選議員からなる ★★ の**二院制**で、両議院の地位
はほぼ対等であるが、天皇の立法権行使の ★★ **機
関**に過ぎず、天皇に単独立法権が認められていた。

◆天皇の単独立法権には、独立命令(法律から独立して平時におい
て公共の安寧秩序を守り、または臣民の幸福を増進するために
発布する立法形式)と、緊急勅令(帝国議会が閉会中に公共の安
全保持、または災厄を避けるために緊急の必要がある場合に発
布する立法形式)の2つがあった。また、天皇の最高諮問機関と
して枢密院が置かれ、重要な国務を審議するものと位置づけら
れていた。

貴族院,
衆議院,
協賛

□ **9** 明治憲法下の ★★ の二大義務は ★★ と納税で
★★ ある。

臣民, 兵役

□ **10** 明治憲法下において ★★ 権の独立の侵害が問題に
★★ なった ★★ 事件では、訪日中のロシア皇太子を襲
い負傷させた被告に死刑を求める政府の圧力に対して、
当時の**大審院長である** ★★ らはこれを退けた。

◆**大審院**とは、明治憲法下における最高裁判所のこと。

司法,
大津(ロシア皇太
子傷害)
児島惟謙

□ **11** 明治憲法下の裁判はすべて ★★★ **の名の下**において
★★★ 行われ、また通常の裁判所以外に皇族間の民事訴訟や
軍事犯罪などを扱う ★★★ が置かれた。

◆明治憲法では、軍法会議、行政裁判所、皇室裁判所などの特別
裁判所の設置が認められた。

天皇

特別裁判所

II

政治

1
明治憲法から日本国憲法へ

45

Ⅱ 政治分野　1 明治憲法から日本国憲法へ

□12 明治憲法に定められている臣民の権利は、法律によっ
★★★ ていつでも制限できた。これを ★★★ という。

　　◆明治憲法では、法律の留保という条件はあるが、言論・出版・集
　　会・結社の自由（第29条）、財産権（第27条）などは認められ
　　ていた。また、「安寧秩序ヲ妨ケス及臣民タルノ義務ニ背カサル
　　限ニ於テ」という条件つきで、信教の自由（第28条）も認めら
　　れていた。ただし、そのような日本臣民の権利は、自然権とし
　　て位置づけられず、恩恵的に付与されたものに過ぎなかった。

法律の留保

□13 明治憲法には、第23条で罪刑法定主義が規定されて
★ いたが、刑罰を定める法律が、いわゆる ★ 立法
であったため、人身の自由は事実上、保障されていな
いに等しかった。

治安

□14 明治憲法には、規定されている権利の種類が少なく、
★★★ 20世紀的権利の ★★★ 権や ★★★ 選挙権、身分制
度を否定する ★★★ の規定などが欠けていた。

　　◆明治憲法には、精神的自由である学問の自由と思想・良心の自
　　由の規定も欠けていた。また、罪刑法定主義も一応は規定され
　　ていたが、刑罰を定める法が悪法である治安立法であったため、
　　人身の自由の保障は不十分であった。

社会，普通，
法の下の平等

□15 明治憲法が制定された当初、政府は議会および政党の
★ 意思や意見には無関係であるとする ★ 内閣で
あった。

　　◆薩摩藩出身の黒田清隆（第2代内閣総理大臣）は、明治憲法の制
　　定直後にこの考え方を表明した。

超然

□16 日本は1885年に内閣制度を導入したものの、すぐに議
★★ 院内閣制は確立されず、ある政党が衆議院議員選挙で
多数派を獲得しても、実際に次期内閣総理大臣を選び
★★ に推薦したのは ★★ だった。

天皇，元老

□17 1890年、第1回衆議院議員総選挙当時の選挙権は
★★ ★★ 歳以上で納税額が ★★ 円以上の男子のみ
に与えられ、その総人口に占める割合は約1％であっ
た。

　　◆1925年には加藤高明内閣の下で衆議院議員選挙法が改正され、
　　有権者資格としての納税要件が撤廃され、男性（25歳以上）の
　　普通選挙が実現した。

25，15

46

□ 18 **大正デモクラシー**を指導した政治学者 ★★★ は、政
★★★
治の目的は国民の利益と幸福であり、**民衆本位の政治**
を行うべきであるとして、 ★★★ **主義**を唱えた。

◆吉野作造の唱えた民本主義は、現在の民主主義のように主権が
国民にあるという主旨ではないが、立憲君主制を導入した当時
の日本において、その**実情に即した**デモクラシーの形とはいえ、
大正デモクラシーを正当化するために、天皇制を前提にしつつ
も、主権が運用される際には民衆の意向が尊重されるべきだと
して**民衆本位の政治**を求めた。

よし の さくぞう
吉野作造

みんぽん
民本

□ 19 1918年、**初の本格的政党内閣**である ★ 内閣が成
★
立し、24年には**第二次護憲運動**で ★ 内閣が成
立するなど、昭和初期までに**衆議院の多数党が内閣を**
組織する慣行が続いた。これを ★ **の常道**という。

◆大正デモクラシーという政治的、社会的な潮流の中で**政党内閣**
が続いた。しかし、1931年の**満州事変**を機にファシズムが台頭
し、翌32年の五・一五事件で首相の犬養毅が、36年の二・二六
事件で蔵相の高橋是清など政府首脳が暗殺されるなど、憲政の
常道という政党内閣の慣行は崩壊した。

はらたかし
原敬,

加藤高明

憲政

□ 20 ★★★ 事件とは、憲法学者で貴族院議員の ★★★
★★★
の学説が「国体」に反するとして攻撃され、その主要著
書が出版禁止となるなどの**言論**や**学問**に対する弾圧が
行われた事件である。

◆天皇に主権がある明治憲法下で、美濃部達吉らによって唱えら
れた天皇機関説は軍国主義の台頭に伴い排斥された。

天皇機関説, **美濃**
部達吉

□ 21 ★ 事件とは、京都帝国大学の教授が唱えた刑法
★
の学説が左翼思想であるとして、当時の文部大臣から
休職処分を受けたことに端を発する、**学問**の自由や**思**
想の自由が侵害された事件である。

滝川

□ 22 日本側の明治憲法改正草案となる ★ 案は GHQ
★
（連合国軍最高司令官総司令部）によって拒否された。

◆1945年10月、幣原喜重郎内閣の下で大日本帝国憲法の改正を
検討するために設置されたのが憲法問題調査委員会である。委
員長を務めたのが国務大臣の松本烝治であったことから「松本
委員会」とも呼ばれ、この委員会でまとめられた憲法改正草案を
「憲法改正要綱」と呼ぶ。この草案は GHQ に提出されたが、「天
皇主権を温存するもので、民主化には不徹底なもの」とされた。
一方、鈴木安蔵らの憲法研究会によって起草された「憲法草案要
綱」は、国民主権や人権保障の拡充などが謳われ、後のマッカー
サー草案（GHQ 草案）に影響を与えた。

松本

II
政
治

1
明
治
憲
法
か
ら
日
本
国
憲
法
へ

Ⅱ 政治分野　2 日本国憲法の三大原則～国民主権

□23 戦後、日本の民主化、非軍事化を進め、憲法制定など
★★ の重要な改革を推進したGHQの最高司令官 ★★
は、GHQ民政局に ★★ と呼ばれる３つの原則を
示し、独自の憲法草案である ★★ を作成させた。

マッカーサー，
マッカーサー三原
則，
マッカーサー草案
(GHQ草案)

◆マッカーサー三原則は「マッカーサーノート」とも呼ばれる。①
国家元首は天皇とすること、②戦争の放棄、非武装、交戦権の否
認、③封建制の廃止、を内容とする。②は日本国憲法第9条の精
神につながっていく。マッカーサー草案 (GHQ草案) は、1946
年2月13日に日本政府に示され、同月22日、日本政府は閣議
でこれに沿う形で憲法改正の方針を決定した。

□24 マッカーサー草案 (GHQ草案) を一部修正した明治憲
★★★ 法改正案が、1946年6月の第90回 ★★★ で可決され、
★★★ が成立した。

帝国議会，
日本国憲法

◆国民主権の明文化をはじめとした修正が行われ、可決・成立し
た。

2 日本国憲法の三大原則～国民主権

ANSWERS □□□

□1 日本国憲法の根幹をなす三大原則 (三大原理) とは、国
★★★ 民主権、 ★★★ 主義 、 ★★★ の尊重である。

平和，基本的人権

□2 日本国憲法前文では、「そもそも国政は、国民の厳粛な
★★★ ★★★ によるものであつて、その権威は ★★★ に
由来し、その権力は国民の ★★★ がこれを行使し、そ
の福利は国民がこれを享受する。これは人類普遍の原
理であり、この憲法は、かかる原理に基くものである」
と定め、近代民主政治原理として ★★★ を採用する
ことを宣言している。

信託，国民，
代表者

間接民主制

◆立憲主義とは憲法が保障する国民の権利を権力者から守るとい
う英米系の市民革命の歴史的結論であり、そこで主張された法
の支配の要求は権力者も自然法、正義の法に拘束されるとする
原理であった。日本国憲法前文では憲法制定の由来、「国民主権」
「平和主義」「基本的人権の尊重」という三大原理などが宣言され
ている。

□3 日本国憲法前文では、「ここに ★★★ が国民に存す
★★★ ることを宣言」し、第1条で天皇の地位は、「 ★★★
の存する日本国民の総意に基く」として、 ★★★ を明
示した。

主権，
主権，
国民主権

48

□4 明治憲法では**主権は**天皇にあったが、**日本国憲法は** ★★★ 　★★★　主権を定め、**第1条**で天皇の地位は**日本国及び日本国民統合の** ★★★ と明記された。

国民,
象徴

◆このように日本国憲法に定められた天皇制を象徴天皇制という。憲法第2条では、天皇の皇位は世襲とされ、皇室の基本法典である皇室典範で皇位継承順位などが定められている。現憲法下では、1989年の昭和天皇の逝去（崩御）で、皇太子明仁親王が天皇に即位し、元号が「**平成**」と改められたが、2016年、天皇自らの意思表示（「象徴としてのお務めについての天皇陛下のおことば」）を尊重して皇室典範の特例法が制定され、19年4月30日に現憲法下で初の「**生前退位**」が行われた。翌5月1日には新たな天皇が即位し、元号法により「**令和**」が新たな元号と定められた。

□5 日本国民の**三大義務**は、 ★★★ の義務、 ★★★ の義務、勤労の義務である。
★★★

納税, 教育
※ 順不同

◆教育の義務は、正確には「**教育を受けさせる義務**」である。

□6 日本国憲法で**天皇**はその神格性が否定され、**日本国および国民**統合の ★★ として、**内閣の助言**と ★★ に基づき**形式的儀礼的行為**である ★★ を行うにとどまる。
★★

象徴, 承認,
国事行為

◆第1条が明記する象徴天皇制は、国民主権と表裏一体である。

□7 日本国憲法下における**天皇の**国事行為には、憲法改正・法律・政令・条約の ★★★ 、内閣総理大臣による国務大臣の任免および、長以外の最高裁判所裁判官の任命の ★★★ などがある。また、 ★★★ の解散を認めているが、その決定自体は ★★★ が行っている。
★★★

公布

認証, 衆議院,
内閣

◆天皇の国事行為については、憲法第6・7条に定められている。なお、外国賓客の接遇、全国各地への訪問や慰問、一般参賀や園遊会など行事への参加は国事行為に含まれず、政府は「公的行為」と呼んでいる。

□8 日本国憲法が例外的に**直接民主制を導入**している具体例として、 ★★★ の国民投票、地方特別法の**住民投票**、 ★★★ の国民審査の3つがある。
★★★

憲法改正,
最高裁判所裁判官

□9 日本国憲法の規定では、 ★★ の**裁判官**は国民審査によって ★★ される場合がある。
★★

最高裁判所,
罷免

□10 日本国憲法では、**内閣総理大臣**は ★★ が指名するよう定められており、国民の ★★ により選出する ★★ 制を導入するためには**憲法改正が必要**である。
★★

国会,
直接選挙,
首相公選

Ⅱ
政治

2 日本国憲法の三大原則～国民主権

49

Ⅱ 政治分野 ② 日本国憲法の三大原則～国民主権

☐ **11** 日本国憲法は、一般法よりも**厳格な改正手続**を必要と
★★★ する ★★★ である。

◆これに対して、一般法と同等の手続で改正できる憲法を軟性憲
法という。

硬性憲法

☐ **12** 日本国憲法の改正について、憲法第 ★★★ 条で「各議
★★★ 院の総議員の ★★★ 以上の賛成で、国会が、これを発
議し、国民に提案してその承認を経なければならない。
この承認には、特別な ★★★ 又は国会の定める選挙
の際行われる投票において、その ★★★ の賛成を必
要とする」と定めている。

96,
三分の二

国民投票,
過半数

◆**憲法改正原案**について、議員が発議する場合には**衆議院で議員
100人以上、参議院で議員50人以上**が賛成したものを、両院
のいずれかに提出する（憲法審査会も発議することができる）。な
お、憲法改正が承認された場合には、**第96条2項**で「天皇は、
国民の名で、この憲法と一体を成すものとして、直ちにこれを
公布する」と定められている。

☐ **13** 2007年制定、10年施行の国民投票法では、初めて憲法
★★ 改正に関する具体的な手続が明示された。また、国民投
票の対象を重要問題一般とするのではなく ★★ に
限定し、投票資格は**満 ★★ 歳以上**の者とされるも、
満 ★★ 歳以上、満 ★★ 歳未満の者が**国政選挙**
に参加できるまでの間は、**満 ★★ 歳以上**の者が投
票資格を有するとされた。

憲法改正,
18,
18, 20,
20

◆2015年の公職選挙法改正に伴い、**満18歳以上**の選挙権が認め
られたとともに、同年の国民投票法改正でも投票資格が満18歳
以上とされた（2018年6月施行）。公務員や教育関係者には憲法
改正に関して中立性を要求し（国民投票運動の禁止）、国民を一
定の方向に誘導しないことを義務づける一方、国民として社会
の課題に主体的に行動する力をはぐくむ「**主権者教育**」も始め
られ、22年度から実施される新学習指導要領では「公共」という
科目で取り扱われる。なお、憲法改正に関する国民投票では、憲
法改正案に対する国民投票が有効に成立するための最低投票率
が定められていない。

☐ **14** 憲法第97条は「この憲法が日本国民に保障する基本
★★ 的人権は、人類の多年にわたる ★★ 獲得の努力の
成果であつて、これらの権利は、過去幾多の試錬に堪
へ、現在及び将来の国民に対し、侵すことのできない
永久の ★★ として信託されたものである」とし
て、**基本的人権**の不可侵性を定めているが、**憲法の**
★★ **性**の実質的根拠にもなっている。

自由

権利

最高法規

50

□**15** 憲法第98条1項では、憲法は国の ｜ ★★ ｜ であり、「そ
★★ の条規に反する法律、命令、詔勅及び国務に関するそ
の他の行為の全部又は一部は、その効力を有しない」
と定めている。

◆詔勅とは、天皇が発する、天皇の意思を表す文書全般を指す。命
令とは、国の行政機関が制定した**政令**や**省令**などを総称したも
のを指す。憲法第98条の憲法の最高法規性を定める条文は、明
治憲法には存在しなかった。

最高法規

□**16** 憲法第99条では「天皇又は摂政及び国務大臣、国
★★ 会議員、裁判官その他の ｜ ★★ ｜ は、この憲法を
｜ ★★ ｜ し ｜ ★★ ｜ する義務を負ふ」と定めている。

◆憲法が一般の法律の上位であることを明記し、統治権力の正当
性（正統性）の根拠が、最高法規としての憲法にあることを明ら
かにするために、この憲法尊重擁護義務を課している。

公務員，
尊重，擁護

3 日本国憲法の三大原則~平和主義

ANSWERS ☐☐☐

□**1** 憲法第9条では、｜ ★★★ ｜ 放棄、｜ ★★★ ｜ 不保持、交戦
★★★ 権の否認が規定されている。

戦争，戦力

□**2** 1950年に発足した ｜ ★★ ｜ は、52年に ｜ ★★ ｜ 、54
★★ 年に自衛隊に改組・編成された。

◆「我が国の平和と独立を守り、国の安全を保つため、我が国を防
衛すること」が自衛隊の主な任務である（自衛隊法第3条）。ま
た、同じ1954年には日米相互防衛援助協定（**MSA協定**）が結ば
れている。その60年後となる2014年には、それまでの歴代内
閣による公式見解を改め、**第二次安倍内閣**が集団的自衛権の行
使を容認することを閣議決定した。

警察予備隊，保安
隊

□**3** 自衛隊は ｜ ★★★ ｜ のための必要最小限度の ｜ ★★★ ｜ に
★★★ 過ぎないとして**合憲説**に立つのが政府見解である。

◆1972年の田中角栄内閣の見解では、憲法第9条2項が保持を禁
止する「戦力」とは自衛のための必要最小限度の実力を超えるも
のと解釈している（**自衛力合憲論**）。しかし、自衛力の解釈を政
府が認定できるとすることで、自衛力が無制限に近い形で拡張
されていくという指摘もある。

自衛，実力

□**4** 憲法第9条の規定は変えずに**自衛隊の存在を認めるこ**
★★★ **と**のように、｜ ★★★ ｜ を行わずに条文の解釈を変える
考え方を、一般に ｜ ★★★ ｜ という。

◆憲法の条文と現実のズレを解消する手段として用いられる論理
である。**自衛隊違憲説**に立ちながらも**存在の必要性から事実上、
自衛隊を認めようとする見解**は解釈改憲（憲法の変遷）を根拠と
する場合が多い。

憲法改正，
解釈改憲（憲法の
変遷）

51

Ⅱ 政治分野　3 日本国憲法の三大原則～平和主義

□ **5** 自衛権は、**相手国から武力攻撃を受けた時にのみ行使
★★ すべきである原則**を ★★ の原則といい、これは
★★ の禁止を意味する。

専守防衛,
先制攻撃

□ **6** ★★★ とは、自国と密接な関係にある同盟国などが
★★★ 武力攻撃を受けた場合、自国が直接攻撃されていなく
ても、共同して武力をもって反撃する権利である。

集団的自衛権

□ **7** 日本は、憲法第9条2項後段が「 ★★ の否認」を規
★★ 定していることから、自然権としての正当防衛とされ
る ★★ の行使は認められるが、政策的自衛となる
★★ の行使は認められないと解釈されてきた。

交戦権

個別的自衛権,
集団的自衛権

□ **8** 2014年に第二次安倍内閣は ★★ を、国連憲章第51
★★ 条によって国際法上は保持するも、憲法第9条2項後
段にある「 ★★ の否認」の規定により行使できない
としてきたという従来の政府見解を閣議決定で変更し、
行使も可能であるとして、これを容認した。

集団的自衛権

交戦権

□ **9** 第二次安倍内閣が示した集団的自衛権としての「武力
★ 行使の新三要件」とは、①我が国と ★ な関係に
ある他国に対する武力攻撃で国民の生命・自由および
幸福追求の権利が根底から覆される ★ な危険が
ある、②我が国の存立を全うし、国民を守るために他
に適当な手段がない、③必要最低限の ★ の行使、
とされている。

密接

明白

実力

◆政府見解は、限定的に集団的自衛権の行使を認めたに過ぎず、海
外の戦争に自衛隊が直接参加できるものではないとされるが、
次の事例で「武力行使の新三要件」を満たせば武力行使は可能と
される。①邦人（日本人）輸送中のアメリカ艦船の防護、②攻撃
されているアメリカ艦船の防護、③強制的な停船検査、④アメ
リカ向け弾道ミサイルの迎撃、⑤ミサイル警戒時のアメリカ艦
船の防護、⑥アメリカ本土攻撃時の日本近隣におけるアメリカ
艦船の防護、⑦国際的な機雷処理、⑧民間船舶の共同防衛など。

□ **10** 非核三原則とは「**核兵器を作らず、 ★★★ 、 ★★★ 」**
★★★ というもので、佐藤栄作内閣が提唱した、日本政府の
核兵器に対する基本方針である。

持たず, 持ち込ま
せず

◆非核三原則は佐藤栄作首相が提示し、日本人初のノーベル平和
賞の受賞につながったが、日本側がアメリカに対して核兵器の
通過を認める日米間密約の存在が疑われ、2009年に民主党鳩山
政権がその存在を証明する証拠を開示した。自民党は「持ち込ま
せず」とは「持ち込んで日本に配備する意味である」と解釈し、
寄港・通過はこの原則に反していないと主張している。

52

□11 武器と武器関連技術の海外移転を行う際に政府が掲げ
★
る三原則を「　★　」といい、1967年に**佐藤栄作首相**
が表明した。①　★　、②国連で武器の輸出が禁止
されている国、③国際　★　当事国またはそのおそ
れのある国、に対して武器輸出は禁止されていた。

◆1976年の**三木武夫首相**により、可能な限り武器の輸出は慎むと
して、事実上の全面禁止に拡大した。

武器輸出三原則,
共産圏,
紛争

□12 **2014年**、第二次安倍内閣は、国連が認めている平和貢
★
献や日本の安全保障に資する場合、同盟国に対する**防
衛装備の移転**を事実上、解禁し、従来の「　★　」を
「　★　」に改めた。

◆**防衛装備移転三原則**とは、①条約に基づく義務や国連安保理決
議の違反国、**紛争当事国**への移転は認めないこと、②平和貢献や
日本の安全保障に資する場合は、**厳格な審査**の下で移転を認め
ること、③防衛装備の**目的外使用や第三国移転**については日本
の**事前同意**を必要とすること、の3つである。これに基づき、日
本の軍事関連製品を製造する企業も国際武器見本市に出展する
など、**軍事関連製品を成長産業の一分野とする方針転換**を図っ
ている。その担当機関として2015年、防衛省の中に防衛装備庁
が創設された。

武器輸出三原則,
防衛装備移転三原
則

□13 　★★★　は自衛隊の**最高指揮監督権**を、防衛大臣は**統
★★★
括権**を持つが、**憲法第66条2項**は、「内閣総理大臣そ
の他の国務大臣は、　★★★　でなければならない」と定
め、その指揮監督・統括権は軍人や旧軍人、軍国主義
者が持ってはならないとする　★★★　を原則とする。

◆文民統制（シビリアン=コントロール）は、自衛隊が暴走して戦
争に至ることを防ぐための原則である。議院内閣制のあらわれ
ではないことに注意！

内閣総理大臣

文民

文民統制（シビリ
アン=コントロー
ル）

□14 1976年、三木武夫内閣は**防衛関係費についてはGNP
★★
の　★★　%を超えないもの**としていたが、87年に
　★★　**内閣**はこの枠を**廃止**した。

◆1976年、**防衛費増大の抑制**のための方針として、三木内閣に、
GNP1%枠が閣議決定された。

1,
中曽根康弘

□15 　★★★　とは、**高度な政治性を有する問題**について、裁
★★★
判所は**合憲・違憲の判断は行うべきではない**とする考
え方であり、**司法消極主義**に立脚する理論である。

◆**司法消極主義**は、民主主義を尊重する立場から、政治性を有す
る問題については、**選挙によって選ばれた国会の意思を重視**す
べきであり、裁判所が判断すべきではないとする考え方に拠っ
ている。

統治行為論

**II
政治**

3 日本国憲法の三大原則〜平和主義

53

Ⅱ 政治分野　③ 日本国憲法の三大原則～平和主義

□**16** 在日米軍基地の拡張をめぐる**反対闘争**でデモ隊が基地
★★★ 内に立ち入ったため起訴された　★★★　事件で、被告
は**日米安全保障条約**、**駐留アメリカ軍の違憲性**を主張
した。1959年、東京地裁は駐留アメリカ軍を　★★★　と
する判決を下したが、同年の**最高裁**判決では駐留の根
拠条約となる日米安全保障条約に対する**憲法判断を**
　★★★　を用いて回避した。

砂川

違憲

統治行為論

　◆なお、砂川事件では高等裁判所への控訴を経ずに、最高裁判所
　の憲法判断を求めた。これを**跳躍上告**という。

□**17**　★★★　訴訟で、1973年の**札幌地裁**（福島判決）は**初め**
★★★ て自衛隊**違憲判決**を下したが、76年に**札幌高裁**は自
衛隊の違憲判断を　★★★　を用いて回避した。

長沼ナイキ基地

統治行為論

□**18** 旧日米安全保障条約は1951年の　★★　条約と同じ日
★★ に調印され、　★★　の日本駐留の根拠となった。

サンフランシスコ平和,
アメリカ軍（米軍）

□**19** 1960年の新日米安全保障条約では、新たに**日米**　★★
★★ **義務**が明記され、また在日米軍の重要な武器や基地の
変更の際には、**日本政府との**　★★　が必要となった。

共同防衛

事前協議

　◆正式名称は「日本国とアメリカ合衆国との間の相互協力及び安
　全保障条約」。制定当初は10年間の時限条約であったが、それ
　以降は、一方が1年前に解除通告をしない限り自動延長される。
　日米共同防衛義務により、日本本土が攻撃された際にはアメリ
　カは自国の憲法上の規定および手続に従って日本を守る義務が
　生じる（同条約第5条）。一方、在日駐留米軍が攻撃された際に
　はこれを守る義務が生じる。**アメリカ本土が攻撃された
　際は、日本に共同防衛義務は発生しない**点に注意！

□**20** 日米安全保障条約とは別に、**駐留アメリカ軍**における
★★ **経費や法的地位**を　★★　協定で定めている。

日米地位

□**21** 日米地位協定などに基づきアメリカ軍の駐留経費の一
★ 部を「　★　予算」として**日本政府が負担**している。

思いやり

□**22** 1978年策定の　★　（日米防衛協力のための指針）
★ は、**日米共同防衛体制**下における日本の対アメリカ協
力について定めたものである。

日米ガイドライン

□**23** 1978年の日米ガイドライン（日米防衛協力のための指
★★ 針）が見直され、97年に「周辺事態」という新しい概
念が取り入れられた指針を一般に　★★　という。

改定ガイドライン

　◆これに先立つ1996年には日米安全保障共同宣言が出され、日米
　安保条約の目的が「**ソ連の脅威への対抗**」から「**アジア太平洋地
　域の安定**」に転換された。

24 1999年、小渕内閣下での日米ガイドライン関連法の中心法である ★★ 法が制定され、日本が直接的な攻撃を受ける前段階となる日本周辺での有事が日本に危害を及ぼすおそれがある場合を規定するとともに、アメリカ軍への協力内容として ★★ 活動と ★★ 活動を定めた。

周辺事態

後方地域支援，捜索救助 ※順不同

◆日本は直接的な攻撃は受けていないので自衛権としての武力の発動はできないが、**アメリカ軍への協力が可能となった。**2015年、安倍内閣下で安全保障関連法の1つとして周辺事態法は重要影響事態法に発展的に改正され、**活動範囲や協力義務が大幅に拡大**された。

25 2001年9月のアメリカ同時多発テロを受けて ★ 法が時限立法として制定され、**自衛隊**は ★ で展開する**アメリカ軍の後方支援活動**を行い、 ★ で情報収集や給油・給水活動などを行った。

テロ対策特別措置，アフガニスタン，インド洋

26 2003年制定の ★★ 法は、有事法制の中心法であるが、安全保障会議が「**武力攻撃事態**」はもとより、「**武力攻撃予測事態**」と認定した場合でも個別的自衛権が**発動することを明記**するとともに、有事の際の国民の ★★ を定めている。

武力攻撃事態対処

協力義務

◆武力攻撃事態対処法は日本が現実に武力攻撃を受け始めたと認定される場合を具体的に規定している。この場合、**武力行使を含めた**個別的自衛権の行使を開始でき、初動の遅れを防止している。

27 2004年に ★★ 法などが制定され、有事の際に国民の生命と安全を守るために行う国および地方の役割が定められたことで、すべての ★★ が完備された。

国民保護

有事法制

◆有事法制は、戦争状態への対応だけでなく大規模テロも含めた有事の際の国と地方の役割を明記している。

28 2009年、民主党の鳩山由紀夫首相は、 ★★ 基地の国外ないし県外移転を提唱したが決着できず、10年に自民党政権下で日米の合意内容と同じく沖縄県名護市の ★★ にあるキャンプ・シュワブ移転に決定した。

普天間

辺野古

◆沖縄県の普天間基地移設の問題は、アメリカにおいては駐留する海兵隊の一部のグアム移転など在日米軍再編の一環として位置づけられている。2019年3月時点で、日本国内全体における在日アメリカ軍専用施設のうち、**沖縄県に所在する同面積比率は70.3%**である。

II 政治

3 日本国憲法の三大原則～平和主義

55

Ⅱ 政治分野　4 日本国憲法の三大原則〜基本的人権の尊重

□29 **第二次安倍内閣**は外交および安全保障の情報収集と政
★★ 策立案を行うアメリカ型の ★★ (日本版 NSC)の
設置を決定し、14年に ★★ が創設された。

◆国家安全保障会議は、現実的かつ具体的な外交・安全保障の司
令塔と位置づけられ、戦略と戦術の策定を行う。

国家安全保障会議,
国家安全保障局

□30 2015年9月、安倍内閣は ★★ 平和主義の実現を目
★★ 指した安全保障関連法として、自衛隊法や周辺事態法
など10の法律を束ねて改正する ★★ 整備法と、新
たな ★★ 法の計11本の法律を可決、成立させた。

積極的

平和安全法制,
国際平和支援

□31 安全保障関連法の1つとして、**周辺事態法**が ★★
★★ 法に発展し、自衛隊が後方地域支援活動や捜索救助活
動をできる範囲が日本周辺(極東)から世界中に、協力
対象国がアメリカから ★★ に拡大された。

重要影響事態

同盟国

□32 安全保障関連法の1つとして、**武力攻撃事態対処法を**
★★★ **改正**し、**政府**が「**存立危機事態**」と認定した場合に
★★★ 自衛権の行使が可能となり、さらに危険レベ
ルが進み「**武力攻撃事態等**」と認定された場合は
★★★ 自衛権の行使が可能であるとした。

◆安倍内閣は「切れ目のない安全保障」を法改正の目的とした。

集団的

個別的

4 日本国憲法の三大原則〜基本的人権の尊重

ANSWERS ☐☐☐

□1 **基本的人権**は、 ★★★ 権、自由権、社会権に、 ★★★
★★★ 権と請求権を加えて5つに分類される。

平等, 参政
※順不同

□2 憲法第11条と第97条では、**人権の** ★★ **性**につい
★★ て規定し、人権を自然権と捉えている。

◆憲法第11条は「国民は、すべての基本的人権の享有を妨げられ
ない」と明記している。

永久不可侵

□3 ★★ とは、憲法第13条と第24条で制定されてい
★★ る、何よりも**個人**を尊重しようとする**個人主義の原理**
のことを指す。

◆憲法第13条は「すべて国民は、個人として尊重される」と明記
している。

個人の尊厳 (個人
の尊重)

56

□4 憲法第13条後段で規定された ┃ ★★ ┃ は、**個人の尊
★★ 厳**を保護するために、国家が**最大限に尊重しなければ
ならない国民の権利**のことを指す。

◆幸福追求権は、**プライバシーの権利**、**環境権**など「新しい人権」
の主張の根拠をなすものである。

幸福追求権

□5 憲法第13条は、基本的人権を ┃ ★★★ ┃ に反しない限
★★★ り、┃ ★★★ ┃ その他の**国政の上で最大限に尊重**しなけ
ればならないものと規定している。

◆**人権の限界**を示す憲法上の文言が「公共の福祉」である。人権と
人権が衝突した場合、他者の人権を守るために人権の行使の濫
用は許されず、一歩譲るべきであると定めている。一方で、不
当な制限を防ぐために、その解釈と運用は慎重さを要する。

公共の福祉,
立法

□6 憲法第12条と第13条は、┃ ★★ ┃ 的公共の福祉の考
★★ えから**人権に一般的かつ内在的限界があること**を示し
ているが、**第22条と第29条**については、┃ ★★ ┃ 的
公共の福祉の考えから**経済的弱者を保護するための政
策的見地**に基づき、より広い権利の制限を認めている。

◆最高裁は合憲か違憲かの判定基準として**二重の基準**を採用し、
精神的自由の規制は**厳格**に（必要最小限度の規制のみ認められ
る）、経済的自由の規制は**緩やか**に（広く合理性ありと推定する合
理性の基準もしくは合憲性推定の原則に基づき）判定している。

自由国家

福祉国家

□7 憲法が掲げる人権保障の趣旨を、民法の公序良俗や不法
★ 行為に関する条項を通じて**私人相互の関係にも適用す
べき**とする考え方を ┃ ★ ┃ 説という。

◆憲法は、公権力（国・地方）と国民の関係を規律する公法である
ことから、**私人相互の関係に直接適用されることはない**。しか
し、憲法が規定する人権保障の趣旨を、民法の公序良俗に反す
る契約を無効とする規定（民法第90条）などを媒介として私人
相互の関係などにも適用して**結果の妥当性を図る立場**を間接適
用説という。

間接適用

□8 憲法第22条では ┃ ★ ┃ の自由が保障されており、人
★ が**自らの意志で国籍を離れる自由**が認められている。

国籍離脱

□9 1978年、**マクリーン事件**の上告審で最高裁は、憲法上
★★ の人権保障は性質上、日本国民のみを対象とするもの
を除き**日本に在留する** ┃ ★★ ┃ にもおよぶと判断した。

外国人

□10 外国籍を取得すると日本国籍を失うことになるという
★★ 国籍法の規定が憲法違反であるなどとして提訴された
┃ ★★ ┃ 国籍をめぐる問題で、2021年に最高裁は同法
の規定を ┃ ★★ ┃ と判断した。

二重,
合憲

57

II 政治分野　5 日本国憲法と人権(1)～自由権

5 日本国憲法と人権(1)~自由権

ANSWERS □□□

□1 日本国憲法で定める**自由権**には、★★★ 自由、経済的
★★★ 自由、★★★ の自由の3種類がある。

精神的,
人身(身体)

□2 精神的自由には、憲法第 ★★★ 条の「思想および良
★★★ 心の自由」、第20条の「★★★ の自由」、第21条の
「**表現の自由**」、第23条の「★★★ の自由」がある。

19,
信教,
学問

□3 精神的自由権のうち**内心の自由**として、憲法第19条
★★ に思想および ★★ が定められている。

良心の自由

□4 憲法第19条の**思想および良心の自由**は、人の内心の
★★★ 考え方を自由に認めていることから、理論上は ★★★
による規制は受けない。

公共の福祉

　◆日本国憲法の下では、内心を外部に表明していない段階は、他者
　の人権とは衝突しないことから、**内心を規制することは理論上
　許されない。**ただし、現実には第二次世界大戦後、共産党員の
　公職追放(レッド・パージ)など思想弾圧が行われた例がある。

□5 ★★ 事件では、**思想を理由に会社が仮採用者の本
★★ 採用を取り消した**ことが、憲法第14・★★ 条に反
しているか否かについて争われた。

三菱樹脂,
19

　◆最高裁は、憲法とは**公法**であり、民間企業と従業員個人の**私人
　間に直接適用されるものではなく**、私人間では**契約自由**の原則
　が優先し、企業の雇用の自由(憲法第22条)が尊重されるべき
　だとして、企業の本採用拒否を**合憲**と判断した。

□6 1999年に、**日の丸**を**国旗**、**君が代**を**国歌**とする ★★
★★ 法が制定されたが、これは思想統制を行うもので
★★ を侵害する疑いがあるという批判も出された。

国旗・国歌

思想および良心の
自由

　◆思想および良心の自由は、自分の思想と異なる内容の表明を拒否
　する権利や沈黙の自由を保障している。「君が代起立命令訴訟」で
　は、「君が代」の起立・斉唱を拒否した教師などの懲戒処分や定年
　後再雇用拒否について最高裁は**合憲・合法**とする判断を示した。

□7 2006年の**教育基本法改正**で、教育の目的について「**我が
★★ ★★ と ★★ を愛する**」態度を養うこととした
点に対し、★★ を侵害する疑いが指摘された。

国, 郷土,
思想および良心の
自由

　◆当初、自民党案では「**国**を愛する心(**愛国心**)を養う」としてい
　たが、連立政権を組む公明党の反対などもあり「**郷土**」を加え、
　「**心**」を「**態度**」という表現に改めた。

58

□8 憲法第20条3項、第89条は、信教の自由を制度的に
★★★ 保障するものとして ★★★ の原則を定めている。

政教分離

　◆憲法第89条は、政教分離の原則を表す規定の1つとして、宗教
　団体に対する公金の支出と公的な財産の供用を禁止している。

□9 政教分離の原則は、国や地方公共団体などは政治行為
★★ として ★★ をしてはならないとする憲法第20条
3項の規定から認められる。

宗教的活動

　◆憲法第20条3項では「国及びその機関は、宗教教育その他いか
　なる宗教的活動もしてはならない」と定められている。

□10 ★★ 訴訟では、市が公金で神社神道に基づいた儀
★★ 式（地鎮祭）を行ったことが政教分離の原則に違反して
いるか否かについて争われ、1977年に最高裁は ★★
判決を下した。

津地鎮祭

合憲

　◆最高裁は、国に禁止されている「宗教的活動」を、目的において
　宗教的意義があり、効果において特定宗教への援助・助長の効
　果または他宗教への圧迫・干渉の効果がある行為を指す「目的・
　効果論」で認定している。地鎮祭は、専ら世俗的であり、いずれ
　にも該当しないと判断した。

□11 箕面 ★★★ 訴訟では、市が移転費用として公金を用
★★★ いたことが政教分離の原則に違反しているか否かにつ
いて争われ、1993年に最高裁は ★★★ 判決を下した。

忠魂碑

合憲

　◆忠魂碑は単なる記念碑であり宗教的意義・目的なしと判断した。

□12 1997年に最高裁が憲法第20条の政教分離の原則に関
★★★ して最初の違憲判決を下したのは ★★★ 訴訟である。

愛媛靖国神社玉串
料支出（愛媛玉串
料）

　◆最高裁は、県が靖国神社に対して公金をもって玉串料を支出す
　る行為は、その目的において宗教的意義があり、その効果にお
　いても神道への援助・助長効果があるとし、政教分離の原則に
　違反すると判断した。

□13 2010年、北海道砂川市 ★★ 神社への公有地無償貸
★★ 与訴訟で、憲法第20条の政教分離の原則に関して2
度目の違憲判決が下された。

空知太

□14 2021年、沖縄県那覇市の ★★ の敷地使用料を市が
★★ 徴収しなかったことに対して、最高裁は無償で公有地
を使用させたことが政教分離の原則に反するとして、
この原則に関して3度目の違憲判決が下された。

孔子廟

□15 首相や閣僚が靖国神社に公的に参拝し、献花・献金に
★★ 公金を支出する行為を靖国神社への ★★ という。

公式参拝

Ⅱ 政治分野　5 日本国憲法と人権(1) ~自由権

☐ **16** 小泉首相が公務中に ★★★ を参拝したことが ★★★ の原則に違反するか否かが争われた訴訟で、2006年に最高裁は**憲法判断の必要性なし**とした。

◆原告団は、小泉首相の<u>靖国神社</u>参拝に伴う精神的苦痛に対する**国家賠償請求**を行ったが、最高裁は金銭評価に値するような被害は発生していないとし、原告の請求は認められないとした。よって、<u>靖国神社</u>参拝行為の**憲法判断は必要なし**とした。

靖国神社，政教分離

☐ **17** 憲法**第20条**は、個人の<u>内心</u>における ★ の自由を第一に保障し、その中には布教や宗教上の儀式などを行う自由や、宗教団体の任意の結成や自律的な運営を意味する ★ の自由の保障も含まれる。

信仰

宗教的結社

☐ **18** 憲法**第21条1項**は、「集会、結社及び ★★★ 、出版その他一切の ★★★ 」を保障すると規定している。

言論，表現の自由

☐ **19** <u>表現の自由</u>などの ★★ 的自由は ★★ を支える**優越的な権利**であるから、 ★★ の名の下に安易に規制することは許されない。

精神，民主主義，公共の福祉

◆最高裁は、<u>表現の自由</u>など精神的自由に対する規制が「<u>公共の福祉</u>」の視点から許容されるのは、**規制の目的に合理性**があり、なおかつ**規制の手段が必要最小限度の場合**、またはその**権利行使によって明らかに危険が発生する場合**（<u>明白かつ現在の危険の法理</u>）であるという合憲性判定基準を示している。

☐ **20** 表現物の内容を事前に行政機関が審査して内容を理由に発表を差し止めることを禁止したのが、憲法**第21条2項**の ★★★ の禁止の規定である。

検閲

☐ **21** ★★ <u>事件</u>では、わいせつ文書の販売を処罰することを定めた**刑法第175条**が、憲法**第21条**に規定される ★★ の<u>自由</u>の不当な制限ではないか否かが争点となったが、1957年に最高裁は ★★ 判決を下した。

チャタレー

表現，合憲

◆合憲の理由は、善良な性道徳や性的秩序を維持することは、<u>公共の福祉</u>の内容をなすためである。わいせつ文書などの禁制品の輸入を制限する**税関検査**が<u>表現</u>**の自由の制限**か否かが争われた事件でも、1984年に最高裁は<u>合憲</u>判決を下した。

☐ **22** **デモ行進**（集団示威行動）の許可制・届出制を定める東京都の ★ が憲法**第21条**に違反するか否かが争われた事件で、1960年に最高裁は<u>合憲</u>判決を下した。

公安条例

◆合憲判決の理由は、他者の**通行の自由と安全を守ること**は、<u>公共の福祉</u>の内容をなすためであるが、デモ行進の暴徒化の危険性ありと判断した点は批判されている。<u>新潟県公安条例事件</u>、<u>徳島市公安条例事件</u>でも最高裁は<u>合憲</u>判決を下している。

□ 23 ★

★ 事件で、1986年に最高裁は仮処分による雑誌の発売前の事前差止めは検閲にはあたらず、個人の名誉毀損などにつながることが明確な場合など例外的なものに認められるという判決を下した。

◆名誉を毀損する行為の禁止が、表現の自由に対する制約として認められるように、人権であっても他者を害する場合には制約などが課される。

北方ジャーナル

□ 24 ★★★

他人の私生活を本人の同意なく記述した小説の出版を事前に差し止めたことは **★★★** の自由の制限か否かが争われた『 **★★★** 』事件で、2002年に最高裁は出版の差止めは **★★★** を保障するためのやむを得ない措置であるとする判断を下した。

◆『石に泳ぐ魚』は柳美里の小説。プライバシーの権利を根拠とする小説刊行差止めは初めてのことである。

表現,
石に泳ぐ魚,
プライバシーの権利

□ 25 ★★

憲法第21条2項は **★★** を規定しているが、その例外として、1999年に制定された **★★** 法は、**裁判官が発行する** **★★** に基づいた特定の電話や電子メールの警察による傍受を認めている。

通信の秘密,
通信傍受,
令状

□ 26 ★★

1999年制定時の通信傍受法では、**★★** 、**★★** や **★★** 関連犯罪、集団密航の**反社会性の高い組織犯罪**に限り、第三者の立ち会いの下、**最長30日間の傍受**が認められた。

◆2016年の法改正で、傍受できる対象が窃盗、詐欺、傷害、放火、誘拐、逮捕監禁、爆発物、児童ポルノなどの組織（的）犯罪に拡大され、傍受の要件となっていた通信事業者などによる**第三者の立ち会いが廃止**された。窃盗団や詐欺グループなどの集団犯罪を捜査するための法改正であると説明されているが、第三者の立ち会いがなくなることで**違法捜査**のリスクが高まったという批判もある。

組織的殺人, 薬物,
銃器

□ 27 ★★

★★ 事件における1963年の最高裁判決は、憲法第23条の学問の自由を認めるための制度的保障として一般原則的には **★★** が認められるとした。

◆大学の自治とは、**学問の研究内容や教授内容に対して公権力が介入してはならない**とする原則であり、これによって、明治憲法下のように学問弾圧が起こらないようにすることを目指したものである。ただし、同判決は、学生運動を行うサークルには大学の自治は保障されていないとする事実認定を行った。

東大ポポロ劇団

大学の自治

□ 28 ★★★

公権力による**不当逮捕を防止**し、個人の行動の自由と個人の尊厳を守るのが **★★★** の自由である。

人身（身体）

II 政治

5 日本国憲法と人権(1)〜自由権

61

II 政治分野　5 日本国憲法と人権(1)〜自由権

□**29** 憲法**第31条**は、**法律の定める手続によらなければ処** ★★
　　罰されないという ★★ **の保障**を規定している。

　◆法定手続の保障とは、有罪の確定までに**適正な手続を保障**し、反
　　論の機会を与えるとする原則であるが、その目的は誤判を防ぐ
　　ことにあり、刑事訴訟法だけでなく、**行政手続法にも適用され得**
　　る。憲法**第31条**は、**刑事実体面**として罪刑法定主義を、**刑事手**
　　続面として法定手続の保障を規定し、**法の支配**を徹底している。

法定手続

□**30** 事前に明文化されている手続だけでなく、憲法の定め ★
　　る**適正手続保障**の規定を根拠として、刑罰の内容につ
　　いても合理性が求められるとする原則は ★ **の原**
　　則に基づくものである。

　◆罪刑法定主義が明確に規定された刑法によって裁かれる原則で
　　あるが、罪刑均衡の原則はその内容に合理性や公平性を求める。

罪刑均衡

□**31** 憲法**第31条**によると、有罪判決が確定するまで被疑 ★★★
　　者・被告人は ★★★ **の推定**を受ける。

　◆したがって、判決確定まで「有罪である」というレッテルを貼ら
　　れることはないのが原則である。

無罪

□**32** 憲法**第34条前段**では「何人も、理由を直ちに告げら ★★
　　れ、且つ、直ちに ★★ に依頼する権利を与へられ
　　なければ、抑留又は ★★ されない」と定め、被疑
　　者の権利を保障している。

弁護人,
拘禁

□**33** 憲法**第35条**は、公権力による住居侵入、捜査、押収 ★★
　　には ★★ による ★★ が必要だとし、同条は新
　　しい人権である ★★ の根拠規定にもなっている。

　◆逮捕する際に必要な令状を「逮捕令状」という（憲法**第33条**）。
　　令状なくして逮捕できる例として、憲法上は「**現行犯**」、刑事訴
　　訟法では「**緊急逮捕**」（指名手配者などの逮捕）がある。

司法官憲（裁判官）,
令状,
プライバシーの権
利

□**34** 刑事被告人には、憲法**第37条**で公平な裁判所の迅速 ★★
　　な ★★ 裁判を受ける権利や ★★ を求める権利、
　　★★ を依頼する権利などが保障されている。

公開, 証人,
弁護人

□**35** **刑事被告人**が自ら弁護人を依頼することができない場 ★★
　　合には、**国が公費で弁護人を附する**ことが憲法**第37**
　　条に明記されており、この弁護人を ★★ という。

　◆国選弁護人は、憲法上は**刑事被告人にのみ附する**ことになって
　　いるが、刑事訴訟法の改正で、2006年と09年と16年の3段階
　　で**被疑者にも附する**ことになった。

国選弁護人

62

□ **36** 憲法第36条は、**残虐刑とともに** ★★ **を禁止し、第** **拷問,**
★★　38**条ではそれを含めた一切の** ★★ **による自白は** **強要**
　　裁判で証拠として採用されないことを定めている。

　　◆また、憲法第38条3項では「何人も、自己に不利益な唯一の証
　　拠が本人の自白である場合には、有罪とされ、又は刑罰を科せ
　　られない」と定め、自白の証拠能力を限定している。

□ **37** 憲法第38条では、**自己に**不利益**な供述は強要されな**
★★　**いことを保障する** ★★ **と、強制、拷問、脅迫によ** **黙秘権,**
　　る、または不当に長期間抑留、拘禁された後の ★★ **自白**
　　は証拠にできないことが規定されている。

□ **38** **行為後に制定された刑罰法規によっては処罰されない**
★★★　**という刑事司法原則を** ★★★ **の禁止というが、この** **遡及処罰,**
　　原則は ★★★ 主義**のあらわれである。** **罪刑法定**

　　◆遡及処罰の禁止は、**事後法処罰の禁止**とも呼ばれる。

□ **39** 憲法第39条の「何人も、実行の時に ★★★ **であつた** **適法**
★★★　**行為又は**既**に無罪とされた行為については、刑事上の**
　　責任を問はれない」という規定は ★★★ 主義**を定め** **罪刑法定**
　　たものである。

□ **40** 憲法第39条には、**判決が確定した犯罪行為については**
★★　**再び裁判をしてはならないとする** ★★ **が規定され** **一事不再理**
　　ている。

□ **41** 憲法第39条は一事不再理**の原則を規定しているが、**
★★　**確定判決後に新しい** ★★ **が発見され、有罪の確定** **証拠,**
　　判決が疑わしくなった場合には ★★ **が認められる。** **再審**

□ **42** **白鳥事件で**1975**年に最高裁は「疑わしきは** ★★★ **の** **被告人,**
★★★　**利益に」という刑事司法の大原則を** ★★★ **の決定手** **再審**
　　続にも適用するという判断を下した。

　　◆1980年代には、死刑囚の再審で従来の有罪（死刑）判決の誤りが
　　明らかとなり、冤罪が認められた逆転無罪判決が続いた（免田事
　　件、財田川事件、松山事件、島田事件）。2010年代には無期懲役
　　囚の再審無罪判決（足利事件、布川事件など）も出ている。

□ **43** 憲法第40条では「何人も、抑留又は拘禁された後、無
★★　罪の裁判を受けたときは、法律の定めるところにより、
　　国にその ★★ **を求めることができる」と、**無罪**判** **補償,**
　　決となった場合の被告人の ★★ 権**を定めている。** **補償**

II
政
治

5
日本国憲法と人権(1)〜自由権

63

II 政治分野 5 日本国憲法と人権(1)〜自由権

□44 刑事事件における、逮捕から起訴までの流れについて、空欄A〜Gにあてはまる数字や語句を答えよ。

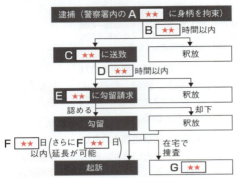

A 留置場
B 48
C 検察官
D 24
E 裁判官
F 10
G 不起訴

□45 警察の留置場を検察官の取り調べを行う際の ★★ の代わりに利用する「 ★★ 」が、 ★★ の強要を助長し、冤罪の温床になり得ると指摘されている。

拘置所,
代用監獄(代用刑事施設),自白

□46 憲法第22条の職業選択の自由、第29条の ★★★ は資本主義を支える ★★★ 自由である。

◆職業選択の自由とは、人が自ら従事すべき職業を選ぶことのできる自由を意味するが、それには選択した職業を営む営業の自由も含まれると解釈される。

財産権,
経済的

□47 憲法第22条1項は、「何人も、 ★★ に反しない限り、 ★★ 、移転及び ★★ の自由を有する」と規定している。

◆一方で、職業における国家資格制度は、憲法第22条が認める公共の福祉による規制として認められる。

公共の福祉,
居住,職業選択

□48 憲法第22条1項の ★★ の自由を侵害し、違憲と最高裁が判断した例に ★★ 法の ★★ 制限規定がある。

◆1975年の最高裁判決は、薬事法の立法目的(不良薬品供給防止)と薬局の開設などに関する距離制限に因果関係はなく、不必要な規制であるとした。憲法第22条1項に定める職業選択の自由の解釈から、営業の自由が認められる。

職業選択,
薬事,薬局距離

□49 憲法第29条1項では ★★ の不可侵性を、同条2項では財産権の内容は ★★ に適合するように法律でこれを定めることを規定している。

財産権,
公共の福祉

□ **50** 憲法第29条3項の「私有財産は、正当な ［ ★★ ］ の下　補償,
★★　 に、これを ［ ★★ ］ のために用ひることができる」こ　公共,
　　 との例が ［ ★★ ］ 法による土地の強制収用である。　土地収用

　　◆1951年制定の土地収用法は、公共事業に必要な土地の収用また
　　　は使用について、その要件や手続、効果などに関する規定を定
　　　めた法律である。収用委員会は、同法に基づき、土地の収用や
　　　使用に関する裁決などの事務を執行するために、都道府県に設
　　　置された**行政委員会**で、議会の同意を得て知事が委員7人を任
　　　命する。

□ **51** ［ ★★★ ］ とは、2人以上の当事者の意思表示が合致する　契約
★★★　ことで成立し、事実上の拘束力を持つものと定義され、
　　 民法改正で2022年4月以降は ［ ★★★ ］ 歳以上の者も原　18
　　 則として保護者の同意なく、それを行うことができる。

　　◆契約の自由は憲法第13条（個人の尊厳）、第29条（財産権）が
　　　根拠となる。2022年4月以降、民法の改正により成年年齢が18
　　　歳以上となり、契約に保護者の同意は不要となる。

□ **52** 職業選択の自由を定める憲法第 ［ ★★★ ］ 条1項と、財　22,
★★★　産権を定める第 ［ ★★★ ］ 条に、公共の福祉による制限　29,
　　 の可能性が明記されているのは、経済的 ［ ★★★ ］ を保　弱者
　　 護するために**経済活動の自由を制限**する必要があるた
　　 めである。

□ **53** 憲法第29条の ［ ★★ ］ 権を侵害し、最高裁が**違憲**と　財産,
★★　 判断した例には ［ ★★ ］ 法の ［ ★★ ］ 制限規定がある。　森林，共有林分割

　　◆1987年の最高裁判決は、森林の共有持分権者の所有権＝財産権
　　　に対する不当な侵害であるとした。

□ **54** 憲法第29条が保障する ［ ★★★ ］ 制と、第22条が解釈　私有財産,
★★★　上認める ［ ★★★ ］ の2つによって、憲法は ［ ★★★ ］ 主　営業の自由，資本
　　 義を制度的に保障していることがわかる。

II 政治

5 日本国憲法と人権(1)〜自由権

65

II 政治分野　6 日本国憲法と人権(2)～平等権

□55 政治の基本原理には、主権者たる国民の意思に基づく政治を実現する**民主主義**と、国民の基本的人権、特に**自由権**を保障する**自由主義**の2つがある。特に前者を尊重する例をA、特に後者を尊重する例をBとする場合、次の①～⑦はどちらに該当するか、それぞれ答えよ。

　①公務員に憲法尊重擁護義務を課すること
　②裁判所が行う違憲立法審査権を有すること
　③国会を国権の最高機関とすること
　④司法権の独立を保障すること
　⑤高度な政治性を有する問題について憲法判断を行わないとする統治行為論の考え方をとること
　⑥情報公開制度を導入すること
　⑦法の支配を徹底すること

① B
② B
③ A
④ B
⑤ A
⑥ A
⑦ B

◆①憲法**第99条**は**権力者と公務員に憲法を尊重し擁護する義務**を課す。権力濫用を防ぎ、国民の人権、特に自由権を守ることを主目的とする（B）。②憲法**第81条**の違憲立法審査権は、人権侵害の法律を違憲とし無効にする権限を裁判所が有する点で自由主義を尊重する（B）。③憲法**第41条**は「国会は、国権の最高機関」と、主権者たる国民の代表機関である国会を尊重していることから、民主主義を尊重している（A）。④憲法**第76条**の司法権の独立は、裁判所に憲法が定める人権を保障する公正中立な機関であることを担保するので、自由主義を尊重する（B）。⑤統治行為論は、政治性の高い問題は国民の代表機関である国会の意思を尊重することであるから、民主主義を尊重する（A）。⑥情報公開制度は、主権者たる国民が行政情報を知る権利に奉仕し、**行政に対する民主的コントロールを及ぼす**民主主義を尊重する制度である（A）。⑦「**法の支配**」とは、自然法＝**正義の法**による支配を権力者に要求する原理であり、権力は法律に基づいて支配を行えば足りるとする法治主義を批判し、悪法による支配を認めない考え方である。よって、国民の人権、特に自由権を守る原理といえる（B）。

6 日本国憲法と人権(2)～平等権

ANSWERS □□□

□1 政治的、経済的または ★★★ 関係におけるあらゆる差別を禁止した憲法の規定が法の下の ★★★ である。

社会的,
平等

□2 憲法に規定された「法の下の平等」は、★★★ 平等を保障する規定であり、★★★ のある差別は禁止していないと解釈される。

実質的,
合理的理由

◆**合理的差別**の具体例に労働基準法の母性保護規定、公務員資格を日本国民に限るとした国籍条項、刑法における業務上犯罪の刑加重規定、外国人に選挙権を認めていない公職選挙法の規定などがある。

□**3** 法の下の平等を実現する施策として、閣僚や議員、公的
★ 機関や企業の役職などにおいて一定数の割合でマイノ
リティの人々を登用することを義務づける制度を認め
ている。このような制度を一般に ┃ ★ ┃ 制という。

クオータ

◆これは積極的是正措置（ポジティブ=アクション、アファーマ
ティブ=アクション）の施策にあたる。例えば、ノルウェーなど
北欧諸国では、政治における男女平等を実現するために、議員
や閣僚などの一定数を女性に割り当てている。

□**4** **夫婦同姓**を定める現行の民法について、一方の配偶者
★★ が不利益を被ることもあるとして ┃ ★★ ┃ を求める動
きがあるが、2015年に最高裁は夫婦同姓を定める民法
の規定を合憲とした。

**選択的夫婦別姓制
度**

□**5** 憲法第24条は家族生活における**男女両性の** ┃ ★★ ┃
★★ を定め、婚姻の成立は ┃ ★★ ┃ のみに基づくとする。

**本質的平等,
両性の合意**

◆婚姻可能年齢については、2018年に成人年齢を20歳から18歳
に引き下げることなどを内容とする民法の改正が行われ、22年
4月より男女ともに18歳からとなる。1896年の民法制定以来の
改定で、初めて男女の婚姻開始年齢が統一される。

□**6** 個人の尊厳と ┃ ★★★ ┃ の本質的平等を定めた憲法第
★★★ 24条に基づき、第二次世界大戦後に ┃ ★★★ ┃ が改正
され、明治以来の家制度が廃止された。

**両性,
民法**

◆明治時代以来、民法では戸主には家族の婚姻や養子縁組に関す
る同意権のみならず、家族の居所指定権も与えられていた。

□**7** 離婚した際、女性だけが6ヶ月を経過した後でなけれ
★ ば再婚できないとする民法の規定を一般に ┃ ★ ┃ 期
間（**再婚禁止期間**）というが、2015年に最高裁は**100
日を超える部分**を違憲とする判決を下した。

待婚

◆2016年の民法改正で、待婚期間を100日とし、離婚時に懐胎
（妊娠）していない場合、100日以内でも再婚が可能となった。
現在、待婚期間の撤廃が議論されている。

□**8** 憲法第26条は、「すべて国民は、法律の定めるところ
★★ により、その ┃ ★★ ┃ に応じて、ひとしく教育を受け
る権利を有する」として ┃ ★★ ┃ の均等を定めるとと
もに、**義務教育は** ┃ ★★ ┃ であるとしている。

**能力,
教育機会,
無償**

◆教育を受ける権利の法的性質は、社会権と同時に平等権でもあ
るという二面性を持っている。また、憲法第26条は**教育を受け
させる義務**を定めていることから、教育を施す自由を与えられ
ているとも解釈されている。これらの点により、自由権として
の側面も持つ**複合的な権利**であるといえる。

**II
政治**

6 日本国憲法と人権(2) 〜平等権

67

II 政治分野　6 日本国憲法と人権 (2) 〜平等権

□ 9
★★
憲法第44条は、第14条とともに選挙の平等を保障し、1人1票という ★★ の平等と、与えられた1票の ★★ の平等を定めている。

数,
価値

◆各選挙区の議員定数と有権者数の比率に著しい不均衡がある**議員定数の不均衡**は、1票の価値の平等に反する。

□ 10
★★★
1973年、最高裁として初の法律に対する違憲判決が下され、**刑法第200条**が父母など直系血族を殺害した場合の ★★★ 規定が死刑または無期懲役と重すぎる刑罰しかないことが**憲法第14条の ★★★ に違反する**とした。

尊属殺重罰,
法の下の平等

◆違憲判決から20年以上経過した1995年、国会は刑法改正を行い尊属殺重罰規定を削除した。

□ 11
★★★
最高裁は ★★★ に関する1票の格差が1：4.99と1：4.40に達した例で過去2回違憲判決を下したが、選挙は無効とせず、選挙のやり直しを命じなかった。

衆議院

□ 12
★★★
最高裁は ★★★ に関する1票の格差が1：6.59、1：5.0、1：4.77の事例でいずれも違憲状態としたが、**過去1度も違憲判決を出していない**。

参議院

◆参議院に下された違憲状態判決とは、**違憲の疑いのある状態であって違憲とは断定できない**という意味であるから、理論上**すでに行われた選挙は有効**となる。参議院選挙については、1996年9月に1：6.59、2012年10月に1：5.0、14年11月に1：4.77という格差の事例が違憲状態とされ、違憲という判決は出されなかった。したがって、理論上では**選挙無効・やり直しの判決は下されなかった**。

□ 13
★★
最高裁は衆議院の1票の格差について違憲判決を下したが、**すでに行われた選挙**については ★★ 判決の法理に基づき**無効とした例はない**。

事情

□ 14
★★
2010年代に入り、最高裁は衆議院の1票の格差が1：2を超える事例については ★★ とする判決を繰り返している。その中で、国会は1票の格差について衆議院は1：ロ★★ 未満に、参議院は1：ロ★★ 未満に抑える施策を行っている。

違憲状態

2, 3

◆1：2.30 (2011年)、1：2.43 (2013年)、1：2.13 (2015年) はいずれも違憲状態という判決が下されている。なお、**最大3.00倍**であった19年7月の参議院選挙について、20年11月に最高裁は合憲とする判断を下している。

□ **15** 1979年、女性に対する政治的・経済的・社会的差別を
★★★ 禁じた ★★★ 条約が国連総会で採択され、85年に
日本は同条約を批准し、 ★★★ 法を制定した。

◆女性差別撤廃条約の批准に先立ち、1984年には国籍法改正が行われ、日本国籍を取得するための要件が見直され、それまでの父系血統主義から父母両系血統主義へと改められた。父系血統主義とは、父が日本人ならば子は日本国籍を取得できるとするもの。父母両系血統主義とは、父または母が日本人ならば子は日本国籍を取得できるとするもの。

□ **16** 1997年に男女雇用機会均等法が改正され、事業主の
★★ ★★ 規定が義務（禁止）規定に高められて、違反事
業主には企業名公表の罰則が設けられた。

□ **17** 日本では1999年に ★★★ 法が制定され、女性を行政
★★★ 会議などに参画させる積極的格差是正措置（ ★★★ ）
を行うことが明記された。

◆少数者を保護する手段として、会議などで一定の人数枠を確保する措置などがこれにあたる。2001年には男女共同参画社会基本法に基づき、内閣府の下に男女共同参画会議が設置された。

□ **18** ★★ 法に基づき在留外国人には従来、 ★★ 制
★★ 度が設けられていたが、1993年には永住者および特別
永住者に、99年には非永住者についても廃止された。

◆2012年には外国人登録証の常時携行を定住外国人などに義務づけた外国人登録法が廃止され、日本人と同じく住民登録されることとなった。なお、19年末時点の日本の在留外国人数（中長期在留者と特別永住者を合わせた人数）は**293万3,137人**で、前年末から20万人以上増えて過去最多となったが、翌20年末時点では**288万7,116人**と、4万6,021人減少した。

□ **19** 公務員の資格を日本国民に限る ★★ 条項について、
★★ 最高裁は**合理的差別であり合憲**であると判断したが、
1996年に ★★ 市が地方公務員には当てはまらない
との見解を示し、特定の業務を除いて運用の上で自主
的に撤廃した。

□ **20** 1995年、最高裁は ★★ 選挙において**定住外国人**に
★★ 選挙権を与えないことは日本国民との**合理的差別**とい
えるが、 ★★ 選挙では立法措置により**選挙権**を与
えることは**違憲とは断定できない**とする判断を示した。

◆この判決を受けて、2001年に小泉内閣下で定住外国人への地方選挙権付与法案が国会で審議されたが、時期尚早として見送りとなり、20年8月現在法案は成立していない。

女子差別撤廃（女性差別撤廃），
男女雇用機会均等

努力

男女共同参画社会
基本，
ポジティブ=アクション(アファーマティブ=アクション)

外国人登録，指紋
押捺

国籍

川崎

国政

地方

**II
政治**

6
日本国憲法と人権(2) ～平等権

II 政治分野 6 日本国憲法と人権 (2) ~平等権

□ **21** 2008年、最高裁は結婚していない日本人父と外国人母
★★ との間に生まれた子について、日本人父が認知したと
しても ★★ を取得できないとする ★★ 法第3
条の規定を ★★ と判断した（憲法**第14条**）。

◆**国籍法婚外子差別規定違憲判決**を受けて国籍法第3条は改正され、現在は認知された婚外子の日本国籍取得を認めている。

日本国籍，国籍，
違憲

□ **22** 次の**A〜D**の事例について、外国人に相当するのは
★★ ★★ である。

A 日本人の両親との間にドイツで生まれ、日本に出
生届を出し、ドイツ語で初等教育を受けたこともあり
日本語を得意としないが、日本国籍を選択したピアニ
スト

B ミャンマーから日本に働きに来たミャンマー人の
母と、日本で知り合った日本人の父との間に生ま
れた、日本で出生届を出したファッションモデル

C アルゼンチン出身で、Jリーグで活躍後、帰化し
て日本代表に選ばれたが、日本語は話せないサッ
カー選手

D 在日韓国人三世で、特別永住資格を得て、日本名
の通称を持ち、日本の学校で教育を受けた、日本
語のみ話すエンジニア

◆日本在留の韓国・朝鮮人や永住外国人（特別および一般）は外国
人となる。片親が日本国籍で、日本に出生届を提出して帰化す
る、あるいは日本を国籍に選ぶと日本人となる。

D

□ **23** 2013年、最高裁は婚姻関係にない男女間の子（ ★★ ）
★★ **の法定相続分**を婚姻関係にある男女間の子（嫡出子）の
2分の1とする民法**第900条**の規定を ★★ とする
判決を下した。

◆非嫡出子**法定相続分差別規定**（民法**第900条**）について、1995
年に最高裁は法律上の家族を尊重するものとして**合憲と判断**し
ていたが、2013年に**判例を変更**して違憲**判決**を下した。この判
決を受けて民法第900条は改正され、**現在の法定相続分は平等**
である。

非嫡出子

違憲

□ **24** ★ 問題に関して、同和地区住民への市民的権利
★ と自由の完全な保障を求めた審議会答申に基づき、
1969年に ★ 法が制定された。

部落差別

同和対策事業特別
措置

70

□**25** 2016年、大阪市（大阪府）が全国で初めて特定の人種や
★★ 民族への**憎悪**や ★★ 意識を煽る言動や表現に対す
る抑止条例を定め、同年には国も ★★ 対策法を制定
し、施行した。

差別,
ヘイトスピーチ

◆ヘイトスピーチ解消のための国と地域の責務を定めた法律とし
て、相談、教育および啓発活動の実施について定めている。た
だし、表現の自由との衝突が懸念されることから、禁止や罰則
については規定されていない。2019年に川崎市（神奈川県）がヘ
イトスピーチに対する罰則規定を設けた全国初の条例を制定し
た（2020年7月全面施行）。また、人種や宗教、肌の色、民族や
出自、性的指向、性別、障がいなどを理由とした憎悪、または
偏見を動機とするヘイトクライム（憎悪犯罪）には、物理的な暴力
だけでなく、脅迫や嫌がらせ、ヘイトスピーチが含まれる。ア
メリカの多くの州では通常の犯罪よりも厳罰を科す法律が設け
られている。

□**26** ★ 法では、配偶者などからの暴力の防止および
★ 被害者の保護を図るため、裁判所が被害者からの申立
てにより、加害者に対し、特定の場合に被害者の住居
や勤務先付近を徘徊してはならないと命ずることがで
きると規定している。

ドメスティック・
バイオレンス防止
（DV防止）

7 日本国憲法と人権 (3)～社会権

ANSWERS □□□

□**1** 社会権は、国民が国家に対して何らかのサービスの提
★★★ 供を求める ★★★ 的権利であり、★★★ 請求権を
本質とする。

積極, 作為

◆自由権は、**不作為請求権を本質とする消極的権利**である。

□**2** 憲法**第25条**は、**健康**で ★★★ な ★★★ の生活を
★★★ **営む権利**を国民に保障し、国は**社会福祉、社会保障、公
衆衛生**の向上および増進に努めるべきだと定めている。

文化的, 最低限度

□**3** 日本国憲法に規定のある社会権として、**第25条**の生
★★★ 存権や**第26条**の ★★★ 、**第27条**の勤労権、**第27**
条および**第28条**の ★★★ がある。

教育を受ける権利,
労働基本権

□**4** 社会権の1つである ★★★ 権を保障するため、生活
★★★ 困窮者に対して公費を財源に ★★★ が定める基準に
基づき**生活保護**を行うことが法律で定められている。

生存,
厚生労働大臣

II
政治

7 日本国憲法と人権(3)～社会権

71

II 政治分野　7 日本国憲法と人権 (3) ～社会権

□**5** 最高裁は朝日訴訟や堀木訴訟で、憲法第25条の生存
★★★　権に関する規定は国の ★★★ を明言したものであっ
　　　て、国民に具体的な権利を保障するものではないとす
　　　る ★★★ 説に立つことを判示した。

努力目標

プログラム規定

　　◆プログラム規定とは、政治指針としての**努力目標**のこと。なお、
　　憲法第25条を根拠に**具体的な請求ができる**とする見解（学説）
　　を法的権利説という。厚生大臣の定める**生活保護基準の合憲性**
　　が争われた朝日訴訟の最高裁の判決は、憲法第25条の生存権を
　　プログラム規定であると判示し、国民に具体的請求権を与えた
　　ものではないとした。堀木訴訟では、**障害福祉年金と児童扶養**
　　手当の併給禁止を定める旧児童扶養手当法の規定は憲法第25
　　条に違反しているか否かが争点となったが、プログラム規定説
　　に立ち、**立法裁量の枠内**であり合憲とする判決を下した。

□**6** **文化的生存権**の一部として、**すべての国民に** ★★
★★　**を受ける権利**がある。また、これを保障する目的で日
　　　本国憲法は国民（大人一般）に、その保護する子女に対
　　　する ★★ **を受けさせる義務**を課している。

教育

普通教育

□**7** **教育を受ける権利**を保障するために、憲法第26条は
★★　**義務教育の** ★★ を定めている。

無償

□**8** 文部省（当時）による**教科書検定制度**が憲法第26条の
★★　解釈上認められる**国民教育権**（教師の教育の自由）を侵
　　　害し、**第21条2項が禁止する** ★★ に該当するか
　　　否かが争われた ★★ **訴訟**では、最高裁は**教科書検**
　　　定制度それ自体を合憲とする判決を下した。

検閲,

家永

□**9** ★★ **法**は、憲法第25条の精神に基づき、1947年
★★　に制定され、第二次世界大戦後の新しい日本の教育の
　　　目的を明示し、その教育制度の根本を確立することを
　　　目的に掲げている。

教育基本

　　◆教育基本法の前文には、その制定目的を「日本国憲法の精神に
　　のっとり、我が国の未来を切り拓く教育の基本を確立し、その
　　振興を図る」とあり、憲法そのものの精神が踏まえられている。

□**10** 憲法第26条の背景には、人は教育を受け、学習して
★　成長し、発達していく権利を有するという ★ **権**
　　　の考え方があるとされ、1976年の最高裁による ★
　　　事件判決において、教育を受ける者がこの権利を有す
　　　ることを認めている。

学習,

旭川学力テスト

　　◆教育内容を決定する権限の所属については、国家にあるとする**国家**
　　教育権説と、保護者や教師を中心とする**国民教育権説**があるが、最
　　高裁の旭川学力テスト事件判決では折衷的な見解が示されている。

□11 労働三権とは、労働組合を結成する ★★★ 、労働組合が団体で使用者と交渉する ★★★ 、争議行為などの実力行使によって要求を実現する ★★★ を指す。

団結権,
団体交渉権,
団体行動権（争議権）

□12 ★★★ であることを理由に労働者を解雇することを ★★★ として労働組合法で禁止することで、社会権の1つである ★★★ を保障している。

労働組合員,
不当労働行為,
団結権

□13 団体行動権（争議権）の具体例には、労働者側からの手段として、**同盟罷業**＝ ★★ 、**怠業**＝サボタージュ、 ★★ ＝スト破り防止などがある。

ストライキ,
ピケッティング

◆使用者側からの争議権の手段として、**作業所閉鎖**（ロックアウト）がある。これは、閉鎖期間中の賃金支払義務を免れ、労働者に打撃を与えるものである。

□14 労働三権のうちの ★★ は、**すべての公務員に認められていない**。その条文上の根拠の1つとして、公務員の立場を憲法第15条2項が ★★ と規定していることがある。

団体行動権（争議権）
全体の奉仕者

◆労働三権すべてが**禁止**されている職種には警察官、自衛官、刑務官、海上保安庁職員などがある。

□15 憲法第28条が「 ★★ の団結する権利及び団体交渉その他の団体行動をする権利は、これを保障する」と定める通り、これらの権利が保障されるのは使用者と対等な立場で労働条件の改善などを求める必要がある ★★ のみである。

勤労者

勤労者

◆勤労者とは、**他者に雇用**され、労働力を**提供**する対価として賃金（俸給）を得ている労働者を指し、**労働三権が保障**される。例えば、個人で飲食店を営む事業主はこれにあたらず、労働三権は保障されない。

□16 ★★★ を設置し、求職者に職業を紹介することを法律で定め、社会権の1つである ★★★ 権を保障している。

公共職業安定所
（ハローワーク）,
勤労

□17 現在、多くの社会保障制度で法律上、国籍要件は撤廃され、外国人でも受給できるようになったが、**最低限度の生活**を維持できない人々に対する ★★ 制度には、なお法律上の国籍要件が定められている。

生活保護

II 政治

7 日本国憲法と人権(3)～社会権

II 政治分野 8 日本国憲法と人権(4)〜参政権・請求権

☐ **18** 次の表は日本国憲法の三大原則にかかわる3つの裁判
★★★ に関するものである。最高裁判所が採用した考え方を表
す空欄 **A 〜 C** にあてはまる語を下の語群から答えよ。

●一票の格差とその選挙について (1976・85年の衆議院定数訴訟)	●衆議院解散の効力について (苫米地事件)	●生存権について (朝日訴訟)
A ★★★	B ★★★	C ★★★

【語群】統治行為論　プログラム規定説　事情判決

A　事情判決
B　統治行為論
C　プログラム規定説

---

8 日本国憲法と人権(4)〜参政権・請求権

ANSWERS ☐☐☐

☐ **1** 参政権には、国民の**代表を選ぶ** ★★★ 権と、自らが
★★★ その**代表者に立候補する** ★★★ 権の両面がある。

選挙,
被選挙

☐ **2** 憲法第15条は、「公務員を ★★ し、及びこれを
★★ ★★ することは、国民固有の権利である」、「すべ
て公務員は、**全体の** ★★ であつて、**一部の** ★★
ではない」と定めている。

選定,
罷免,
奉仕者, 奉仕者

☐ **3** 憲法第15条は、第3項で ★★★ 選挙を、第4項で
★★★ 秘密選挙を、憲法第44条は平等選挙を規定している。

普通

◆憲法第15条は選挙権を国民に保障しているが、当然、**被選挙権**
すなわち**立候補の自由**も保障していると解釈される。

☐ **4** 憲法第44条は、「両議院の議員及びその選挙人の資格
★★ は……**人種**、**信条**、 ★★ 、**社会的身分**、**門地**、**教育**、
★★ 又は**収入**によつて**差別**してはならない」として
選挙の平等を定めているが、性別や財産資格などによ
る**投票制限の撤廃**は ★★ 選挙の保障を意味する。

性別,
財産

普通

◆近代以前の上下、貴賤の関係にある固定的、世襲的な地位が身
分であり、家柄や出生によって決定される社会的な地位が門地
である。日本では、1925年に納税要件が撤廃され、男性（25歳
以上）の普通選挙が実現したが、女性の選挙権は認められなかっ
た。45年12月、GHQの占領下で衆議院議員選挙法改正が行
われ、日本国籍を持つ**満20歳以上の男女**に選挙権が認められ、
翌46年4月には日本で初めて女性参政権を認めた新選挙法の下
で衆議院議員選挙が実施された。この選挙後に召集された**第90
回帝国議会**で、**明治憲法を改正**する形で日本国憲法が成立した。

74

□**5** 2005年、最高裁は ★★ 法が海外に居住する日本国
★★ 民に現地の日本大使館・領事館で国政選挙の比例区の
投票のみを認め、選挙区の投票を認めていない立法措
置が憲法第15条や第44条などに違反するのではな
いかが争われた裁判で ★★ 判決を下した。

◆この判決は立法不作為を違憲とした初の事例で、事実上の立法
勧告の意味を持つ判決となった。実際に国会は直ちに公職選挙
法を改正し、在外投票を選挙区にも認める規定を設けた。

公職選挙

違憲

□**6** 日本国憲法において国政上、直接民主制を採用する制
★★★ 度として、最高裁判所裁判官に対する ★★★ や地方
特別法の ★★★ 、憲法改正における ★★★ の3つ
がある。

◆地方には地方自治法に基づいて条例の制定・改廃請求や首長・議
員の解職請求などの直接民主制的制度が複数存在している。

国民審査,
住民投票, 国民投
票

□**7** 日本国憲法に規定されている4つの**国務請求権**とは、
★★★ 請願権、刑事補償請求権、 ★★★ 権（国・地方への損
害賠償請求権）、裁判請求権（ ★★★ ）である。

◆裁判は、独立性を保障された裁判所の公開の法廷で行われる必
要がある。憲法は、そのような裁判を受ける権利を平等に保障
している。

国家賠償請求,
裁判を受ける権利

□**8** 憲法第16条に規定される ★★ 権は、行政腐敗を
★★ 是正し、行政を ★★ 化する現代的機能を持つ歴史
伝統的な権利である。

◆憲法第16条は、国民が国や地方公共団体などの**公権力に対し**
て、平穏に請願**する権利**を保障している。請願権は憲法に明記
されているので**新しい人権ではない**が、年齢や国籍を問わず日
本に住む誰もが有する権利であり、参政権のない外国人にも認
められている。

請願,

民主

□**9** 憲法第17条は、**公務員**の不法行為が第三者に損害を
★★ 与えた場合、加害者の雇い主である**国または地方公共**
団体に対して ★★ を請求する国家賠償請求権（国・
地方への損害賠償請求権）を被害者に保障している。

損害賠償

□**10** 公害訴訟や薬害訴訟では、被害者は加害者たる民間企
★★ 業に対しては ★★ に基づく**損害賠償請求**を、国や
地方公共団体には憲法第17条に基づく ★★ （国・
地方への損害賠償請求）を行うことができる。

◆2004年に最高裁は関西水俣病訴訟で国と県の損害賠償責任を認
める判決を下している。

民法,
国家賠償請求

II
政
治

8
日本国憲法と人権(4)～参政権・請求権

II 政治分野　9 新しい人権と法

□**11** 2002年の最高裁は、**損害賠償**を郵便物の紛失、損壊、
★★ 　汚わいなどに限定し、遅配に伴う拡大被害に認めな
い ★★ 法の規定を ★★ 権を定める憲法**第17**
条に違反するものと判断した。

郵便，国家賠償請
求（国・地方への
損害賠償請求）

□**12** 何人も抑留または拘禁された後に無罪判決を受けた
★★ 　時、 ★★ 法に従って国に補償を請求できる。

刑事補償

◆国家賠償請求権ではなく、特に刑事補償請求権と呼ばれている
ことに注意。刑事補償は間違って有罪判決を下した国の故意過
失を立証することなく、当然に請求することができる。

□**13** 次のA〜Iのうち、自由権に関するものには①、参政
★★★ 　権に関するものには②、社会権に関するものには③と、
それぞれ分類せよ。

A ★★★ 能動的権利　　B ★★★ 消極的権利

C ★★★ 積極的権利　　D ★★★ 国家による自由

E ★★★ 国家からの自由

F ★★★ 国家への自由

G ★★★ 法定手続の保障

H ★★★ 最高裁判所裁判官の国民審査

I ★★★ 健康で文化的な最低限度の生活を営む権利

A　②
B　①
C　③
D　③
E　①
F　②
G　①
H　②
I　③

◆①の自由権は「**国家からの自由**」を本質とする消極的権利、②の
参政権は「**国家への自由**」を本質とする能動的権利、③の社会権
は「**国家による自由**」を本質とする積極的権利である。

9 新しい人権と法

ANSWERS □□□

□**1** 憲法に明文規定はないが、社会状況の変化などを受け
★★★ 　て解釈上、**権利性を認めるべき人権**のことを一般に
★★★ という。

新しい人権

□**2** ★★★ 権は、**良好な環境を享受する権利**として公害
★★★ 　差止め請求を根拠づけるものとして主張され、憲法**第**
13条の ★★★ 権や**第25条**の ★★★ 権の解釈に
よって認められる新しい人権の１つである。

環境

幸福追求，生存

◆日照権、静穏権、眺望権、通風権など、**人がより良い環境で生
きる権利**としての環境権は、高層ビルの建築差止めを求めた日
照権訴訟など個別的な権利として登場し、近年は総括して環境
権と呼ばれている。また、地球環境にかかわる意思決定過程へ
の参加権として理解されることもある。

76

□**3**
★★★ | ★★★ |権利は、**情報を受け取る**「知る自由」として登場したが、**行政権の肥大化**や秘密行政の増加に伴い、主権者たる国民が積極的に**行政情報の**| ★★★ |を請求する権利に発展している。

◆知る権利は、自由権としての「知る自由」として登場したが、最近では社会権および請求権としての情報公開請求権に発展した。

知る

公開

□**4**
★★★ 知る権利の解釈根拠となる条文として、憲法第13条の| ★★★ |権の他、第21条の| ★★★ |、前文および第1条などの国民主権に関する規定が挙げられる。

◆知る権利は、行政への民主的コントロールの前提であることから、国民主権一般の規定が解釈根拠となる。例えば、アメリカでは1976年にサンシャイン法（会議公開法）が制定され、国民の知る権利に対応し、一部の例外を除いて、会議のどの部分も公開しなければならないと定められた。

幸福追求，表現の

自由

□**5**
★★ 自分に関する報道への反論権を争った| ★★ |事件で主張された権利を| ★★ |権という。

◆1987年の最高裁判決は、反論権（反論記事無料掲載請求権）については自分に関する記事の内容に**名誉毀損が成立しない**限り、反論権を認める法律上の規定がなければ、その請求を具体的に求めることはできないとした。狭義のアクセス権は、メディアに対する**反論記事の無料掲載請求権**や**意見広告権**の総称であり、一般に情報源への接近権と呼ばれている。ただし、一般報道や自分に関する報道に対して反論する自由は憲法第21条の**表現の自由**で認められる点に注意！

サンケイ新聞，

アクセス

□**6**
★★★ | ★★★ |は、自由権的側面では私生活をみだりに**干渉されない**という判例上、認められている**法的権利**であり、請求権的側面では自己に関する| ★★★ |を自らコントロールする権利である。

プライバシーの権

利

情報

□**7**
★★ プライバシーの権利の解釈根拠条文には、憲法**第13条の**幸福追求権、**第21条2項の**| ★★ |の秘密、**第35条の**| ★★ |の不可侵、**第15条4項の**| ★★ |の秘密などがある。

◆憲法**第21条2項の**「検閲の禁止」は、プライバシーの権利の根拠ではなく、表現の自由を制度的に保障する規定である。

通信，

住居，投票

□**8**
★★ 三島由紀夫の小説『| ★★ |』をめぐる裁判で、モデルとなった国務大臣の私生活を本人の同意なしに描いたことが争点となり、64年に**東京地裁**は| ★★ |の権利の侵害を理由に損害賠償責任を認めた。

◆この判決が最高裁ではなく**第一審の東京地裁**である点に注意！

宴のあと

プライバシー

II 政治

9 新しい人権と法

II 政治分野　9 新しい人権と法

□**9** 『　★★★　』事件において、2002年に**最高裁が初めて**
★★★　　★★★ の**権利**を**正式に認め**、その権利に基づく**小説の出版差止め**判決を下した。

石に泳ぐ魚,
プライバシー

□**10** 長沼ナイキ基地訴訟における自衛隊**違憲訴訟**で、原告
★　　側は平和の基礎となる**新しい人権**として　★　を主張したが、最高裁はこれを正式には認めていない。

平和的生存権

□**11** 国や地方などの行政機関に対して**情報の開示を求める**
★★★　**制度**を　★★★ といい、地方では条例が作られていったが、国に対する根拠となる法律は　★★★ 法である。

情報公開制度,
情報公開

□**12** 情報公開制度は、　★★★ の制度化といえるが、この
★★★　権利は　★★★ 法に明文化されておらず、国の　★★★ （アカウンタビリティ）が定められているに過ぎない。

知る権利,
情報公開, 説明責任

□**13** 情報公開制度は、**行政腐敗を監視し防止する機能**を果
★★★　たすことから　★★★ のための重要な手段といえる。

行政民主化

□**14** 2013年、第二次安倍内閣は国家機密となる外交や防衛、
★★　特定有害活動（スパイ活動）防止、テロ防止に関する特定事項を漏洩した公務員などに懲役10年以下の刑罰を科する　★★ 法を制定した。

特定秘密保護

　◆特定秘密保護法は、その性質から情報公開法と対立し、国民の知る権利を侵害するおそれや、国家機密の情報流出を促したとされたメディア関係者が刑罰の対象とされる可能性が指摘されている。外国の利益を図る目的の場合は、一般国民も処罰対象となる。なお、特定秘密は行政機関の長が指定するが、上限5年で更新が可能で、通算30年を超えることができないが、内閣が承認すれば最長60年の指定が有効とされる。

□**15** 行政機関や独立行政法人および個人データを保有する
★★★　民間事業主が保有する個人情報を適正に取り扱い、本人の同意なく第三者に流出させることを禁止する法律を　★★★ 法という。

個人情報保護

　◆適正管理義務を負う民間事業主を**民間個人情報取扱事業者**という。2017年には高度情報化社会の進展などを踏まえた改正法が施行された。

□**16**　★★ 法では、個人は、国のすべての行政機関に対
★★　して、自分の個人情報の開示・訂正・削除を請求する　★★ 権を認めている。

個人情報保護

個人情報開示請求

　◆個人情報開示制度はプライバシーの権利における**自己情報管理権**のあらわれである。**知る権利**のあらわれでないことに注意。

□**17** 2002年、**住民の個人情報**を全国規模でオンライン化し
★★ 一元的に管理する ★★ ネットワークが導入された。

住民基本台帳（住基）

◆略称「住基ネット」。全国民に11ケタの住民票コードが割り当てられたことから、国民総背番号制の第一歩といわれている。2003年8月の第二次稼働で住民基本台帳カードの配付と利用を開始した。その結果、住基カードを提示すれば各地方公共団体の窓口で住民票の写しなどが入手でき、利便性は高まったが、プライバシーの権利が侵害される危険性があるとの批判もある。

II 政治

9 新しい人権と法

□**18** 2013年、課税や社会保障に関する**個人情報を国が一元**
★★ **的に管理**する ★★ （マイナンバー）制度の導入が決
定し、16年1月より稼働している。

共通番号

◆マイナンバーは個人が12ケタ、法人が13ケタの番号を割り当てられ、希望者に氏名、住所、顔写真などを記載したICチップ入りの「個人番号カード」を配付する。このカードは公的な本人確認の他、納税記録や行政手続時の確認などに利用可能とされる。

□**19** 近年、インターネット上に掲載された**自分に関する情**
★ **報を**削除**してもらう権利**である「 ★ 権利」が、新
しい人権として主張されている。

忘れられる

◆2017年、最高裁は犯罪歴について削除を認めないとする決定を下した。欧州連合（EU）では「忘れられる権利」が法的な権利として認められている。

□**20** 情報化社会の進展に伴い、 ★★★ 権の保護が重要な
★★★ 課題となっている。また、企業や公的機関に大量の個
人情報が集積されるようになったことで ★★★ が侵
害される危険性も高まっている。

知的財産

プライバシーの権利

◆日本では、1999年に不正アクセス禁止法が制定され、他人のコンピュータに不正に侵入する行為が禁止されたが、現実的には取り締まりが難しく、不正アクセスが多発している。

□**21** 特許権、商標権、意匠権など、複数の ★★ 権の保護
★★ 対象となるものが、1つの製品に含まれることがある。

知的財産

◆知的財産権をめぐる新興工業国と先進国との間で、楽曲やゲームソフトなどの違法コピーの取り締まりをめぐり紛争が生じている。一方で、それら保護される対象がデジタルデータという点で複製や模倣が容易な場合も多く、権利侵害に対して脆弱な一面を持つ。

□**22** 音楽、動画、ソフトウェア、書籍などの著作物がデジ
★★ タル化されたことで、その複製が容易になり、違法に
やり取りがされている事態を受け、2002年に著作物な
どの創造・保護・活用に関する基本理念や施策などを
定めた ★★ 法が制定された。

知的財産基本

II 政治分野　9 新しい人権と法

□23 2007年11月、　★★　対策として改正出入国管理法が
施行され、外国人が日本に入国する際に**顔写真撮影と**
　★★　**採取・照合**が義務づけられることになった。

テロ

指紋

□24 近年、公権力や企業などによって理由なく**容ぼうを撮
影されない権利**として　★★　権が確立されつつある。

肖像

□25 近年、著名人が自分の名前や記事により雑誌や新聞な
どが販売部数を伸ばした場合、その**使用料を請求する**
　★　権が裁判で認められ始めている。

パブリシティ

◆パブリシティ権は、人に備わる顧客吸引力を中核とする**経済的価
値を保障する権利**一般を指し広義の人格権のあらわれである。

□26 近年、**新しい人権として自分の運命を自ら決定する権
利**である　★★★　権が主張され、末期ガン患者が苦痛
から解放されることを目的に投薬による**死を選択**す
る　★★★　の権利や延命治療を拒否して**自然死を選択**
する　★★★　の権利などがこれにあたる。

自己決定

安楽死 (積極的安
楽死),

尊厳死 (消極的安
楽死)

◆自己決定権は、一定の私的な事柄について他者の干渉を受けず
に**自ら決定できる権利**である。なお、**オランダやベルギー**には、
安楽死を認める法律があるが、**日本には存在していない**。

□27 病状や治療方針を**患者に説明し同意を得る**　★★★　は、
患者側の　★★★　権を尊重する観点から、現在の医療
現場で積極的に導入されている。

インフォームド=
コンセント,

自己決定

□28 日本では、**1997年に**　★★★　**法が成立**し、　★★★　の人
からの臓器移植が、本人の臓器提供の意思が表示され
ている場合に可能になった。その後、**2009年の法改正**
で本人の意思が不明の場合、　★★★　の同意のみによ
る臓器移植に道が開かれた。

臓器移植, 脳死

家族

◆この法改正で、民法の解釈上、本人の意思表示ができない15歳
未満の子どもの臓器提供が家族の意思で可能となった。

□29 従来、刑法上の「死」は、　★★　停止、　★★　停止、
瞳孔散大・対光反射停止による総合的な判断で定義さ
れていたが、臓器移植との関係では脳死を人の「死」と
するという「**死**」の相対性が認められた。

心臓, 呼吸 ※順不同

◆延命技術の高度化や臓器移植の実施などを受けて、医学以外の
領域でも「死」の定義をめぐる活発な議論が行われるようになっ
た。移植との関係で脳死を「死」とみなさないと、移植のために
ドナー(提供者)から臓器を摘出した医師に、**殺人罪ないし同意
殺人罪**などが成立する可能性がある。

80

☐ **30** ★★ ［ ★★ ］ を解読しようという試みは2003年に完了が宣言されたが、自分の遺伝情報に関しての ［ ★★ ］ 、**知らないでいる権利**、［ ★★ ］ **に知られない権利**などの尊重といった倫理的問題への取り組みも求められる。

ヒトゲノム，
知る権利，
他人

☐ **31** ★★ 権利の種類に関する次の表の空欄 **A ～ F** にあてはまる語句を下の語群から選べ。ただし、空欄 **B、C、D、E** は2つ選べ。なお、同じ語句を繰り返し選んでもよい。

権利の種類	関連する憲法の条文	関連・法律判例・法律
プライバシーの権利	**A** ［ ★★ ］	**B** ［ ★★ ］
知る権利	**C** ［ ★★ ］	**D** ［ ★★ ］
環境権	**E** ［ ★★ ］	**F** ［ ★★ ］

【語群】　第13条　第21条　第25条
　　　　『石に泳ぐ魚』事件　大阪空港公害訴訟
　　　　外務省公電漏洩事件　個人情報保護法
　　　　情報公開法

A 第13条
B 『石に泳ぐ魚』事件、個人情報保護法 ※順不同
C 第13条，第21条 ※順不同
D 外務省公電漏洩事件、情報公開法 ※順不同
E 第13条、第25条 ※順不同
F 大阪空港公害訴訟

10 日本の統治機構 (1)～三権分立

ANSWERS ☐☐☐

☐ **1** ★★★ **行政府の首長**である ［ ★★★ ］ は、憲法**第67条**によれば ［ ★★★ ］ の中から ［ ★★★ ］ の議決で指名されるとあり、最大議席を有する政党から選出しなくてもよい。

◆衆議院議員の中から指名されなければならないわけではないが、現憲法下ではすべて衆議院議員の中から指名されている。

内閣総理大臣，
国会議員，国会

☐ **2** ★★★ ［ ★★★ ］ は、**出席議員**の過半数の**賛成**によって ［ ★★★ ］ 決議を行い、内閣の責任を問うことができる。

衆議院，内閣不信任

☐ **3** ★★★ 内閣は、憲法**第69条**の規定により、［ ★★★ ］ によって**不信任決議が可決**された時には ［ ★★★ ］ **日以内に**衆議院を解散するか、または ［ ★★★ ］ する形で国会に対して責任を負わなければならない。

衆議院，
10，
総辞職

II 政治

10 日本の統治機構(1)～三権分立

81

II 政治分野　10 日本の統治機構(1) ～三権分立

□ **4** 衆参両院は、行政のあらゆる内容をチェックするために**書類の提出や証人の証言を求める** [★★★] 権を持つ。
★★★

国政調査

◆また、国政調査権を補完する衆議院独自の制度として**予備的調査**がある。行政監視機能を高めることを目的に、1998年に導入されたもので、衆議院議員40人以上の要請、もしくは委員会の議決があれば衆議院調査局長または法制局長に調査を命じ、省庁に文書や資料の提出などを求めることができる。ただし、強制力はない。

□ **5** 日本国憲法によると、**内閣**は行政権の行使にあたって、[★★★] に対して [★★★] して責任を負う。
★★★

国会，連帯

◆内閣の連帯責任とは、内閣の一体性に基づき総辞職という責任の負い方をすること。

□ **6** 裁判官の罷免を決定する権限を持つ、国会内に設置される機関が [★★] で、衆参各院7名で組織される。
★★

弾劾裁判所

□ **7** 内閣は、**最高裁長官の** [★★] や、**長以外の最高裁の裁判官の** [★★] など裁判官の人事権を持っている。
★★

指名，
任命

□ **8** 内閣は、[★] の指名した者の名簿によって下級裁判所の裁判官を [★] する。
★

最高裁判所，
任命

□ **9** 日本では、国民の政治参加の手段としては、国会に対しては選挙はできるものの、**国会議員の** [★★] 制度、内閣に対しては**首相を国民が選挙する** [★★] 制、**首相や国務大臣の** [★★] 制度が存在しない。
★★

リコール，
首相公選，
リコール

□ **10** [★★★] 権とは、裁判所が法律、命令、規則、処分について [★★★] に適合するか否かを判断する権限である。
★★★

違憲立法審査，
憲法

□ **11** 裁判所による [★★★] 制度は、**国家権力の** [★★★] を**防ぐ**機能を果たしており、最高裁判所だけでなく**すべての** [★★★] **裁判所が行使**することができる。
★★★

違憲立法審査，濫
用
下級

□ **12** 裁判所が [★★★] 権を積極的に行使すべきという見解の根拠には、[★★★] 保障はとりわけ社会の少数派にとって重要であるから多数派の考えに反しても確保されるべきだとする考え方がある。
★★★

違憲立法審査，
人権

◆司法積極主義は、民主主義の過程では救われない**少数派の人権保護**のため裁判所の違憲立法審査権（違憲審査権）などを積極的に行使して**人権保障のとりでとなるべき**だとする考え方である。

☐ 13 裁判所の**違憲立法審査権の行使**は自己抑制的であるべきで、一見明白に断定できない場合は違憲**判決を出すべきではない**とする立場を司法 ★★ 主義といい、 ★★ 主義の尊重をその根拠とする。

消極、
民主

◆司法消極主義は、国会が制定した法律や承認した条約は**民主的プロセス**に基づいており、**明白な人権侵害や憲法違反**と断定できる場合にのみ違憲**と判断する**べきだとする考え方である。なお、**高度な政治性**を有する問題について**憲法判断を回避**すべきとする統治行為論は司法消極主義と民主主義を根拠とする。

☐ 14 **違憲立法審査**について、ドイツとフランスは ★ 裁判所型の ★ 的審査制であるが、日本とアメリカは ★ 裁判所型の ★ 的審査制である。

憲法、
抽象、
通常、具体（付随）

◆憲法裁判所型の国では、具体的な訴訟の有無にかかわらず、違憲審査に特化して設置された憲法裁判所が違憲審査を行う。一方、通常裁判所型の国では、具体的な訴訟が起きた場合のみ、事件解決の前提として各裁判所が違憲審査を行う。

☐ 15 次の図は、日本の三権分立について示したものである。空欄①〜⑪にあてはまる適語を答えよ。

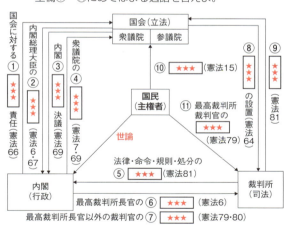

① 連帯
② 指名
③ 信任・不信任
④ 解散
⑤ 違憲審査（法令審査）
⑥ 指名
⑦ 任命
⑧ 弾劾裁判所
⑨ 違憲審査（違憲立法審査）
⑩ 選挙
⑪ 国民審査

II 政治分野　11 日本の統治機構 (2) ～国会（立法）

11 日本の統治機構 (2)～国会（立法）

ANSWERS ☐☐☐

☐**1** 国会は、憲法**第41条**の規定により、国権の ★★★ で
★★★　あって、国の唯一の ★★★ 機関である。

最高機関,
立法

　　◆憲法**第41条**は、国会は国権の最高機関であることを規定してい
　　るが、国会が内閣や裁判所に優越するという意味ではなく、**民
　　主的な機関であるから重要である**という程度の**政治的美称**であ
　　ると捉えられている。

☐**2** 憲法**第41条**は、**国会は**唯一の立法機関であると規定
★　　しているが、その意味としては、国会が立法を行うと
　　する**国会 ★ の原則**と、国会の議決のみで法律は
　　成立するという**国会 ★ の原則**が含まれている。

中心立法,
単独立法

☐**3** **国会**中心立法**の原則の例外**としては、政府（内閣）によ
★★　る ★★ や地方公共団体による ★★ があり、国
　　会単独立法**の原則の例外**としては ★★ がある。

政令，条例,
地方特別法

　　◆国会は国権の最高機関であって唯一の立法機関であるが、**内閣
　　の政令、最高裁の裁判所規則、地方公共団体の条例の制定**も立
　　法作用を持つことがある。地方特別法は、特定の地方公共団体
　　にのみ適用される法律のこと。国会の議決に加えて、適用され
　　る地方公共団体の**住民投票**（過半数**の賛成**）が必要である（憲法
　　第95条）。

☐**4** 国会は ★★ な国民の意見を国政に反映し、かつ**審
★★　議の慎重を期する**ために ★★ **制**を採用しているが、
　　これも権力分立の一種である。

多様,
二院

　　◆日本における二院制において、参議院の存在意義は、衆議院に
　　再考の機会を与え、慎重に審議すること、熟議を尽くすことを
　　図る点にあるとされる。しかし、近年は参議院において政党化
　　が進むなど、両院が同質化していく傾向があり、その長所が失
　　われているという指摘もある。

☐**5** 国会の構成と運営について、憲法**第43条1項**で「両議
★★　院は、 ★★ を代表する選挙された議員でこれを組
　　織する」と定めている。

全国民

　　◆国会については、憲法**第42条**で「国会の両院制」、**第44条**で
　　「国会議員及び選挙人の資格」を定めている。

☐**6** **衆議院議員と参議院議員**の**任期**はそれぞれ ★★★ 年
★★★　と ★★★ 年であるが、参議院は ★★★ **年ごとに半
　　数を改選**する。

4,
6，3

84

□7 衆議院の任期満了や解散に伴って行われる選挙のこと
★★ を ★★ といい、参議院の任期満了に伴って行われ
る選挙（3年ごとに半数改選）のことを ★★ とい
う。また、各院の議員で辞任や死亡などで欠員が生じ
た場合に行われる**補充のための選挙**を ★★ という。

総選挙,
通常選挙

補欠選挙

◆衆参両院いずれも比例代表区の選出議員に欠員が生じた場合
は、原則的に次の順位の者が繰り上げ当選となる。補欠選挙は、
一定要件を満たす欠員が生じない限りは行われない。参議院に
ついて、選挙区の選出議員も当選後3ヶ月以内で欠員が生じた
場合は、原則として繰り上げ当選で補充される。

□8 衆議院議員の定数は、**小選挙区** ★★★ 人、**比例代表**
★★★ **区** ★★★ 人の合計 ★★★ である。

289,
176, 465

◆衆議院議員の定数は、1994年改正で小選挙区比例代表並立制が
導入され、①小選挙区300人＋②比例代表区（全国11区）200
人＝③合計500人となった。以後、2001年改正：①300人＋
②180人＝③480人→2012年改正：①295人＋②180人＝
③475人→2016年改正：①289人＋②176人＝③465人、
となっている。

□9 参議院議員の定数は、**選挙区** ★★★ 人、**比例代表区**
★★★ ★★★ 人の合計 ★★★ 人である。

148,
100, 248

◆参議院議員の定数は、1983年改正で47都道府県別の選挙区・比
例代表制（全国1区）が導入され、①選挙区152人＋②比例代
表区100人＝③合計252人となった。以後、2000年改正：①
146人＋②96人＝③242人→2018年改正：①148人（選挙
区2人増）＋②100人（比例代表区4人増）＝③248人で、改
選年の19年に3増、22年に3増と2段階で達成する。

□10 衆議院議員の被選挙権は満 ★★ 歳以上、参議院議
★★ 員の被選挙権は満 ★★ 歳以上である。

25,
30

◆被選挙権は参議院議員と都道府県知事が満30歳以上、衆議院議
員と市区町村長・地方議会議員が満25歳以上である。

□11 国会の権限には立法権以外にも、 ★★★ の議決や**財**
★★★ **政監督**を行う**財政権限**、**内閣総理大臣の指名**、 ★★★
の承認、**弾劾裁判所の設置**といった**国務権限**がある。

予算,
条約

□12 予算案は、 ★★ が先議することになっている。
★★

衆議院

□13 条約の締結権は ★★★ が持つが、**条約の承認権**は
★★★ ★★★ が持っている。

内閣,
国会

◆条約の承認は、原則的には事前であるが、場合によっては事後
であってもかまわない。事後承認は技術的かつ手続的な条約に
ついて許されると解釈されているが、実際に国会が事後承認を
行った案件の多くは、1950年代半ばまでのものであり、現在は、
締結手続を行う前に内閣が条約を国会に提出している。

II 政治

11 日本の統治機構(2)〜国会（立法）

85

II 政治分野　11 日本の統治機構（2）〜国会（立法）

□**14** **衆議院の優越**に関する次の表の空欄 A 〜 K にあては
★★★ まる適語を答えよ。

A ★★★ 案の議決
衆議院が可決した議案を参議院が否決した場合（衆議院が可決した後、B ★★★ 日以内に参議院が議決しない時は、衆議院は参議院が否決したものとみなすことができる）、衆議院で出席議員の C ★★★ 以上の多数で再可決すると、議案は成立する。
D ★★★ の承認、E ★★★ の議決
衆議院が可決した議案を参議院が否決した場合、F ★★★ を開いても意見が一致しない時、ないし衆議院が可決した後、G ★★★ 日以内に参議院が議決しない時は、衆議院の議決が国会の議決となる。
H ★★★ の指名
衆議院の指名と参議院の指名が異なった場合、I ★★★ を開いても意見が一致しない時、ないし衆議院の指名を受け取った後、J ★★★ 日以内に参議院が指名しない時は、K ★★★ の指名が国会の指名となる。

A　法律

B　60

C　3分の2

D　条約
E　予算

F　両院協議会

G　30

H　内閣総理大臣

I　両院協議会

J　10

K　衆議院

□**15** 衆参両院は、 ★★ のための証人喚問を行うことが
★★ でき、証人は正当な理由なく出頭を拒否したり、虚偽
の証言をしたりする場合は ★★ を科される。

国政調査

刑罰

　◆国政調査では、証人は証言前に虚偽（ウソ）の証言を述べないという**宣誓義務**があるため、もし虚偽の証言をした場合は**偽証罪**が成立する。これに対して、**政治倫理審査会や参考人招致**には宣誓義務がなく**偽証罪には問われない**。

□**16** 衆参各院が持つ国政調査権は、1970年代に発覚した**田
★★★ 中角栄内閣**下の ★★★ 事件の際などに行使されたように**行政腐敗**を是正する行政民主化の**機能**を有し、また立法時の補助的機能のみならず、国民の ★★★ に奉仕し、**行政に対するコントロール機能**も持つ。

ロッキード

知る権利

□17 ★★★ 浦和事件における判決の量刑の妥当性に関する国政調査については、 ★★★ の独立を侵害するとして中止が求められた。

◆浦和事件は、国政調査権の限界（判決内容への調査は許されないこと）を示す事例であるとともに、国会（正確には議院）による司法権の独立侵害の具体例ともいえる。

司法権

□18 ★★ 衆参両院は、常設の委員会である ★★ 委員会が設置され、国会議員は原則として必ず1つ以上の**常任委員**になることとされている。その他にも必要に応じて特定の案件を扱うための ★★ 委員会を設置できる。

◆日本国憲法下での国会では、取り扱うべき議題が複雑で専門的になったことや大量になったことから、**委員会制度**を採用し、各議院の議決で特に付託された案件に関しては国会閉会中でも審査することができる。国会の各院には常任委員会以外に特別委員会、憲法審査会、政治倫理審査会、情報監視審査会が設置され、参議院には長期的政策の審議を行う調査会も置かれている。

常任

特別

□19 ★★ 委員会審議の際、専門家や利害関係人の意見を聞くために ★★ を任意に開くことができるが、国会法によると ★★ と**重要な歳入法案**については必ず開くことが義務づけられている。

公聴会,

総予算

□20 ★★★ 内閣不信任決議権は ★★★ のみの権限であり、 ★★★ には与えられていない。

衆議院, 参議院

□21 ★★★ 衆参両院のうち、 ★★★ は憲法上、内閣の責任を問う手段を持っていないが、政治的および道義的責任の追及として首相や国務大臣に対する ★★★ を行うことができる。ただし、その決議には**法的拘束力はない**。

参議院

問責決議

□22 ★★★ **衆議院の多数派政党と参議院の多数派政党が異なる国会の状況**を ★★★ 国会といい、国会運営は停滞するとともに ★★★ の優越と呼ばれる憲法の規定に従って議案が成立する場合が増えるとされる。

◆近年、自民党政権下では2007年の福田康夫内閣、08年の麻生太郎内閣、民主党政権下では10年の菅直人内閣時にねじれ国会に陥り、続く野田佳彦内閣に至るまで国政は停滞した。近年、衆議院の「カーボンコピー」と揶揄されて「参議院無用論」が、ねじれ国会の状態では国政の円滑な進行を妨げることから「参議院無用論」が各々異なる意味で唱えられることがある。

ねじれ,

衆議院

II 政治分野　11 日本の統治機構（2）〜国会（立法）

☐**23** 次の表は、**国会の会期**についてのものである。空欄 A
★★ 〜 H にあてはまる適語を答えよ。

A ★★	年1回。1月中に召集。会期 B ★★ 日。来年度予算などを審議。
C ★★	①内閣が決定。②いずれかの院の総議員の D ★★ 以上の要求で召集する。③衆議院の任期満了選挙、または参議院通常選挙後30日以内に召集。
E ★★	会期不定。衆議院の解散後40日以内に総選挙を行い、総選挙後、F ★★ 日以内に召集。内閣総理大臣の指名を実施。
G ★★	会期不定。衆議院の解散中に緊急の必要がある際に内閣が召集。ただし、次の国会で H ★★ 日以内に衆議院の同意がなければ、議決は無効。

A 常会（通常国会）

B 150

C 臨時会（臨時国会）

D 4分の1

E 特別会（特別国会）

F 30

G 参議院の緊急集会

H 10

◆国会は審議の充実を図るため通年（万年）国会を禁止し、**会期制**を採用している。その目的は審議の充実を図るとともに、国会議員が有権者と接触し、**民意を吸収する**機会を与えることにある。

☐**24** 内閣が衆議院に不信任された場合、直ちに内閣は総辞
★★★ 職し、その国会において新たな ★★★ を指名するか、**衆議院を**解散しなければならないが、解散したとしても総選挙後に開かれる国会で新たな ★★★ を指名するので、その時点で内閣は ★★★ する。

内閣総理大臣

内閣総理大臣, 総辞職

☐**25** 衆議院の解散は、憲法第69条に基づいて行われる場
★★★ 合と、第 ★★★ 条に基づいて行われる場合があり、第69条に基づくものは過去 ★★★ 回だけである。

7,

4

◆この4例は以下の通り。①第二次吉田茂内閣（1948年：「**なれあい解散**」）、②第四次吉田茂内閣（1953年：「**バカヤロー解散**」）、③第二次大平正芳内閣（1980年：「**ハプニング解散**」）、④宮澤喜一内閣（1993年：「**嘘つき解散**」）。なお、衆議院の任期4年を満了したのは、三木武夫内閣（1974〜76年）の1回だけである。

□**26** いわゆる「[★★★] **条解散**」は衆議院が内閣を不信任した際に、その対抗手段として内閣が衆議院を解散する場合で<u>議院内閣制</u>**本質型解散**といえるが、「[★★★] **条解散**」は内閣が重要な決定を行った際に民意を問うために内閣が解散を決定し、[★★★]の国事行為で解散を行う<u>民意吸収型</u>**解散**といえる。

69

7

天皇

◆2005年の小泉純一郎内閣下における衆議院解散は「**7条解散**」であり、郵政民営化の是非を問う<u>民意吸収型</u>**解散**として、実施された総選挙の意味が明確になった事例である。

□**27** 三権のうち、**国会は**[★★]、**裁判も**[★★]を原則とする。

公開，公開

□**28** 国会での議事・議決には、**各議院の総議員の**[★] **以上の出席が必要**となる。これを[★]という。

3分の1，
定足数

◆海外ではICT（情報通信技術）を用いた遠隔投票のシステムが導入されている議会があり、日本も妊娠・育児中の女性議員やハンディキャップを持つ議員、感染症の流行などへの対応として、オンラインで議事・議決を行う方法が模索されているが、憲法**第56**条で定める議員の「<u>出席</u>」の定義などが論点となっている。

□**29** 国会は[★★]**を原則**とするが、<u>出席議員の</u>[★★]<u>以上の賛成</u>で**公開を停止し**、[★★]とすることができる。

公開，3分の2，
秘密会

□**30** 国会の**議決要件**は、**原則として**<u>出席議員の過半数</u>である。例外として、衆議院の法律案再可決、議員の議席剥奪または除名には[★★]<u>以上の賛成</u>、**憲法改正の発議**には各議院の[★★]<u>以上の賛成</u>が必要である。

出席議員の3分の2，
総議員の3分の2

□**31** 国会議員には、[★★]特権、[★★]特権、<u>免責</u>特権の3つの特権がある。

歳費，不逮捕
※順不同

◆<u>歳費</u>特権は憲法**第49**条、<u>不逮捕</u>特権は憲法**第50**条、<u>免責</u>特権は憲法**第51**条でそれぞれ定められている。

□**32** 国会議員は**会期中に逮捕されない**という<u>不逮捕特権</u>を有するが、[★★]の場合と所属する議院の[★★]がある場合は、例外的に会期中の逮捕が認められる。

現行犯，許諾

◆国会議員が逮捕されないのは**会期中のみ**であり、任期中や一生涯ではない点に注意。議員活動を妨害する不当逮捕を防ぐことが趣旨だからである。

II 政治

11 日本の統治機構(2)〜国会（立法）

89

II 政治分野　12 日本の統治機構 (3) ～内閣（行政）

□**33** 議院内の秩序を乱したなどで国会議員の当選後の議員
★★　活動に関する政治責任を追及して、その議に ★★
を与えることができるが、**議員資格を奪う ★★ の**
決定には<u>出席議員の</u> ★★ 以上の賛成が必要である。
　　◆議員の<u>懲罰</u>については、憲法<u>第58条2項</u>で定められている。

懲罰,
除名,
3分の2

□**34** 国会議員は、発言と表決などの政治活動については院外
★★　で ★★ 上の責任を問われないが（<u>免責</u>特権）、院
内 ★★ などの政治的責任は問われる可能性がある。

法律,
懲罰

□**35** 国会議員の当選時の資格の有無を争う ★★ の裁判
★★　は各 ★★ で行い、<u>出席議員の</u> ★★ 以上の賛成
で**議席剥奪**の決定が行われる。

資格争訟,
議院，3分の2

□**36** 2007年の**憲法改正の国民投票法**制定に伴い、衆参両院
★★　に**憲法改正原案を審議**する ★★ が創設された。

憲法審査会

□**37** 政権を担当している政党のことを ★★ 、政権を持
★★　つ政党に対する批判勢力としての役割を持つ政党を
　　 ★★ という。

与党

野党

□**38** ★★ 制とは、首相と野党党首が**国家基本政策委員**
★★　**会**で討論し、政策の違いを明確に示す制度で、 ★★
のクエスチョン＝タイム制を模範に導入された。

党首討論,
イギリス

12 日本の統治機構 (3)～内閣（行政）

ANSWERS ☐☐☐

□**1** <u>内閣</u>は ★★ 権の主体で、その**意思決定は** ★★
★★　によって行われ、その下に中央省庁などが組織される。

行政，閣議

□**2** **閣議の議決**は ★★ によって行われ、国会や裁判所
★★　と異なり、その**議事の過程は** ★★ である。
　　◆内閣の閣議は<u>全会一致制</u>であり、国務大臣が1人でも反対した
　　状態では閣議決定とはならない。なお、2014年より閣議の議事
　　録が首相官邸のホームページで公開されるようになった。その
　　公開の内容や範囲は政府によって決められる。

全会一致,
非公開

□**3** 国務大臣は ★★★ によって任命され、その**過半数は**
★★★　 ★★★ の中から選ばれなければならない。

内閣総理大臣,
国会議員

90

□**4** 国務大臣は<u>内閣総理大臣</u>が ★★★ することから、内
★★★ 閣総理大臣が**内閣**の ★★★ である。

> ◆<u>任免</u>とは、**任命**することと**罷免**すること。明治憲法では同輩中
> の<u>首席</u>でしかなかった<u>内閣総理大臣</u>は、日本国憲法において権
> 限が強化され、国務大臣の<u>任免権</u>を持つ（憲法**第68条**）ととも
> に、国務大臣の<u>訴追同意権</u>を持つ（憲法**第75条**）。

任免，
首長

□**5** 国務大臣は内閣の一員であり、**2001年に中央省庁をス**
★★★ **リム化**した当初は**原則** ★★★ **人以内**（最大 ★★★
人まで可能）とされた。

> ◆プラス３人分は、担当官庁を持たない**特命担当大臣（無任所大臣）**
> である。なお、<u>復興庁</u>が設置された2012年より、その廃止を予定
> する21年までの間は<u>復興大臣</u>を設置し、内閣を構成する国務大
> 臣は**原則15人以内**（最大18人まで）となっている。さらに14
> 年10月に第二次安倍内閣は、2020年に開催を予定していた東京
> オリンピック・パラリンピックの準備を担う「五輪（オリンピッ
> ク・パラリンピック）担当相」を新たに設けて最大19人とする
> 特別措置法が制定された。

14，17

□**6** 軍国主義化を防止するため、憲法**第66条2項**で定め
★★★ る<u>文民統制</u>（<u>シビリアン＝コントロール</u>）の原則によ
り、 ★★★ **および国務大臣は** ★★★ でなければ
らない。

内閣総理大臣，
文民

□**7** 自衛隊の**最高指揮監督権**は ★★★ が、現場の**統括権**
★★★ は ★★★ が持っているが、**いずれも** ★★★ でなけ
ればならない。

内閣総理大臣，
防衛大臣，文民

□**8** <u>官僚</u>**主導**から<u>政治</u>**主導**への転換を図るため、**政務次官**
★★ **制度を廃止して各省に** ★★ **と大臣** ★★ を置き、
国務大臣に代わり政府職員が答弁する ★★ **制度を**
廃止するなどの改革が行われた。

> ◆1999年成立の<u>国会審議活性化法</u>により、2001年から国務大臣を
> サポートするために<u>副大臣</u>と<u>大臣政務官</u>が置かれた。なお、<u>政</u>
> <u>府委員</u>制度の廃止後も、中央省庁の局長などの幹部は衆参両院
> の<u>委員会</u>に説明のために出席を求められている。

副大臣，政務官，
政府委員

□**9** <u>内閣の権限</u>には、**条約** ★★ **権、予算案の** ★★
★★ **権、法律の** ★★ **権**の他、確定判決の刑を減免する
<u>恩赦</u>**決定権**などがある。

> ◆行政権による、公訴の取り止めや刑罰の軽減を<u>恩赦</u>という。

締結，作成・提出，
執行

□**10** 内閣は裁判所に対して、 ★★ **長官の指名**およびそ
★★ れ以外の**裁判官の** ★★ を行う権限がある。

最高裁判所，
任命

II 政治分野　12 日本の統治機構 (3) ~内閣 (行政)

□11 日本の内閣は、法律を誠実に ★★ するのみで、ア
★★　メリカ大統領とは異なり成立した**法律の** ★★ **権は**
持っていない。

執行,
拒否

□12 内閣は条約 ★★ 権を持つ。具体的な手続としては
★★　原則として以下の①~④の順となる。

①内閣が任命した全権委員が**条約に** ★★ **する。**

②国会が**条約を** ★★ **する。**

③内閣が**条約を** ★★ **する。**

④当事国間で ★★ **書を**交換する。

締結

署名・調印,
承認,
批准,
批准

◆条約に関してそれぞれ次のような意味がある①明示、②成立、③
成立の確認、④条約の国際法的効力の発生。なお、③→②の順
で行う場合は事後承認という。

□13 内閣は、事実上の立法として政令の制定権を持つが、政
★　令には憲法・法律の規定を実施するための ★ と、
法律の委任に基づき罰則を設ける ★ がある。

執行命令,
委任命令

□14 内閣は天皇の国事行為に ★★ と ★★ を与える。
★★

助言, 承認

□15 内閣は自らの裁量によって、**衆議院の** ★★ **を決定**
★★　することができる。

解散

◆憲法第7条解散。内閣は天皇への助言と承認によって国事行為
を利用して衆議院を解散することができる。

□16 国務を総理するのは ★★ の権限であるが、行政各
★★　部を指揮監督するのは ★★ の権限である。

内閣,
内閣総理大臣

◆国務の総理は内閣の権限であり、内閣総理大臣の権限ではない
ことに注意！

□17 内閣総理大臣は、**内閣を代表して** ★★ **を国会に提**
★★　**出する**とともに法律や政令に ★★ または連署する。

議案,
署名

◆法律と政令について、主務担当大臣が存在する場合は、その**国**
務大臣が署名し、**内閣総理大臣**が連署する。

□18 1999年、内閣法が改正され、内閣総理大臣は閣議にお
★★　いて、内閣の重要政策に関する基本方針やその他の案
件を ★★ することができる権限が明文化され、各
省庁に対する**指揮監督権が強化**された。

発議

□19 法案には、主に政府与党が提出する ★ 法案と国
★　会議員が共同提案する ★ 法案があり、通常国会
における**衆議院での法案成立率**では ★ 法案より
も ★ 法案の方が極めて高い。

内閣提出,
議員提出,
議員提出,
内閣提出

□**20** 議員提出法案は、提案者以外にも一定数以上の賛成者
★ が必要で、一般法案では衆議院で ［ ★ ］ 人以上、参
議院では ［ ★ ］ 人以上、予算を伴う法案では衆議院
で ［ ★ ］ 人以上、参議院で ［ ★ ］ 人以上とされる。

20,
10,
50, 20

□**21** 議員が立案し、提出した法案によって成立した法律の
★★ ことを ［ ★★ ］ という。

議員立法

◆議院の委員会の提案する議案も議員立法にあたる。

□**22** 国会において、会期中に議決に至らなかった法案など
★★ は、原則として**次の国会に継続されず**、会期終了後に
［ ★★ ］ となる。これを**会期不継続の原則**という。

廃案

□**23** 内閣総理大臣および国務大臣は、国会に議席を有する、
★★ 有しないとにかかわらず、**議院への** ［ ★★ ］ **の権利お
よび義務**を負う。

出席

□**24** **議院内閣制**において、内閣は国会に対して ［ ★★★ ］ **責
★★★ 任**を負わなければならない。

連帯

◆内閣の責任の負い方は、原則として総辞職である。

□**25** **内閣総辞職**の３つの場合について、空欄にあてはまる
★★★ 適語を答えよ。

①内閣が衆議院によって ［ ★★★ ］ 決議案を可決され、
　　１０日以内に衆議院を ［ ★★★ ］ しない場合

不信任,
解散

②衆議院議員総選挙後、新たな国会が召集された場合

③ ［ ★★★ ］ が欠けた場合や自ら辞任を表明した場合

内閣総理大臣

◆③は内閣総理大臣が**辞任、死亡**した場合など。この場合、選挙
は行わず同じ国会で臨時会を開き、新しい内閣総理大臣の指名
を行う。なお、内閣は総辞職を決定したとしても、新たな内閣
総理大臣が任命されるまでの間、職務の執行を続けなければな
らない。これを**職務執行内閣**という。2020年9月の安倍晋三首
相辞任に伴う交代は、③の手続によるものである。

□**26** ［ ★★ ］ は、公正で中立的な行政を実現し、専門的な
★★ 知識を要する行政に対応する、**内閣から独立した行政
機関**であり、準 ［ ★★ ］ 的かつ準司法的機能を有する。

行政委員会（独立
行政委員会）
立法

□**27** 行政委員会の中には、「**市場の番人**」と呼ばれる ［ ★★★ ］
★★★ や中立な警察行政を決定する ［ ★★★ ］ などがある。

公正取引委員会,
国家公安委員会

◆なお、地方公共団体においては都道府県警察の運営を管理する公
安委員会の委員は、地方議会の同意を得た上で知事が任命する。

93

Ⅱ　政治分野　13　日本の統治機構（4）〜裁判所（司法）

□**28** 　★★ 　は国の歳入歳出の決算を検査し、内閣はその検
★★ 査報告とともに**決算**を**国会**に**提出**する。

会計検査院

　◆国会の各議院は特定の事項に関する会計検査を行い、その結果
　を会計検査院に報告するように求めることができる。

13 日本の統治機構（4）〜裁判所（司法）

ANSWERS □□□

□**1** **明治憲法**下に存在した**行政裁判所**や**皇室裁判所**、**軍法**
★★★ **会議**などの 　★★★ 　は、**日本国憲法下で廃止**された。

特別裁判所

□**2** **憲法第** 　★★ 　**条1項**では、「すべて司法権は、 　★★
★★ 及び法律の定めるところにより設置する下級裁判所に
属する」と規定し、これに基づき裁判所法などが制定
され、全国に裁判所が設置されている。

76，最高裁判所

□**3** **最高裁判所**の下に、**下級裁判所**として高等裁判所、地
★★★ 方裁判所、軽微な事件を扱う 　★★★ 　裁判所、および
　★★★ 　裁判所がある。

簡易，
家庭

　◆民事裁判で**訴額（訴訟対象金額）が140万円以下**の民事事件の
　場合、原告は簡易裁判所に訴えを起こし、その判決に不服があっ
　た場合、地方裁判所に控訴することができる。罰金以下の刑にあ
　たる罪など軽微な刑事事件も第1審は簡易裁判所であるが、その
　判決に不服がある場合、高等裁判所に対して控訴する。なお、
　高等裁判所は**全国8ヶ所の大都市**（東京、大阪、名古屋、広島、
　福岡、仙台、札幌、高松）に設置されている。

□**4** 家庭裁判所は、民事事件としては家庭内トラブル、刑
★★★ 事事件としては 　★★★ 　犯罪などの特殊事件を扱う**通
常裁判所**である。

少年

　◆少年事件を扱う刑事裁判では、家庭裁判所が**第一審裁判所**とな
　り、この場合の**控訴審**は高等裁判所が行う。

□**5** 2005年、東京高等裁判所内に特許権や 　★★ 　権など
★★ に関する紛争を裁く**初の専門裁判所**として 　★★ 　が
設置された。

著作，
知的財産高等裁判
所

□**6** 判決に不服申立てをすれば**同一裁判手続内で合計3回**
★★★ **まで審判を受けられる**制度を 　★★★ 　という。

三審制

□**7** **第一審**の判決に不服申立てをすることを 　★★ 　、**第
★★ 二審**の判決に不服申立てをすることを 　★★ 　という。

控訴，
上告

　◆三審制の例外として、政府転覆を目的に暴動を行う内乱罪につ
　いての訴訟は、高等裁判所、最高裁判所の**二審制**で行われる。

94

□**8** 憲法違反や憲法解釈の誤りが理由で、不服を申し立て
★ て、終審裁判所である最高裁判所に判断を求めること
を ★ という。

特別抗告

□**9** **行政委員会**は第 ★ 審として**準司法的権限**を持つ
★ ことがあるが、行政機関による ★ 裁判は禁止さ
れている。

一,
終審

　◆ただし、2013年の独占禁止法改正で公正取引委員会による行政
　処分に対する不服申立ての審判権限を同委員会から奪い、第一
　審を東京地方裁判所とした。

□**10** **裁判の公正**を保つために ★★★ の独立が保障されて
★★★ いるが、その内容には、他の国家機関からの裁判所へ
の干渉を排除する ★★★ 独立性と、裁判所内部にお
ける裁判干渉を排除する ★★★ 独立性の２つがある。

司法権

対外的,
対内的

　◆司法の独立性確保のための一例として、最高裁判所には**規則制
　定権**が付与されている。

□**11** **憲法第76条3項**は、「すべて裁判官は、その ★★ に
★★ 従い ★★ してその職権を行い、この ★★ にの
み拘束される」と定めており、**国会や内閣などの外部
または上級裁判所や他の裁判官から干渉されない。**

良心,
独立, 憲法及び法
律

□**12** 裁判官の身分保障措置として、 ★★ 機関による懲
★★ 戒処分の禁止、報酬 ★★ 禁止の他、意に反する転
官、転所、職務の停止も行われないとする規定がある。

行政,
減額

□**13** 裁判官が罷免されるのは、次の場合である。空欄 A ～
★★ Eにあてはまる適語を答えよ。

　①**国会による A ★★ 裁判**

A　弾劾

　　　　　⎧（ⅰ）著しい職務上の B ★★ 違反

B　義務

　　弾劾事由 ⎨（ⅱ）著しく職務を怠った

　　　　　⎪（ⅲ）裁判官の威信を失う著しい

　　　　　⎩　　　 C ★★

C　非行

　②**裁判所による D ★★ 裁判** —— 心身の故障

D　分限

　③**最高裁判所裁判官に対する E ★★**

E　国民審査

　◆国会内に設置される**裁判官訴追委員会**（衆参両院各10人の議員
　で組織）で訴追の適否を審査し、訴追が行われた場合、**裁判官弾
　劾法**に基づき**裁判官弾劾裁判所**（衆参両院各7人の議員で組織）
　で審理が行われる。

Ⅱ
政治

13 日本の統治機構(4) ～裁判所（司法）

Ⅱ 政治分野　13 日本の統治機構(4)～裁判所（司法）

□**14** 憲法**第78条**では「裁判官の［ ★★ ］**処分**は、行政機関
★★　がこれを行ふことはできない」と定めている。

懲戒

□**15** 最高裁判所は、［ ★★ ］長官と最高裁判所判事［ ★★ ］
★★　名で構成され、その長たる裁判官は、内閣の指名に基
　　づき［ ★★ ］が任命する。

最高裁判所，14

天皇

□**16** 最高裁判所の裁判官に対する［ ★★★ ］は、任命後初の
★★★　**衆議院議員総選挙時**と、以後［ ★★★ ］年が経過した後
　　に初めて行われる衆議院議員総選挙時に実施される。

国民審査，
10

□**17** 下級裁判所の裁判官は、［ ★★★ ］が指名した者の名簿
★★★　に基づき内閣**が任命**し、その任期は［ ★★★ ］**年**である。
　　◆裁判官は、特段の事情がない限り、**10年ごとに再任されること
　　を原則**として運用されている。

最高裁判所，
10

□**18** すべての裁判所は、［ ★★★ ］、命令、規則または処分が
★★★　**憲法に適合するか否かを決定する権限**を持っている。
　　この権限を一般に［ ★★★ ］という。

法律

違憲立法審査権

□**19** **最高裁判所**は、**法令などの合憲性を審査する**［ ★★ ］
★★　**裁判所**であることから「［ ★★ ］」と呼ばれている。
　　◆憲法**第81条**は「**最高裁判所**は、一切の法律、命令、規則又は処
　　分が憲法に適合するかしないかを決定する権限を有する終審**裁
　　判所**である」と定めている。

終審，
憲法の番人

□**20** 日本の違憲審査は［ ★★★ ］**裁判所**で具体的（付随的)**事
★★★　件解決の前提**として行われることから、法令に対する
　　違憲判決の効力は、当該事件の解決の前提として当該
　　法令を違憲無効と扱うという［ ★★★ ］**的効力**に過ぎな
　　いと解釈されている。
　　◆**アメリカ**と**日本**は通常裁判所型の具体的（付随的）審査制であ
　　る。日本では裁判開始の要件として具体的な事件性が必要であ
　　ることから、過去、**自衛隊の前身である**警察予備隊の違憲訴訟
　　が退けられたことがある。

通常

個別

□**21** ドイツやフランスの違憲審査は［ ★★★ ］**裁判所**で行わ
★★★　れる抽象**的審査制**を採用しているので、法令に対する
　　違憲判決の効力は直ちに当該法令を違憲無効として扱う
　　［ ★★★ ］**的効力を持つ**と解釈されている。

憲法

一般

22 ★★★ 裁判の公正を確保するために裁判 [★★★] の原則が採られているが、裁判官が全員一致で公序良俗に反すると決定した場合には [★★★] を非公開にできる。ただし、[★★★] は例外なく公開されなければならない。

公開

対審、
判決

◆対審は、①政治犯罪、②出版犯罪、③憲法第3章が保障する国民の権利が問題になっている事件については、**必ず**公開する。

23 ★★★ [★★★] 裁判では、個人や法人の間の**私人間**で発生する紛争について、訴訟を起こした [★★★] とその相手方である [★★★] とが公開の法廷で私権の有無を争う。

民事、
原告、
被告

24 ★★★ [★★★] 裁判は、国民などが国や地方公共団体の行政上の行為によって権利を侵害された際、その [★★★] を求めるものとして、行政事件訴訟法に基づいて行われる。

行政、
救済

25 ★★★ 刑事裁判では、[★★★] が被疑者を裁判所に起訴し、[★★★] が、検察官、被告人、およびその代理人である [★★★] の主張と証拠を前提に有罪か無罪かの判決を下す。

検察官、
裁判官、
弁護人

◆**刑法第39条**では、刑法上の責任を負う能力（**刑事責任能力**）について、犯罪の実行行為時に事物の是非の分別能力を欠くか、またはそれに従って行動する能力を欠く者については、刑事責任能力がなく、刑事責任を問うことはできない（精神の障がいが原因で責任能力を失った心神喪失の者）。また、責任能力が著しく乏しい心神耗弱の状態の者は減刑しなければならない。さらに**刑法第41条**において14歳未満の者も同様に除外している。

26 ★★ 検察官が不起訴処分を決定した場合でも、その決定に不服がある時は各地方裁判所の所在地にある [★★] に申し立てることができ、その是非について審査が行われる。

検察審査会

◆検察審査会は抽選によって選ばれた20歳以上の国民によって構成される。2004年の法改正で検察審査会が同一の事件について2回続けて**起訴相当**と決定した際、必ず起訴しなければならないことになった。この手続で起訴することを強制起訴といい、その際に検察官の役割を担うのは指定弁護士とされている。

27 ★★ 2003年に [★★] 法が制定され、**第一審は訴訟開始から** [★★] **年以内に判決を下す**という規定がある。

裁判迅速化、
2

◆日本国憲法は、すべての刑事裁判において、被告人に、公平な裁判所の迅速な公開の裁判を受ける権利を保障しているが、現実には裁判が長期にわたる例が少なくなかった。

**II
政治**

13
日本の統治機構(4)～裁判所（司法）

II 政治分野　13 日本の統治機構 (4) ～裁判所 (司法)

□28 裁判員制度の導入を控え、刑事裁判の迅速化を図るた
★★　め刑事訴訟法が改正され、裁判開始前に検察側と弁護
側の双方が主張内容と証拠を提出し、**争点を整理して
から刑事裁判の審理に入る** ★★ が導入された。

公判前整理手続

□29 2004年、**民事上の紛争を迅速かつ簡易に解決**するた
★　　め、 ★ の拡充・活性化が図られた。

裁判外紛争解決手
続 (ADR)

　　◆裁判外紛争解決手続 (Alternative Dispute Resolution：ADR)
　　は、民事上の紛争当事者のために弁護士や行政機関など公正な
　　第三者が関与する手続である。例えば、国民生活センターが仲
　　介し、消費者間の問題を解決する**紛争解決委員会**などがある。

□30 裁判員制度は、重大な ★★★ 裁判について事件ごと
★★★　に**一般市民** ★★★ **名**が裁判員に選出され、**職業裁判
官**3**名**と協力して事実認定や ★★★ を決める。

刑事,
6,
量刑

　　◆裁判員制度では、18歳以上 (2022年4月より) の一般市民 (民
　　間人) が裁判に直接参加する。裁判員には審理への出頭義務や評
　　議中にやり取りした意見について守秘義務が課せられ、違反に
　　対しては罰則が設けられている。なお、裁判官、検察官、弁護
　　士など一定の司法関係者は裁判員になれない。

□31 裁判員制度では、有罪か無罪かの**事実認定も量刑も**
★★　 ★★ **の賛成**で決定するが、賛成の中には必ず1人
は職業裁判官が加わっていることが条件となる。

過半数

□32 裁判員による裁判では、 ★★★ は**第一審のみ**に関与
★★★　し、**控訴審**は ★★★ のみで行われる。

裁判員,
職業裁判官

□33 アメリカやイギリスで行われている ★★★ 制は、有
★★★　罪か無罪の**事実認定を** ★★★ **だけで行い**、量刑は
職業裁判官が決定するという分業制になっている。

陪審,
民間人

□34 事実認定かつ有罪の場合の量刑**にも民意を反映**させる
★★★　のが ★★★ 制なのに対し、 ★★★ 制は有罪か無罪
かの**事実認定にのみ民意を反映**させる。

参審, 陪審

□35 日本の裁判員制度は、ドイツやフランスで行われてい
★★★　る ★★★ 制と同様に、有罪か無罪かの**事実認定と量
刑**の決定に民間人と職業裁判官が共同でかかわる。

参審

　　◆日本が参審制型の裁判員制度を導入した理由は、量刑**に民意を
　　反映**させる点にある。ドイツ・フランス型参審制と日本の裁判
　　員制度の違いは、参審員は任期制で複数の刑事事件を担当する
　　こともあり、特殊事件では民間の専門家や有識者を含むのに対
　　し、裁判員は当該刑事事件のみを担当するだけで、抽選で無作
　　為に抽選された**一般市民** (2022年4月より18歳以上の有権者)
　　である点にある。

□**36** 次の表は、①日本の裁判員制度、②アメリカの陪審制
★★★ 度、③ドイツの参審制度を比較したものである。空欄
A〜Eにあてはまる語句を、表中からそれぞれ選べ。

	参加市民の任期	裁判官が評議に加わるか否か	参加市民が有罪・無罪を判断するか否か	参加市民が量刑を判断するか否か
①	**A** ★★★	**B** ★★★	判断する	**C** ★★★
②	事件ごと	加わらない	**D** ★★★	判断しない
③	一定年数	加わる	判断する	**E** ★★★

A 事件ごと
B 加わる
C 判断する
D 判断する
E 判断する

□**37** 裁判員制度の導入により、自白の信憑性の判断をわか
★★ りやすくするため、取り調べ状況を録画する ★★
化が進められている。

可視

◆2016年成立の刑事司法改革関連法が、**19年に完全施行**され、取調室の録音・録画（可視化）が義務化されたが、その対象は限定的で、任意の取り調べや参考人の取り調べは対象外である。

□**38** 2000年改正で ★★ 法が厳罰化され、刑事責任年齢
★★ が16歳以上から ★★ 歳以上に引き下げられた。

少年,
14

□**39** 2000年の少年法改正で、16歳**以上**の未成年者が故意
★ に被害者を死亡させた場合、家庭裁判所は検察官から
送致された被疑者を再び検察官に ★ することが
原則となり、その場合、検察官は成年者と同じく**被疑
者**を ★ などに**起訴**することになった。

逆送致（逆送）

地方裁判所

◆家庭裁判所は**非公開かつ**検察官**の出廷を認めず**、地方裁判所などは**公開かつ**検察官**の出廷を認めること**を原則とする。2007年の少年法改正により、少年院への送致が可能な年齢を従来の「14歳以上」から、「おおむね12歳以上」に引き下げた。

□**40** 2021年2月、少年法改正案が閣議決定され、 ★★ 歳
★★ を「**特定少年**」と規定して少年法の保護が及ぶとしつつ
も、逆送致の適用犯罪を殺人などから強盗などに拡大
し、その実名報道も可能とした。

18・19

□**41** 欧米では一般的な犯罪被害者 ★★ 制度が日本では
★★ 立ち遅れていたため、司法制度改革によって犯罪被害
者やその家族などの人権にも十分な配慮と保護がなさ
れるように ★★ 法が、2004年に制定された。

救済

犯罪被害者等基本

II 政治

13 日本の統治機構(4)〜裁判所（司法）

99

II 政治分野　14 地方自治と地方分権

□ 42 2007年の<u>刑事訴訟法</u>改正で、刑事裁判手続に被害者や
★★ 被害者遺族が直接参加する ┃ ★★ ┃ の創設が決まり、
被害者などが被告人に直接質問することや、事実関係
に意見を述べることができるようになった。

被害者参加制度

◆<u>被害者参加制度</u>は、2008年12月より始まり、09〜18年末ま
での利用者数は累計11,471名である（警察庁『犯罪被害者白
書』より）。

□ 43 司法制度改革によって、2006年に法律相談や裁判費用
★ の援助などを行う独立行政法人として ┃ ★ ┃ (<u>日本</u>
<u>司法支援センター</u>) が設立された。

法テラス

◆2008年には**犯罪被害者保護法**、**総合法律支援法**が改正され、刑
事裁判に被害者や遺族が参加する際の**被害者参加弁護士**の候補
者を<u>法テラス</u>(<u>日本司法支援センター</u>)が裁判所に通知すること
になった。

□ 44 従来、弁護士や検察官から裁判官に任官できなかった
★ が、社会経験を積んだ弁護士や検察官の裁判官登用を
認めるべきだとする ┃ ★ ┃ が唱えられている。

法曹一元論

□ 45 社会経験の豊富な者が法曹（法律家）になる道を広げる
★★ とともに法曹人口を増やすために、2004年から大学卒
業後に ┃ ★★ ┃ を修了すれば司法試験の受験資格を与
える制度が始められた。

法科大学院 (ロー
スクール)

14 地方自治と地方分権

ANSWERS □□□

□ 1 イギリスの政治学者<u>ブライス</u>は『近代民主政治』の中
★★★ で、「地方自治は ┃ ★★★ ┃ の学校である」と述べた。

民主主義

□ 2 フランスの政治学者<u>トクヴィル</u>は『**アメリカの民主政**
★ **治**』で、「地方自治制度の ┃ ★ ┃ に対する関係は、小
学校が学問に対して持つ関係と同じである」と述べた。

自由

□ 3 日本国憲法は、地方自治の章を設け、「地方公共団体の
★★★ 組織及び運営に関する事項は、地方自治の ┃ ★★★ ┃ に
基いて、┃ ★★★ ┃ でこれを定める」と規定している。

本旨,
法律

◆この憲法**第92条**でいう「<u>法律</u>」とは、<u>地方自治法</u>を指す。なお、
地方公共団体（地方自治体）は、**普通地方公共団体**（都道府県、
市町村）、**特別地方公共団体**（特別区（東京23区）、財産区、地
方公共団体の組合）に大別される。

100

□ 4 地方の政治には、中央政府から独立した地方が行うという ★★★ 自治と、地方の政治は住民の意思によって決定するという ★★★ 自治の2つがある。

団体,

住民

◆団体自治とは、地方公共団体が国とは別に組織された統治主体として、地域における事務を行うことをいう。

□ 5 地方自治の本旨のうち、条例制定権、上乗せ条例、課税自主権などは ★★★ 自治のあらわれ、首長の直接公選や住民自治のための直接請求権、住民投票の自主実施などは ★★★ 自治のあらわれである。

団体

住民

◆憲法第94条では「地方公共団体は、その財産を管理し、事務を処理し、及び行政を執行する権能を有し、法律の範囲内で条例を制定することができる」と定められている。

□ 6 国が法律で規定した公害規制基準よりも厳しい規制基準を設ける条例を ★ 条例、京都府など観光を重視するいくつかの地域で風景や景色を守るために建築物の高さを規制する条例などを ★ 条例と呼ぶ。

上乗せ

景観

◆憲法第94条では、地方公共団体の定める条例は「法律の範囲内で」制定できると明記しているが、住民の人権保障に資する目的で制定される上乗せ条例や横出し条例は憲法に違反するものではない。地域の特性を活かした条例は、団体自治のあらわれといえる。なお、横出し条例とは法律で規制していない汚染物質や汚染源を、新たに地方公共団体が規制する条例のことである。

□ 7 国政および地方政治への参政権に関する次の表の空欄 A ～ E にあてはまる数値を答えよ。

選挙権	被選挙権（立候補資格）		
A ★★ 歳以上の国民ないし住民	国政	衆議院	B ★★ 歳以上
		参議院	C ★★ 歳以上
	地方政治	都道府県知事	D ★★ 歳以上
		市区町村長地方議会議員	E ★★ 歳以上

A 18
B 25
C 30
D 30
E 25

□ 8 憲法第93条は、地方公共団体に**議事機関として** ★★★ を設置すべきことを定め、その長（首長）と議会の議員、法律の定めるその他の吏員について住民の ★★★ 選挙制を定めている。

議会

直接

◆このように住民から**首長と議会の議員がそれぞれ直接選挙で選**ばれ、**住民を代表する**政治制度を二元代表制という。また、首長公選制は、行政のトップを住民が選挙によってコントロールする点で大統領制の特徴を持つとされる。

101

Ⅱ 政治分野　14 地方自治と地方分権

□**9** 地方の政治機構には、｜ ★★ ｜制的な制度として**首長**
★★　**公選制**と首長の条例に対する**拒否権**、｜ ★★ ｜制的な
　　制度として地方議会による首長の**不信任決議権**、首長
　　の**地方議会解散権**がある。

大統領,
議院内閣

□**10** 地方公共団体の議決機関は**地方議会**であり、議員は任
★★　期｜ ★★ ｜年で、住民の直接投票で選ばれる｜ ★★ ｜
　　制の議会である。

　　◆近年、地方議会議員選挙では町村を中心に議員の担い手が少な
　　くなり、定数に占める**無投票当選者**の割合が増えている。

4, 一院

□**11** 地方議会の権限には、｜ ★★ ｜の制定・改廃、予算議決、
★★　**首長の** ｜ ★★ ｜などがある。

　　◆首長に対する不信任議決の要件は、議員の**3分の2以上**が出席
　　し、その**4分の3以上の賛成**と厳しくなっている。なお、首長
　　に対する不信任決議が可決された場合、10日以内に議会を解散
　　しなければ、**首長は失職する**。

条例,
不信任決議

□**12** 首長は自治事務と法定受託事務の執行、条例の執行、議
★★　案と予算の提出、地方税徴収などを行い、不信任決議
　　に対抗して｜ ★★ ｜日以内に｜ ★★ ｜権を行使できる。

　　◆ただし、解散権を行使できるのは地方議会において3分の2以上の出
　　席議員において4分の3以上の賛成で不信任された場合に限ら
　　れ、内閣が衆議院を裁量によって解散するような権限は認めら
　　れていない。解散後、新たな地方議会で再び、首長の不信任決
　　議が議員の**3分の2以上が出席**し過半数で可決した場合、首長
　　は辞任しなければならない。

10, 議会解散

□**13** 地方の執行機関である首長は、**住民の直接投票で選ば**
★★★　**れる** ｜ ★★★ ｜制が採られ、任期は｜ ★★★ ｜年である。

首長公選, 4

□**14** 首長は議会が議決した条例と予算に対して10日以内
★★　に｜ ★★ ｜権を行使し、｜ ★★ ｜に付すことができる
　　が、地方議会が**出席議員の** ｜ ★★ ｜以上で**再議決**すれ
　　ば成立する。

拒否, 再議,
3分の2

□**15** 地方議会の議決案件について、**緊急時や議会を招集で**
★　**きない場合**、首長が独自判断で決定することを地方自
　　治法が認めている。この権限を｜ ★ ｜という。

　　◆2010年、当時の鹿児島県阿久根市長が、対立する議会を開かず
　　専決処分を繰り返し、住民投票で解職（リコール）された。

専決処分

□16 地方政治における**住民の直接請求**に関する次の表の空欄 **A～I** にあてはまる適語を答えよ。
★★★

	請求の種類	必要な住民の署名数	請求相手	請求後に行われる手続
A ★★★ (住民発案)	条例の制定・改廃	有権者の C ★★★ 以上	D ★★★	20日以内に議会を招集し、意見を附けて議会に諮り、請求が可決されると、条例の制定・改廃が行われる。
	監査		監査委員	監査請求の趣旨を公表し、監査を行い、その結果を公表するとともに、長や議会に報告する。
B ★★★ (住民解職)	議会の解散	原則として有権者の E ★★★ 以上	F ★★★	請求の趣旨を公表し、解散するかどうかの G ★★★ を行い、過半数の賛成があれば解散する。
	議員・長の解職		同上	請求の趣旨を公表し、解職するかどうかの H ★★★ を行い、過半数の賛成があれば解職される。
	主要公務員の解職		長（首長）	議会の採決にかけて、議員の3分の2以上が出席し、その I ★★★ 以上の賛成があれば解職される。

A イニシアティヴ
B リコール
C 50分の1
D 長（首長）

E 3分の1
F 選挙管理委員会
G 住民投票
H 住民投票
I 4分の3

◆首長・地方議員・主要公務員の解職請求（リコール）や地方議会の解散請求は、有権者総数が40万人以下の部分はその3分の1、40万人超80万人以下の部分はその6分の1、80万人超の部分についてはその8分の1を乗じた数を、それぞれに合算した数の有権者の署名が必要となる。なお、**主要公務員**とは副知事や副市町村長などを指す。もともと住民の選挙ではなく首長によって任命されるものであることから、その解職請求は選挙管理委員会ではなく首長に行い、地方議会の採決にかけられる。

□17 特定の地方公共団体にのみ適用される ★ 法の制定には、国会の議決とその地方公共団体の住民投票において ★ の同意が必要である。
★

地方特別（地方自治特別）
過半数

□18 地方公共団体は、住民の利益保護のため、その地方だけに適用される ★★★ で罰則を定めることができる。
★★★

◆例えば、情報公開制度や個人情報保護制度は、国の法整備に先駆けて、地方公共団体で条例が制定されている。

条例

□19 地方公共団体の ★★ や懇談会などに、一般市民が公募で参加できる制度があり、重要な ★★ 案や計画などの策定にこの方法が採用される場合がある。
★★

審議会，
条例

□20 住民は、産業廃棄物処理場の建設をめぐり、その是非に関して ★★ に住民投票条例の制定を請求できる。
★★

首長

II 政治分野　14 地方自治と地方分権

□21 地方の重要政治問題について ★★★ を自主的に実施
★★★ する地方が増えているが、この動きは ★★★ 民主主義の動きとして民主主義の実現に役立つものといえる。

住民投票，
草の根

□22 **重要問題に関する地方の**住民投票**の実施は** ★★★ 法
★★★ には規定されておらず、地方の自主的な ★★★ の制定に基づいて行われていることから、国との関係では
★★★ **を持たない。**
◆日本ではこれまでに450件を超える住民投票が行われている（1996年：日米地位協定見直しおよびアメリカ軍基地整理縮小（沖縄県）、原子力発電所建設（新潟県巻町）。97年：産業廃棄物処理場建設（岐阜県御嵩町）など）。

地方自治，
住民投票条例

法的拘束力

□23 住民投票の投票資格については ★★★ 法**は適用され**
★★★ **ず**地方公共団体の ★★★ に委ねられていることから、未成年者や ★★★ などに投票権を認めた例もある。
◆秋田県（旧）岩城町（18歳以上）、長野県平谷村（中学生以上）、北海道奈井江町（小学5年生以上）、滋賀県（旧）米原町・愛知県高浜市（永住外国人）などで投票権を認めた事例がある。

公職選挙，
住民投票条例，
永住外国人

□24 地方公共団体が住民運動などによって制定した条例が、
★★ 国の法律の制定に結び付いた例として、環境開発に民意を反映させる ★★ 制度や**行政民主化**の前提となる ★★ 制度などがある。

環境アセスメント
（環境影響評価），
情報公開

□25 住民たちの任意の資金によって山林を購入して緑を守る ★ 運動や景色を守るための建築規制などを定めた ★ 条例が制定されている。
◆ナショナル=トラストは知床や小樽などで行われている。景観条例には京都府や京都市などで制定されている。

ナショナル=トラスト，
景観

□26 地域住民は、地方公共団体の長、執行機関、職員の違
★★ 法行為などについて**損害賠償請求**などの訴訟を起こすことができる。これを一般に ★★ 訴訟という。
◆例えば、最高裁が違憲判決を下した愛媛靖国神社玉串料訴訟や北海道の空知太神社訴訟は住民訴訟という形で提訴された。

住民

□27 ★★★ は、首長から独立した執行機関として置かれ
★★★ た**行政委員会**で、選挙全般を管理する。

選挙管理委員会

□28 ★ とは、教育に関する事務を管理執行するため
★ に地方公共団体に設置される**行政委員会**である。

教育委員会

104

□ **29** 自主財源の乏しさ、国からの受託事務の増加で地方の
★★★ 自主性が発揮できず中央政治に依存する地方の実態の
ことを ★★★ という。

三割自治

◆実際には、地方の自主財源である地方税収入は4割程度ある。

□ **30** 地方の財源には、地方税など**独自の財源である** ★★★
★★★ と、地方交付税交付金や国庫支出金など**国からの援助
金である** ★★★ に分かれるが、 ★★★ は伝統的に
★★★ **割程度**しかなかった。

自主財源

依存財源, 自主財
源,
3

◆このような点から日本の地方自治は三割自治と呼ばれてきた。

□ **31** 地方の財源には、**地方が使途を自由に決定できる** ★★
★★ 財源と、**国が使途を限定した** ★★ 財源がある。

一般,
特定

□ **32** 一般財源には、住民税、事業税、固定資産税などの
★★ ★★ と、国から地方に支給される ★★ などが
ある。

地方税, 地方交付
税交付金

◆地方交付税交付金は国から地方に援助される使途自由な一般財
源であり、その総額は**所得税・法人税**の33.1%、**酒税**の50.0%、
消費税の19.5%、および**地方法人税**の全額である。

□ **33** 特定財源には、**国から地方に対して援助されている**
★★ ★★ があるが、これを一般に ★★ という。

国庫支出金, 補助金

□ **34** 1995年制定の ★★ 法に基づいて進められてきた地
★★ 方分権のあり方が、99年制定の ★★ 法によって
規定された。

地方分権推進,
地方分権一括

□ **35** 1999年制定、2000年施行の地方分権一括法は、**国と地
★★ 方の関係**を「上下・主従関係」から「 ★★ 関係」に
改めた。

対等・協力

◆国と地方が「対等・協力関係」となったことに伴い、2000年に双
方の争いを審査・調停する国地方係争処理委員会が設置された。

□ **36** 地方分権の確立に際して、三割自治**を解消**するため、
★★★ ★★★ 事務を廃止するとともに、**国からの** ★★★
原則の見直しを行った。

機関委任, 補助金

□ **37** 従来、地方公共団体の事務は**地方独自の仕事である**
★★ ★★ 事務と**国からの** ★★ 事務に分かれていた。

固有, 委任

□ **38** かつては、**国からの委任事務**は、**国が地方公共団体に
★★ 委任する** ★★ 事務と、**首長や委員長などに委任す
る** ★★ 事務に分類されていた。

団体委任,
機関委任

II 政治分野　14 地方自治と地方分権

☐ **39** 2000年の地方分権一括法施行に伴う地方自治法改正により、機関委任事務は事実上廃止され ★★★ 事務と ★★★ 事務に区分された。
★★★

法定受託,
自治 ※順不同

　◆主な法定受託事務には、パスポートの交付などの旅券事務、国民の本籍地や出生などを証明する戸籍事務、投票用紙の交付などの選挙事務がある。住民票の管理などは国と地方の事務という二面性があることから、法定受託事務ではない点に注意。なお、自治事務に対する国の関与の手段は、法定受託事務に対するものに比べて限定的である。

☐ **40** 小泉内閣（2001～06年）が進めた三位一体の改革とは、 ★★★ の見直し、 ★★★ （補助金）の削減、国から地方への ★★★ の3つの改革のことをいう。
★★★

地方交付税交付金,
国庫支出金,
財源移譲

　◆三位一体の改革で、国の地方に対する財政援助を削減したことは、国の財政負担を軽減し、国家財政再建築ともなった。

☐ **41** 補助金原則を見直して自主財源を拡充するために、1997年より ★★ 税が新設され、2006年には地方債発行時の国の許可制を廃止して ★★ 制に改めた。
★★

地方消費,
事前協議

☐ **42** 国から地方への税源移譲の具体例としては、国税としての ★★★ の減税分を地方税としての ★★★ 増税に振り向ける方法や、国税としての ★★★ 分と地方税としての ★★★ 分の割合を変えて、後者の比率を高める方法がある。
★★★

所得税, 住民税,
消費税,
消費税

☐ **43** 1997年より ★ が新設され、消費税の中に含めて徴収し、国と地方にそれぞれ納付されることになり、税率5%時には ★ %分が、2014年以降の8%時には ★ %分が、19年以降の10%時には ★ %分が地方に、残りは国に納付される。
★

地方消費税

1,
1.7, 2.2

☐ **44** 都市開発や福祉行政、地方債の許可などの**運営権を都道府県から大幅に移譲される都市**を ★ という。
★

政令指定都市

　◆政令指定都市は、人口100万人以上（実際には従来の運用上、50万人以上）の都市に認められてきた。2010年4月に神奈川県相模原市、12年4月に熊本県熊本市が指定され、2021年3月現在で全国20都市となった。なお、都道府県と政令指定都市には、地方公務員の給与などの勧告を行う**人事委員会**の設置が義務づけられている。

□ **45** 政令の指定により、周辺の普通の市よりも行政事務に
★ 関する権限が強化される、政令指定都市に準ずる扱い
となる都市を ★ といい、**各種行政事務に関する権限の一部が都道府県から移譲される。**

◆中核市になるためには人口20万人以上の条件を満たさなければならず、都道府県の議会と、その市議会の議決を経て国(総務大臣)へ申請する(21年5月現在、62市が中核市に指定)。

中核市

□ **46** 市町村合併特例法によって、市町村の数を3,200から
★★ 1,000に削減することを目標に進められた市町村の合併は「 ★★ 」と呼ばれる。

◆1888～89年の「**明治の大合併**」は、旧幕藩体制下から続く地縁共同体であった町村を、近代的地方自治制度である「市制町村制」の施行に際し、約7万1,000の町村数を約1万6,000に統合した。1953～61年の「**昭和の大合併**」は、新制中学の設立、市町村消防や自治体警察の創設、社会福祉や保健衛生関連の適正処理などを目的に、約1万の市町村数を3,400程度に統合した。1999～2010年の「平成の大合併」の目的は、**地方行政を効率化す**るとともに、地方議員や公務員の数を減らして**地方の財政コストを削減**し、ひいては**国の財政コストを削減**することにある。

平成の大合併

□ **47** 「平成の大合併」に際して、国は合併した市町村には向
★★ こう ★★ 年間は国からの地方交付税交付金を削減
しないことや ★★ の発行を認め、その70%を国が負担するという特恵を与えていた。

◆市町村合併に地方議会議員が反対しないようにするため、**合併した市町村の議員の議席数を一定期間削減しないとする**在任特例なども認められていた。

**10,
合併特例債**

□ **48** 2040年までに20～39歳の ★ が半減し、行政
★ 機能や社会保障制度の維持、安定した雇用などが困難
になると予測される自治体を指して「 ★ 」と呼ぶ。

◆2014年、日本創成会議の人口減少問題検討分科会によって報告された「消滅可能性都市」の数は896自治体で、岩手県や宮城県沿岸部など東日本大震災の被災地なども含まれた。

女性人口

消滅可能性都市

**II
政治**

**14
地方自治と地方分権**

II 政治分野 14 地方自治と地方分権

☐ **49** 「　★　」とは、居住地でない地方公共団体に寄付を
★ 行うと、その金額に応じて所得**税**と住民**税**が控除され
る制度のことで、**地域活性化や被災地の復興支援**のた
めに利用する者もいる。

> ◆ふるさと納税は、2008年の地方税法改正で始められ、**電子商取引
> (eコマース) の普及**もあり、短期間に普及した。一方で、多額の
> 寄付を集めようと豪華になっていく返礼品に対し、総務省は「寄
> 付額の3割以下の**地場産品**」という新たな基準を設けた。これに
> より大阪府泉佐野市などが、19年6月施行の新制度に参加でき
> る自治体の指定から除外されることが決定された。同市はこれを
> 違法として国を提訴し、20年6月に最高裁は国側の勝訴とした
> 大阪高裁判決を破棄し、この決定を取り消した。

ふるさと納税

☐ **50** 2006年施行の　★　法によって、それまで行政が
★ 担ってきた事業に市場原理を導入し、官と民が競争入
札に参加する　★　化テストが制度化された。

公共サービス改革

市場

☐ **51** 都道府県の単位を越えた**広い地域で統一的な地域開発**
★ **などの行政**を行うことを　★　という。

> ◆複数の地方公共団体が連携して広域で事業を行うことを広域連
> 携という。例えば、2018年に成立した改正水道法では、水道施
> 設の統廃合など事業の合理化を図るために、水道事業の広域連
> 携を図るとした。

広域行政

☐ **52** 地方公共団体が設置する公共施設全般について、**地方**
★★ **自治法**に基づき民間企業やNPOなどがその管理業務
を包括的に代行し得る　★★　**制度**が行われている。

指定管理者

☐ **53** 民間企業の資金や経営能力・技術能力の活用という視
★ 点に立って、国や地方公共団体における公共施設の建
設・整備などを**企業が主体的に担う**ことによって促進
する　★　**制度**が行われている。

> ◆PFI (Private Finance Initiative) は公共施設などの建設や維
> 持管理などについて民間の資金や経営能力、ノウハウを利用す
> る手法であり、民と官が協力して各種事業にあたることから公
> 的資金の投入を抑制しつつ、民間の活力により収益を期待する
> ものとして注目されている。近年では民間企業と地方都市が協
> 力して図書館を建設・運営している事例などがある。

**PFI(プライベート
・ファイナンス・
イニシアティブ)**

☐ **54** 　★　とは、行政が担ってきた公共性の高い事業の
★ 運営を民間の組織に委ね、その運営資金を民間投資家
から募る、社会的課題解決のための仕組みである。

> ◆SIB (Social Impact Bond) は、公共財などに関する新たな財
> 源調達手段として誕生し、2017年度から日本でも本格的に導入
> されている。

**SIB (ソーシャル=
インパクト=ボン
ド)**

Ⅲ 政治分野
POLITICS
現代政治の諸問題

1 日本の選挙制度

ANSWERS ☐☐☐

☐**1**
★★★
選挙の**4原則**の1つには、選挙権を財産、性別、教育
などで制限せず、**すべての成年者に**選挙権や被選挙権
を与える ★★★ 選挙がある。その反対の選挙方法を
★★★ 選挙という。

普通,
制限

☐**2**
★★
選挙の**4原則**の1つには、**財産や身分などによって1
人に複数の票を与えたり、1票の価値に差を設けたり**
してはならないという ★★ 選挙がある。その反対
の選挙方法を ★★ 選挙という。

平等,
不平等

☐**3**
★★
選挙の**4原則**の1つには、**選挙人が候補者に自ら投票
する** ★★ 選挙がある。一方、選挙人を通して意思
表示をする選挙方法を ★★ 選挙という。

直接,
間接

☐**4**
★★
選挙の**4原則**の1つには、投票の際には**投票者は自分
の名前を自署せず無記名で投票する** ★★ 選挙があ
る。その反対の選挙方法を ★★ 選挙という。

秘密,
公開

◆投票を権力や他者に干渉されず、投票者本人の意思で決定でき
ることを自由選挙といい、これを加えて**選挙の5原則**ともいう。

☐**5**
★
日本では ★ 投票制を採用し、**投票は投票者本人の
自由**とされ棄権も許されるが、国によっては ★ 投
票制を採用し、棄権した者に罰則を科す国もある。

任意,
強制（義務）

◆強制**投票制**（義務**投票制**）を採用する国では、投票は義務である
とされるため、高い投票率を維持している。

109

Ⅲ 政治分野　1 日本の選挙制度

□**6** 1選挙区から1人を選出する ★★★ 選挙区制は、大
★★★　政党に有利なため政局が安定し、また各党の乱立候補
　　　を防止する長所を持ち、一方で小政党に不利で ★★★
　　　の増加を招く短所を持つ。

小

死票

　　　◆死票とは落選者に投じられた票のことで、選挙人の意志が議席
　　　　に反映されないことからそのように呼ばれる。なお、小選挙区
　　　　制では有権者が候補者をよく知ることができる反面、国民代表
　　　　としての適性を欠く「地方的小人物」が当選する傾向がある。

□**7** 小選挙区制の短所は、与党に有利なように**選挙区境界**
★★★　**線を恣意的に設定する** ★★★ が生じやすい点である。

ゲリマンダー

□**8** 1選挙区から複数名を選出する ★★★ 選挙区制は、
★★★　小政党にも当選のチャンスが増え、死票が減少する長
　　　所を持つが、一方で政局の不安定化や同一政党間での
　　　「同士討ち」を招く短所を持つ。

大

□**9** 多数者の支持を受けている多数党(大政党)に有利な選
★★　挙制度を ★★ 代表制といい、少数者からの支持と
　　　なる少数党(小政党)に有利な選挙制度を ★★ 代表
　　　制という。

多数,
少数

□**10** 衆議院議員選挙の一部に導入されている小選挙区制は、
★★★　★★★ 党に有利な ★★★ 代表制になりやすいため、
　　　政局は ★★★ 化しやすい。

多数 (大政), 多数,
安定

□**11** 参議院議員選挙の多くの選挙区で採用されている大選
★★★　挙区制は、★★★ 党にも議席獲得のチャンスがある
　　　★★★ 代表制になりやすいため、政局は ★★★ 化
　　　しやすい。

少数 (小政),
少数, 不安定

□**12** 衆議院議員選挙と参議院議員選挙の一部に導入されて
★★★　いる比例代表制は、各党に得票率に応じた ★★★ な
　　　議席配分を実現するが、政局は ★★★ 化しやすい。

公平,
不安定

　　　◆選挙区制度と投票制の組み合わせに関して、**小選挙区** (定数1)・
　　　　単記制 (投票用紙に1名を記入) または**大選挙区** (定数複数名)・
　　　　完全連記制 (投票用紙に定数名すべてを記入) にすると、定数す
　　　　べてを多数党 (大政党) が占めてしまう可能性があるため、大政
　　　　党に有利な多数代表制**になりやすい**。一方、**大選挙区で制限連
　　　　記制** (投票用紙に定数未満複数名を記入) ないし**単記制** (投票用
　　　　紙に1名を記入) とする場合、記入できる人数までは大政党が議
　　　　席を独占しやすいが、それを超えた定数分については小政党に
　　　　もチャンスがある。したがって、少数代表制となりやすい。

110

□**13** 得票率に応じた公平な議席配分や、死票を減少させる
★★★ ことができる一方で、**小党分立**と政局の不安定化のお
それがある選挙区制度は ★★★ 制である。

比例代表

□**14** 衆議院議員選挙について、1994年までの**1選挙区から**
★★ **原則3〜5人を選出**する ★★ 制は、**1選挙区から**
複数名を選出する点で ★★ 制の一種である。

中選挙区,
大選挙区

◆大選挙区制の一種であるが、選出人数がそれほど多くないこと
から中選挙区制と呼ばれる。この制度下においても**1票の格差の**
是正により、最終的には**2〜6人区**（奄美群島区は1人区）と
なっていた。

□**15** 1994年の法改正で衆議院議員選挙に ★★★ 制が導入
★★★ され現在に至るが、導入当初の議員定数は ★★★ 区
が300人、**全国11区で実施する** ★★★ 区が200
人の**合計500人**と定められた。

小選挙区比例代表
並立,
小選挙,
比例代表

◆ドイツで導入されている小選挙区比例代表併用制との区別に注
意！ これは各政党の獲得議席数を比例代表で決定し、各政党
は小選挙区当選者を優先的に獲得議席に充当する制度である。

□**16** **衆議院の定数**は、1994年改正で「小選挙区300人＋比
★★★ 例代表区200人＝合計500人」から、2000年の法改
正で「小選挙区300人＋比例代表区 ★★★ 人＝合計
★★★ 人」、12年改正で小選挙区の定数が5減して総
定数は「475人」、16年改正で「小選挙区 ★★★ 人＋
比例代表区176人＝合計 ★★★ 人」となった。

180,
480,
289,
465

◆2012年改正で小選挙区の定数が300人から295人に5人削減
されることが決定し、13年に「0増5減」の区割り法が成立し、
小選挙区を1つ減らす5つの県が決められた。さらに、16年
改正で小選挙区が295人から6減して289人、比例代表区が
180人から4減して176人の合計465人となった（2017年10
月実施）。また、2022年以降に実施される衆議院議員総選挙から、
各都道府県の小選挙区の設置数を総人口に占める都道府県の人
口比率に応じて配分する「アダムズ方式」の導入も決定した。こ
の方式では、都道府県の各人口をある数（X）で割り、その商の
小数点以下を切り上げて議席の定数を決めるため、各都道府県
には最低でも定数1が割り振られる。なお、このXは各都道府
県の人口をXで割った数の合計が定数とほぼ同じになる数値と
する。アダムズ方式の導入で、2020年国勢調査で確定した人口
より、15都県で小選挙区数が「10増10減」となる。

□**17** 従来、参議院議員選挙では**全国を1区で行う** ★★ 区
★★ と、**都道府県単位で行う** ★★ 区に区分されていた
が、1982年から金権選挙防止のため、**前者に** ★★ 区
が導入され、**後者は** ★★ 区と名称変更された。

全国,
地方,
比例代表,
選挙

III 政治

1 日本の選挙制度

111

Ⅲ 政治分野　1 日本の選挙制度

□**18** 1983年以降、参議院議員選挙では、**47都道府県の** ★★★
★★★ **区**と**全国1区の** ★★★ **区**が設けられ、前者が ★★★
人、後者が ★★★ 人の合計**252**人の定数とされたが、
2000年改正により前者が ★★★ 人、後者が ★★★ 人
の合計**242**人に削減され、18年改正で前者は**2増**し
て ★★★ 人、後者は**4増**して ★★★ 人となり、合
計**248**人となっている。

選挙,
比例代表, 152,
100,
146, 96

148, 100

◆2016年、参議院の**1票の格差を是正**するために、都道府県単位
を1区とする伝統的な選挙区の設置を変更し、人口の少ない2つ
の県を1区とする合区が導入された（鳥取と島根、徳島と高知）。

□**19** 1990年代の政治改革で**衆議院議員総選挙の比例代表**に
★★★ は、各政党の当選者は前もって示した**名簿の順位に
よって決まる** ★★★ **式比例代表制**が採用されている。

拘束名簿

◆この短所は、各党の当選順位に民意が反映されない点にある。

□**20** ★★ **議員**選挙に導入されている ★★ **式比例代**
★★ **表制**とは、有権者は**政党名または政党公認候補者個人
名に投票**することができ、その合計票を政党の得票数
と計算して各党の議席数を決定し、各党の**当選者
は** ★★ **の多い順**とする方法である。その方式の長
所は、各党の当選順位に民意が反映される点にある。

参議院, 非拘束名
簿

個人得票

◆2019年の参議院議員通常選挙より、比例代表には事前に政党が
決めた順位に従って当選者が確定する「特定枠」を各党が任意に
設定できることになった。

□**21** 比例代表選挙については、衆議院の場合、選挙人は
★★ ★★ **にのみ投票**するのに対し、参議院の場合、**政
党または** ★★ **に投票**できる。

政党,
政党公認候補者

□**22** 重複立候補が認められている衆議院議員総選挙におい
★★ ては、**小選挙区落選者が比例代表区で** ★★ **当選**す
ることが認められるが、その場合、比例代表区の名簿
に同一順位で複数名掲載された候補者が存在する場合、
その順位は選挙区での ★★ によって決定される。

復活

惜敗率

◆惜敗率とは、**同じ小選挙区における当選者の得票数に対する落
選者の得票数の割合（百分率%）**である。比例代表区での復活当
選には、**当該選挙区の有効投票数の10分の1以上を得票するこ
と**が条件で、惜敗率の高い順に順位が決まる。

112

☐ **23** 日本の比例代表制は、各党の獲得議席の算出方法として、各党の得票数を整数で割り、商の大きい順に定数まで当選者を決める ★★ 方式を採用する。

ドント

☐ **24** **比例代表制における各政党の得票数**が、Ａ党1,000万票、Ｂ党800万票、Ｃ党500万票、Ｄ党200万票で、定数9の場合、ドント方式による各党の当選人数は、Ａ党は ★★★ 人、Ｂ党は ★★★ 人、Ｃ党は ★★★ 人、Ｄ党は ★★★ 人となる。

4, 3, 2, 0

◆計算方法は以下の通り。この事例の場合、商の値が大きい順に第9位までが当選する。

	Ａ党	Ｂ党	Ｃ党	Ｄ党	（**定数9**）
得票数	1,000	800	500	200	（単位：万票）
÷1	1,000	800	500	200	
÷2	500	400	250	100	
÷3	333	266	166	66	
÷4	250	200	⋮	⋮	
…	…	…	…	…	

☐ **25** 次の表は、ある政党の衆議院議員総選挙の結果を示したものである。**比例代表区での獲得議席数が2の時**、比例代表区での当選者は ★★ 氏と ★★ 氏である。

Ａ, Ｄ ※順不同

比例名簿順位	1位　Ａ氏 2位　Ｂ氏　Ｃ氏　Ｄ氏 5位　Ｅ氏
重複立候補者の 小選挙区での結果	○○区　Ｂ氏当選 □□区　Ｃ氏落選　惜敗率80％ △△区　Ｄ氏落選　惜敗率90％

◆1位指名のＡ氏は当選。残り1議席を2位指名のＢ～Ｄ氏の3人が争う。Ｂ～Ｄ氏のうち、**Ｂ氏は小選挙区で当選したので名簿から削除される**。Ｃ氏とＤ氏では惜敗率の高いＤ氏が優先されるので、残りの議席はＤ氏が獲得する。

☐ **26** 選挙運動の期間は、**衆議院が** ★★ **日間**、**参議院が** ★★ **日間**であるが、選挙運動期間以前の ★★ 運動は公職選挙法で禁止されている。

12,
17, 事前

Ⅲ 政治分野　1 日本の選挙制度

□**27** <u>公職選挙法</u>は、選挙運動として**立候補者が各家庭を回**
★★　　**る** ★★ **を禁止**するとともに、**特定の候補者を支持**
　　　する ★★ **運動も禁止**している。

戸別訪問,
署名

　◆<u>戸別訪問</u>は欧米では有益な選挙アピールの手段として認められ
　　ているが、日本の<u>公職選挙法</u>では**買収**や**利益誘導を防ぐ**ために
　　禁止されている。また、金権選挙を防止するために<u>ポスター</u>や
　　<u>ビラ</u>の枚数なども制限されている。

□**28** <u>公職選挙法</u>は、 ★★ **の地位を利用**した**選挙運動を**
★★　　**禁止**している。

公務員

□**29** <u>公職選挙法</u>は、**国政選挙と地方選挙に適用**され、投票
★★　　資格は従来**満** ★★ **歳以上**とされてきたが、2014年
　　　の ★★ に関する<u>国民投票法</u>の改正で、4年以降後
　　　の<u>国民投票</u>資格を満 ★★ **歳以上**に引き下げる前提
　　　として<u>公職選挙法</u>改正を行うとの付帯決議が出され、
　　　翌15年6月に<u>改正公職選挙法</u>が成立した。

20,
憲法改正,
18

　◆2016年の参議院議員選挙から適用され、18・19歳の約240万
　　人が新たな有権者となった。また、未成年者の政治運動は政治
　　判断能力が不十分であるとして禁止されていたが、これも解禁
　　された。なお、同選挙の10歳代投票率は46.78%と、20歳代
　　（35.60%）、30歳代（44.24%）よりも高かった。

□**30** 2001年の<u>公職選挙法</u>改正で、地方選挙には**タッチパネ**
★★　　**ル方式**による ★★ **制の導入**も可能となった。

電子投票

　◆電子投票制は、岡山県新見市で初めて導入された（2020年3月
　　廃止決定）。ただし、**タッチパネル方式**が使用可能な場所は**投票**
　　所のみと定められており、不正の可能性があるため**投票所以外**
　　での<u>インターネット投票</u>は**認められていない**。なお、**国政選挙**
　　には、今のところ電子投票制の導入は認められていない。

□**31** <u>公職選挙法</u>では、 ★★★ による**選挙運動が禁止**され
★★★　ていて、選挙期間中は政治活動の報告などのホーム
　　　ページ更新も<u>禁止</u>されていたが、<u>2013</u>**年の法改正**で、
　　　それらが ★★★ された。

インターネット

解禁

　◆<u>インターネット</u>による**選挙運動解禁**の長所として立候補者の考
　　え方が明確に伝わること、**若年世代などの投票率上昇**が期待さ
　　れることなどがある。一方、短所として、誹謗中傷など**ネガティ**
　　ブキャンペーンや立候補者の**なりすまし**による情報配信の可能
　　性などが指摘されている。政党と候補者は、<u>SNS</u> および<u>電子</u>
　　<u>メール</u>による自らへの投票の呼びかけが認められている。有権
　　者については、<u>SNS</u> や動画サイトを用いた選挙運動は可能であ
　　るが、<u>電子メール</u>の利用は禁止されている（例：電子メールで友
　　人に自らが支持する候補者への投票を依頼すること。候補者か
　　らの投票依頼のメールを転送することもこれに含まれる）。

114

32 1989年から2019年までの国政選挙について、次のグラフAは ★★★ 議員、Bは ★★★ 議員の選挙の投票率を示す。**最低投票率**を記録した選挙は ★★★ 議員で約 ★★★ %（2014年）、★★★ 議員で約 ★★★ %（1995年）である（小数点第1位を四捨五入）。

参議院，衆議院，
衆議院，
53，参議院，45

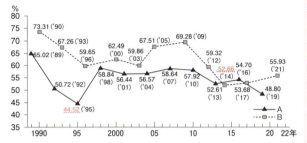

◆参議院議員選挙で最低投票率を記録した1995年の村山富市内閣時、衆議院議員総選挙の投票率が初めて60％を下回った96年の橋本龍太郎内閣は、いずれも連立内閣の時期であった。2013年にはインターネットによる**選挙運動解禁**後、初めての参議院議員選挙が行われた。17年10月の衆議院議員総選挙は、少子高齢化や北朝鮮の脅威への対応の信任を問うとして「国難突破解散」と銘打ち行われたが、投票率は53％台と低調であった。21年10月は、20年の新型コロナウイルス感染症（COVID-19）の感染拡大以降で初の衆議院議員総選挙となったが、各党の公約の対立軸が鮮明でなく、感染症への警戒感などもあり、投票率は55％台に伸び悩んだ。

33 候補者の親族や選挙運動の総括主宰者や出納責任者など主要な選挙運動員が選挙違反で**有罪**となった場合、**候補者の当選も無効**とする制度を ★★★ といい、1994年の公職選挙法改正で**罰則が強化**され、組織的選挙運動管理者や意思を通じた秘書が、選挙違反で罰金刑以上の有罪となった場合も適用されることになった。

連座制

◆連帯責任制である連座制によって当選が無効となった議員は、同じ選挙区から5年間立候補できなくなる。なお、連座制の対象者が起訴された選挙違反事件の刑事裁判において、公職選挙法では起訴から100日以内に第一審判決を下すように裁判の迅速化を求めている（**百日裁判**）。

34 選挙に立候補する際には、**一定の金銭を提出して預ける** ★★ **制度**があるが、その目的は乱立候補を防ぐことにあり、★★ 数を得られなかった場合、供託金は没収され、**選挙公営化資金**に利用される。

供託金，
法定得票

◆供託金は国政の選挙区300万円、比例代表区は名簿1人あたり600万円（重複立候補者は300万円）と定められている。

Ⅲ 政治分野 1 日本の選挙制度

☐ **35** 1997年の公職選挙法改正で、**投票率を高める**ために、
★★ 午前7時〜午後6時だった投票時間が ☐★★ 時までに延長され、従来の ☐★★ 投票の要件も緩和された。

午後8,
不在者

☐ **36** 選挙期日以前の市区町村の役所などでの本人による投
★★ 票は、**2003年**の公職選挙法改正で公示日または告示日
の翌日から選挙期日の前日までの期間はいつでも投票
可能となったことから ☐★★ 投票と改称された。

期日前

◆現在でも郵便等による不在者投票など一部、同制度が残っている。

☐ **37** 1995年、定住外国人に**地方選挙権を与えるという立法**
★★★ **措置（法改正）**は ☐★★★ **とは断定できない**とする最高
裁判断が出された。

違憲

◆住民自治を尊重する立場から、その地方に一定期間、居住している定住外国人に地方選挙権を与えることは立法政策上、違憲とは断定できないとする。ただし、定住外国人に地方選挙権を与えるためには、公職選挙法の改正が必要である。2020年8月現在、定住外国人には地方選挙権は与えられていない。

☐ **38** ☐★★★ を国政の比例代表選挙に限り、選挙区には認
★★★ めていなかった従来の公職選挙法の立法不作為について最高裁判所は2005年に ☐★★★ とする判決を下した。
この判決を受けて、06年には公職選挙法が改正されて**衆参両院の選挙区についても** ☐★★★ が認められた。

在外投票

違憲

在外投票

◆1998年の公職選挙法改正（2000年施行）で、衆参両院の比例代表選挙のみに限って海外の日本大使館などで行う在外投票が認められていたが、これを選挙区に認めず投票ができなかったことが**法の下の平等に反する**として、国を相手に損害賠償を求める訴訟が起こされた。最高裁判決の違憲の理由は、憲法第15条の**選挙権を不当**に制限する点にある。法律を制定しないこと、すなわち立法不作為を違憲とする初めての最高裁判決であり、事実上の立法勧告の意味を持つ。なお、2021年10月の衆議院議員総選挙における在外投票の投票率は比例代表選挙で20.21%、小選挙区選挙で20.05%と、前回と同じく20%台の低い投票率となった。複雑なルールや手続が影響しているものと考えられる。

☐ **39** 1948年、**政治献金の上限規制**と一定額以上の**寄付の公**
★★★ **開**を規定し、政治資金の公正を図る ☐★★★ 法が制定
されたが、相次ぐ政治腐敗の中、**94年の改正**で、政
治家個人名義への献金が全面禁止された。

政治資金規正

◆1994年の政治資金規正法改正により、政治家は政治献金を直接受け取れなくなったが、受け皿として**政治家1人あたり1つの**資金管理団体を保有できることになり、それに対する献金は、個人・企業・団体いずれも一定期間は認められていた。なお、政党や政治家の後援会なども含まれる政治団体の収支については、**政治資金収支報告書**として、1年分の内訳を記載する。

☐ **40** 2000年の政治資金規正法改正で、政治家1人が1つ保
★★ 有できる**資金管理団体への献金**は ☐ ★★ ☐ と団体から
は禁止となり、☐ ★★ ☐ からは一定額以下であれば可
能のままとなっている。また、個人・企業・団体のい
ずれからも政党および政党に資金を援助することを目
的として政党が指定した ☐ ★★ ☐ に対する献金は認め
られ、一定の上限金額の規制が設定されているだけで
ある。

企業,
個人

政治資金団体 (政
治団体)

◆寄付の年間上限について、政党・政治資金団体に対しては企業・
団体は規模により750万円〜1億円まで、個人は2,000万円ま
でとなる。なお、政治資金を集めるために開かれる政治資金パー
ティーは、原則的に政治団体によって開催されなければならず、
収支報告は同一の者の支払いが**20万円を超える場合**には、その
者の氏名と金額を公開することが義務づけられ、1人の対価支
払上限も1つのパーティーあたり**150万円に制限**されている。

☐ **41** ☐ ★★ ☐ (政党交付金) は、**国民1人あたり約250円、総**
★★ **額年間約320億円**(「平成27年国勢調査人口」により
算出) とされ、政党の獲得議席数と得票数より算出し
た勢力に応じて配分される。

政党助成金

◆政党助成法は、政治資金規正法改正と同じく、初の非自民連立
政権となった細川内閣下の1994年に制定された。政治家個人へ
の献金を禁止する代わりに、**公費を政治資金として交付**し、一
部の企業や団体と政治家との結び付きを断ち切り、政治資金の
透明化を図ることで**金権政治を防ぐこと**を目指した。

☐ **42** 公職選挙法における「政党」(衆議院比例区に立候補可
★★ 能な政党) の要件は、**国会議員が** ☐ ★★ ☐ **人以上**、ま
たは**前回の国政選挙の得票率が** ☐ ★★ ☐ **%以上**である。

5,
2

☐ **43** 政党助成法における「政党」の要件は、**国会議員が**
★★ ☐ ★★ ☐ **人以上**、または**前回の国政選挙の得票率が**
☐ ★★ ☐ **%以上**かつ**国会議員が** ☐ ★★ ☐ **人以上**とされ
ている。

5,
2, 1

◆政治資金規正法においては、政治献金を受けることができる「**政
治団体**」は、掲げる主義や政策を推進し、立候補者を推薦・支持
する**実体を持つ団体**とされている。

☐ **44** **議員の立法活動を補佐**するための制度として、公設秘
★ 書 ☐ ★ ☐ **人**、うち ☐ ★ ☐ **人**を政策担当秘書として
設置することができ、その**給与は国費で負担**する。

3, 1

◆公設第一秘書、公設第二秘書、政策担当秘書の身分は**国家公務
員特別職**になる。

III
政治

1
日本の選挙制度

117

III 政治分野　2 政党と圧力団体

□**45** 　★　 候補者は、親や祖父母など親族の代から続く後
★　　援会という地盤、元職または現職者である親族の知名
度という看板とその資金力を意味する鞄の「　★　」
を持つことで有利なため、それらのない新人候補者の
当選が難しい現状がある。

世襲

三バン

2 政党と圧力団体

ANSWERS □□□

□**1** 特定の主義または原則において一致している人々が、
★★　それに基づいて**国民的利益**を増進すべく努力するため
に結合した団体を　★★　という。

　◆E. パークによる政党の定義。

政党

□**2** J. ブライスは、『近代民主政治』の中で「今までに、大
★★　規模な自由主義国で　★★　を持たない国はなかった
し、　★★　なしに代議政治が運営可能であることを
示した者は、1人もいない」と述べている。

政党,
政党

□**3** 政党には国民の多元的な意見を**綱領や政策に一本化す**
★★　**る**　★★　機能があるが、いわば　★★　を一本化す
る機能ともいえ、それを政治に実現する**パイプ役**にな
るという　★★　機能も有するとされる。

利益集約, 世論

利益媒介

　◆また、政権獲得を目指し、与党は政府を組織し、野党は政府を
批判かつ監督して次期の政権獲得を目指す点で政党には**政権担
当機能**があり、国民に政治争点を明確化し、考え方を示す**政治
教育機能**もある。

□**4** E. バーカーは、「　★★　は社会と国家の架け橋であ
★★　る」と述べて、その　★★　機能を端的に表現した。

政党,
利益媒介

□**5** 一般に選挙において政党が公党として掲げる**政権公約**
★★　のことを　★★　と呼ぶ。

マニフェスト

　◆日本でのマニフェストは、2003年の衆議院議員総選挙から公職
選挙法改正で配布が可能となり定着した。また、地方の知事た
ちが**ローカル=マニフェスト**（**地方自治体マニフェスト**）を公表
し、国政に影響を与えた。

118

□6 政党は、資本家など財産や教養のある有力者たちが同
質利益を追求し**名誉職として政治を行う** ★★ 政党
から、無産者も参加し**多元的な異質利益を追求する**
★★ 政党に変化した。

　◆近代社会で名望家政党は議会内の政治活動のみを行い、政党の
　基本方針を示す綱領を持たず、党に所属する議員に対して議場
　での投票行動などを拘束する党議拘束も存在していなかった。
　それが現代では大衆政党へと移り変わり、議会外の政治活動を
　行い、政党の基本方針を示す綱領を持ち、**党の規約に従う党議拘**
　束が強く、議員個人の意思よりも党の決定が優先されるように
　なった。例えば、2005年の郵政民営化問題で反対票を投じた自民
　党議員は**除名処分**を受けた。なお、日本国憲法には政党に関する
　条文はないが、憲法第21条1項で結社の自由を保障している。

名望家

大衆

□7 特定の分野において省庁、政府での政策決定過程に影
響力を持つ議員のことを、一般に ★★ という。

族議員

□8 **55年体制下の自民党政権**では、自民党が ★★ を中
心とする集団であったため、閣僚の任命も ★★ の
推薦で決められることが多かった。

　◆派閥は政治家どうしの利害や信条などによって結束した党内の
　グループである。自民党が長期安定政権を担った**55年体制下**で
　は、実際の政権交代は起こらなかったが、自民党内の「党内党」
　とも呼ばれる派閥による「政権」交代が起こっていた。

派閥,
派閥

□9 特定の ★★★ **の実現**を目指し、**政治や行政に対して**
影響力を行使しようとする集団を ★★★ という。

　◆主要な圧力団体には、経営者団体、農業団体、労働団体、医療
　関係団体などがある。政党や国会議員だけでなく、中央省庁の
　高級官僚に対しても活動が行われる。

利益,
圧力団体 (利益集
団)

□10 アメリカでは、 ★★ を使って**利益集団**が政治へ圧
力をかけている。

ロビイスト

□11 圧力団体の長所は、選挙ルートで吸収できない多様な
民意を政治に反映させて代議制を ★★ する点にあ
るが、短所は**汚職や政治腐敗などの** ★★ **政治を発**
生させてしまう点にある。

　◆金権政治とは、金の力によって支配する政治のことで、極限ま
　でいくと特定の企業や団体から政治資金の提供を受ける見返り
　として利益供与などが行われる。その背景の1つとして、日本
　の政党の党員数が一般的に少なく、政党としての活動資金が不
　足しがちであることが挙げられる。そのため、議員やその候補
　者は私的な後援会組織に支えられ、個人でなく企業や団体から
　の献金に依存しがちとなる。政党助成金が金権**政治の防止**を意
　図する点はここにある。

補完,
金権

III 政治

2 政党と圧力団体

III 政治分野 ③ 日本の政党政治(1)～55年体制

□ **12** 2002年に**経団連**と**日経連**が合同して ★★ が結成さ
★★ れ、自民党に対して大きな発言力を持つようになった。

◆日本経済団体連合会は大企業の集まりで、自民党への献金を通
じて政治への影響力を持つ。

日本経済団体連合
会 (経団連)

□ **13** 経済団体には、日本経済団体連合会の他に ★ や
★ 日本商工会議所があり、労働団体には ★ などが
ある。

経済同友会,
日本労働組合総連
合会 (連合)

□ **14** 圧力団体は伝統的に農業団体、医師団体、経営者団体
★ は ★ **政党**を、労働団体は ★ **政党**を支持し
てきた。

保守, 革新

□ **15** ★ (JA) は自民党を支持する**圧力団体**として知ら
★ れており、またそれらの上部組織として ★ (JA
全中) が存在する。

◆**第二次安倍内閣**は、TPP (環太平洋経済連携協定) 交渉や**農業経
営への法人参入**などに対する抵抗を抑える目的から、全国農業
協同組合中央会 (JA 全中) を改革する農協改革関連法を成立さ
せた。

農業協同組合 (農
協),
全国農業協同組合
中央会

③ 日本の政党政治(1)~55年体制

ANSWERS □□□

□ **1** 第二次世界大戦後の日本において、★★★ 年に保守
★★★ 系の**自由党**と**日本民主党**が**合同**して ★★★ が成立し
た出来事を ★★★ という。

1955,
自由民主党 (自
党),
保守合同

□ **2** 第二次世界大戦後の日本において、1955年には**革新政
★★★ 党**である ★★★ が右派・左派合同で一本化し、保守
系の**自由民主党**との「 ★★★ 政党制」が確立した。

◆**日本社会党**の議席勢力が、自民党1に対して、その**2分の1**程
度にとどまっていたことからできた言葉である。なお、**右派** (右
翼)・**左派** (左翼) という用語は、議場の議長席から見た議席の
配置に由来し、フランスが起源である。日本では、主に右側か
ら保守勢力、左側から革新勢力が議席を有した。また、当選回
数が少ない議員ほど前方の議席から座る。

日本社会党,

$1\dfrac{1}{2}$

□ **3** 第二次世界大戦後の日本において、1955年の結成以来、
★★★ 93年までの**38年間**におよぶ自由民主党による長期
安定政権となった状況のことを ★★★ 年体制という。

55

☐ **4** 第二次世界大戦後より「憲法・ ★★ ・外交」という
★★ 3つの重要な問題をめぐって、政党間で激しい ★★
対立が続いた。

安全保障,
イデオロギー

◆**イデオロギー**とは**政治的なものの考え方や思想傾向**のこと。**冷戦終焉**に伴って、イデオロギーの対立も終わりを迎えつつある。かつての社会党（現在の社会民主党）などの支持が低下したのは、イデオロギーの対立の終わりが影響している。

☐ **5** 1964年に創価学会を支持母体とする中道政党として
★★ ★★ が結成され、**野党の ★★ 化**が進んだ。

公明党, 多党

◆野党の多党化による「票割れ」は、一本化されていた保守系政党である自民党の相対的優位を定着させた。

☐ **6** 1970年代後半には、自民党の議席数は ★ 近くま
★ で落ち込み、 ★ といわれる状況が生じた。

半数,
保革伯仲

◆55年体制下でも、1980年代には一時的に自民党の単独政権が崩れ、新自由クラブとの連立内閣が組織された。83年にロッキード事件で田中角栄元首相に有罪判決が下ると、同年に中曽根康弘内閣の下で行われた衆議院議員総選挙で過半数割れした。また、1970年代以降の既存政党離れの背景には**都市化の進行**や**産業構造の変化**により、地縁関係や労働組合、農業団体などを基盤にした政党や候補者への支持を集める仕組み（**集票システム**）が、それ以前よりも機能しにくくなったことなどがある。

☐ **7** 竹下登内閣の下、1988年の ★★ 事件の発覚と、89
★★ 年の ★★ 税導入により、その直後の**参議院議員選挙**で自民党が**過半数割れ**を起こし、衆議院と参議院の多数派政党が異なる ★★ 国会となった。

リクルート,
消費

ねじれ

☐ **8** 1993年、 ★★★ 内閣が不信任され、**結党以来初めて**自
★★★ 民党が政権を失ったことを当時は「 ★★★ 」と呼んだ。

宮澤喜一,
55年体制の終焉

☐ **9** 現代の大衆社会の特徴として、普通選挙制度の確立に
★★★ よる**大衆 ★★★ 主義**、**大量 ★★★ ・大量販売・大量消費**、義務教育による教育内容の画一化、大量の情報伝達の媒介体である ★★★ の発達がある。

民主, 生産

マス=メディア

◆大衆民主主義はマス=デモクラシーとも呼ばれる。また、現代はマス=メディアが提供するニュースや映画、さらには SNS（ソーシャル=ネットワーキング=サービス）による情報の拡散などによって、人々が同様に熱狂する社会でもある。スペインの哲学者オルテガは『**大衆の反逆**』の中で、メディアの発達による識字率の上昇や消費スタイルの同質化を特徴とする大衆社会の到来を、20世紀前半に予見している。

III 政治

3 日本の政党政治(1)〜55年体制

121

Ⅲ 政治分野　4 日本の政党政治(2)～55年体制の崩壊

□ **10** 選挙情勢を予測する報道によって、有権者に影響がお
★★ よび、投票結果が左右されることを ★★ という。

> ◆事前に優勢と報道された候補者に対し、有権者が投票しがちに
> なる傾向を**バンドワゴン効果**、その反対に、劣勢または不利な
> 状況と報道された候補者を応援したくなるという心理現象から
> 票が集まることを**アンダードッグ効果**という。

アナウンスメント
効果

□ **11** どの政党も支持しない ★★ 層が増える一方で、身
★★ 近な問題に対して ★★ 運動という形で自主的に行
動する人がしだいに増えていった。

無党派,
市民

□ **12** 経済成長で社会が豊かになるにつれ、有権者の関心は
★★ **日々の消費生活や個人の趣味に向かう**ようになり、
★★ の傾向が見られるようになることで選挙の棄
権率が高まるなど**民主政治が形骸化するおそれ**がある。

政治的無関心（ポ
リティカル＝アパ
シー）

> ◆**政治的無関心**（**ポリティカル＝アパシー**）について、アメリカの
> 社会学者リースマンは、政治的無知による**伝統型無関心**（政治的
> 知識が乏しく、「政治はおかみがするもの」などと考えること）
> と、政治的知識を持っているにもかかわらず政治に冷淡な**現代
> 型無関心**（「どうせ変わらない」という無力感やあきらめ）に分類
> している。また、アメリカの政治学者ラズウェルは、**脱政治的態
> 度**（幻滅などにより政治から離脱すること）、**無政治的態度**（政
> 治にそもそも関心を持たないこと）、**反政治的態度**（既成の政治
> 価値を急進的に否定すること）に分類している。

---

4 日本の政党政治 (2)～55年体制の崩壊

ANSWERS □□□

□ **1** 1993年の**非自民8党派**による内閣や、94年以降の自
★★★ 民党を中心としつつも複数の政党から閣僚を出す内閣
を ★★★ 内閣という。

連立

□ **2** 1993年、非自民連立内閣として誕生した ★★★ 内閣
★★★ と、続く ★★★ 内閣の下では、94年に ★★★ 法や
製造物責任（PL）法など自民党政権時には可決困難で
あった法律が成立した。

細川護熙,
羽田孜, 政治改革
関連四

> ◆1994年には、自民党との二大政党を目指して、細川内閣を構成
> した複数の政党が統合し**新進党**が小沢一郎らによって結成され
> た。しかし、政策をめぐる対立から、98年に党は分裂し、小沢
> 一郎らのグループは**自由党**を結成した。

□ **3** **政治改革**を求める世論を背景として**細川連立政権**が誕
★★★ 生した翌年の**1994年**に衆議院議員選挙に ★★★ 制が
導入された。

小選挙区比例代表
並立

□**4** 1994年、社会党と新党さきがけは、従来、対立してき
★★★ た自民党と連立し、社会党首班内閣として ★★★ 内
閣が成立したが、社会党が首班となるのは第二次世界
大戦直後の**片山哲内閣以来**である。

村山富市

□**5** **1996年**1月、自民党の ★★ を首相とする連立内閣
★★ が成立し、その後も自民党首班内閣が復活したことは
★★ ともいわれた。

橋本龍太郎

55年体制の復活

◆橋本内閣は、村山内閣と同じく**自民党、社会党、新党さきがけ
の三党連立**で発足したが、後に社会党と新党さきがけが大臣を
出さない閣外協力後に連立を離脱し、自民党単独内閣になった。

□**6** **1998年**、 ★ 内閣が当初、自民党単独内閣として成
★ 立したが、後に自民党、自由党、公明党の**三党連立内
閣**を形成した。

小渕恵三

◆同内閣は**三党連立**で**絶対安定多数を獲得**したため、日米ガイド
ライン関連法、通信傍受法、住民基本台帳法改正など、当時、批
判もあった法律案を相次いで成立させた。しかし、2000年には
自由党（小沢一郎代表）が連立を解消した。

□**7** 1996年、リベラルな政治を目指して鳩山由紀夫や菅直
★★★ 人らが ★★★ を結成し、2003年には**小沢一郎らの自
由党**が合流して最大野党となり、09年9月〜12年
12月には政権を担った。

民主党

◆**新進党**の分裂により小沢一郎らの自由党以外のグループが、第三
勢力となっていた民主党に合流して新しい**民主党**に拡大し、2003
年の**自由党の合流**を経て、09年9月の政権交代を実現した。

5 日本の政党政治(3)〜**2001年以後**

ANSWERS □□□

□**1** 2001年、 ★★★ が所属派閥を離脱して首相に指名さ
★★★ れ内閣を組織し、派閥解消や**聖域なき** ★★★ などを
唱えた。

小泉純一郎,
構造改革

□**2** ★★★ **内閣**の下、2005**年**に行われた ★★★ の是非
★★★ を国民に問う**民意吸収型**の衆議院解散総選挙で、**自民
党と公明党の連立与党**が圧勝し、 ★★★ 超の議席を
獲得した。

小泉純一郎, 郵政
民営化
3分の2

III 政治分野 5 日本の政党政治(3)～2001年以後

□**3**
★★★
小泉純一郎内閣（2003年11月以降）、06年9月に発足した第一次 ★★★ 内閣、07年9月に発足した ★★★ 内閣、08年9月に発足した ★★★ 内閣、12年12月に発足した第二次 ★★★ 内閣は、いずれも自民党と ★★★ の二党連立内閣であった。

安倍晋三,
福田康夫, 麻生太郎,
安倍晋三,
公明党

□**4**
★★★
2006年9月、約5年半の長期政権となった小泉内閣を引き継いだ ★★★ 内閣は、「 ★★★ 」というスローガンを掲げ、「**戦後レジーム**からの脱却」を唱えた。

安倍晋三, 美しい
国

◆レジームとは「枠組み」のこと。「戦後レジームからの脱却」とは、日本国憲法をはじめとして、第二次世界大戦後に構築された様々な制度や仕組みを見直すことを意味する。

□**5**
★★★
第一次安倍内閣は、**2006年12月**に ★★★ 法改正で ★★★ に近い教育目標を明記するとともに、**07年5月**には憲法改正に関する ★★★ 法を成立させた。

教育基本,
愛国心,
国民投票

◆なお、民主党は重要一般問題についての国民投票法とすべきであると主張していた。

□**6**
★
ねじれ国会の下、第一次安倍内閣は ★ 法の延長問題など国政運営が停滞する中、2007年9月に安倍首相が突然、辞意を表明して退陣した。

テロ対策特別措置

◆テロ対策特別措置法は、**2007年11月1日**に**期限切れ**となり、インド洋での船舶に対する給油などの補給活動が一時停止された。

□**7**
★★
2007年9月、第一次安倍内閣を引き継いだ ★★ 内閣では**ねじれ国会**の下で国政が停滞し、インド洋上での給油などの補給活動に限った ★★ 法を衆議院の優越の規定で成立させるなど厳しい国会運営が続いた。

福田康夫

新テロ対策特別措置

◆2008年1月から1年間の時限立法として成立。09年1月に1年間延長され、10年1月に民主党政権下で期限切れとなった。

□**8**
★
道路特定財源の ★ の復活を定めた法律案については、衆議院の可決後に参議院が60日間審議に応じなかったことから、憲法第59条の「 ★ 」が適用され、衆議院の再可決が行われた。

暫定税率

みなし否決

◆みなし否決による衆議院の再可決は56年ぶりの措置であった。

□**9** 2008年9月、福田内閣を引き継いだ ★★ 内閣は、当
★★ 初、内閣成立直後の早い時期に衆議院解散・総選挙を
実施するとの観測が強かったが、**アメリカの** ★★ 問
題に端を発した国際**金融危機**（リーマン=ショック）に
伴う世界同時株安の中、金融危機対策を優先させて衆
議院の解散を遅らせた。

麻生太郎

サブプライム=ロ
ーン

□**10** 2009年8月の**衆議院議員総選挙**で自民党と ★★★ の
★★★ 連立与党が敗れ、 ★★★ を中心とする新たな連立政
権が樹立されたことで本格的な ★★★ が起こった。

公明党,
民主党,
政権交代

6 日本の政党政治(4)〜「政権交代」以後

ANSWERS □□□

□**1** 2009年9月民主党と ★★★ 、国民新党との三党連立
★★★ 内閣として ★★★ 内閣が発足した。

◆連立の目的は、民主党が第一党ながらも単独過半数には足りな
い参議院で過半数を獲得し、**ねじれ国会を解消**する点にあった。

社会民主党,
鳩山由紀夫

□**2** 2010年6月、米軍の ★★ 基地の国外ないし県外移
★★ 設を果たせなかったことから、連立内閣を形成してい
た ★★ が政権から離脱するなど政治的混乱を招い
た責任をとり、**民主党の**鳩山由紀夫**首相は辞任**した。

普天間

社会民主党

□**3** 2010年6月、民主党の ★★ が首相に就任し、民主
★★ 党政権下で初の国政選挙となった**参議院議員選挙**が行
われたが、**民主党は惨敗**し、 ★★ が参議院の改選第
一党になったことで ★★ 国会の状況に陥った。

菅直人

自由民主党,
ねじれ

□**4** 菅内閣下の**ねじれ国会**では、与党が衆議院の議席の
★★ ★★ を獲得していないことから、法律案の衆議院
再可決ができない状況に陥った。

3分の2

□**5** 菅内閣下の2011年3月11日に ★★★ が発生し、そ
★★★ れに伴う ★★★ 原子力発電所事故への対応が混乱す
る中、同年9月に菅首相は辞任し、同じ民主党の ★★★
が首相に就任した。

東日本大震災,
福島第一,
野田佳彦

□**6** 2012年8月、**野田佳彦**内閣は、09年の政権交代時に
★★★ 掲げたマニフェストに反して、 ★★★ 率を**14年以降
に2段階で引き上げる** ★★★ 法改正案を ★★★ と
公明党との3党合意で可決・成立させた。

消費税,
消費税, 自由民主
党

125

Ⅲ 政治分野　7 日本の政党政治 (5) ～第二次安倍内閣以後

7 日本の政党政治 (5)～第二次安倍内閣以後

ANSWERS □□□

□**1** 2012年12月、衆議院議員総選挙で民主党が惨敗して
★★★
野田内閣が総辞職し、 ★★★ が政権に復帰した。首班
には同党総裁の ★★★ が指名され ★★★ との連立
内閣が発足した。

自由民主党,
安倍晋三, 公明党

□**2** 2013年7月、自民党の第二次 ★★★ 内閣下で行われ
★★★
た参議院議員通常選挙で民主党は惨敗し、自民党が大
勝したことで、連立を組む ★★★ と合わせた獲得議
席が過半数を占め、 ★★★ 国会は解消した。

安倍晋三

公明党,
ねじれ

□**3** 2013年7月、ねじれ国会を解消した**第二次安倍内閣**は、
★★
同年秋の臨時国会で知る権利と衝突するおそれのあ
る ★★ 法や、安全保障に関する日本版NSC設置
法を成立させた。翌14年には武器輸出三原則を見直
し ★★ を策定するとともに、従来の政府見解を閣
議決定で変更して ★★ の行使を容認した。

特定秘密保護

防衛装備移転三原則,
集団的自衛権

□**4** 2014年11月、安倍首相は ★★★ の税率 ★★★ ％
★★★
への引き上げを15年10月から17年4月に先送りす
ることを発表し、その是非を国民に問うとして衆議院
の解散総選挙を行い、自民党と公明党の連立与党が議
員定数の ★★★ を超える議席を獲得した。
◆投票率は52.66％と現憲法下で過去最低を記録した。

消費税, 10

3分の2

□**5** 2015年の通常国会は、 ★★★ の行使を一定の要件で
★★★
認めることなどを内容とする ★★★ 関連法案をめぐ
り国会審議が混乱し、戦後最長の**延長国会**となった。

集団的自衛権,
安全保障

◆2015年、安倍内閣が提出した安全保障関連法案には、海外で自
衛隊が他国軍を後方支援する「**国際平和支援法案**」、周辺事態法
を改称して「周辺」以外の地域に自衛隊を派遣する「**重要影響事
態法案**」、自衛隊が国連以外の平和維持活動や他国軍を支援する
ための「**駆けつけ警護**」を可能とするPKO協力法改正案などが
含まれた。法案は同年9月に成立した（安全保障関連法）。

□**6** 2016年7月の ★★★ 議員通常選挙は、選挙権年齢が
★★★
満 ★★★ 歳以上に引き下げられた公職選挙法改正後
で初の国政選挙となり、連立与党とともに憲法改正に
前向きな「改憲勢力」が議席の ★★★ を超え、衆参両
院で憲法改正の発議が可能な多数を確保した。

参議院,
18

3分の2

7 2012年12月、自民党の政権復帰以後、自公連立や民主党と異なる「**第三極**」の政党の動きが起こった。以後、離合集散を繰り返しながら進んだ再編の動きと、主な政党に関する次の表の空欄A～Jにあてはまる語句を下の語群からそれぞれ選べ。

政党名	代表者	成立年	結党までの経緯など
A ★★	松井一郎	2015年	2012年、D ★★ が結成し、石原慎太郎らが合流した政党が、14年に維新の党に発展したが、15年のE ★★ の都構想に関する住民投票の否決を受け、D ★★ や松井一郎が離党し、新たに**おおさか維新の会**を結成。16年にA ★★ に改称した。
B ★★	枝野幸男	2017年	2016年、民主党を改称し結成されたF ★★ の多くの議員が、G ★★ 率いるH ★★ の地域政党であるI ★★ を母体とするJ ★★ と合流したが、これに反対したF ★★ の議員の一部がB ★★ を結成。20年9月、C ★★ の多くの議員が合流、新たなB ★★ が結成された。
C ★★	玉木雄一郎	2018年	2017年10月の衆議院議員総選挙で野党第二党となったJ ★★ が18年に解散、国民党を経て、その多くがF ★★ と合流し、C ★★ を結成。20年9月のB ★★ との合流・新党結成で事実上、分裂した。

A 日本維新の会
B 立憲民主党
C 国民民主党
D 橋下徹
E 大阪府
F 民進党
G 小池百合子
H 東京都
I 都民ファーストの会
J 希望の党

【語群】 国民民主党 希望の党 生活の党
都民ファーストの会 日本維新の会 民進党
立憲民主党 れいわ新選組
小沢一郎 小池百合子 橋下徹 山本太郎
大阪府 東京都 北海道 一都三県

 8 2017年10月の衆議院議員総選挙は、連立与党で憲法改正の発議に必要な全議席の ★★★ を上回る313議席を確保した。

◆立憲民主党が55議席を獲得し野党第一党に躍進した。

3分の2

Ⅲ 政治分野　7 日本の政党政治 (5) 〜第二次安倍内閣以後

□ **9** 2019年7月の参議院議員選挙は、前年の公職選挙法改
★★ 正で議席数が ★★ 増となり、その半数が改選され
た。「政治分野における ★★ の推進に関する法律」
が適用される初の国政選挙となり、女性候補者の割合
は約3割となる一方、投票率は50%を ★★ 回った。

6,
男女共同参画

下

◆投票率は48.80%と現憲法下の国政選挙で2番目に低かった。
特に、10代の投票率は31.33%で前回より15%以上下がっ
た。選挙結果は連立与党など「改憲勢力」が憲法改正の発議が可
能な圧倒的多数となる3分の2の議席を確保できなかった。

□ **10** 2019年11月20日、安倍晋三首相の通算在職日数が
★ 2,887日となり、明治・大正期に首相を務めた ★
を抜いて、**憲政史上で最長**となった。

桂太郎

◆安倍内閣は第一次 (2006年9月〜07年9月) と、2012年12月
発足の第二次以降とを合わせた通算在職日数が憲政史上で最長
に、連続在職日数も佐藤栄作を抜いて歴代最長となった。しか
し、20年9月、健康状態を理由に辞任し、菅義偉が後継内閣を
組織した。なお、**桂太郎** (2,886日) に続き、昭和期の佐藤栄
作 (2,798日)、明治期の伊藤博文 (2,720日) など、安倍首相
を含む8人の首相が山口県 (長州) 出身である。

□ **11** 2020年3月の通常国会で、 ★★ を「新型インフルエ
★★ ンザ等対策特別措置法」に加える改正法案が可決・成
立し、急激な感染症拡大で国民の生命や国民経済に甚大
な影響を及ぼすおそれがある場合、財産権や移動の自
由、営業の自由などの私権を制限する「 ★★ 」を総
理大臣が発令することなどを認めた。

新型コロナウイルス感染症
(COVID-19)

緊急事態宣言

◆「緊急事態宣言」は、2020年4月に7都府県を対象に発令され、後
に全国に拡大された。「自粛」「休業」による国民の損失に対する
支援として、全国民に一律10万円を給付する「**特別定額給付金**」
や、中小企業や個人事業主などを対象とした「**持続化給付金**」な
どが支給された。翌21年1月には、感染者数の再拡大を受け、
菅首相は合わせて11都府県を対象に2度目の発令を行った。

□ **12** 2020年10月、菅首相は臨時国会での所信表明演説で
★★ 新型コロナウイルス感染症 (COVID-19) 対策として
の全国民分の ★★ 確保、自民党総裁選での公約の
1つであった ★★ の新設、 ★★ 料金の引き下
げなどに取り組むことを述べた。

ワクチン,
デジタル庁, 携帯
電話

□ **13** 2021年10月、菅首相の後任として、同じ自民党の
★★ ★★ が第100代内閣総理大臣に就任した。

岸田文雄

◆同月末には衆議院議員総選挙が行われた。自民党は公示前から
議席数を減らしたが、国会を安定的に運営できる**絶対安定多数**
の261の議席を獲得、第三党に日本維新の会が躍進した。

8 現代政治の諸問題と行政改革

ANSWERS

□**1** 1980年代の中曽根康弘内閣の下では、小さな政府論として ★★★ の分割・民営化が実施された。

三公社

◆三公社とは以下の３つを指す。①日本電信電話公社→日本電信電話株式会社（NTT）、②日本専売公社→日本たばこ産業株式会社（JT）、③日本国有鉄道→ JR（分割民営化）

□**2** ★ （1981～83年）は、行政改革のために内閣総理大臣の諮問機関として有識者を専門委員に設置された審議会で、三公社の分割・民営化や中央省庁の統合を提言した。

第二次臨時行政調査会（第二臨調）

□**3** 1990年代の橋本龍太郎内閣の下で ★★★ のスリム化が決定し、中央省庁等改革基本法に基づき行政官庁を統廃合することで、1府21省庁（実施時には1府22省庁）を、 ★★★ 府 ★★★ 省庁にスリム化した。

中央省庁

1, 12

□**4** 2001年に実施された当時**中央省庁再編**に関する次の組織図の空欄Ａ～Ｅにあてはまる適語を答えよ。

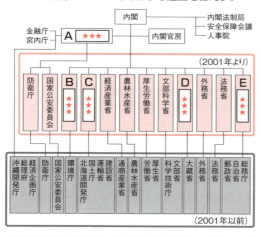

A 内閣府

B 環境省
C 国土交通省
D 財務省
E 総務省

◆郵便事業庁が、2003年に日本郵政公社に移行し、07年に民営化。防衛庁は07年に防衛省に昇格。08年には国土交通省の下に観光庁、09年には内閣府の下に消費者庁が、12年には内閣府の下に復興庁（2031年3月まで設置予定）が創設された。また、13年には国家安全保障会議が設置され、同会議の設置を受けて14年には内閣官房に国家安全保障局が創設され、内閣人事局が置かれた。21年9月にはデジタル庁が設置され、23年4月にはこども家庭庁が設置予定である。

III 政治分野　8 現代政治の諸問題と行政改革

□5 総理府を前身とする ★★★ は、省庁間の調整など**強大な権限**を持つ。

内閣府

◆重要政策に関して内閣を補佐し、行政各部の統一を図り、政策の企画・立案や総合調整を行う行政府として設置された。内閣府は**総理府**、経済企画庁、沖縄開発庁などが統合されたもので、金融庁などの複数の外局や**宮内庁**を抱える。

□6 2001年1月、内閣機能強化の一環として ★★ が内閣府に設置され、経済政策の中長期的な方向性を提言する「 ★★ 」を発表している。

経済財政諮問会議

骨太の方針

◆経済財政諮問会議には財界人や経済学者などが参加している。

□7 2001年の改革で、環境庁は ★★★ に**格上げ**され、通商産業省は ★★★ に再編された。

環境省,
経済産業省

□8 2001年の改革で、**建設省**や**運輸省**などが統合されて発足した ★★ は広範な許認可権を持つため政治腐敗を招く危険性があると指摘されている。

国土交通省

□9 2001年の改革で、**郵政省**や**自治省**などが統合されて発足した ★★ は、外局として ★★ や ★★ 等調整委員会を持つ。

総務省, 消防庁, 公害

□10 大蔵省は**金融・財政分離**の下、**財政権限のみ**を持つ ★★★ になり、**金融監督権限と金融企画権限**は現在、内閣府の**外局**である ★★★ に移管されている。

財務省,
金融庁

□11 **2008年**、訪日外国人観光客を大幅に増やす政策を実施するため、国土交通省の下に ★ が設置された。

観光庁

◆2015年10月にはスポーツ行政を一元的に担うスポーツ庁が文部科学省の下に発足し、東京オリンピック・パラリンピック開催に向けた選手の強化・育成やスポーツによる国際貢献に取り組んでいる。

□12 厚生労働省の一部や農林水産省の一部などが統合し、2009年9月に消費者行政を一元化した ★★ が、内閣府の外局として創設された。

消費者庁

◆2008年の福田内閣において内閣府の外局に消費者庁を創設することが提案され、09年の麻生内閣下で正式に発足した。

□13 **年金記録漏れ**などのずさんな管理体制に対する責任問題から、2010年に ★★ は解体され、非公務員型の**協会けんぽ（全国健康保険協会）**と ★★ に改組された。

社会保険庁,
日本年金機構

□**14** 2011年3月11日の東日本大震災からの復興を目的に、
翌12年から21年まで ★ が設置され、期限が切
れる21年以降も存続することが決定された。

復興庁

□**15** 2011年3月11日の東日本大震災による福島第一原子
力発電所（福島第一原発）事故を受け、翌12年に環境
省の下に外局として ★★ と、それを支える事務局
として ★★ が設置された。

原子力規制委員会，
原子力規制庁

◆従来、**原子力発電所の安全性審査**は経済産業省下の**資源エネル
ギー庁**内にある原子力安全・保安院が担っていたが、原発を維
持・推進する官庁と安全性の審査機関が同一省内にあったこと
から、これを廃止し、原子力規制委員会が設置された。

□**16** 2013年11月、**第二次安倍内閣**下で ★★★ （日本版
NSC）の設置法が可決・成立し、正式に組織が発足し
た。これに伴い、14年には同会議を恒常的にサポー
トし、外交や安全保障、防衛の企画立案や総合調整を
行う組織として ★★★ が設置された。

国家安全保障会議

国家安全保障局

◆アメリカの**国家安全保障会議**（National Security Council）を
モデルにしていることから、「日本版NSC」と呼ばれる。外交
や防衛、安全保障の情報を一元管理し、政策決定を行う。なお、
2013年12月には、日本で初めて外交政策及び防衛政策を中心
とした国家安全保障の基本方針となる国家安全保障戦略が策定
された。

□**17** 国が特定の目的で設立・運営している会社のことを
★★★ というが、多くは国の運営会社として国の公
務を委託され行政処理を行う ★★★ に改組された。

特殊法人，
独立行政法人

◆独立行政法人と**特殊法人**の違いは、前者はすべてが情報公開の
対象となっている点、5年ごとに財務評価を行い、その存続の
再評価を行う点にある。

□**18** 2001年に発足した ★★★ 内閣が進めた行政スリム化
の改革とは、**郵政三事業**（郵便、郵便貯金、簡易保険）
の民営化に加えて**中央省庁や特殊法人**のスリム化をも
意味し、これを首相自ら「 ★★★ 」と呼んだ。

小泉純一郎

聖域なき構造改革

□**19** 2012年4月、**民主党政権**下で郵政民営化法が改正され、
郵便事業株式会社と**郵便局株式会社**を統合し ★
として当初の**4分社化を断念**し、ゆうちょ銀行、かんぽ
生命の17年までの**政府保有** ★ の完全売却を目
指すとしたが、まだ実現されていない。

日本郵便株式会社

株式

III
政治

8
現代政治の諸問題と行政改革

131

Ⅲ 政治分野　8 現代政治の諸問題と行政改革

□**20** 巨額の赤字を抱えた ★★★ は、2005 年 10 月に**東日**
★★★ **本・中日本・西日本・首都・阪神高速道路株式会社、本
州四国連絡高速道路株式会社**の６つの会社に ★★★
化された。

◆道路四公団とは、**日本道路公団、首都高速道路公団、阪神高速
道路公団、本州四国連絡橋公団**を指す。

道路四公団

民営

□**21** **国家公務員**が一定額を超える接待や贈与を受けること
★★ を禁止した法律を ★★ 法という。

◆1999 年制定の国家公務員倫理法では、公務員に対する国民の信
頼を得るために、幹部公務員への贈与や接待などについて、こ
れを報告し公開することが定められている。また、国家公務員
倫理規程は、同法に基づく政令で、「利害関係者」の定義やそれ
にあたる人々とのつき合い方について、国家公務員が遵守すべ
きルールを明文化している。

国家公務員倫理

□**22** ★★ 法は、国会議員、国務大臣、地方議員、首長
★★ などが ★★ に**口利き**し、行政処分や契約内容など
に影響を与えることで利益を得ることを禁止し、処罰
すると定めている。

斡旋利得処罰,
公務員

□**23** 公共事業などへの入札に際して、指名業者が自己の利
★★ 益のために前もって話し合い、決定価格を操作する行
為を ★★ という。特に、国や地方公共団体による
事業の発注時に行われる ★★ で**公務員**が談合に関
与し、落札業者が決まることを ★★ と呼ぶ。

◆2003 年施行の官製談合防止法では、国や地方公共団体などの職
員が談合を指示、または予定価格などの秘密を漏洩した場合な
どに対して、改善措置を求める権限を公正取引委員会に与え、各
省庁の大臣や地方公共団体の首長は、談合に関与した職員に対
して、速やかに損害賠償を求めなければならないと定めている。

談合,
競争入札,
官製談合

□**24** 官民相互間の競争促進による公共サービスの質と経済
★★ 性の確保を目的に、国や地方公共団体の**行政サービス
部門に対する** ★★ 制度が設けられている。

官民競争入札

□**25** 行政機能が拡大する行政国家化が進行した結果、職務
★★ が**ピラミッド型に序列された階層構造**を特徴とする官
僚制（ ★★ ）が成立した。

ビューロクラシー

□**26** 中央省庁では、**官僚が退職後に職務と関係の深い民間
★★ 企業や業界団体などに再就職**する「 ★★ 」と呼ばれ
るものが慣行的に行われてきた。

天下り

□27 政治腐敗の原因には、いわゆる鉄の ★★ と呼ばれる政・官・財の三位一体の癒着構造がある。これに関する次の図の空欄 A〜C にあてはまる適語を答えよ。

トライアングル

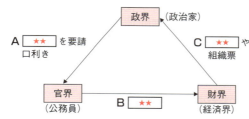

A　許認可

B　天下り
C　政治献金

□28 国家公務員法では、従来、在職中の職務と密接に関連した営利企業への公務員の ★★ を2年間禁止していたが、2007年改正で再就職先の斡旋を行う ★★ の創設が決定し、2年間の禁止規定は廃止された。

天下り,
官民人材交流センター

□29 2008年、**国家公務員制度改革基本法**が制定され、内閣官房に ★★ を創設し**官僚の幹部人事を内閣官房が一元管理**することが決まり、14年の**内閣法**改正で、正式に発足した。

内閣人事局

◆「政治主導」の下、官僚人事を内閣人事局が行うことから、公務員は首相をはじめ内閣の実力者の顔色をうかがう傾向が強まるなど、**忖度の行政**が行われるとの弊害が指摘されている。

□30 国家公務員の昇進については、入省時の国家公務員試験の職種によって決定するという ★ システムを改め、入省後の能力や成果によって決定する方式にすべきであるという主張が見られる。

キャリア

□31 国の行政機能が増大し、国会という立法権や裁判所という司法権よりも強くなるような状況を ★★★ 権の肥大化という。

行政

◆現代の国家機能は、立法国家から行政国家へと変化し、内閣や省庁（官僚）が持つ行政権の優越（または行政権の拡大、肥大化）が進んでいる。これを防ぐものとして、国会の活動は重要となる。主権者である国民の代表者の集まりである国会が正しく機能し、内閣の活動をチェックし、また公開することは行政監視機能を果たすものとなる。

□32 行政機関が助言、指導、勧告という形で、その目的を達成しようとすることを ★★ という。

行政指導

III 政治分野　8 現代政治の諸問題と行政改革

□**33** 現在の日本における行政権の**肥大化**の具体例として、
★★ 法律の委任により政令や省令などの命令で具体的な規
定を置く　★★　**の増加**が挙げられる。また、行政裁
量**の拡大**で、**許認可決定に裁量権を持つ行政部門の権
限が著しく拡大し、**内閣提出法案**の増加**は、法案作成
段階から行政部門が関与している実態を表している。

委任立法

□**34** 行政腐敗を防止する手段の１つとして、**官僚が持つ**
★★ 　★★　**権を縮小**することが挙げられる。

許認可

□**35** 行政機関の**許認可**や**行政処分**、**行政指導**などを公正・透
★ 明に行うための法律を　★　**法**という。

行政手続

◆1993年制定、94年施行の行政手続法は行政処分を受ける者に
告知・聴聞のチャンスという法定手続の保障（**憲法第31条**）を
及ぼすとともに、**行政指導に拘束力がない**ことを明記している。

□**36** 内閣から独立した行政組織として、**準立法権**や**準司法**
★★ **権**を持ち、**中立かつ公正な行政**や**専門的な行政**の実施
を目的として設置されている　★★　がある。

行政委員会（独立
行政委員会）

◆警察行政を行う**国家公安委員会**、独占禁止法を運用し、監視活
動を行う公正取引委員会、労働争議の調整を行う**中央労働委員
会**、国家公務員に対する給与勧告などを行う人事院、公害紛争
の解決などを図る**公害等調整委員会**などがある。

□**37** 行政の**民主化**の具体例として、　★★★　**権**の活用があ
★★★ る。衆参各院の調査権の行使は、**国民の**　★★★　**に奉
仕し、**世論形成や選挙行動に的確な判断資料を提供する。

国政調査,
知る権利

◆市民が政府の文書や手続にアクセスする権利などを保障し、開
かれた透明性のある行政を実現する概念をオープンガバメント
（開かれた政府）という。2009年、アメリカのオバマ大統領はそ
の基本原則として、①政府の透明性（トランスペアレンシー）、
②市民の参加（パーティシペーション）、③官民の連携（コラボ
レーション）を表明している。

□**38** 行政の**民主化**の具体例として、行政に対する苦情を受理
★★★ し、調査や勧告などを行い行政を監視する　★★★　**制度**
は、1990年に**川崎市**が初めて導入したが、**国レベルで
はまだ導入されていない。**

オンブズマン
（オンブズパーソ
ン、行政監察官）

□**39** 2009年、中央省庁や独立行政法人が保有する公文書を
★ 一定期間、保存することを義務づけた　★　**法**が制
定され、11年に施行された。

公文書管理

◆保存期間は原則、文書作成の翌年４月１日までとされ、保存期
間満了後は国立公文書館などに移管するか廃棄される。行政文
書の廃棄には内閣総理大臣の事前同意が必要となる。

134

□40 1998年、　★　法が制定され、保健や福祉、まちづくりなどを中心に**認定**　★　が活動している。

◆市民の**社会貢献活動**を促す一方で、財政基盤の弱さや優遇税制の認定条件の厳しさから、NPO法人の数は伸び悩んでいる。

NPO（特定非営利活動促進），
NPO法人

□41　★　とは、法令などの制定や改廃、規制の設定などにあたり、それらに関する案を公表し、国民から　★　や情報を公募する手続のことである。

パブリック＝コメント
意見

□42　★　とは、約5,000にのぼる国のすべての事業について、各府省が無駄や改善点がないか点検・見直しを行う「**行政事業の総点検**」となる制度である。

行政事業レビュー

◆行政事業レビューは、民主党政権時代の2010年度に導入された。事業の効率化や透明性を高め、主権者である国民に行政が説明責任を果たす。各府省は、予算の概算要求前に、前年度の執行状況（支出先や使途）などの事後点検を行い、事業内容や目的、成果、資金の流れ、点検結果などを記した「レビューシート」を作成、公表している。

□43 行政機能の拡大を統制する方法として、**法制度に基づくもの、法制度に基づかないもの、行政内部からのもの、行政外部からのもの**、という基準で分類する考え方がある。【表1】は、日本の国の行政を統制する方法の一例としてそうした考え方に基づき分類し、**A～D**にはいずれかの分類基準が入る。これにならい、日本の地方自治体の行政を統制する方法の一例を分類した場合、【表2】中の**X～Z**にあてはまるものとして最も適当なものを、下の語群のうちから1つずつ選べ。

【表1】

	A	B
C	国政調査による統制	圧力団体による統制
D	人事院による統制	同僚の反応による統制

【表2】

	A	B
C	X　★★　による統制	Y　★★　による統制
D	Z　★★　による統制	同僚の反応による統制

【語群】　監査委員　行政訴訟　裁判員　世論調査　新聞報道　陳情

X　行政訴訟
Y　新聞報道
Z　監査委員

◆Aは法制度に基づくもの、Bは法制度に基づかないもの、Cは行政外部からのもの、Dは行政内部からのもの、である。

III 政治

8 現代政治の諸問題と行政改革

IV

政治分野
POLITICS
国際政治

1 国際社会の形成と国際連盟

ANSWERS ☐☐☐

□1 **★★★** とは、一定の領域と国民が存在し、その統治
★★★ 権を有する、他国からの政治的支配や干渉、介入を受
けることのない**独立国家**を指す。

主権国家

□2 1648年、ヨーロッパで起こった **★★** の**終結**にあた
★★ り、 **★★** 条約が結ばれ、複数の主権国家が生まれ、
国際社会が成立した。

三十年戦争,
ウェストファリア

◆ウェストファリア条約によって**神聖ローマ帝国が崩壊**し、ヨー
ロッパに複数の主権国家**が誕生**した。主権国家間の**対等の原則**
が明文化され、主権国家をアクター（行動主体）とする国際政治
体系は**ウェストファリア=システム**とも呼ばれる。戦争は外交の
１つの手段となり、戦争回避には武力を保有する主権国家また
は主権国家連合との間の力関係をほぼ対等にするという勢力均
衡（バランス=オブ=パワー）が最善策とされた。

□3 **18～19世紀の市民革命**を経て、西ヨーロッパにおい
★★★ て **★★★** という国のあり方が形づくられた。

国民国家

◆言語、生活様式、法制度や教育制度などを統一し、**国民として
の一体感**が形成されていった。

□4 国家の主権がおよぶ範囲は、領土・ **★★★** ・領空の３
★★★ つの領域である。

領海

□5 1994年に発効した **★★★** 条約によると領海の範囲は、
★★★ 沿岸 **★★★** **カイリ**までとされている。

国連海洋法,
12

◆ 12カイリ以内の**領海**は陸の内側にある海（内水）を除き、外国船
舶も安全を害しない範囲で通航する権利を有するが、違法な目
的であれば当該国の法律に基づいて船長の身柄を拘束できる。
また、基線から12カイリの上空に外国の飛行体が無断で立ち入
ると**領空侵犯**となる。なお、基線から24カイリまでの接続水域
は、密輸入や密猟など違法行為が疑われる船舶を予防的に取り
締まる。

□6 一般に **★** とは、統一的な権力が存在しない国際
★ 社会において、各国が武力による制圧で国際関係を規
律しようとする政治のことをいう。

パワー=ポリティ
クス（力の政治、権
力政治）

7 国際社会にも自然法が存在することを主張し、「国際法の父」「近代自然法の父」と称される人物は、オランダの法学者 **★★** である。

グロティウス

◆主著『**戦争と平和の法**』は三十年戦争の時代に著された。グロティウスは、自然法論の立場から国際社会にも諸国家が従うべき国際法があるとした。

8 国家間、または国家と国際機関、国際機関間において**文書に基づく合意**のことを、一般に **★★** という。

条約

◆2国間または数ヶ国間で結ばれるものを特別条約、大多数の国がその条約に参加するものを一般条約という。

9 国際法とは、**諸国家の慣行**を通じて成立した **★★** と、**国家間の合意を文章化**した条約（成文国際法）からなる。

国際慣習法

◆公海自由の原則などを明記した国連海洋法条約は、もともと国際慣習法であったものを条約化した例の1つである。

10 平時国際法の例として、集団殺害罪の防止及び処罰に関する条約（ **★★** 条約）や、外交関係に関する **★★** 条約、国連海洋法条約などがある。

ジェノサイド、
ウィーン

11 平和を唱えた思想家と著作に関する次の表中の空欄A～Cにあてはまる適語を答えよ。

思想家	著作
グロティウス	『A **★★** 』『海洋自由論』
B **★★**	『永久平和草案』
ルソー	『永久平和論抜粋・批判』
C **★★**	『永遠平和のために』

A 戦争と平和の法

B サン=ピエール

C カント

◆**サン=ピエール**と**カント**は集団安全保障方式を唱え、国際連盟の設立を提唱したウィルソンに影響を与えた。

12 第一次世界大戦前の平和維持方式には、同盟国間で軍備拡張競争が激化し、 **★★★** が崩れた場合に戦争が発生するという問題点があった。そこで、第一次世界大戦後には **★★★** 方式が採用された。

勢力均衡（バランス=オブ=パワー）
集団安全保障

◆**集団的自衛権**と**集団安全保障**の違いは、前者が同盟国が攻撃された場合に自国が攻撃されていなくても**同盟国が集団で防衛を行う権利**のことであり、後者が侵略を行った国などに対して同一の集団安全保障機構に加わっている**複数の国が団結して集団制裁を加える**ことである。

Ⅳ 政治　1 国際社会の形成と国際連盟

IV 政治分野　1 国際社会の形成と国際連盟

□**13** 第一次世界大戦後は、集団的平和機構を創設し、**加盟**
★★★　**1ヶ国への侵略は全加盟国への侵略**であるとして、加
　　　盟国が ★★★ を実施して平和の維持を図った。

集団制裁

□**14** 1918年、アメリカの ★★★ **大統領**によって**提唱**され
★★★　た ★★★ に基づき、20年に国際連盟が創設された。

ウィルソン,
平和原則14カ条
（14カ条の平和原則）

◆ウィルソンは**民主党**の大統領で、国際協調主義を提唱した。国
　際連盟は、1919年のパリ講和会議で調印されたヴェルサイユ条
　約の中にその規約が設けられ、本部はジュネーヴに置かれた。

□**15** 民族が国家や他の民族から干渉を受けず、独自の政治
★★★　のあり方を自ら決定することを ★★★ という。

民族自決

◆民族自決は、アメリカのウィルソン大統領の平和原則14カ条で
　提唱された。

□**16** 1919年、労働者の労働条件の改善を目的に ★★ が
★★　設立され、国際連盟と提携・協力して活動した。

国際労働機関
（ILO）

◆国際労働機関（International Labour Organization：ILO）は、
　加盟各国の政府委員2人、労使代表者各1人で構成され、条約
　や勧告を採択する。本部はスイスのジュネーヴである。

□**17** 国際連盟の欠陥には、 ★★ 制により国際紛争に対
★★　処する有効な議決が成立しにくかったことや ★★
　　　規定の欠如、大国である**アメリカの不参加**などがあった。

全会一致,
軍事制裁

◆当初、国際連盟の常任理事国はイギリス、フランス、日本、イ
　タリアの4ヶ国で、国際連盟提唱国であったアメリカは国際連
　盟に加盟しなかった。当時のアメリカは、モンロー主義（孤立主
　義、不干渉主義）を掲げる共和党が上院の多数派を占め、**上院**
　の加盟承認が得られなかった。また、後に三国軍事同盟を結ぶ日
　本、ドイツ、イタリアは国際連盟から脱退してしまった。

□**18** 1928年、**フランスの外相**ブリアンと**アメリカの国務長**
★　　**官**ケロッグが提唱し、国家の政策の手段として戦争を
　　　放棄することを定めた条約を ★ という。

不戦条約（ブリア
ン=ケロッグ条約）

138

2 国際連合 (1)～成立過程と組織・機能

ANSWERS □□□

□1 第一次世界大戦後に採用された平和維持方式の具体例
★★★ は、1920年に設立された ★★★ と、45年に設立さ
れた ★★★ である。

国際連盟,
国際連合 (国連)

◆第二次世界大戦中の1941年に、アメリカのフランクリン=ローズ
ヴェルト大統領とイギリスのチャーチル首相が発表した大西洋
憲章の中で、戦後の新たな国際平和機構を設立する構想が打ち
出されたのが、国際連合 (国連) の出発点となる。44年のアメリ
カ、イギリス、ソ連、中国 (中華民国) によるダンバートン=
オークス会議では、国連憲章の原案が作成され、翌45年のヤル
タ会談では、安全保障理事会の大国一致方式の採用が決定した。

□2 国連憲章には、日本など連合国に敵対した国々に関す
★ る「 ★ 条項」があるが、現状に合致しないなどの
理由から、日本は同規定の削除を求め、国連発足50
周年の ★ 年に削除の決議が総会で採択された。

敵国

1995

◆現在、死文化しているものの、条項は残っている。

□3 国連の目的は、国際 ★★★ と安全の維持、平等と民族
★★★ 自決に基づく諸国間の友好関係の促進、経済的、社会
的、文化的または人道的な国際問題解決、および基本
的人権の尊重についての ★★★ 、 ★★★ 主義に基
づいて国際問題解決の中心の場を形成することにある。

平和

国際協力, 国連中
心

◆国連憲章第1条3項で「経済的、社会的、文化的又は人道的性
質を有する国際問題を解決することについて、並びに人種、性、
言語又は宗教による差別なくすべての者のために人権及び基本
的自由を尊重するように助長奨励することについて、国際協力
を達成すること」を明記している。

□4 1956年、 ★ を受けてソ連が拒否権の不行使を決
★ 定したため、日本が国連に加盟した。

日ソ共同宣言

□5 1973年、西ドイツのブラント首相による ★ 外交
★ の成果から、東西ドイツが国連に同時加盟した。

東方

◆当時の東ドイツ (ドイツ民主共和国) などの東欧社会主義諸国と
の関係正常化を目指した外交政策を指す。

□6 1991年、冷戦終焉を受けて ★★★ の国連同時加盟が
★★★ 実現し、旧ソ連邦内で先行して独立が認められていた
★★★ の加盟も承認された。

南北朝鮮 (大韓民
国、朝鮮民主主義
人民共和国)

◆バルト三国とは、バルト海沿岸に位置するエストニア、ラトビ
ア、リトアニアの3ヶ国を指す。

バルト三国

IV 政治分野　2 国際連合（1）〜成立過程と組織・機能

□7 2002年に**永世中立国** ★★★ と**インドネシア**から分離独立した ★★★ が、06年に**セルビア**と連邦制を解消した ★★★ が、11年に**スーダン**から分離独立した ★★★ が国連に正式加盟した。

スイス,
東ティモール,
モンテネグロ,
南スーダン

◆2021年10月現在、国連に加盟していないのは、ローマ教皇（法王）が統治者である**バチカン市国**、**セルビア**からの独立をめぐり激しい紛争地となった**コソボ**、1971年に正式な中国代表権を失った**台湾（中華民国）**、加盟を申請したもののアメリカの拒否権に阻まれている**パレスチナ**（2012年、**国連のオブザーバー国家に格上げ**）など一部の国々である。

□8 **国連加盟国数の推移**を示す次のグラフ中の空欄A〜Cにあてはまる地域名を答えよ。

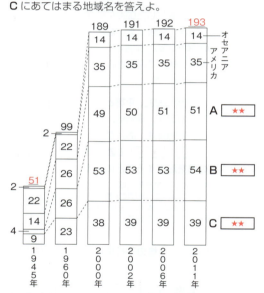

A　ヨーロッパ

B　アフリカ

C　アジア

◆**1945年**の原加盟国**51**ヶ国はすべて第二次世界大戦で連合国側の国々である。国連総会で「**植民地独立付与宣言**」が採択された**60年**は「**アフリカの年**」と呼ばれ、独立した17ヶ国のうち16ヶ国が国連に加盟した。90年代には旧ソ連邦、チェコスロバキア連邦、ユーゴスラビア連邦など**旧東欧連邦制国家が解体**し、**ヨーロッパ加盟国が急増**した。

□9 国連の主要機関は、 ★★★ 、**安全保障理事会**、**経済社会理事会**、**信託統治理事会**、 ★★★ （**ICJ**）、**事務局**の6つからなる。

総会,
国際司法裁判所

□10 次の国際連合の組織図の空欄 A ～ M にあてはまる適語を答えよ。

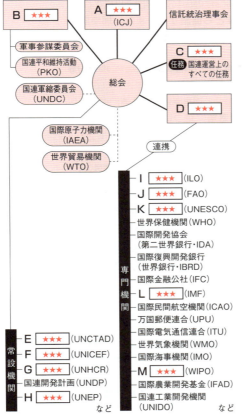

A 国際司法裁判所
B 安全保障理事会（安保理）
C 事務局
D 経済社会理事会
E 国連貿易開発会議
F 国連児童基金
G 国連難民高等弁務官事務所
H 国連環境計画
I 国際労働機関
J 国連食糧農業機関
K 国連教育科学文化機関
L 国際通貨基金
M 世界知的所有権機関

□11 **国連の中心的機関**として全加盟国で構成される総会は、すべての国が**一国一票の議決権**を持ち、その議決要件は**一般事項**が総会に参加し、投票する加盟国の ★★ 、**重要事項**が ★★ 以上の賛成を必要とする。

過半数, 3分の2

Ⅳ 政治分野　2 国際連合（1）〜成立過程と組織・機能

□**12** 　★★　 は、経済、社会、文化、人権問題など**非政治**
★★
分野での国際協力を目的とする国連の主要機関で、総
会で選出される任期3年の54の理事国で構成され、必
要時には**民間団体とも協議**する。また、理事国は
　★★　 の割り当てに関係なく**各々1票**の投票権を行
使できる。

◆経済社会理事会は**任期3年の54理事国**で構成され、**非政治分野**
の問題に関する討議と勧告を行う。

経済社会理事会

国連分担金

□**13** 国連の経済社会理事会と連携関係にある専門機関とし
★★
て、**世界保健機関憲章**に基づいて発足した 　★★　
や、最貧国に対する**長期無利息の借款**を行う 　★★　
などが設置されている。

◆国連の各専門機関は経済社会理事会を通じて国連と連携してい
る。また、国際NGOには経済社会理事会との協議資格を持つ
ものや、国際会議にオブザーバーとして参加する団体もある。

世界保健機関
（WHO）,
国際開発協会
（IDA）

□**14** 国連には、未開発地域の国家独立を支援する主要機関
★
として 　★　 があるが、現在はその任務を完了した。

信託統治理事会

□**15** 他国で行われている人権**侵害を阻止**するために、国際
★
社会を構成する国々が武力**を用いてでも介入**すべきで
あるという考え方を、一般に 　★　 **的介入**という。

◆ユーゴスラビア紛争で、1999年に北大西洋条約機構（NATO）が
国連の安全保障理事会の承認を得ないままにセルビアに対して
空爆を行ったのは、人道的介入の一例である。

人道

□**16** 　★★　 は、**紛争や飢餓**のために他国に逃れ、**生命の**
★★
危機にさらされて苦しんでいる 　★★　 に対する保護
と生活支援に取り組む機関である。

◆国連難民高等弁務官事務所（UNHCR）は、**非政府組織（NGO）**
の協力も得るなどして、難民の救援にあたっている。1991〜2000
年には緒方貞子が難民高等弁務官を務めた。

国連難民高等弁務
官事務所（UNHCR）,
難民

□**17** 　★★★　 は、**貧困問題の解決**を優先課題とし、発展途
★★★
上国の経済的、社会的発展を、体系的、持続的に援助
する政府間機関で、 　★★★　 （HDI）を提示している。

◆人間開発指数（Human Development Index）とは、各国の人々
の「生活の質」や度合いを示す指標で、パキスタンの経済学者マ
ブーブ=ハックによって作成された。センの潜在能力アプロー
チを発展させたものであり、国連開発計画（UNDP）の『人間開
発報告書』で発表される。

国連開発計画
（UNDP）
人間開発指数

□**18** **★★★** とは、国家単位でなく**人間一人ひとりに着目**
★★★
し、**保護と能力強化**を通じて持続可能な**個人の自立と**
社会づくりを促す考え方で、人間の「恐怖からの自由」
と「欠乏からの自由」を確保することが重要とされる。

　◆「人間の安全保障」という概念は、国連開発計画（UNDP）の『人
　間開発報告』（1994年版）で提唱された。2000年の国連総会で、
　コフィ=アナン国連事務総長（当時）は「恐怖からの自由」と「欠
　乏からの自由」を人間の安全保障の要点として取り上げた。社
　会情勢や生活環境の影響もあり、極度の栄養不足、低い就学率、
　高い死亡率など人間としての最低限度の生活とは程遠い状態に
　置かれる「絶対的貧困」の克服が大きな課題である。

□**19** **★** は、世界の**食糧問題**の解決のために設立され
★
た機関で栄養不足人口の半減などを目指している。

□**20** 国連は、発展途上国政府の要望を受けて設立された
★★
★★ などを**通じた経済協力**を支援している。

□**21** **★★** は、紛争や自然災害の発生した地域の子ども
★★
たちに対して**栄養補給や医療などの援助**を行っている。

□**22** 国連の専門機関である **★★** は、**文化交流**を図るこ
★★
とで国際平和と福祉の促進を目指している。

　◆1984年、アメリカは UNESCO が第三世界を重視し、放漫財政
　であることなどから脱退したが、2003年に復帰。しかし、17年
　にパレスチナ自治区ヘブロン旧市街の「世界危機遺産」登録に反
　発し、再び脱退した。11年、パレスチナが正式加盟したことに
　も、アメリカやイスラエルは反発を強めていた。

□**23** 国連は、1952年に国連原子力委員会と通常軍備委員会
★
を統合して **★** とし、現在、その実質的な審議は、
84年に国連外に設置された **★** （CD）で行われて
いる。

□**24** **国連予算**は、加盟国の **★★** で賄われ、その分担率
★★
は各国の GNI（以前は GNP）比率をもとに算定される。

　◆ただし、発展途上国に関しては負担軽減のための割引措置がな
　されており、その不足分を先進国が負担している。

人間の安全保障

IV 政治

② 国際連合(1)〜成立過程と組織・機能

国連食糧農業機関
（FAO）

国連貿易開発会議
（UNCTAD）

国連児童基金
（UNICEF）

国連教育科学文化
機関（UNESCO）

国連軍縮委員会
（UNDC），
ジュネーヴ軍縮会
議

分担金

143

IV 政治分野　3 国際連合 (2) ～平和・安全保障

□**25** 主要国の**国連分担金**の分担率（％：小数点第3位まで
★★★ 表示）を示した表中の空欄**A～D**にあてはまる国名を
答えよ。

	2000年	2010 ～12年	2019 ～21年
A　★★★　*	25.000	22.000	22.000
B　★★★	20.573	12.530	8.564
C　★★★	9.857	8.018	6.090
フランス*	6.545	6.123	4.427
イギリス*	5.092	6.604	4.567
イタリア	5.437	4.999	3.307
D　★★★　*	0.955	3.189	12.005
ロシア*	1.077	1.602	2.405

※＊は5常任理事国

A　アメリカ

B　日本

C　ドイツ

D　中国

◆かつて日本の分担率は世界第2位だったが、2019年からは第3位
となり、分担率は00年の20％程度から8％程度と大幅に減って
いる。一方、中国は00年の約1％から、19年には12％超と急
増している。00年当時、日本の分担率はアメリカを除く常任理事
国（4ヶ国）の合計よりも高く、その負担が過重な状況にあった。

---

3 国際連合 (2)～平和・安全保障

ANSWERS □□□

□**1** 国連の主要機関で**国際平和**と**安全維持**に一次責任を負
★★★ い、紛争の平和的解決を図るのが ★★★ で、その決
定はすべての国連加盟国を拘束する。

安全保障理事会
（安保理）

◆安全保障理事会は、永久にその地位が保証されている5常任理
事国と、任期2年（二期連続の再選は禁止）の10非常任理事国
から構成されている。なお、日本は2017年末に国連加盟国中で
最多となる11回目の非常任理事国の任期を終えた。

□**2** 安全保障理事会の**常任理事国**は、アメリカ、 ★★★ 、イ
★★★ ギリス、フランス、 ★★★ の5つの大国である。

ロシア，
中国 ※順不同

◆1971年、中国の代表権が中華民国（台湾）から中華人民共和国に
移り、91年にはソ連の代表権がロシアに継承された。

□**3** 安全保障理事会の議決要件は、**実質事項**については**5
★★★ 常任理事国すべてを含む** ★★★ 理事国の賛成が必要
であることから、**5常任理事国**は ★★★ を有する。

9，
拒否権

◆安全保障理事会の議決要件として、手続事項については15理事
国中9理事国の賛成が必要であるが、五大国一致の賛成は要件
ではない。よって、手続事項には拒否権がない。

144

□4 1950年に発生した朝鮮戦争の最中、「　★★　」決議が
★★
採択され、平和・安全保障問題について**安全保障理事
会が拒否権により機能停止した**場合に　★★　を開催
する道が開かれた。

　　◆総会で採択された「平和のための結集」決議により、**3分の2以
　　上の賛成**で、総会は**兵力の使用を含む集団的措置**を加盟国に勧
　　告できる。

平和のための結集

緊急特別総会

□5 **国際司法裁判所**（ICJ）は、**国家間の国際法上の紛争を
★★
解決する一審制の裁判所**で、国連の中に設けられてお
り、裁判の開始には**紛争当事国双方の　★★　**が必要
である。

　　◆**紛争当事国の一方が拒否すると裁判は開始されない**という点に
　　国際裁判の限界がある。例えば、日本と韓国との間にある竹島
　　（独島）の領有権をめぐる問題で、日本は国際司法裁判所への付
　　託を呼びかけたが、韓国が拒否し、裁判は開かれていない。

付託

□6 **国際司法裁判所**（ICJ）の裁判官は総会と安全保障理事
★
会それぞれによる選挙を通じて選ばれ、**任期　★
年**であり、　★　**名**からなる。

　　◆一国から複数名の裁判官を出すことはできない。

9,
15

□7 **国際司法裁判所**（ICJ）は、国際法上の解釈について
★★
　★★　を出すことができるが、1996年には一般的な
　★★　の使用は**国際人道法違反**であるが、**極限状態
での自衛目的での使用**については最終的な結論は出せ
ないとする見解を示した。

勧告的意見,

核兵器

□8 国家間の紛争について、各国は国際裁判で直接取り上げ
★★★
られていない事案についても、国際法規則の解釈にあ
たって　★★★　の判決を参照している。

国際司法裁判所
（ICJ）

□9 1901年設立の**国際仲裁裁判所**である　★★　では、国
★★
家間の紛争以外の問題も取り扱う。

　　◆近年の訴訟例では、**中国による南シナ海の海洋進出**に関して、
　　フィリピンの提訴を受けて審理し、2016年に中国の主権を認め
　　ない判決を下した。なお、南極海での日本の調査捕鯨が、国際捕
　　鯨取締条約に違反するとオーストラリアが訴えた訴訟で、2014
　　年、日本に南極海での調査捕鯨中止を命じる判決を下したのは、
　　国際司法裁判所である。日本は初めて提訴され、敗訴した。

常設仲裁裁判所

IV 政治

3 国際連合(2)〜平和・安全保障

145

IV 政治分野　3 国際連合 (2) ～平和・安全保障

□**10** 大量虐殺や戦争犯罪など国際人道法に違反した個人を
★★ 裁くための二審制の国際裁判所を ★★ といい、
2003年に活動を開始した。

国際刑事裁判所
(ICC)

◆1998年のローマ規程に基づいて創設が決定された。国際司法裁
判所と同じオランダのハーグに設立され、国連の外にある機関
としてジェノサイド罪（集団殺害罪）など個人の国際人道法違反
を裁く。なお、ハイジャックは含まれない。

□**11** 国連憲章第 ★★ 章では、紛争の当事国に紛争の**平**
★★ **和的解決**を要請するとしている。

6

□**12** 経済・外交制裁などの ★★★ **的措置**、正規国連軍
★★★ （UNF）などによる ★★★ **的措置**といった「**強制**措
置」は国連憲章第 ★★★ 章に規定されている。

非軍事,
軍事,
7

□**13** 国連軍とは、加盟各国が自国の兵力をいつでも安全保
★ 障理事会に提供するという ★ を締結して組織さ
れる常設の国連軍のことである。

特別協定

◆国連憲章第43条に定める「特別協定」を締結した国はこれまで
に皆無であることから、正規国連軍は過去1度も組織されてい
ない。朝鮮戦争時の国連軍は、アメリカ中心の変則型であった。

□**14** 国連憲章第7章に基づいて集団制裁を行う国連部隊を
★★★ ★★★ 、「**国連憲章6章半活動**」と呼ばれ停戦や軍の
撤退の監視などを行う国連の活動を ★★★ 、国連と
直接関係なく任意に組織される部隊を ★★★ という。

国連軍,
国連平和維持活動
(PKO),
多国籍軍

◆国連平和維持活動（PKO）は、国連憲章第6章と第7章の中間の
活動であることから「国連憲章6章半活動」と呼ばれる。

□**15** 国連平和維持活動（PKO）には、**非武装**の少数部隊か
★★ らなる ★★ 、軽武装の多数部隊で停戦監視や兵力
引き離しを行う ★★ 、選挙監視団などの行政支援
活動や人道的救援活動などがある。

停戦監視団,
国連平和維持軍
(PKF)

□**16** 最初のPKOは、1948年に勃発した ★★ の際に展
★★ 開された停戦監視団であった。

第一次中東戦争
（パレスチナ戦争）

□**17** 1956年に起こった ★★ では、初の国連平和維持軍
★★ （PKF）である ★★ が組織され、現地に展開した。

スエズ動乱（第二
次中東戦争）,
国連緊急軍

□**18** PKO原則には、任意原則、 ★★★ 原則、中立原則に
★★★ 加えて、武器使用の要件として ★★★ 原則がある。

同意,
自衛

146

□19 ★★ 1992年、国連事務総長の ★★ は、紛争の激しい地域には**武力行使**を予定した ★★ を派遣できるとして、PKO を強化した。

ガリ，
平和執行部隊

□20 ★★ 武力行使を前提とした PKO は、1993〜95年の**第二次国連** ★★ **活動**、92〜95年の**国連** ★★ **保護軍**の際に組織されたが、紛争は泥沼化し事実上失敗した。

ソマリア，ユーゴ
スラビア(ユーゴ)

□21 ★★★ 1990年のイラクによるクウェート侵攻に対し、**安全保障理事会**は**侵略行為**であるとして**武力行使**の容認を決議し、翌91年に国連加盟国による ★★★ がイラクを攻撃し、撤退を促す ★★★ が起こった。

多国籍軍，
湾岸戦争

◆湾岸戦争終結後、安全保障理事会の決議で国連イラク・クウェート監視団が組織されて非武装地帯で停戦監視などを行った。

□22 ★★★ 1992年の ★★★ 法成立により、長く戦乱が続いた ★★★ へ初めて自衛隊が派遣され、**選挙監視活動**などが行われた。

国連平和維持活動
協力 (PKO 協力)，
カンボジア

◆ PKO には、自衛官だけでなく**文民警察官**なども参加している。国連カンボジア暫定統治機構 (UNTAC) では、日本の文民警察官が武装ゲリラの襲撃で命を落としている。

□23 ★★ 日本では、**自衛隊が** PKO **に参加する条件**として、①紛争当事者間に ★★ があること、②紛争当事者双方が PKO の受け入れに**同意**していること、③いずれにも偏らない ★★ 性**を遵守**すること、④以上の①〜③が欠けた際は独自の判断で**撤収**すること、⑤**武器使用**は ★★ のために限ることの5つの原則がある。

停戦合意

中立

自衛

◆日本の PKO 参加5原則のうち、中立性の原則によると、いずれか一方に対する武器の使用は許されず、**紛争地域に駐留するのみ**の活動が認められる。なお、2015年の PKO 法改正で、武器使用の権限が従来よりも拡大した。

□24 ★ 1996年から約17年間にわたり実施された**自衛隊のPKO 活動**には、**ゴラン高原**に展開された中東和平合意後の監視活動である ★ があった。

国連兵力引き離し
監視軍

◆2013年、非戦闘地域の要件を欠いたことから、独自判断による活動中止と撤収が行われた。

□25 ★ PKO 協力法改正により PKF（国連平和維持軍）本体への参加凍結が解除されたのは、2001年の ★ 戦争後における人道支援活動へ参加するためであった。

アフガニスタン

IV 政治

3 国際連合(2) 〜平和・安全保障

Ⅳ 政治分野　3 国際連合 (2) ～平和・安全保障

☐ **26** 正規 ┌─★★★─┐ は過去１度も組織されていないが、国連
★★★ の場などで制裁を行うことに同意した国々が創設した
軍隊である ┌─★★★─┐ は、**1991年**の ┌─★★★─┐ 戦争、**2003
年**の ┌─★★★─┐ 戦争の駐留軍などで組織された。

国連軍

多国籍軍，湾岸，
イラク

☐ **27** 各国が国連に協力して提供する軍隊を国内で任意に準
★ 備しておく必要があるが、この軍隊を ┌─★─┐ という。

国連待機軍

☐ **28** 歴代の**国連事務総長**について、次の表の空欄**A～E**に
★★ あてはまる人名を答えよ。

1	1946～52年	リー	ノルウェー
2	1953～61年	A ★★	スウェーデン
3	1962～71年	ウ=タント	ビルマ（ミャンマー）
4	1972～81年	ワルトハイム	オーストリア
5	1982～91年	デクエヤル	ペルー
6	1992～96年	B ★★	エジプト
7	1997～2006年	C ★★	ガーナ
8	2007～16年	D ★★	韓国
9	2017年～	E ★★	ポルトガル

A ハマーショルド

B ガリ

C コフィ=アナン

D 潘基文
（パン ギ ムン）

E グテーレス

◆2017年、グテーレス事務総長の指名を受け、日本人女性として
初の事務次長（軍縮担当上級代表）に中満泉が就任した。

☐ **29** 紛争や戦争、革命、政治的迫害などで本国を離れ、保
★★★ 護を求めている ┌─★★★─┐ は、国内にいながら同じよう
な境遇にある ┌─★★★─┐ と合わせて7,438万人と推計
される（2020年末時点）。

難民，

国内避難民

◆国連難民高等弁務官事務所（UNHCR）の推計によると、パレス
チナを含む難民は2,635万人、国内避難民は4,803万人であ
る。難民発生数の上位５ヶ国・地域は、シリア、ベネズエラ、ア
フガニスタン、南スーダン、ミャンマーとなり、合わせて全体
の6割を超える。

☐ **30** 2020年、国連の専門機関である ┌─★★★─┐ は、┌─★★★─┐ の
★★★ 感染地域の拡大を受けて警戒水準を引き上げ、**世界的
大流行**（パンデミック）を宣言した。

世界保健機関
（WHO），新型
コロナウイルス感染
症（COVID-19）

◆2022年5月10日時点で新型コロナウイルス感染症（COVID-19）
の感染者数は世界全体で5億1,600万人超、死者数は665万
超となった（通信社ロイターによる集計）。

4 戦後国際関係史 (1)~冷戦(東西対立)の展開

ANSWERS □□□

□1
★★★
第二次世界大戦後における**米ソ間**の対立は**直接的な軍事衝突に至らなかった**ことから │ ★★★ │ と呼ぶ。

冷戦(冷たい戦争)

□2
★★★
1946年、**イギリス**の │ ★★★ │ 元首相は、**バルト海**から**アドリア海**までヨーロッパ大陸を横切って東西両陣営を分断する「│ ★★★ │」が降ろされていると演説し、**ソ連の秘密主義を批判**した。

チャーチル

鉄のカーテン

□3
★★★
資本主義陣営は対ソ連・反共産ブロックの形成のため、**1947年3月**に │ ★★★ │ で政治的な結束を図って**対ソ封じ込め政策**の実施を決定し、**同年6月**には │ ★★★ │ で経済援助計画による**反共陣営の拡大**を決定した。

トルーマン=ドクトリン,
マーシャル=プラン

□4
★★★
西側の資本主義陣営は**1949年**に │ ★★★ │ (NATO)を結成して軍事同盟を組織したのに対し、東側の社会主義陣営は**55年**に │ ★★★ │ (WTO) を組織して対抗した。

◆このように地域ごとに取り決めを行うことで、紛争を抑止し、平和を維持しようとする考え方を**地域的集団安全保障**という。

北大西洋条約機構

ワルシャワ条約機構

□5
★★
東側の社会主義陣営は、1947~56年に政治的な結束などのために │ ★★ │ を、**49年**には経済的な分業体制の確立を図るために │ ★★ │ (経済相互援助会議)を設置した。

コミンフォルム,
コメコン
(COMECON)

□6
★
西側の資本主義陣営から東側の社会主義陣営への輸出は、│ ★ │ により設定された輸出禁止品目リストに従って制限されていた。

◆**対共産圏輸出統制委員会** (COCOM) は、社会主義諸国に対する戦略物資や技術の輸出を禁止または制限する機関。1949年、アメリカの主張で発足し、アイスランドを除く**北大西洋条約機構** (NATO) 加盟国と日本とオーストラリアが参加した。冷戦終結後の94年に解体され、96年には後継機関として通常兵器や技術などの移転、蓄積を規制する「**ワッセナー=アレンジメント**」が発足した。日本を含む40ヶ国以上が参加している。

対共産圏輸出統制委員会
(COCOM)

□7
★★
米ソが**ベルリン**の東西共同管理をめぐって対立し、**1949年**に**ドイツ**が**東西に分断**されるに至った一連の出来事を │ ★★ │ という。

◆米英仏が西ドイツ政府を樹立することを前提に通貨改革(新通貨マルクの使用開始)を行うと、これに反発したソ連は米英仏の占領地区からベルリンに至る陸水路を遮断し(**ベルリン封鎖**)、両陣営の緊張が高まった。

ベルリン危機(第一次ベルリン危機)

IV 政治

4 戦後国際関係史(1)~冷戦(東西対立)の展開

149

Ⅳ　政治分野　4　戦後国際関係史（1）～冷戦（東西対立）の展開

□8 1945年、世界初の核実験に成功し、原爆を実戦に使用
★★★ したのはアメリカである。49年には ★★★ が、52
年に ★★★ が原爆実験を行った。64年には ★★★
が世界で5番目に原爆実験に成功した。

ソ連,
イギリス, 中国(中
華人民共和国)

□9 1950年の ★★★ 戦争では、韓国を支援するアメリカ、
★★★ 北朝鮮を支援する中国およびソ連の米ソ代理戦争の様
相を呈し、北緯 ★★★ 度線をはさんで朝鮮半島は南
北に分断された。

朝鮮

38

◆1948年、金日成を首相とする北朝鮮（朝鮮民主主義人民共和国）、
李承晩を大統領とする韓国（大韓民国）が、北緯38度線を境と
して朝鮮半島に建国していた。

□10 1953年の朝鮮戦争休戦協定と、翌54年のジュネーヴ
★★ 休戦協定により、朝鮮戦争と ★★ がそれぞれ終結
し、東西陣営の ★★ の兆しが見え始めた。

インドシナ戦争,
雪解け

□11 1954年、 ★★ 環礁における水爆実験で日本の民間
★★ 漁船である第五福竜丸が被爆した事件を受けて、翌
55年に第1回の ★★ が広島で開かれ、原水爆の
禁止を求める国際世論が高まった。

ビキニ

原水爆禁止世界大
会

□12 1955年には米、ソ、英、仏の首脳によってジュネーヴ
★★ で ★★ が開かれ、話し合いによる平和の実現が目
指された。

4巨頭首脳会談

□13 ソ連共産党書記長 ★★★ の ★★★ の主張とアメリ
★★★ カ大統領ケネディの ★★★ の主張に基づき、米ソ間
の首脳会談が定期的に行われた。

フルシチョフ, 平
和共存,
デタント（緊張緩和）

◆1959年にはフルシチョフがソ連首相として初めて訪米した。

□14 1962年に ★★★ が発生し、核戦争勃発の危機に直面
★★★ したが、米ソ首脳の話し合いで戦争は回避された。

キューバ危機

◆1959年のキューバ革命で社会主義国となったキューバにソ連が
対米ミサイル基地の建設を始めたため、アメリカはキューバを
海上封鎖し、核攻撃を開始する寸前にまで至った。その後、米ソ
両国はホットライン（直接対話ができる直通回線）を設置した。
一方、61年からアメリカとキューバは国交を断絶したが、2015
年に54年ぶりとなる国交回復を果たした。

150

□**15** 1966年、ベトナム戦争に介入したアメリカを批判した
★★ 　　★★　　 が NATO の軍事部門を脱退した。

フランス

◆1949年、アメリカとカナダ、西ヨーロッパ諸国の12ヶ国で結成された NATO は、66年のフランスの軍事機構脱退で内部分裂が生じたものの、冷戦終結後は旧東欧諸国が次々に加盟し、30ヶ国に拡大した。99年、コソボ紛争でのセルビア空爆などヨーロッパを中心とする安全保障に大きな影響力を持っている。なお、フランスは米仏間の関係改善などの観点から、09年に NATO 軍事部門に復帰した。

□**16** **1960年代**に入ると、**中ソ対立**などから東側陣営で内部
★ 分裂が起こり、アルバニアとユーゴスラビアがソ連とは異なる独自路線を進み始め、　　★　　 では「　　★　　の春」と呼ばれる民主化が図られた。

チェコスロバキア, プラハ

◆1968年、チェコスロバキアではドプチェク第一書記の下で、「プラハの春」と呼ばれる民主化が進んだ。「人間の顔をした社会主義」をスローガンに、非スターリン化・民主化に取り組み、連邦制の導入や経済自由化を求め、過去の共産党独裁を非難する「二千語宣言」の約7万人の署名も、これを後押しした。

□**17** 1960年代に入ると、本格的に国際政治が多極化し、米
★★★ ソ超大国による**二極対立**に対して、非同盟・中立主義を掲げる**発展途上諸国**などの　　★★★　　が台頭した。

第三世界

◆多極化は、東西両陣営で起こった。西側陣営では、フランスの独自防衛路線、西ドイツと日本の復興と高度経済成長である。東側陣営ではソ連と中国、東ヨーロッパ諸国との間でそれぞれ対立が生じた。なお、一般的には先進資本主義国を第一世界、社会主義諸国を第二世界、発展途上諸国を第三世界と呼ぶ。

□**18** 1954年、中国（中華人民共和国）の　　★★　　とインド
★★ の　　★★　　が会談し、領土と主権の相互尊重、相互不可侵、内政不干渉、平等互恵、平和的共存を内容とする　　★★　　が発表された。

周恩来, ネルー（ネール）

平和五原則

□**19** 1955年、インドネシアのバンドンで　　★★　　（A・A会
★★ 議、バンドン会議）が開かれ、　　★★　　が発表された。

アジア・アフリカ会議, 平和十原則

□**20** 1960年に独立したアフリカ17ヶ国のうち16ヶ国が
★★★ **国連に加盟**したため、この年は「　　★★★　　」と呼ばれた。

アフリカの年

□**21** 1961年、**ユーゴスラビア**のベオグラードで　　★　　会
★ 議が開かれ、第三世界の結束が図られた。

非同盟諸国首脳

◆1961年の非同盟諸国首脳会議には25ヶ国が参加した。現在も継続して開催されている（2019年、第18回会議をアゼルバイジャンで開催）。

IV
政治

4
戦後国際関係史(1)〜冷戦（東西対立）の展開

151

IV 政治分野　4 戦後国際関係史 (1) ～冷戦 (東西対立) の展開

☐22 第三世界の国連加盟国が増加し、その発言力が増す中、
★
1974年には**国連** ★ **特別総会**、78年、82年、88
年には**国連** ★ **特別総会**が開催された。

資源,

軍縮

☐23 1960年代には**2つの核管理条約**が結ばれ、63年には
★★★
米英ソ間で ★★★ が調印・発効、68年には ★★★ が
調印、70年に発効した。

部分的核実験禁止

条約 (PTBT),

核拡散防止条約

(NPT)

◆いずれも自由に加入できる開放条約であり、100ヶ国以上が参
加している。部分的核実験禁止条約 (PTBT) は地下を除く**宇宙
空間、大気圏内、水中での核実験を禁止**する条約である。核拡散
防止条約 (NPT) は、191ヶ国・地域が締約国となっており、**核
保有国を5ヶ国** (アメリカ、ロシア、イギリス、フランス、中国)
に限定し、それ以外への**核拡散の防止や原子力の平和利用**などを
定めている。なお、発効当時は米ソ両大国の核独占を固定化させ
るという批判もあり、フランスと中国は条約に不参加で、冷戦終
結後の1992年に加盟した。95年には同条約の無期限延長 (永久
条約化) が決まり、5年ごとの再検討会議が開催されている。

☐24 ★★★ に加盟する非核保有国は、核兵器の保有を禁
★★★
じられ、 ★★★ の査察を受ける義務を負っている。

核拡散防止条約

(NPT),

国際原子力機関

(IAEA)

◆国際原子力機関 (IAEA) の本部はオーストリアのウィーンに置
かれ、NPT が発効する1970年以前の57年に創設されている。
もともとは**原子力の平和利用**を管理する機関であった。2009～
19年には日本の天野之弥が事務局長を務めた。

☐25 1969年、米ソ間で長距離核兵器の上限数を制限する
★★
★★ が行われ、72年に両国間で条約が調印、発効
した (SALT I)。

戦略兵器制限交渉

◆軍事的な衝突の危険性を減らしていく目的で、軍備を互いに抑
制していく措置を**軍備管理**という。SALT I は核の軍備縮小は
行わない**軍備管理条約**である。**ICBM** (大陸間弾道ミサイル) や
SLBM (潜水艦発射弾道ミサイル) などの核弾頭の運搬手段の総
数を、5年間現状凍結することを決めた。

☐26 ソ連は、「プラハの春」でのチェコスロバキアへの軍事
★★
介入と同じ ★★ 論に基づき、1979年にアフガニス
タンに侵攻し、民主化運動を鎮圧した。

制限主権

◆制限主権論は、社会主義国の国家主権は社会主義の枠内に制限
され民主化する主権は与えられていないとする考え方である。
ソ連のブレジネフ共産党書記長の考え方であることから、**ブレ
ジネフ゠ドクトリン**とも呼ばれた。

☐27 ソ連のアフガニスタン侵攻後、米ソ間で進められてい
★★
た核軍縮交渉はすべて中断するなどの事態に陥った。
1979～85年まで続いたこのような米ソの緊張状態は
当時 ★★ とも呼ばれた。

新冷戦

152

□28 SALT I に続き、 ★★★ が行われ、1979年に条約が
★★★ 調印されたが、同年12月にソ連の ★★★ 侵攻を機
に、アメリカは批准を拒否した。

第2次戦略兵器制
限交渉, アフガニ
スタン

□29 1980年代前半は米ソ関係の緊張が一時的に高まった新
★★ 冷戦とされ、80年に ★★ で開催されたオリンピッ
クでは ★★ 側諸国が、84年に ★★ で開催され
たオリンピックでは ★★ 側諸国が、それぞれボイ
コットするなどの事態も起こった。

◆1980年のモスクワオリンピックのボイコットは、アメリカの
カーター大統領が表明した。

モスクワ,
西, ロサンゼルス,
東

□30 1983年にアメリカの ★★ 大統領は、宇宙空間での
★★ ミサイル迎撃を想定した防衛計画である ★★ 構想
(SDI) を発表したため、ソ連がアメリカとの軍事交渉
をすべて中断し、再び緊張が高まった。

◆SDI はスターウォーズ計画とも呼ばれた。

レーガン,
戦略防衛

5 戦後国際関係史 (2)~冷戦終焉からポスト冷戦へ

ANSWERS □□□

□1 1985年、ソ連共産党書記長に就任した ★★★ は、東
★★★ 西両陣営のイデオロギー対立を解消させる ★★★ 外
交を展開し、米ソ間で包括軍縮交渉が開始された。

◆ゴルバチョフ政権は、①ペレストロイカ (市場原理導入などの諸
改革)、②グラスノスチ (情報公開による行政民主化)、③新思考
外交を唱え、ヨーロッパは東も西もない1つの家であるとする
「欧州共通の家」構想を掲げたことで、東欧諸国では民主化が進
んだ。1989年には東欧民主化が進み、ポーランドでは自主管理
労組「連帯」が選挙に勝ち、ワレサが大統領に就任した。ルーマ
ニアでは共産主義独裁を行っていたチャウシェスク大統領が処
刑された。一方、チェコスロヴァキアでは流血の事態を招くこと
なく政権交代が行われ、「プラハの春」で失脚したドプチェクが
連邦議会議長に、ハヴェルが大統領に就任した (ビロード革命)。

ゴルバチョフ,
新思考

□2 1989年、地中海の ★★★ 島で、ソ連のゴルバチョフ
★★★ 書記長とアメリカの ★★★ 大統領との間で米ソ首脳
会談が行われ、 ★★★ 終結宣言が出された。

◆東西陣営の冷戦の対立の時代から、冷戦終結の時代への変化は
「ヤルタからマルタへ」といわれる。1990年、冷戦終結の功績な
どによりゴルバチョフはノーベル平和賞を受賞した。

マルタ,
ブッシュ,
冷戦

IV

政治

5

戦後国際関係史(2)~冷戦終焉からポスト冷戦へ

IV 政治分野 5 戦後国際関係史 (2) 〜冷戦終焉からポスト冷戦へ

□3 冷戦終結により、1989年11月には「 ★★★ 」が崩壊
★★★
し、翌90年に西側が東側を吸収する形で東西ドイツ
が統一された。

ベルリンの壁

◆ベルリンの壁は、冷戦下の1961年に当時の東ドイツがベルリンの西側を取り囲むように築いた全長150kmを超えるもので、市民の西側への逃亡を阻んだ。

□4 1987年、中距離核戦力を廃棄する初の軍縮ゼロ条約で
★★★
ある ★★★ が米ソ間で調印され、翌88年に発効した。

INF (中距離核戦力) 全廃条約

◆ただし、INF全廃条約は地上発射ミサイルの廃棄に関するものであり、空中・海中発射のミサイルについては触れられていない。2019年2月にアメリカのトランプ政権は、INF (中距離核戦力) 全廃条約からの離脱をロシアに正式に伝え、同年8月2日に条約は失効した。

□5 冷戦の終結を受けて、1990年に東西欧州諸国が集まっ
★★
た ★★ (CSCE) が開催され、欧州に配備されてい
る通常兵器を削減する ★★ (CFE) 条約と侵略戦争
を禁止する ★★ が採択された。

全欧安全保障協力
会議、
欧州通常戦力,
パリ憲章

◆全欧安全保障協力会議 (CSCE) は、1975年に第1回会議が開催された。ソ連を含むすべてのヨーロッパ諸国 (アルバニアを除く) とアメリカ、カナダを合わせた35ヶ国の首脳が参加し、東西ヨーロッパ諸国の協調を謳うヘルシンキ宣言が採択された。

□6 東側陣営では、1991年には経済的結束である ★★★
★★★
(経済相互援助会議、COMECON) や軍事同盟である
★★★ (WTO) が相次いで解体した。

コメコン

ワルシャワ条約機構

◆1991年12月、ロシア共和国などが一方的に独立を宣言してソ連邦は崩壊し、東側陣営は完全に解体された。

□7 冷戦終結後、旧東側社会主義陣営の国々は西側の軍事
★★★
同盟であった ★★★ (NATO) に加盟していくが、こ
の動きをNATOの ★★★ という。

北大西洋条約機構,
東方拡大

◆2020年3月、北マケドニアがNATOに加盟し、加盟国は30ヶ国となった。

□8 ★★★ (PTBT) を発展させ、1996年に国連総会で地
★★★
下核実験禁止を含めたすべての核爆発実験を禁止す
る ★★★ (CTBT) が採択されたが、発効していない。

部分的核実験禁止
条約
包括的核実験禁止
条約

◆包括的核実験禁止条約 (CTBT) の問題は、臨界前核実験は禁止されていない点と、すべての核保有国および核開発能力保有国が批准しないと発効できない点にある。なお、臨界前核実験 (未臨界実験) とは、臨界 (現実世界) で爆発させる以前の段階で爆発を停止する実験のことで、コンピュータによるシミュレーション実験などを指す。

154

□**9** 冷戦終結の流れの中で、**1991年**には米ソ間で**長距離・**
★★★ **大型核兵器を削減する**第1次 ★★★ （START I）が
調印され、94年に発効した。

◆ START は、核の**軍備管理条約**であった SALT を一歩進めた**軍備縮小条約**である。2001年、米ソ両国は条約に基づく義務が履行されたことを宣言した。

戦略兵器削減条約

□**10** 1993年には、米ロ間で長距離核兵器を削減する**第2次**
★★ ★★ （START II）が調印されたが、未発効のまま
2002年に調印された ★★ （SORT、モスクワ条約）
へと事実上発展し、翌03年に発効した。

◆米ロそれぞれが長距離・大型核兵器（戦略核）を1,700〜2,200発に削減する条約。

戦略兵器削減条約,
戦略攻撃戦力削減
条約（戦略攻撃力
削減条約）

□**11** 1995年、全欧安全保障協力会議（CSCE）が発展、常設
★★ 化されて ★★ となった。

◆全欧安全保障協力機構（OSCE）は、軍縮、各国の交渉による問題解決、地域紛争の仲介、安全保障モデルの討議などを行う機関として常設化された。

全欧安全保障協力
機構（OSCE）

6 戦後国際関係史 (3)〜9・11後の世界

ANSWERS ☐☐☐

□**1** 2001年 ★★★ 月 ★★★ 日、アメリカの世界貿易セ
★★★ ンタービルと国防総省（ペンタゴン）への**同時爆破テロ**
が発生し、その首謀者はイスラーム過激派のアルカ
イーダの ★★★ と目された。

◆「9・11同時多発テロ」と呼ばれている。ウサマ=ビンラディンは、2011年5月にアメリカ海軍の特殊部隊によって殺害された。

9, 11

ウサマ=ビンラ
ディン

□**2** 2001年10月、テロ集団の ★ を匿っているとし
★ て、アフガニスタンの ★ 政権に対する**集団制裁**
が NATO 合同軍によって行われた。

◆ NATO第5条に基づく、**NATO 史上初の集団制裁**となった。

アルカイーダ,
ターリバーン

□**3** アメリカのブッシュ大統領は、同時多発テロ後、ミサ
★★ イル防衛（MD）構想を進めるために、1972年に米ソ間
で締結した ★★ 条約**の破棄**をロシアに通告した。

弾道弾迎撃ミサイ
ル（ABM）制限

□**4** 2001年の同時多発テロ発生後、02年にロシアは対テ
★★ ロ戦略で NATO と協力するために「 ★★ 理事会」
の創設に合意し、事実上 NATO に**準加盟**した。

NATO・ロシア

IV 政治

6 戦後国際関係史(3)〜9・11後の世界

155

Ⅳ 政治分野　6 戦後国際関係史 (3) ～ 9・11 後の世界

☐ **5** 2003年3月、アメリカは「将来、アメリカに対して
★★ 　　★★　　を使用するおそれのある国への先制攻撃は自
衛の範囲内」とする　　★★　　を掲げ、イラクのサダム=
フセイン政権への戦争を正当化して　　★★　　を始めた。

◆「9・11」後の2003年3月、アメリカなどの合同軍は国連安全保
障理事会の武力行使容認決議のないまま、イラクに対する戦争
を始めた。その根拠は自衛権の行使であった。このように、「テ
ロとの戦い」も含めて国際的な問題解決について、多国間の協調
が得られなくても一国だけで単独行動するという考え方をユニ
ラテラリズム（単独行動主義）と呼ぶ。

大量破壊兵器,
ブッシュ=ドクト
リン,
イラク戦争

☐ **6** 2014年、以前よりマリキ政権に反発するスンニ派系の
★ 武装集団　　★　　（「イラク・シリア・イスラム国」）は、
　　★　　の一部の都市を中心にイラク北部と中部を占
拠して　　★　　の樹立を宣言した。

◆この事態を受けて、アメリカはイラク政府からの要請と、アメ
リカ国民が生命の危険にさらされている事実から、これを自衛
権の行使であるとして空爆などを行った。

ISIS,
シリア,
イスラム国 (IS)

☐ **7** 2015年、フランスの　　★　　で同時多発テロが発生し、
★ フランス軍はイスラーム原理主義を標榜する過激派組
織「　　★　　」が首都と称する地域を空爆した。

◆2017年10月には、アメリカの支援を受けた少数民族クルド人
を中心とする武装組織「シリア民主軍」が、「イスラム国」の首都
とされたラッカを制圧、同年12月にシリアのアサド政権がISIS
掃討の完了を宣言した。

パリ

イスラム国 (IS)

☐ **8** エジプトとヨルダンを除き、中東湾岸諸国と国交のな
★ かったイスラエルは、2020年9月、　　★　　とバーレー
ンとの間で国交正常化に合意した。

アラブ首長国連邦
(UAE)

☐ **9** 2021年10月現在、NATO に加盟しているが EU には
★★ 加盟していない西アジアの国は　　★★　　、NATO に加
盟していないが EU には加盟している北欧の国は
　　★★　　とフィンランドである。

トルコ

スウェーデン

☐ **10** 2002年に中国南部から流行した重症急性呼吸器症候群
★ （　　★　　）、14年の西アフリカにおける　　★　　出血
熱、20年の新型コロナウイルス感染症（COVID-19）
の世界規模での感染爆発（パンデミック）など、人類は
感染症との戦いに直面している。

SARS, エボラ

7 大量破壊兵器の禁止・制限

ANSWERS ☐☐☐

□ 1 近年、南極や南太平洋、ラテンアメリカ、東南アジア、
★★ アフリカ地域などで ★★ 条約が採択されている。

> ◆南極条約、南太平洋非核地帯条約（ラロトンガ条約）、ラテンアメ
> リカ及びカリブ核兵器禁止条約（トラテロルコ条約）、東南アジ
> ア非核兵器地帯条約（バンコク条約）、アフリカ非核兵器地帯条
> 約（ペリンダバ条約）、中央アジア非核地帯条約（セメイ条約）が
> 発効し、核兵器の使用や核実験に反対する動きが広がっている。

非核地帯

□ 2 『人類に未来はあるか』の著者で、イギリスの平和主義
★★ 者 ★★ は、アインシュタインらとともに ★★
兵器による人類破滅の危険性を警告する宣言を発表し、
★★ 会議を開催するなど ★★ と平和運動に精
力的に取り組んだ。

> ◆ラッセルは、自由主義と平和主義を主張し、自由の根源として
> の平和の意義を訴えた。1955年には、ラッセル=アインシュタイ
> ン宣言を発表した。パグウォッシュ会議は、科学者らを中心に
> 核兵器反対を軸とした平和の実現を目指す国際会議である。ま
> た、日本の物理学者であり、日本初のノーベル賞受賞者である
> 湯川秀樹も参加して核兵器廃絶運動に取り組んだ。

ラッセル , 核

パグウォッシュ ,
核兵器廃絶運動

□ 3 アメリカのオバマ大統領による一連の軍縮活動は、大
★★★ 統領が目指す ★★★ 実現に向けての動きとされるが、
これが評価され、2009年には ★★★ を受賞した。

> ◆2009年4月、オバマ大統領はチェコのプラハで「核なき世界」の
> 実現を唱える演説を行った。また、16年5月に日本で開催され
> た主要国首脳会議（伊勢志摩サミット）への参加に際し、現職の
> アメリカ大統領として初めて被爆地である広島を訪問した。

核なき世界,
ノーベル平和賞

□ 4 2010年、オバマ大統領とメドベージェフ大統領が米ロ
★★★ 首脳会談を行い、09年12月に期限切れになった第1
次 ★★★ （START I）に代わる ★★★ に調印し、長
距離核ミサイルの削減が決定され、11年に発効した。

> ◆戦略核を米ロで各1,550発に削減し、その運搬手段の保有上限を
> 800（配備700）とする大幅な削減を決定した。10年間の時限
> 条約で、2021年2月に期限切れとなる中、両国は新STARTの
> 5年間延長で原則合意に達した。

戦略兵器削減条約,
新START

IV 政治

7 大量破壊兵器の禁止・制限

157

Ⅳ 政治分野　7 大量破壊兵器の禁止・制限

□**5** 2017年、核兵器の使用、開発、実験、製造、取得、保
★★★ 　有、貯蔵、移転などを禁じた ［ ★★★ ］ が、国連加盟の
122ヶ国の賛成で採択された。

核兵器禁止条約

　◆核兵器禁止条約は、核兵器の使用をちらつかせる「脅し（威嚇）」
　の禁止も言及する他、「被爆者にもたらされた苦痛」の一節も前
　文に盛り込み、人道的見地から核兵器の存在を否定している。一
　方、核保有国や被爆国であるがアメリカの「核の傘」の下にある
　日本は不参加を表明する中、2020年10月には同条約を批准した
　国と地域が発効の要件となる50に達し、翌21年1月に同条約
　が発効した。なお、同条約の成立に向けて活動した国際NGO
　「核兵器廃絶国際キャンペーン」（ICAN）が、2017年にノーベル
　平和賞を受賞した。

□**6** 1971年、国連総会で採択、75年に発効した ［ ★★ ］ は
★★ 　感染力の強い病原菌の兵器としての使用を禁止している。

生物兵器禁止条約

　◆日本は、1982年に批准している。ABC兵器（A：atomic weapon
　「核兵器」、B：biological weapon「生物兵器」、C：chemical
　weapon「化学兵器」）とも呼ばれる大量破壊兵器は、2度の世
　界大戦で民間人を含む大量殺戮を現実化させた。生物兵器や化
　学兵器については、1925年に毒ガス・細菌などの使用禁止を定
　めたジュネーヴ議定書が国際連盟で採択されている。

□**7** 1993年、神経ガスなどの化学兵器の禁止などを定め
★★ 　た ［ ★★ ］ が調印、97年に発効している。

化学兵器禁止条約

　◆日本は、1995年に批准し、第二次世界大戦中に旧日本軍が中国
　大陸に埋蔵・遺棄した化学兵器の処理を義務づけられた。

□**8** 1997年調印、99年発効の ［ ★★ ］ 条約は、非人道的
★★ 　兵器である対人地雷の使用・貯蔵・生産・移譲などを
全面的に禁止したもので、同条約に関する会議の開催
地であるカナダの都市名から ［ ★★ ］ 条約ともいう。

対人地雷全面禁止

オタワ

□**9** 2008年に採択、10年に発効した ［ ★★ ］ 条約は、非
★★ 　人道的であるその兵器の使用を禁止している。

クラスター爆弾禁
止（オスロ）

　◆クラスター爆弾とは、大量の子爆弾（小さな爆弾）を大きな容器
　に格納し、投下すると空中で子爆弾が飛び散ることで被害が広
　範囲におよぶ殺傷能力の高い爆弾で、二次被害も甚大である。
　2020年1月現在、108ヶ国がクラスター爆弾禁止条約（オスロ
　条約）を批准している（日本は09年に批准）。

□**10** アメリカの科学誌「原子力科学者会報（BAS）」は、地球
★★★ 滅亡までの残り時間を示す**「世界終末時計」**を公表して
いる。次の表は、1947～2020年まで、残り時間が変化
した際の主な出来事をまとめたものである（一部、略）。
空欄**A～M**にあてはまるものを下の語群から選べ。

年号	出来事	終末X前
1947	終末時計登場	7分
49	A ★★★ 初の核実験	3分
53	前年にアメリカが B ★★★ 実験	2分
62	C ★★★	7分
63	D ★★★ 調印（米英ソ）	12分
68	フランス・中国の核兵器開発など	7分
72	E ★★★ 条約調印（米ソ）	12分
84	軍拡競争が激化（米ソ）	3分
88	F ★★★ 発効（米ソ）	6分
90	前年に G ★★★ 終結	10分
91	H ★★★ 調印（米ソ）	17分
98	インドと I ★★★ が核実験	9分
2007	前年に J ★★★ が核実験	5分
15	ロシアの K ★★★ 併合（2014年）	3分
17	アメリカ L ★★★ 政権発足、北朝鮮の核実験	2分30秒
18	アメリカの M ★★★ 核合意離脱	2分
20	F ★★★ の破棄・失効、「AIによる戦争」の現実化、進まぬ気候変動対策、サイバー空間での偽情報拡散	100秒

A ソ連
B 水爆
C キューバ危機
D PTBT
E SALT I
F INF（中距離核戦力）全廃条約
G 冷戦
H START I
I パキスタン
J 北朝鮮
K クリミア
L トランプ
M イラン

IV 政治
7 大量破壊兵器の禁止・制限

【語群】　水爆　化学兵器　北朝鮮　パキスタン　イラン
ソ連　ロシア　クリミア　冷戦　ベルリン危機
キューバ危機　イラク戦争　トランプ　オバマ
核兵器禁止条約　INF（中距離核戦力）全廃条約
SALT I　START I　NPT　PTBT

◆2022年は3年連続で「100秒」と発表された。新型コロナウイ
ルス感染症（COVID-19）、核戦争や気候変動などが引き続き危
険な脅威をもたらしているとされた。

159

Ⅳ 政治分野　8 現代の地域・民族紛争～その背景と原因

□**11** 次の表は、世界各国で保有される核弾頭の推定数（2021
★★★　年6月時点）を多い順に並べたものである。空欄**A**～
　　　Fにあてはまる国名を答えよ。

国名	全保有数
A ★★★	6,260
B ★★★	5,550
C ★★★	350
D ★★★	290
イギリス	225
パキスタン	165
E ★★★	160
F ★★★	90
北朝鮮	40
合計	13,130

【出典】「長崎大学核兵器廃絶研究センター」ホームページ

A　ロシア
B　アメリカ
C　中国
D　フランス

E　インド
F　イスラエル

□**12** **暴力など恐怖を与える行為**によって自らの政治的な主
★★　張や思想を押し通そうとすることを、一般に ★★
　　　という。

テロリズム(テロ)

□**13** 官公庁や大企業のコンピュータやデータベース、通信・
★★　金融・医療などといった重要な社会基盤に対して侵入
　　　し、破壊工作を行う行為を一般に ★★ という。

サイバーテロ

　◆サイバーテロは国家の枠組みを超え、全世界に影響を及ぼす。
　2017年には「**ランサムウェア**」と呼ばれるコンピュータ=ウイル
　スが多くの国に被害を及ぼし、イギリスでは金融機関や医療機
　関が大きな打撃を受けた。また、ウクライナではロシアとの対
　立が激化した13年以降、大規模なサイバー攻撃が頻発し、政府
　機関や電力網などが大きな被害を受け、混乱に陥った。今後は
　人工知能（AI）を用いた電子的攻撃も予想される。

8 現代の地域・民族紛争~その背景と原因

ANSWERS □□□

□**1** ★★ は、国民主義、国家主義、民族主義などと訳
★★　され、文化的単位と政治的単位とを一致させようとす
　　　る運動として、主権的国民国家の形成や ★★ 的な
　　　民族国家主義、民族独立運動などに大きな影響力を持つ。

ナショナリズム

排他

□**2**
★
第二次世界大戦後、先進国が発展途上国に対して国家の独立や主権を侵さないが、援助などによって事実上**経済的支配関係を拡大**する考え方を ★ という。

新植民地主義

□**3**
★★
ドイツのナチズムなどを含めて、国民の自由や権利を抑圧しようとする全体主義的な思想を ★★ という。

ファシズム

◆ファシズムとは、もともと**イタリア**のムッソリーニ率いるファシスト党による独裁政治を指し、**一党独裁、暴力による抑圧**が特徴である。ドイツのナチス(国家社会主義ドイツ労働者党)をはじめ、**国民の自由や権利を否定**する政治のあり方である。

□**4**
★★★
ポーランド南部にあった ★★★ 強制収容所では、ナチス=ドイツによって ★★★ 人などが大量虐殺された。

アウシュヴィッツ,
ユダヤ

□**5**
★★
国連は、迫害されていたユダヤ人に国家を与えるため、**パレスチナの土地をユダヤ人とアラブ人に二分する**ことを決議し、 ★★ の建国(1948年)を承認したので、土地を追われた ★★ が大量に発生した。

イスラエル,
パレスチナ難民

□**6**
★★
1948～49年、土地を追われたアラブ人(パレスチナ人)が、土地を奪回するためにイスラエルに対して攻撃を行い ★★ (パレスチナ戦争)が起きた。

第一次中東戦争

◆祖国を追放されたイスラエル人(ユダヤ人)たちが祖国とするシオンの丘に再び戻り、国家を再建する運動をシオニズム運動という。1917年、宗主国イギリスがバルフォア宣言でそれを認めたことから、第二次世界大戦後の1948年にユダヤ人国家イスラエルが建国される。しかし、イギリスはパレスチナ人にもその土地の占有を認める(フセイン=マクマホン協定)という**二枚舌外交**を行ったことから、中東戦争(中東紛争)が起こった。

□**7**
★★
1956年、**エジプトの** ★★ **大統領による** ★★ **国有化宣言**をきっかけに ★★ が起きた。

ナセル, スエズ運河,
スエズ動乱(第二次中東戦争)

◆イスラエルはイギリス、フランスと共同出兵したが、**国連安保理の即時停戦決議**を受けて撤兵した。

□**8**
★★
1964年に ★★ がイスラエルに追放されたアラブ人たちによって設立され、69年には ★★ が議長に就任した。

パレスチナ解放機構(PLO),
アラファト

◆イスラエル占領下でのアラブ人による暴動や抵抗活動をインティファーダ(蜂起)という。その一部は過激化した。

□**9**
★★
1967年、 ★★ で圧勝したイスラエルは ★★ 地区、シナイ半島、 ★★ 高原、ヨルダン川西岸を占領下に置いた。

第三次中東戦争,
ガザ,
ゴラン

IV 政治

8 現代の地域・民族紛争～その背景と原因

161

Ⅳ 政治分野　8 現代の地域・民族紛争～その背景と原因

□**10** 1973年に起こった ★★ では、OAPEC（アラブ石
★★ 油輸出国機構）が用いた ★★ によって第一次石油
危機（第一次オイル=ショック）が発生した。

◆石油戦略とは、イスラエルを支持する国家には石油を輸出しな
いというもの。西側諸国を中心に経済や社会にパニックを引き
起こし、日本では狂乱物価と呼ばれる**急激なインフレーション
（インフレ）**の一因となった。

第四次中東戦争，
石油戦略

□**11** 1979年、イランでは ★★ が指導した**イラン革命**が
★★ 起こり、親米派の国王を追放して**イラン=イスラーム共
和国**が成立した。

◆シーア派のホメイニたちが民衆を指導し、**イラン革命**を起こし
た。王政を打倒し、イスラーム法学者による新たな政治体制を
打ち立てた。これ以降、イランは**反米路線**をとることになる。

ホメイニ

□**12** 1980～88年にかけて、 ★ 戦争が続いたが、**アメ
★ リカ**は当初、**親米的な** ★ の**サダム=フセイン**政権
を支持し、**反米政権**であった ★ への ★ に
よる侵攻を事実上、容認していた。

イラン・イラク，
イラク，
イラン，イラク

□**13** 反米政権の続いたイランでは、2000年代後半に生じ
★ た ★ 疑惑に対するアメリカやEU諸国の経済制
裁に対して、 ★ **海峡の封鎖**という対抗措置を示
唆し、先物市場の原油価格が高騰する事態が生じた。

◆イランが核開発を進めたとされる2000年代後半は、**反米強硬派
のアフマディネジャド大統領**が政権を担っていたが、13年に就
任した**ロハニ大統領**は態度を軟化させ、アメリカやEU諸国と
の関係改善の姿勢を示していた。18年、アメリカのトランプ政
権は、イラン核合意からの離脱を表明し、イランへの経済制裁
を再開した。

核開発，
ホルムズ

□**14** 1990年のイラクによる ★★★ 侵攻に対する多国籍軍
★★★ の制裁後、翌91年には ★★★ が開かれ、93年にイ
スラエルとパレスチナ間で合意が成立した。

クウェート，
中東和平会議

□**15** 1993年、イスラエルが過去の中東戦争で奪った土地を
★★★ パレスチナ側に返還し、パレスチナ側もイスラエルと
いう国家を認め、**双方の存在を相互承認する**ことを内
容とする ★★★ （オスロ合意）が結ばれた。

パレスチナ暫定自
治協定

□**16** 2003年、アメリカなどの仲介で「オスロ合意」に基づ
★★★ くイスラエル占領地であるパレスチナ自治政府への返
還の工程表を定めた ★★★ を双方に受諾させた。

中東和平ロードマップ

◆しかし、履行段階に入っても情勢は安定せず、和平への工程は
難航している。**パレスチナの暫定自治**が実施されているヨルダ
ン川西岸やガザ地区などで紛争が続いている。2002年にはイス
ラエルがヨルダン川西岸で**分離壁**の建設を始め、14年にはパレ
スチナの政権を担う政治勢力ハマスがテロ活動を活発化させて
いるとしてガザ地区を攻撃した。国連安全保障理事会は、16年
にパレスチナ領の占領地に対する**イスラエルの入植活動**を非難
する決議を採択した（アメリカは採択を棄権）。

□**17** トルコやイラン、イラクなど西アジアの複数の国に居
★ 住している ★ 人は、**民族独立**を目指して運動
し、紛争や弾圧が起こっている。

クルド

◆独自の言語と文化を持つクルド人は、第一次世界大戦後に列強
によって居住地域（クルディスタン）の中央部に国境線が引かれ
たことで、トルコ、イラン、イラク、シリアなどに分断された
「国を持たない世界最大の少数民族」と呼ばれる。

□**18** 旧ユーゴスラビア内戦は、同連邦を構成した６共和国
★★ のうち、1991年に ★★ 、スロベニア、マケドニア
が、92年に ★★ が独立を宣言したのに対して、**連
邦制を維持**しようとする ★★ 人勢力が独立阻止の
軍事介入を行ったことに主な原因がある。

クロアチア，
ボスニア＝ヘルツ
ェゴヴィナ，
セルビア

◆多民族国家であった旧ユーゴスラビア連邦では、各民族をまと
めていた指導者ティトーが1980年に死去し、冷戦の終結を迎え
る中で民族間の対立が表面化した。

□**19** ユーゴスラビア紛争は、**セルビア人**と**非セルビア人**と
★★★ の民族対立が原因となったが、セルビア人は多数派で
あるべきだとする ★★★ 主義に基づく**異民族の排斥**
（ ★★★ ）が行われた。

汎セルビア，
民族浄化（エスニッ
ク＝クレンジング）

◆1998～99年には、新ユーゴスラビア連邦内のコソボ自治州で独
立運動が発生したが、新ユーゴ政府軍（セルビア人勢力）による
独立阻止の民族浄化（エスニック＝クレンジング）が行われた。
このセルビア共和国側への軍事的制裁として、NATO軍による
「人道的」空爆が行われた。2008年には同自治州は独立を宣言し、
EU（欧州連合）などが承認している。

□**20** 旧ユーゴスラビア連邦の解体により、セルビア共和国
★★ とモンテネグロ共和国は ★★ に統合されたが、
2003年には ★★ と国名を変更し、06年には独立
国家として分裂した。

新ユーゴスラビア
連邦，
セルビア＝モンテ
ネグロ連邦

◆2006年の分裂後、**モンテネグロ**は**国連に正式加盟**した。

Ⅳ 政治分野 ⓼ 現代の地域・民族紛争～その背景と原因

□21 イギリス領内の [★★★] の独立問題は、イギリスから
★★★ の独立を望むキリスト教 [★★★] 系住民と、イギリス
残留を望むキリスト教 [★★★] 系住民との対立を招き、
過激派集団によるイギリスへのテロ行為も行われてき
たが、**1998年に包括和平合意が成立**した。

北アイルランド,
カトリック,
プロテスタント

□22 2014年９月、イギリスからの**分離独立**の是非を問う住
★ 民投票が [★] で実施されたが、約55%が反対（残留
支持）に投票し、独立は否決された。

スコットランド

□23 ロシア南部の**カフカス地方**（コーカサス地方）では、**分
★ 離独立**を目指すイスラーム独立派武装勢力と、それを
阻止しようとするロシアとの間で [★] が起こり、
ロシアが独立派武装勢力をほぼ制圧した。

チェチェン紛争

◆ロシア連邦にはキリスト教徒（ロシア正教会）が多いことから、
チェチェンの独立運動は宗教的対立に基づくとともに、資源主
権を求める資源ナショナリズムの側面を持つ。

□24 2014年、[★★] では大規模な反政府デモで親ロシア
★★ 政権が崩壊後、領内にある**黒海沿岸の** [★★] 自治共
和国における住民投票で**分離独立とロシアへの編入**が
多数を占めたことから、ロシアは同地域の併合を宣言
した。

ウクライナ,
クリミア

◆アメリカやEU諸国は、この住民投票は違法で公正さが担保さ
れていないことを理由にロシアの「クリミア併合」を認めず、ロ
シアに対する制裁措置を発動した。また、主要国首脳会議（サ
ミット）からロシアを排除し、G8はG7サミットとなっている。

□25 **インド最北部**の [★★] 地域では、独立派のイスラー
★★ ム系住民とインド残留派のヒンドゥー教系住民の間で
紛争が続いている。

カシミール

◆イスラーム系住民はインドから独立してイスラーム国家のパキ
スタンへの併合を望んでいるのに対し、ヒンドゥー教系住民は
ヒンドゥー教国のインドへの残留を望んでいる。

□26 中国の [★] 自治区では、文化大革命など中国共産
★ 党の中央政府による圧迫や漢族による [★] 政策に
反発する動きが加速し、2009年には [★] 族と漢族
による大規模な暴動が起きた。

新疆ウイグル,
同化,
ウイグル

◆中国共産党による事実上の一党独裁体制に対し、**1989年６月**に
は天安門事件（第二次天安門事件、「6・4事件」）という**民主化
運動の弾圧**も起きている。

☐ **27** 1988年、　★　では軍事政権下で　★　を指導者
★
とする**民主化デモ**が起き、多数の逮捕者や亡命者を出
したが、2010年に同氏などの多くが釈放された。

◆軍事政権が民主化を容認し、長らく自宅軟禁の身にあったアウン=サン=スー=チーが釈放され、12年に国会議員に選出され、16年には国家最高顧問と外務大臣の要職に就いた。しかし、21年2月に前年11月の議会総選挙の結果に反発する軍部がクーデタを起こし、同氏は拘束され、再び軟禁状態にある。

ミャンマー（旧ビ
ルマ），アウン=サ
ン=スー=チー

☐ **28** 少数民族　★　に対するミャンマー軍の迫害と難民
★
化について、国際的な非難が起き、20年には国際司
法裁判所（ICJ）が「虐殺防止」を命じた。

ロヒンギャ

☐ **29** 1990年代初頭に激化した　★★　内戦では、多数部族
★★
のフツ族が少数部族の　★★　族を大量虐殺したこと
から、国連はPKOを派遣し、難民救済などを行った。

ルワンダ，
ツチ

☐ **30** 1991年のバーレ政権崩壊後、民族対立により生じた
★★
　★★　内戦に対して、国連は強化されたPKOであ
る　★★　を派遣したが、解決に失敗した。

ソマリア，
平和執行部隊

☐ **31** アフリカの　★　では、イスラーム化政策を推し進
★
める政府と反発する南部の非イスラームとの紛争など
により、多数の国内避難民や国外流出する　★
が発生し、結局、2011年に　★　が独立した。

◆スーダン西部のダルフール地方では、2003年からアラブ系の政府軍と黒人系の反政府勢力との間で武力衝突が続き、「**世界最大の人道危機**」といわれる非アラブ系住民への大量虐殺（ジェノサイド）による民族浄化（エスニック=クレンジング）が発生した。09年、国際刑事裁判所（ICC）は人道に対する犯罪と戦争犯罪の容疑で、スーダンのバシール大統領（当時）に逮捕状を出した。

スーダン

難民，
南スーダン

☐ **32** **2010年末から11年初頭にかけて、**軍事独裁政権や開
★★
発独裁政権が民主化暴動で崩壊する動きが、**北アフリ
カや西アジア地域**で続いた。これを「　★★　」と呼ぶ。

◆**2010年12月**には**チュニジア**で民主化運動が起こり、ベン=アリ大統領が失脚した（「ジャスミン革命」）。翌11年2月には**エジプト**のムバラク大統領が失脚して独裁政権が、同年8月には**リビア**でカダフィ大佐率いる軍事独裁政権が相次いで崩壊した。

中東の春（アラブ
の春）

Ⅳ 政治

8 現代の地域・民族紛争～その背景と原因

IV 政治分野 8 現代の地域・民族紛争〜その背景と原因

33 「中東の春（アラブの春）」は、Twitter（ツイッター）やFacebook（フェイスブック）などの ★★ と呼ばれるインターネット上のコミュニティを通じて呼びかけられた点で、従来にない民主化運動といわれた。

ソーシャル=ネットワーク

◆このような動きを警戒する中国ではインターネットへの検閲などの情報統制を強化している。2019年に高揚した香港の民主化デモや、翌20年の新型コロナウイルス感染症（COVID-19）への対応に関する政府批判を封じ込めるような動きも見られた。

34 シリアでは、 ★★ 父子による政権に対する反政府運動が激化し内戦状態に陥り、政府側が反政府側に化学兵器 ★★ を使用した疑惑がもたれている。

アサド

サリン

◆中東諸国の民主化運動（「アラブの春」）はシリアにも波及したが、アサド父子の独裁政権は倒れず、2011年から政府軍と反政府軍の間で内戦に突入している。「21世紀最大の人道危機」ともいわれる泥沼化したシリア内戦は、38万人を超える死者と、1,300万人近くの避難民や亡命者を数えている。

35 2021年8月、アメリカはイスラーム原理主義組織 ★ による全土制圧を受け、 ★ から駐留軍を撤収した。

ターリバーン,
アフガニスタン

36 2022年2月、NATOの東方拡大に強く反発するロシアは ★★ に軍事侵攻を行った。

ウクライナ

◆この事態を受け、国連安全保障理事会はロシアによるウクライナ侵攻を非難する決議案の採決を行ったが、常任理事国であるロシアが拒否権を行使して不採択となった。

37 次の地図は、第二次世界大戦後に発生した主な地域紛争の位置や名称、時期を示したものである。地図上の空欄A〜Gにあてはまる国または地域名を答えよ。

A クリミア
B チェチェン
C モザンビーク
D シリア
E カシミール
F チベット
G 東ティモール

9 戦後日本外交の展開

ANSWERS □□□

□**1** 1945年7月26日に出された、日本に対する連合国側
★★★ からの宣言を ★★★ という。

◆ドイツのベルリン郊外にある<u>ポツダム</u>で連合国側の首脳会談が
行われ、アメリカ、中華民国、イギリスの連名で出された日本に
降伏を求める宣言。軍国主義の絶滅や戦争犯罪人への厳罰、領
土制限、民主化促進と<u>基本的人権の尊重</u>、日本軍の<u>無条件降伏</u>
などを条件とした。日本は同年8月14日に同宣言を受諾し、9
月2日に降伏文書に調印した。

ポツダム宣言

□**2** <u>1951年</u>に<u>主権</u>を回復した日本が掲げた**外交の三原則**と
★★ は、「 ★★ 中心主義」「 ★★ 主義諸国との協力」
「 ★★ の一員としての立場の堅持」である。

◆「日本外交の三原則」は、日本国憲法前文で謳われる「われらは、
平和を維持し、専制と隷従、圧迫と偏狭を地上から永遠に除去
しようと努めてゐる国際社会において、**名誉ある地位**を占めた
いと思ふ。われらは、全世界の国民が、ひとしく恐怖と欠乏か
ら免かれ、**平和のうちに生存する権利を有する**ことを確認する」
という国際協調の精神にも通じる。

**国連，自由，
アジア**

□**3** <u>1951</u>年、<u>吉田茂</u>内閣時に連合国側の48ヶ国と結ばれ
★★ た ★★ で**日本は**<u>主権</u>を回復したが、ソ連や中国な
ど東側を除く**西側諸国との** ★★ <u>講和の平和条約</u>で
あった。

◆日本は、<u>サンフランシスコ平和条約</u>に調印しなかった国々とは、
個別に平和条約などを結ぶこととなった。

**サンフランシスコ
平和条約**
片面

□**4** 1951年には<u>サンフランシスコ平和条約</u>で日本は<u>主権</u>を
★★★ 回復したが、同時に**アメリカとの間に** ★★★ **を締結**
し、アメリカ軍の日本への駐留を認めることになった。

◆以後、日本はアメリカとの同盟関係によって自国の安全保障を
実現することで防衛費を低く抑えながら、その余力を経済成長
に振り向けることで、国際的な地位向上を図っていった（**吉田ド
クトリン、吉田路線**）。

日米安全保障条約

□**5** <u>1956</u>年、日本とソ連との間で ★★★ が出され、国交
★★★ の回復が実現するとともに、ソ連が日本の加盟を承認
したため、**日本は** ★★★ **への加盟**を果たした。

◆<u>日ソ共同宣言</u>でソ連は日本の国連加盟について、それまで発動
し続けていた<u>拒否権</u>を行使しないことを約束するとともに、ソ
連は日本に対する第二次世界大戦の賠償請求権をすべて放棄し
た。なお、第二次世界大戦後から日ソ間の国交が回復する1956
年まで、50万人を超える日本人らが**シベリアに抑留**され、過酷
な強制労働に従事させられた。

日ソ共同宣言

国際連合

IV 政治

9 戦後日本外交の展開

| **IV** 政治分野 **9** 戦後日本外交の展開

□**6** 日ソ共同宣言では、平和条約締結後にソ連は**北方四島**
★★ のうち ★★ と ★★ を**先行して日本に返還する**
約束がなされたが、返還は現在も実現していない。

歯舞群島，色丹島
※順不同

◆北方四島には、その他に国後島と択捉島がある。2020年7月、ロ
シアは憲法を改正し、領土割譲の禁止を明記したことで、日ロ
間の領土問題解決への影響が懸念される。

□**7** 佐藤栄作内閣下の1968年には、アメリカとの間で
★★ ★★ 諸島、71年には ★★ の返還協定がそれぞ
れ締結された。

小笠原，沖縄

◆日本側は「**核抜き、本土並み**」をスローガンに沖縄返還交渉を進
めたが、72年の返還時には「**基地つき返還**」として、アメリカ
軍の駐留が現在まで続いている。

□**8** 1972年にアメリカの**ニクソン大統領が中国（中華人民**
★★ **共和国）を訪問**したのをきっかけに、 ★★ 首相が訪
中して ★★ が出され、**中国との国交**を回復した。

田中角栄，
日中共同声明

◆1978年、福田赳夫首相の時に日中平和友好条約が調印された。

□**9** **1965年**、日本は大韓民国を朝鮮半島を代表する唯一の
★ 合法政権とみなして ★ を締結し**国交は正常化**さ
れたが、北朝鮮との国交は断絶したままである。

日韓基本条約

□**10** 日朝関係における ★★ 問題では、2002年10月に
★★ 一部被害者の日本への帰国が実現したが未解決である。

拉致

□**11** 北朝鮮の核問題について、北朝鮮、 ★★ 、 ★★
★★ の**3ヶ国協議**で解決が図られたが、2003年8月以降は
日本、 ★★ 、 ★★ を加えた**6ヶ国協議**が行われ
たものの、08年12月の会合を最後に開かれていない。

アメリカ，中国
※順不同
韓国，ロシア
※順不同

◆北朝鮮は、2006年頃から断続的に核実験や弾道ミサイルの発射
実験を繰り返すなど、国際社会の支援を引き出すための様々な
外交カードを用いる瀬戸際外交を展開している。2011年、金正
日の死去後は、息子の金正恩が北朝鮮の実権を握っている。

□**12** 1994年に発足した ASEAN 地域フォーラム（ ★ ）
★ は、アジア太平洋地域の**政治・安全保障問題**に関する
多国間の対話と協力を図る場である。

ARF

◆2020年8月現在、ASEAN（東南アジア諸国連合）加盟10ヶ国
（ASEAN10）や、日本、中国、韓国、インドなど26ヶ国とEU
の外交当局、国防・軍事当局の代表が参加している。

□13 「 ★ 」とは、2016年に安倍首相が打ち出した外交構想で、アジア太平洋からインド洋を経て中東・アフリカに至る幅広い地域を「国際公共財」として発展させることを目指している。

自由で開かれたインド太平洋

◆「自由で開かれたインド太平洋」は、中国の台頭を念頭に、航行の自由や法の支配、自由貿易の普及などを柱とする構想である。また、近年は日本、アメリカ、オーストラリア、インドの4つの民主主義国の首脳や外相が安全保障や経済協力を協議するQuad（クアッド）と呼ばれる枠組みが構築されている。

□14 他国に領有されていない土地に対し、ある国が領有の意思を示し、実効的支配を確立することを ★ という。

先占（無主物先占）

□15 日本の領土問題に関して、地図中の空欄 A〜C にあてはまる地名および、どの周辺国・地域との領有権問題であるか番号①〜⑤ですべて答えよ。

A 尖閣諸島、①・⑤

B 竹島（独島）、④

C 北方領土、②

◆もともと、Aの尖閣諸島は誰の所有物でなく、明治時代に日本が占有し、所有を主張した。法律的には無主物先占（無主物占有）により所有権を取得し、中国とはそれを前提とした協定文書を作成した。現在に至るまで、日本は一貫して「領土問題は存在しない」と主張している。しかし、石油危機（オイル=ショック）が発生した1970年代に尖閣諸島周辺で天然ガスの埋蔵が確認されると、中国が領有権を主張し、ガス田開発を始めた。日本側は抗議し、日中間の政治・外交関係は冷たい状態になった。また、台湾・香港も領有権を主張している。Bの竹島（独島）領有権問題では、2005年3月の島根県議会による「竹島の日」制定決議に対して韓国側が非難した。Cの北方領土は、日ソ共同宣言で平和条約締結時に歯舞群島と色丹島の二島を返還することが約束されたが、実現していない。日本政府は北方領土を「日本固有の領土」としている。

IV 政治

9 戦後日本外交の展開

V

経済分野
ECONOMICS
経済理論①経済体制と経済思想

1 資本主義経済と社会主義経済

ANSWERS □□□

❶ 生産手段が私的に所有され、私的利潤の追求を認める
★★★ 自由競争の**市場経済**を ★★★ という。

資本主義経済

❷ 資本主義経済の前提となる**機械などの生産手段の私的**
★★ **な所有**を認める制度を ★★ という。

私有財産制

❸ **資本主義経済**において、人々は ★ と ★ と
★ いう２つの階級に分化する。

資本家，労働者
※順不同

❹ **資本主義経済**は、あらゆる財とサービスが市場におい
★ て対価の支払いをもって取引される ★ 経済を前
提とし、 ★ も賃金を対価として ★ 化される。

商品，
労働力，商品

❺ **資本主義経済**下では、資本家が ★★ を提供し、労
★★ 働者が ★★ を提供することで生産が行われていく。

生産手段，
労働力

❻ 一般的に、**生産の３つの要素とは** ★★ 、労働、土
★★ 地を指す。

資本

❼ ある生産設備において生産が繰り返されていくことを
★★★ ★★★ といい、資本主義経済では企業は ★★★ の
最大化を目指すので、 ★★★ 再生産が基本となる。

再生産，利潤，
拡大

◆１度目の生産量より２度目の生産量が減る場合を縮小**再生産**、１
度目の生産量と２度目の生産量が同じ場合を単純**再生産**という。

❽ **資本主義経済**においては、社会主義経済と異なり計画
★★ **経済を行わない**という生産の ★★ 性が原則となっ
ているため、需給の不一致や**生産過剰**が起こり、 ★★
を避けることができないとする。

無政府，
景気変動（景気循
環）

◆景気変動の中で、貧富の差や失業者が発生する。

❾ **資本主義経済**下では、景気循環を避けられず、 ★★★
★★★ の差と ★★★ 者が発生する一方、長期的には生産力
の拡大による経済成長が期待される。

貧富，
失業

☐ **10** 現代の資本主義は政府の市場介入を認める ☐★★★ 資
★★★ 本主義であり、政府による ☐★★★ が行われることが
ある。

◆ 計画経済と経済計画は異なる。前者は、社会主義の集権的計画
経済を原則的に意味し、後者は資本主義における計画的な市場
介入などを意味する。

修正,
経済計画

☐ **11** マルクスが見出した資本家と労働者の階級闘争を解消
★ した ☐★ 独裁の平等社会を ☐★ 社会という。

プロレタリア（プロレタリアート）,
社会主義

☐ **12** 資本主義経済下では生産手段は ☐★★ に所有され、
★★ 社会主義経済下では生産手段は ☐★★ に所有される。

私的,
公的

☐ **13** 社会主義経済においては、生産手段の ☐★★★ と**中央**
★★★ **集権的** ☐★★★ が行われる。

◆ 生産手段の公的所有（社会的所有）の形態としては、国が所有す
るケースと協同組合が所有するケースがある。旧ソ連の計画主
体をゴスプラン、中国にかつて存在した農業計画主体を人民公
社という。1980年代になると人民公社は解体され、農業計画は
地方主導に改められていく。旧ユーゴスラビア連邦では、中央
集権的な計画経済の腐敗を防ぐため、国がガイドラインを作成
し、それぞれの**労働者評議会**が具体的な生産量や価格を決める
という分権的計画経済を導入した。

公的所有（社会的所有）,
計画経済

☐ **14** 社会主義経済下では、☐★★ の下で需給の不一致や生
★★ 産過剰は発生しないため、**理論上は** ☐★★ や ☐★★
の変動は起こらない。

◆ 現実には、社会主義経済下でも計画経済の失敗や腐敗によって需給
の不一致が起こり、インフレーション（インフレ）や不況が発生していた。

計画経済,
物価, 景気
※順不同

☐ **15** 社会主義経済では計画経済の下、商品の生産量も価格
★★ も政府によって決定される。マルクス**経済学**では商品
の価格の要因は ☐★★ にあるとされ、アダム＝スミス
以来の ☐★★ 説の立場をとるが、現在、社会主義経
済を採用している国は少ない。

◆ **社会主義経済**の問題点は、生産意欲減退による生産低下で経済
効率が悪化することである。1962年、ソ連の経済学者リーベル
マンは「計画・利潤・報奨金」という論文を発表し、利潤を生み
出した企業や組合などに報奨金を支払う利潤導入方式（リーベ
ルマン方式）を導入することで報奨金の分配を受ける組合員（労
働者）の**生産意欲の向上**を図るべきだと説き、計画経済をめぐっ
て論争が起きた（リーベルマン論争）。

労働,
労働価値

Ⅴ
経済

1

資本主義経済と社会主義経済

171

Ⅴ 経済分野　1 資本主義経済と社会主義経済

□**16** **社会主義国**の下でも、部分的に市場原理を導入する
★★★ 　 ★★★ 　**社会主義**が採用されており、資本主義諸国に
よる自由貿易市場に参入している。

修正

□**17** 1985年、ソ連共産党書記長に就任した 　★★ 　が実施
★★ した**社会・経済改革**などを総称して 　★★ 　という。

ゴルバチョフ，
ペレストロイカ

□**18** 鄧小平は、政治面では中国共産党一党支配を、経済面
★★★ では1978年より 　★★★ 　を訴え、90年代はじめに中
国共産党は 　★★★ 　経済を採用すると表明した。

改革・開放，
社会主義市場

　◆鄧小平は「四つの現代化」として、「農業・工業・国防・科学技
　術」の近代化を目指す改革・開放政策を打ち出した。1992年には
　沿岸部の深圳や上海などを視察し、同政策のさらなる推進を提
　唱した（「南巡講話」）。

□**19** 中国では、**ノルマ以上の生産物の自由処分**を認める
★ 　 ★ 　を採用し、農家の生産意欲を高めている。

農業生産責任制
（農業生産請負制）

　◆人民公社解体後の中国では、末端となる行政単位が経営する農
　村企業である郷鎮企業や個人経営企業の設立も認められた。

□**20** 1979年以降、中国において**外資導入など市場原理を認
★★★ める地域**を 　★★★ 　といい、法人税率の低い 　★★★
となっている。

経済特別区（経済
特区），タックス＝
ヘイブン（租税回
避地）

　◆経済特別区（経済特区）を設けた目的には、先進国企業の技術を
　導入すると同時に、現地の雇用拡大、所得向上、税収増加など
　があった。深圳、珠海、汕頭、厦門、海南省が指定されている。

□**21** 中国は「**21世紀の** 　★★ 　」と呼ばれ、**高度経済成長**
★★ を遂げた結果、**外国からの資本**が大量に流入し、2006
年には 　★★ 　が**日本を抜いて世界第1位**となった。

世界の工場

外貨準備（外貨準
備高）

　◆「中国マネー」とも呼ばれる中国資本が、アフリカをはじめ世界
　中に投資され、資源会社などに大量に流入している。

□**22** **中国**は社会主義国であるが、返還された 　★★★ 　と**マ
★★★ カオ**では向こう**50年間**、**資本主義体制を維持する**
　 ★★★ 　を採用している。

香港

一国二制度

　◆1997年に香港がイギリスから、99年にマカオがポルトガルか
　らそれぞれ中国に返還された。その後、中国政府の介入に対し、
　2014年の民主化要求デモ（「雨傘運動」）、19年の逃亡犯条例改正
　案への大規模な反対運動など市民の反発が続く。20年6月30
　日には香港国家安全維持法が施行、香港に対する統制がさらに
　強まることで、一国二制度は崩壊の危機を迎えている。

□**23** ベトナムでは、 　★★ 　政策によって、**社会主義経済下**
★★ において市場原理を一部導入した。

ドイモイ（刷新）

172

□24 ★★★ は2001年、ベトナムは07年、 ★★★ は12年に、西側資本主義陣営が形成してきた自由貿易体制である ★★★ （WTO）に正式加盟した。

中国，ロシア

世界貿易機関

□25 **社会主義経済**においては、経済の安定が目指されているため、繰り返し同じ量の生産を行う ★ 再生産が行われることが多い。

単純

◆戦争や不況の際には「**縮小再生産**」となる。

2 資本主義の歴史と経済理論

ANSWERS □□□

□1 古典派経済学者の ★★ は、**供給を増やして販売ルートに乗せれば必ず売れて経済は成長する**という ★★ 説を唱えた。

セー

販路

□2 **イギリス**は、**1760〜1830年代**に世界で初めて ★★ に成功し、生産過程における機械化が進行して生産性が飛躍的に拡大した ★★ 資本主義期を迎えた。

産業革命

産業

□3 18世紀、**産業革命**によって生産を拡大して発展を伸張した**イギリス**は「 ★★ 」と呼ばれた。

世界の工場

□4 18世紀半ば以降、産業革命は**イギリス**を皮切りにして欧米諸国に拡大したが、**日本**の産業革命は明治政府により**富国強兵**と ★ をスローガンに進められた「**上からの近代化**」として、**19世紀後半**に進んだ。

殖産興業

□5 産業革命の結果、**手と道具を用いて熟練工のみが工場生産を行う** ★★★ から、**不熟練工も労働力を提供できる機械を用いた** ★★★ に生産形態が変わり、生産性が飛躍的に拡大した。

工場制手工業
（マニュファクチュア），
工場制機械工業

◆生産形態は、**独立制家内工業→問屋制家内工業→**工場制手工業（マニュファクチュア）**→**工場制機械工業へと発展した。

□6 絶対君主制の時代に、国を富ませるのは国内に蓄えられた**金銀**や**貨幣**であり、それを獲得するために**保護貿易政策**を主張した経済思想を ★★ という。

重商主義

◆16〜18世紀の**ヨーロッパの絶対王政諸国**において、官僚機構や常備軍を維持するための財源を確保するべく、重商主義に基づく経済政策が実施された。具体的な政策は国や時期によって様々であるが、**特権商人の保護や貿易統制**などが行われた。

V 経済

2 資本主義の歴史と経済理論

V 経済分野　**2** 資本主義の歴史と経済理論

□**7** **重商主義**を唱えたイギリス東インド会社の重役 ★★
★★ は、『外国貿易によるイングランドの財宝』を著し、**特権商人保護**と輸出と輸入の差額で金銀や外貨を稼ぐべきだとする ★★ 主義を唱えた。

◆初期重商主義期には重金主義が、後期重商主義期には貿易差額主義が主張された。

トマス=マン

貿易差額

□**8** 農業生産が価値の源泉だとする ★ 主義に立ち、
★ **農業生産における**自由放任**主義**を唱えたのは ★ である。

◆ケネーはフランスの経済学者。主著は『経済表』。

重農,
ケネー

□**9** アダム=スミスやリカードに代表される ★★★ 派経
★★★ 済学では、★★★ 主義を基本とする資本主義の原則を重視する。

◆アダム=スミスは、『諸国民の富（国富論）』の中で、主権者が注意を払うべき義務は、①防衛の義務、②司法制度を確立する義務、③特定の公共事業と特定の公共機関を設立し維持する義務、という3つしかないと述べている。

古典,
自由放任

□**10** アダム=スミスは、『 ★★★ 』の中で、自由放任**主義**
★★★ に立ち、それぞれが利己心に基づいて行動すれば、「 ★★★ 」に導かれて**予定調和**に至ると主張した。

◆アダム=スミスは価格の上下によって需要と供給の量が調節される作用を「神の見えざる手」と表現した。

諸国民の富（国富論）
神の見えざる手

□**11** アダム=スミスは、★★ 心を尊重し、それが資本主
★★ 義の自由競争原理を生み出すと捉えたが、それは自分勝手な利益追求の心情ではなく、公平な観察者（第三者）の ★★ や同情を得られる範囲内で是認されるものと考えていた。

◆アダム=スミスは、利己心は道徳感情によって社会正義と調和可能なものと考え、行為の善悪を決する道徳の評価基準として、人々の間に共有できる感情である共感を重視した（道徳感情論）。

利己

共感

□**12** 近代経済学の始まりは、★★★ 価値説を唱えたワル
★★★ ラス、ジェヴォンズ、メンガー、マーシャルらであるが、限界効用とは、**財に対する主観的欲望**の大きさ、いわば ★★★ の大きさのことである。

◆ワルラスは商品の価格は需要と供給によって決まるとする一般均衡論を唱え、需要（D）曲線、供給（S）曲線を考え出した。彼は市場競争によって効率的に**資源配分**の問題は解決されると主張した。

限界効用

需要

□13 古典派経済学の ★★★ は、もしイギリスが ★★★ 政策を行った場合、国民は ★★★ 政策を行う場合よりも高い価格で輸入品を買わざるをえなくなることから、 ★★★ を擁護する ★★★ を主張した。

◆リカードは、国内的な自由放任主義を重視したアダム=スミスの考え方を国際面にも拡大し、比較生産費説による自由貿易論を唱えた。主著は『経済学及び課税の原理』。

□14 19世紀後半以降の**近代経済学**と、それまでの**古典派経済学**との違いは、商品価値の捉え方が ★★★ 価値から限界 ★★★ 価値（需要の大きさ）に変化した点、供給重視から ★★★ 重視に変化した点にある。

□15 19世紀当時、後進国であったドイツの ★★ が、国内幼稚産業保護のためには、保護貿易が必要であることを著書『 ★★ 』の中で主張した。

◆リストは、19世紀ドイツの歴史学派で、経済発展段階説に立ち、発展途上にあるドイツには保護貿易が必要であると説いた。

□16 人口は ★★ 級数的に増加するのに対し、**食糧は** ★★ 級数的にしか増加しないため、食糧不足による貧困が生じ、犯罪などが多発すると予測して、人口抑制を唱えたのは『人口論』を著した ★★ である。

□17 19世紀前半のイギリスでは、マルサスが穀物法の存続を主張して大地主の ★★ を唱えたのに対し、リカードが穀物法の廃止を主張して ★★ 原理による生産性上昇を唱えた。

□18 15世紀末から産業革命前の18世紀半ばまでには、「 ★★ 上の発見」によって商業資本家が、エンクロージャー（ ★★ ）によって無産者たる労働者がそれぞれ生み出され、資本の本源的 ★★ が行われたとされる。これを商業資本主義という。

□19 18世紀のイギリスを端緒とする産業革命は、機械化によって生産が拡大するとともに、 ★★ 工のみならず ★★ 工も労働者として組織化されていった。

◆また、機械化された工場での労働力の担い手として農村から都市への人口移動（人口流出）も起こった。産業資本家は児童や女性など単純労働に従事できる者を**低賃金で長時間働かせる**ことで、利益の増大を図った。

リカード，保護貿易，

自由貿易

自由貿易，比較生産費説

労働，

効用，

需要

リスト

経済学の国民的体系（政治経済学の国民的体系）

幾何（等比），
算術（等差）

マルサス

保護，
競争

地理，
囲い込み，
蓄積

熟練，不熟練

V
経済

2
資本主義の歴史と経済理論

175

Ⅴ 経済分野　**2** 資本主義の歴史と経済理論

□**20** 　**産業資本主義期**の景気変動の中で企業が淘汰され、
　★　　19世紀末から20世紀初頭には一部の**少数大企業が**
　　　　市場を支配する ［　★　］ **資本主義期**に移行した。

独占

　　　　◆19世紀の技術革新によって起こった軽工業から重化学工業へ
　　　　の転換により、規模の利益（スケール=メリット）を追求する企
　　　　業規模の拡大が進み、独占・寡占が生み出されていく。

□**21** 　複数の企業がカルテル、トラスト、コンツェルンによっ
　★★　て結合して資本を集中させ、［　★★　］や寡占資本が形

独占資本

　　　　成され**海外市場の獲得**を求めて**植民地分割**に乗り出
　　　　し、［　★★　］**戦争**を招いた。

帝国主義

□**22** 　『［　★　］』を著した**ヒルファーディング**は、資本主義

金融資本論

　★　　下で重工業化が進むと、銀行資本を頂点としたピラ
　　　　ミッド型の企業集団である ［　★　］ が誕生するとした。

金融資本

□**23** 　19世紀ドイツの経済学者・哲学者［　★★★　］は、**人間**

マルクス,

　★★★ **の本質と生産の源泉を** ［　★★★　］ **に見出し、**［　★★★　］**と**

労働,エンゲルス

　　　　『**共産党宣言**』を著した。

　　　　◆エンゲルスは、マルクスと終生変わらぬ関係を結び、ともに**富の**
　　　　不平等を告発する社会主義思想を「空想から科学へ」と進展させ
　　　　ることに取り組んだ。著書に『空想から科学へ』『**イギリスにおけ**
　　　　る労働者階級の状態』などがある。なお、イギリスのオーウェン
　　　　やフランスのサン=シモン、フーリエたちが唱えた社会主義思想
　　　　のことを、マルクスとエンゲルスは「空想的社会主義」と呼んだ。

□**24** 　マルクスは『**資本論**』の中で、労働者はその ［　★★★　］ の

労働（労働力）

　★★★ 再生産に必要な**価値（賃金）以上の価値**を生み、それが
　　　　資本家により搾取されるという ［　★★★　］ 説を唱えた。

剰余価値

　　　　◆マルクスは、剰余価値説の中で、商品化された労働力は資本家
　　　　に搾取され、**不等価交換の状態で取引**されていると考えた。

□**25** 　資本主義経済では、労働者の労働力の価値を超えて生
　★★★ み出される生産物（［　★★★　］）が ［　★★★　］ を持つ資本家

剰余価値,生産手
段

　　　　の利益になる。こうして生産物が、それらを作り出し
　　　　た労働者から遠ざけられ、彼らの生きがいや自己実現、
　　　　人間的な連帯を見失わせるという**人間性の喪失**につな

疎外

　　　　がる状況を、マルクスは**労働の** ［　★★★　］ と呼んだ。

□**26** マルクスは、**生産力**（労働力と生産手段）と**生産関係**
★★★ （**資本家**による労働搾取）という ★★★ 構造が、政治、
法律、精神文化などの ★★★ 構造を規定し、変革さ
せていくという歴史的な見方である ★★★ （史的唯
物論）を唱えた。

下部,
上部,
唯物史観

□**27** マルクスは、資本主義の下では資本家と労働者の間で
★★★ ★★★ が激化し、やがて**労働者による革命**（ ★★★ ）
が起こり、歴史必然的に下部構造である生産関係が変化
し、上部構造である政治体制も社会変革されると説いた。

階級闘争, プロレタ
リア革命（プロレタ
リアート革命）

□**28** 科学的社会主義の思想を唱えた ★ は、『**帝国主義**
★ **論**』や『**国家と革命**』を著し、植民地再分割が激化する
帝国主義を ★ の前夜であるとして、1917年のロ
シア革命を指導した。

レーニン

プロレタリア革命
（プロレタリアー
ト革命）

□**29** 1930年代の世界恐慌後、不況対策や完全雇用政策など
★★★ **政府がある程度市場に介入する** ★★★ 資本主義期に
移行した。この資本主義は ★★★ （二重経済）とも呼
ばれる。

修正,
混合経済

◆混合経済では、政府が景気の安定化や雇用の創出にとどまらず、
社会保障や社会福祉でも大きな役割を担う。

□**30** 「小さな政府」から「大きな政府」への転換の理論的基
★★★ 礎を与えた経済学者 ★★★ は『雇用・利子および貨
幣の一般理論』において、雇用量が実質賃金率を媒介
として決まり、常に ★★★ が達成されるとする伝統
的な経済学の考え方を否定し、総雇用量は ★★★ の
原理によって決まるとした。

ケインズ

完全雇用,
有効需要

◆有効需要を単にその商品がほしいからという主観的欲望ではな
く、**購買力を伴った欲望**であると捉えたケインズは、1つの公
共投資が呼び水となって他の投資に拡大していく乗数効果が景
気を回復させると主張した。「**投資が投資を呼ぶ**」という波及的
経済効果のことである。

□**31** ケインズは世界恐慌の最中の1936年に『 ★★★ 』を
★★★ 刊行し、**公共投資の拡大による完全雇用政策**、金利の
引き下げ、 ★★★ **制への移行**による不換紙幣の増発
の必要性を唱えた。

雇用・利子および
貨幣の一般理論
管理通貨

V
経済

2
資本主義の歴史と経済理論

177

Ⅴ 経済分野　2 資本主義の歴史と経済理論

□32 ケインズ主義では、不況を克服するには政府が**積極的に市場介入して** ★★★ **を創出**することが効果的であり、そのためには ★★★ **失業**を解消して完全雇用政策を実施することが必要であると主張される。

有効需要,
非自発的

◆古典派経済学は、生産量を拡大すれば経済は発展するという供給重視の経済学といえるが、逆に近代経済学のケインズは、需要を生み出すことによって供給を拡大するという需要重視の経済学といえる。

□33 1930年代の世界恐慌の対策として**アメリカの** ★★★ **大統領**はケインズの理論から ★★★ 政策を行った。

フランクリン=ローズヴェルト,
ニュー=ディール

◆1930年代のニュー=ディール政策では、**全国産業復興法（NIRA）**、**農業調整法（AAA）、テネシー川流域開発公社（TVA）**による公共投資や社会保障法による**セーフティネット**の構築が行われた。

□34 積極的な市場介入を行って、福祉**国家の実現**を目指す ★★★ **主義**の問題点は、その安易な経済成長政策の結果、流通通貨量が増加して ★★★ が発生することと巨額の財政赤字が発生することである。

ケインズ,
インフレーション
（インフレ）

□35 ケインズ主義を実践する国家は ★★★ **政府**となり、**巨額の財政赤字**を発生させたため、無駄な財政支出をやめて自由競争を基本とする ★★★ **政府に戻ること**を唱える ★★★ **主義**が1970年代以降に登場した。

大きな

小さな,
反ケインズ

□36 反ケインズ主義の立場をとる新保守主義（ ★★ ）または ★★ （ネオ=リベラリズム）的な政策を採用する国家では、個人や企業の**自助努力**を重視し、2000年代の**小泉政権**下の日本では ★★ の廃止・民営化などの小さな政府に向けた政策が行われた。

ネオ=コンサバティズム,
新自由主義
特殊法人

◆新保守主義（ネオ=コンサバティズム）の立場をとる**新保守主義者**はネオ=コンサバティブ（**ネオコン**）と呼ばれる。

□37 オーストリアの経済学者 ★ は、『隷属への道』で、**社会主義をファシズム**と同断の思想であると批判し、市場**の自由の重要性**を唱え、第二次世界大戦後における新自由主義の潮流に大きな影響を与えた。

ハイエク

◆イギリスの**サッチャー**首相は、1970年代後半にイギリスが陥っていた長期の経済停滞を脱出すべく、ハイエクの考えを取り入れて**産業民営化や規制緩和**を実施した（サッチャーリズム）。

178

□**38** 減税と規制緩和を行い、**競争原理と民間活力**による生
★★ 産性拡大を目指す、ラッファーが唱えた反ケインズ主
義を ★★ という。

◆1981年、「強いアメリカの復活」を掲げて大統領に就任した共和
党のレーガンは、サプライ=サイド=エコノミックスの理論を取
り入れ、「小さな政府」を目指す政策を行った（レーガノミック
ス）。しかし、財政規模は縮小できず、「双子の赤字」に陥った。

サプライ=サイド=
エコノミックス
（供給側の経済学）

□**39** 富裕層が経済的にさらに豊かになることで、最終的に
★ は貧困層を含めた社会全体に富が行き渡るという理論
を ★ 理論という。

◆トリクルダウン（trickle down）とは「したたり落ちる」という
意味。例えば、大企業や富裕層に対する減税政策によって、その
経済活動を活性化させ、社会全体の富を豊かにするという考え
方は、レーガノミックスの理論的根拠ともなり、実際に景気や
失業率は改善したが、その一方で巨額の財政赤字を招いた。結
果として、トリクルダウンは富裕層と貧困層の格差拡大につな
がるという意見もある。日本でも、2012年12月以降の第二次
安倍内閣による「アベノミクス」の一環となる**法人実効税率の引
き下げ**は、トリクルダウン効果を狙った政策である。

トリクルダウン

□**40** 1980年代、アメリカのレーガン政権は「強いアメリカ」
★★★ を目指し軍事支出を拡大し、 ★★★ の考え方に基づ
いて、**規制緩和や減税**などを実施した結果、高金利な
どから**ドル高**が進み、**巨額の**財政**赤字と**貿易収支**赤字
が同時に発生する**「 ★★★ 」を招いたが、財政赤字に
ついてはその後、一時的に解消することに成功した。

◆財政赤字とは過去の赤字の累積ではなく、**単年度あたりの税収
不足分のこと**。1998年にアメリカは財政赤字を解消したが、2001
年からのブッシュ政権下で相次いで戦争が行われたため、再び
財政赤字が発生し「双子の赤字」を抱えるようになった。

サプライ=サイド=
エコノミックス
（供給側の経済学）
双子の赤字

□**41** 反ケインズ主義に立つフリードマンは失業者ゼロを目
★★ 指すケインズの ★★ 政策を批判し、一定程度の
★★ の発生はやむを得ないと考え、**国家は一定の
通貨供給ルールを策定してこれを維持すべき**であり、
裁量的な通貨量調節は慎むべきだとする ★★ （新
貨幣数量説）を主張した。

◆**シカゴ学派**を代表する経済学者であるフリードマンは、ケイン
ズの過剰な完全雇用政策が財政赤字とインフレを招くとし、規
制のない自由主義経済を理想に、政府による市場介入を極力減
らし、規制緩和や政府機関の民営化を推進すべきだと説いた。金
融政策では、アダム=スミス以来の**自由市場**における調整機能の
中で、通貨量を一定率で増大させるルールを作り、それを景気
変動に関わりなく維持し続けることを重視した。著書に「資本主
義と自由』などがある。

完全雇用，
自然失業

マネタリズム

V 経済

2 資本主義の歴史と経済理論

179

Ⅴ 経済分野　2 資本主義の歴史と経済理論

□**42** アダム=スミスの後に現れた**マルクス、ケインズ、フ**
★★★　**リードマン**の3人の思想家・経済学者の考え方につい
て、次の表の空欄 **A ～ C** にそれぞれあてはまる語句
を下の語群よりそれぞれ選べ。

マルクス	ケインズ	フリードマン
A ★★★	B ★★★	C ★★★

【語群】修正資本主義　重商主義　限界効用価値説
　　　　社会主義経済　修正社会主義
　　　　サプライ=サイド=エコノミックス　マネタリズム

A　社会主義経済
B　修正資本主義
C　マネタリズム

□**43** オーストリアの経済学者 ★★★ は、古いものを破壊
★★★　し新しいものを生み出すという創造的破壊を本質とす
る ★★★ を繰り返すことで経済は発展すると唱えた。

シュンペーター

技術革新（イノ
ベーション）

◆シュンペーターは『経済発展の理論』において、資本主義の発展
は革新的企業家の均衡破壊による技術革新（イノベーション）に
よってもたらされると主張した。

□**44** アメリカの経済学者 W.W. ロストウは、『経済成長の
★　諸段階』で、すべての社会は「伝統的社会→離陸のため
の先行条件期→**離陸期**（ ★ ）→成熟への前進期→
高度大衆 ★ **時代**」をたどるという ★ **段階**
説を唱えた。

テイク=オフ，
消費，経済発展

◆経済発展段階説を産業の発展の仕方にあてはめると「農業→軽
工業→重工業→流通サービス業→情報通信産業」となり、かつて
の欧米諸国や第二次世界大戦後の日本が該当する。一方で、近
年はインドなど ICT（情報通信技術）やソフトウェア産業が急速
に発展し他の産業の高度化を促す事例も見られる。

□**45** 18世紀末からの水力や ★★★ 機関による工場制機
★★★　械工業（**第1次産業革命**）、20世紀からの内燃機関と
★★★ を用いた大量生産（**第2次産業革命**）、1970年
代からの電子工学などを用いた OA 化（オートメー
ション化）の進展（**第3次産業革命**）を経て、現在は
★★★ （モノのインターネット）およびビッグデータ、
AI（人工知能）による「第4次産業革命」の時代といわ
れている。

蒸気

電力

IoT

180

VI

経済分野
ECONOMICS

経済理論②市場・経済変動・金融・財政

1 市場機構~需要・供給曲線のシフト

ANSWERS □□□

☐1 空気や水など希少性のない財を　★　という。
★

◆生産に投入できる資源が有限であることや成果として享受できる量に限りがあることを**希少性**という。**希少性のない財**とは、有限ではない財＝無限に存在する財のこと。自由財は**無限に存在**するので、**価格が成立しない**のが一般的である。

自由財

☐2 希少性があるため市場で価格がつき、取引の対象となる財を　★　という。
★

経済財

☐3 狭義の財とは**有形の商品**のことであるが、　★　とは**無形の用役**のことである。
★

サービス

☐4 完全競争市場とは、取引される商品が同質・同等であり、取引に参加する**売り手・買い手が多数**存在し、自らは価格を自由に決められず、価格や数量など取引に関係するすべての情報を持ち、その**市場への**　★★　**および**　★★　**が自由**であるような市場である。
★★

参入,
退出

☐5 均衡価格の下では、売れ残りも品不足もない**資源の**　★★　が実現される。
★★

最適配分

☐6 需要・供給曲線をグラフ化すると、一般に　★★★　曲線は右下がりで、　★★★　曲線は右上がりである。
★★★

需要,
供給

☐7 一般に、価格が上昇すると**需要は**　★★★　し、**価格が**下落すると**需要は**　★★★　する。
★★★

減少,
増加

☐8 一般に、価格が上昇すると**供給は**　★★★　し、**価格が**下落すると**供給は**　★★★　する。
★★★

増加,
減少

☐9 その商品にとって高い価格が設定されると超過　★★★　が生じ、安い価格が設定されると超過　★★★　が生じ、いずれの場合も資源の最適配分が達成できない。
★★★

供給,
需要

181

VI 政治経済　1 市場機構〜需要・供給曲線のシフト

□10 超過需要が生じると**価格は** ★★★ し、やがて需要量は減少していく。一方、超過供給が生じると**価格は** ★★★ し、やがて供給量は減少していく。

上昇

下落

□11 価格の上下変動を通じて、**需要量と供給量が一致**に向かっていくことを ★★★ という。

価格の自動調節機能

◆アダム=スミスは、この価格メカニズムを「神の見えざる手」と表現した。価格には多種多様な財やサービスの需要と供給量を**自動的に調整する機能**があり、これによって希少な資源の配分が適切に実現される。

□12 価格メカニズムを示した次のグラフを見て、以下の空欄に適語を入れよ。

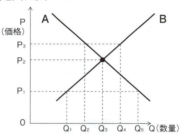

(1) **A**は ★★★ 曲線、**B**は ★★★ 曲線を示している。

(1) 需要, 供給

(2) **価格 P₁**が設定された場合、 ★★★ の超過 ★★★ が発生するため、**価格は** ★★★ する。

(2) Q₅ − Q₁, 需要, 上昇

(3) **価格 P₃**が設定された場合、 ★★★ の超過 ★★★ が発生するため、**価格は** ★★★ する。

(3) Q₄ − Q₂, 供給, 下落

(4) **価格 P₂**を設定すると、供給量は ★★★ 、需要量は ★★★ となる。この場合の**価格 P₂**を均衡価格、**数量 Q₃**を均衡数量という。

(4) Q₃, Q₃

□13 ブランド品などでは、**価格が高い**方がその価値が上がって**需要が**増加し、**価格が安い**と価値が低く見られることで**需要が**減少する場合もある。この場合の需要曲線は ★ を示す。

右上がり

◆通常の需要曲線は右下がりであるが、逆に右上がりの需要曲線となるケースもあり得る。

- [ ] **14** 株式などの投機的な金融商品で、価格が高い時にさらに**値上がりすると期待**されれば**需要量は** ★★ し、価格が安い時にはさらに**値下がりする**として**需要量が** ★★ する場合、需要曲線は ★★ を示す。

  増加

  減少, 右上がり

- [ ] **15** 賃金が極度に高いと余暇がほしくなり、労働供給が減少し、賃金が極度に安いと生活費を稼ぐために労働供給が増加する場合、供給曲線は ★ を示す。

  右下がり

  ◆通常の供給曲線は右上がりであるが、右下がりの場合もある。

- [ ] **16** **需要曲線（D）がシフトする**ケースについて、以下の空欄に適語を入れよ。

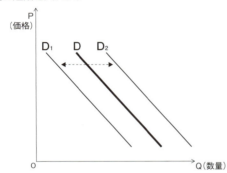

  (1) 国民の所得が増加した場合、Dは ★★ にシフトする。その結果、**価格は** ★★ し、**取引量は** ★★ する。

  (1) D₂,
  上昇,
  増加

  (2) ある財に対する嗜好が低下し、**流行遅れになった場合**、Dは ★★ にシフトする。その結果、**価格は** ★★ し、**取引量は** ★★ する。

  (2)
  D₁,
  下落, 減少

  (3) 代替財が値上げされた場合、Dは ★★ にシフトする。その結果、**価格は** ★★ し、**取引量は** ★★ する。

  (3) D₂,
  上昇,
  増加

  ◆主食となる**コメとパンとの関係**などが代替財の例である。

  (4) 補完財が値上げされた場合、Dは ★★ にシフトする。その結果、**価格は** ★★ し、**取引量は** ★★ する。

  (4) D₁,
  下落,
  減少

  ◆補完財の例としては、**パンとバターとの関係**などがある。

VI 政治経済　1 市場機構～需要・供給曲線のシフト

■17 **供給曲線（S）がシフトする**ケースについて、以下の空欄に適語を入れよ。
★★

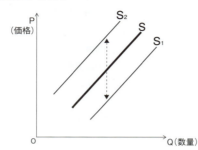

(1) **原材料が**値上がりした場合、Sは ★★ にシフトする。その結果、**価格**は ★★ し、**取引量**は ★★ する。

(1) S_2,
上昇,
減少

(2) **消費税率が**引き上げられた場合、Sは ★★ にシフトする。その結果、**価格**は ★★ し、**取引量**は ★★ する。

(2) S_2,
上昇,
減少

(3) 技術革新（イノベーション）が起こった場合、Sは ★★ にシフトする。その結果、**価格**は ★★ し、**取引量**は ★★ する。

(3)
S_1, 下落,
増加

■18 キャベツの市場を表す図の縦軸に**価格**、横軸に**数量**をとった場合、キャベツが豊作になると、他の事情が同じであれば、供給曲線は ★★ 下方向に移動する。
★★

右

■19 ある商品の価格が一定幅変化した場合、その商品の需要量と供給量がどのくらい変化するのかを示す数値を ★★ という。
★★

価格弾力性

■20 生活のために絶対不可欠な財については、**需要曲線**は ★ になる。
★

垂直

◆例えば、砂漠で売られる水、必須科目の教科書などがこれにあてはまる。

■21 生産に特殊技能を要し、生産量が決まってしまう商品の**供給曲線**は ★ になる。
★

垂直

□22 次のグラフに関して、以下の空欄に適語を入れよ。

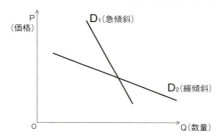

(1) **生活必需品や代替性の乏しい財**は、**需要の**価格弾力性が ★★ なり、グラフ中の ★★ で示される。

◆生活必需品は、その性質ゆえに価格の上下と無関係に、需要量がほぼ一定である。

(1) 小さく，D₁

(2) **ぜいたく品や代替性のある財**は、**需要の**価格弾力性が ★★ なり、グラフ中の ★★ で示される。

◆需要の価格弾力性は「需要の変化率÷価格の変化率」で求められる。ぜいたく品は価格によって需要量が大きく変化するため、需要の価格弾力性が大きくなる。

(2) 大きく，D₂

□23 次のグラフに関して、以下の空欄に適語を入れよ。

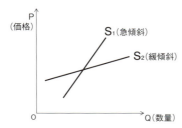

(1) **自然農作物**は、**供給の**価格弾力性が ★★ なり、グラフ中の ★★ で示される。

◆農作物は、生産量や出荷時期が決まってしまうので、供給量の調整が困難。

(1) 小さく，S₁

(2) **工業機械製品**は、**供給の**価格弾力性が ★★ なり、グラフ中の ★★ で示される。

◆工業機械製品は生産量の調整が容易。

(2) 大きく，S₂

VI 政治経済 1 市場機構〜需要・供給曲線のシフト

□24 次のグラフは、ある財の需要曲線（D）、供給曲線（S）
★★ およびその均衡価格（P_0）と均衡数量（Q_0）を示している。ここで国が法律に基づき財の価格の上限（P'）を設けた場合、取引される財の数量は ★★ となる。

Q_1

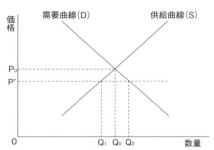

◆国が均衡価格（P_0）よりも低い価格に上限を設けた場合、需要があったとしても Q_1 しか供給されない。ゆえに、この財は市場で**品不足**となる。

□25 次のグラフは、国内で自給されていたある財の需要曲
★★ 線（D）、供給曲線（S）およびその均衡価格（P_0）と均衡数量（Q_0）を示している。ここで国際価格（P_1）で無関税で無制限の輸入が解禁された結果、国内価格が P_1、国内需要量が Q_2 に変化し、新たな均衡点をとった場合、国内生産量は ★★ 、輸入量は ★★ − ★★ となる。

Q_1, Q_2, Q_1

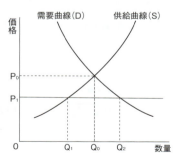

◆国際価格（P_1）での国内生産量は国内供給量 Q_1 であり、国内需要量は Q_2 である。ゆえに、輸入量は $Q_2 - Q_1$ となる。

■26 2020年、新型コロナウイルス感染症（COVID-19）の感染拡大が日本の経済・社会に及ぼしたであろう影響について、ある商品の需要曲線（D）と供給曲線（S）の変化、および均衡価格、均衡取引量の変化に関する以下の空欄にあてはまる語句を、次の語群から答えよ。

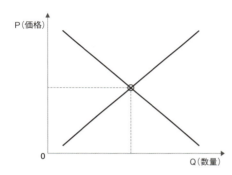

【語群】 需要　供給
　　　　左方（左上方）　右方（右上方）
　　　　左方（左下方）　右方（右下方）
　　　　上昇する　下落する　乱高下する
　　　　増加する　減少する　ほぼ変わらない
　　　　上昇するか下落するかわからない
　　　　増加するか減少するかわからない

(1) 雇用の機会を奪われた労働者の賃金が減り、国民所得が減少する場合、このグラフの ★★ 曲線は ★★ にシフトする。その結果、均衡価格は ★★ 。均衡取引量は ★★ 。

　◆国民所得の減少である商品の需要量が減少するので、右下がりの曲線（需要曲線）は、左方（左下方）にシフトする。すると、需給量で決定される均衡価格は下落し、取引量は減少する。

(1)

需要，
左方（左下方），
下落する，減少する

VI 政治経済 1 市場機構～需要・供給曲線のシフト

(2) 企業が経済活動を「自粛」し、生産を減少させた場合、このグラフの ★★ 曲線は ★★ にシフトする。その結果、均衡価格は ★★ 。また、均衡取引量は ★★ 。

◆企業が経済活動を控えることで、生産量が減少すると右上がりの曲線（供給曲線）は左方（左上方）にシフトする。すると、需給量で決定される均衡価格は上昇し、取引量は減少する。ちなみに、その製品が感染症予防に必要な商品（マスクなど）であるために需要量が増加した場合、右下がりの曲線（需要曲線）が同時に右方（右上方）にシフトするため、その価格はさらに上昇する。

(2)

供給，左方（左上方），上昇する，減少する

(3) 感染症の流行が長期化し、上記(1)と(2)が同時並行的に続く場合、このグラフの需要曲線と供給曲線は**同時にシフト**する。その結果、均衡価格は ★★ 。また、均衡取引量は ★★ 。

◆均衡価格の決定には３つのパターンが想定される。①需要曲線と供給曲線のシフト幅が同じ場合。均衡価格は変化せず、均衡取引量は減少する。②需要曲線のシフト幅が供給曲線のシフト幅よりも大きい場合。均衡価格は下落し、均衡取引量は減少する。③需要曲線のシフト幅が供給曲線のシフト幅よりも小さい場合。均衡価格は上昇し、均衡取引量は減少する。

(3)

上昇するか下落するかわからない，減少する

□ 27 次のグラフは、ガソリンの需要曲線と供給曲線を表したもので、当初の均衡点が P であることを示している。出荷に際しガソリンに炭素税を課す場合、消費者の事情に変化がないとすれば、課税後の新たな均衡点はグラフ中の A ～ F の ★★ である。
★★

A

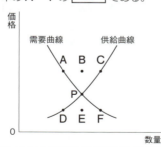

◆均衡点 P における均衡価格に炭素税分が価格転嫁されるため、供給曲線は上方にシフトする。消費者の事情、すなわち需要側の条件に変化がなく需要曲線が一定だとすれば、新たな均衡点（交点が成り立つ可能性）は A しかない。

□28 次のグラフには、スポーツ用品の需要曲線と供給曲線が実線で描かれており、矢印 **A〜D** は均衡の移動を表す。生産者は、当初、**賃金の安い児童を多く雇用して**いたが、**労働基準の遵守**が求められた結果、この生産者は児童を雇用せず、**より高い賃金を支払う**ようになったと仮定する。他の条件を一定として、当初の均衡から生産者が高い賃金を支払うようになった後の均衡への移動を表す矢印は ★★ である。

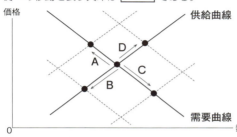

A

◆賃金の引き上げによって商品の供給コストが上昇するため、供給曲線は上方（左上方）にシフトする。このため、均衡点は矢印Aの方向に移動する。その結果、スポーツ用品の価格は上昇し、取引量は減少する。

□29 次のグラフは、リンゴジュースの市場における需要曲線と供給曲線を表したものである。当初、価格が **P₀**、取引量が **Q₀** において需要と供給が均衡していたとする。今、リンゴの不作により原材料費が上昇したため、供給曲線が移動（シフト）し、同時にリンゴジュースの人気が低下したため、需要曲線も移動したとする。その結果、新たな均衡に達するとすれば、それは図中に示されている領域 **ア〜エ** の中の ★★ に位置する。

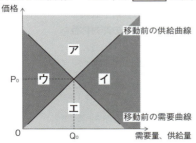

ウ

◆**供給曲線（S）**は上方（左上方）方向に、**需要曲線（D）**は左方（左下方）方向にシフトし、その交点はウの領域に変化する。

189

VI 政治経済 2 市場の失敗～独占・寡占

□30 労働移動の自由化が実現していない産業のX国内と
★★ Y国内の労働市場について考える。次のグラフのD_X、
D_YとS_X、S_Yは、各国内の需要曲線と供給曲線である。
今、この産業の商品の国際価格がP_0になったとする
と、二国間の労働移動が自由化された場合、新たな均
衡点として適当なものは、X国については点 ★★ 、   B，
Y国については点 ★★ となる。なお、X・Y国と   C
もにこの産業の商品のみを生産しているものとする。

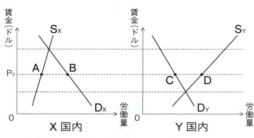

◆X・Y国間で労働力移動が自由化すると、価格P_0におけるY国
の需要量はCなので過剰な労働者（D-C）がX国に移動する。
一方、価格P_0におけるX国の需要量はBなので、国内の労働者
Aでは不足する労働者（B-A）をY国の過剰な労働者で満たす
ことになる。よって、X国の労働者はBに、Y国の労働者はC
に至り、それが均衡点となる。

2 市場の失敗～独占・寡占   ANSWERS □□□

□1 個人や企業などのある経済主体の行動が、対価の受け
★★ 渡しがなく、市場を通さずに、他に利益または損害など
何らかの影響を与えることを、一般に ★★ という。   外部効果(外部性)

□2 ★★★ の失敗とは、★★★ 市場、公共財や公共サー   市場，独占・寡占，
★★★ ビスの提供、公害などの ★★★ 、情報の非対称性な   外部不経済
ど市場メカニズムがうまく働かない状況をいう。

◆独占・寡占と情報の非対称性（企業と消費者との間に持っている
情報の格差があり、情報が公平に与えられていないこと）は「完
全競争市場自体が不成立のケース」、公共財や公共サービスの提
供は「市場では解決不能のケース」、公害などの外部性は「市場
外第三者に影響を及ぼすケース」である。公共財や公共サービス
は、他の人々の消費を減らさずに複数の人々が同時に消費でき
る性質（非競合性）、対価（お金）を支払わなくても消費できる性
質（非排除性）の両方を持ち合わせている財・サービスのことで
ある。

3 ★★
次の表は、身のまわりの財やサービスにおいて、**非排除性**と**非競合性**を持つかまとめたものである。空欄**A**〜**C**に入るものを下の語群よりそれぞれ番号で選べ。

		非競合性	
		持つ	持たない
非排除性	持つ	A ★★	B ★★
	持たない	C ★★	食料品・衣料品など

【語群】①出入り自由な雑木林で拾うドングリの実
　　　②スマートフォンの月額課金型オンラインゲーム
　　　③近所の公園に設置されている防災無線放送

A ③
B ①
C ②

◆**非排除性**とは費用を追加することなく使用できること、**非競合性**とは同時に使用できることを意味する。①は出入り自由なので非排除性を持つが、採取したドングリは自分のものとなるので非競合性は持たない（**B**）。②は課金しなければゲームができない点で非排除性を持たないが、課金した人は同時にプレイできるため非競合性を持つ（**C**）。③は公園の利用に料金はかからず、防災無線放送も同時に利用できるため非排除性も非競合性も持つ（**A**）。なお、ある財の料金を支払わずに、またはその財の生産費用を負担せずに消費し、得られる価値の恩恵を受ける者のことをフリーライダーという。

4 ★★★
市場を1社が支配している状態を ★★★ 、**少数企業が支配**している状態を ★★★ といい、これらは完全競争市場が成立しておらず**資源の最適配分**が実現しないことから市場の失敗にあたる。

独占、
寡占

◆独占市場では、通常、効率的な資源配分を実現する均衡状態と比べて、価格は高くなり、取引量は少なくなる。

5 ★
電力やガスなど大量生産を行えばコストが大幅に下がっていく産業を ★ 産業というが、これらの産業は**自由競争**を行うと、いずれ1社が勝ち残って独占に至ることが予想されるため ★ とも呼ばれる。

費用逓減

自然独占

◆電力やガスなどは自然独占に至る前に、国が1社と**供給独占契約**をあらかじめ結ぶことになる。ただし、その際、**公共性のある財**であることから使用料の**料金設定は国の許可制**として安く設定することが多く、**自由価格は成立しない**。

6 ★★
ある製品の業界全体の売上高のうち、それぞれの企業が占める、売上高の割合のことを ★★ という。

市場占有率（マーケットシェア）

◆1つの企業の市場占有率（マーケットシェア）が100%であった場合、その市場は独占となる。

VI 経済
2 市場の失敗〜独占・寡占

Ⅵ 政治経済　②市場の失敗～独占・寡占

□**7** 市場メカニズムが十分に機能せずに**効率的な資源配分**
★★★ 　が行われないという市場メカニズムの限界を、一般
　　　に　★★★　という。これには**市場外の第三者にマイナ**
　　　スの影響を及ぼす　★★★　があり、その具体例は公害
　　　である。

市場の失敗,
外部不経済

□**8** 駅の建設によって駅周辺の住民の生活が便利になった
★★ 　などの　★★　も、市場外に影響を及ぼしていること
　　　から、市場の失敗の１つといえる。

外部経済

　　◆例えば、国や地方公共団体がインフラを整備することで、それ
　　　を利用する民間企業の利益が増えることや、公的な教育を拡充
　　　することで市民の知的水準が上がり、民間企業の生産効率が向
　　　上することなども外部経済に含まれる。

□**9** 政府は、市場の失敗を補完するために財政政策による
★★ 　市場介入を行い、**公共財や公共サービスを提供する**
　　　　★★　や、**累進課税や社会保障によって貧富の差を**
　　　解消する　★★　を行っている。

資源配分調整,
所得再分配

□**10** 市場の失敗により発生した**公害対策**には、**公害防止の**
★★ 　**コストを汚染者自身に負担させる**ために、外部不経済
　　　の　★★　が必要である。

内部化

　　◆企業は、自然環境の破壊などによる**社会的費用**を支払う必要が
　　　ないと汚染物質の排出に対する関心が低くなりがちである。ゆ
　　　えに、外部不経済の内部化の方法としては、**環境税**などを導入
　　　して汚染者負担の原則（PPP）を徹底することが考えられる。こ
　　　の外部不経済を内部化する理論は、イギリスの経済学者ピグー
　　　が提唱したことから「**ピグー税**」とも呼ばれる。その他にも、環
　　　境に負荷を与える経済活動に対して負荷の低減につながる取り
　　　組みに補助金を出す施策や、環境に負荷を与えない製品に課さ
　　　れる税金を安くする施策も考えられる。

□**11** 政府の政策がいつも効果的である保証はなく、政策の
★★ 　人為的ミスが発生することを　★★　という。

政府の失敗

□**12** 重工業においては　★★　投資に多額の資金が必要で
★★ 　あるが、大量生産が可能になると　★★　が働くため、
　　　他企業の新規参入を抑えることができる。

設備,
規模の利益（スケ
ール=メリット）

　　◆資本主義が高度化して重工業化が進展した19世紀には、巨額の
　　　設備に先行投資をして、規模の利益（スケール=メリット）を追
　　　求した企業の市場占有率（マーケットシェア）が高まり、独占体
　　　になりやすかった。

- □13 商業やサービス業においては、大量の資金がなくても事業に参加しやすいので、一般的に既存企業による　★　障壁は形成されにくい。

  参入（新規参入）

- □14 19世紀に入ると、産業資本は銀行と結び付き、巨大金融資本へと変容し、一企業が一市場を支配する独占や少数企業が支配する　★★★　が形成されていった。

  寡占

- □15 複数の企業が結合して巨大化することを資本の　★★　といい、1社が利潤を蓄積して巨大化することを資本の　★★　という。

  集中

  集積

- □16 価格や生産数量、販売地域などを協定する企業連合を　★★★　、市場に複数存在する同業産業に属する同業会社の合併・吸収された企業合同を　★★★　という。

  カルテル、
  トラスト

- □17 異種産業部門の複数企業が、独立を保ったまま、株式保有や融資関係、人員派遣などを通じて事実上の支配従属関係に入る企業結合のことを　★★★　という。

  コンツェルン

  ◆コンツェルンの典型例は第二次世界大戦前の日本の財閥である。

- □18 次の空欄 A 〜 C にあてはまる企業結合の名称をそれぞれ答えよ。

  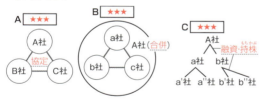

  A　カルテル
  B　トラスト
  C　コンツェルン

- □19 1890年に、アメリカで制定されたトラストを規制する法律を　★　法という。

  シャーマン

  ◆カルテル、トラストなどの独占支配の強まりを背景に、1890年に諸州間および外国との取引制限・独占を目的とする契約、結合、共謀などを禁止するシャーマン法が制定された。しかし、どこまでを独占行為とみなすのかにおいて曖昧さを残したものであった。そのため、1914年に同法の補正、強化の役割を持つクレイトン法、連邦取引委員会法が成立した。

VI 経済

2 市場の失敗〜独占・寡占

VI 政治経済 2 市場の失敗～独占・寡占

□20 業種や業務に直接関係を持たない企業が ★★ を繰
★★ り返し、複数の産業や業種にまたがって多角的に企業
活動を展開する巨大化した**複合企業**を ★★ という。

◆ M&A（合併・買収）で期待される効果として、2つの事業を統
合することで効率性が向上し、企業価値が高まることが挙げら
れる。なお、合併は複数の企業が1つの企業になるのに対し、買
収は被買収企業は存続し、経営権が移行する。一方、TOB（株
式の公開買い付け）により相手企業の株式を大量かつ一挙に購
入して、**相手方企業の同意なく行われる買収**は敵対的買収と呼
ばれる。

M&A（合併・買
収）
コングロマリット

□21 他の会社の株式を所有することで、その会社の事業活
★★★ 動を支配することを主要な事業とする会社を、一般に
★★★ という。

◆なお、会社どうしがお互いの株式を保有し合うことを**株式持ち
合い**という。また、メインバンク（主力銀行）を同じくする企業
どうしが株式持ち合いを行い、役員などの人材の相互派遣など
を通じて1つのグループと化したものを**企業集団**と呼ぶ。

持株会社

□22 ある商品を販売するために高度な中央販売組織を設け
★ る**共同販売**カルテルのことを ★ という。

シンジケート

□23 **工場を一定の地域に集める**ことで ★ の利益を追
★ 求する工業地域や企業集団を ★ という。

集積,
コンビナート

□24 独占（寡占）市場では、**価格先導者**である ★★★ が決
★★★ **定した価格**に他社が暗黙のうちに追従するという慣行
が見られ、 ★★★ が形成される。

◆少数の大企業が利潤や市場占有率を高めるために設ける価格を
寡占価格という。

プライス=リーダー

管理価格

□25 ★★ とは、市場での競争を勝ち抜くことで、事実
★★ 上支配するようになった標準規格のことを指す。

◆デファクト=スタンダードを持つ商品やサービスは、市場に受け
入れられたことで生産量が多くなり、生産費用の引き下げが見
込まれる。また、使用者が増えることで商品やサービスの利便
性が増すことも想定される。

デファクト=スタ
ンダード

□26 独占（寡占）市場では、価格メカニズムが働かず、**価格
★★★ の** ★★★ **化**（**下がりにくい状況**）が起こり、むしろ、
価格の ★★★ **化**（**上がりやすい状況**）が見られる。

◆独占（寡占）市場では、価格メカニズムがうまく働かず、管理価
格によるインフレーション（インフレ）が発生したり、**中小企業
が倒産**したりする危険性がある。

下方硬直,
上方弾力

□27 ★★★ 一般に、寡占企業では広告・宣伝やアフターサービスに力を入れ、品質やデザインによる**製品の**差別化を図るなどの ★★★ を展開する。

◆価格競争は排除されるが、競争が排除されるわけではない。

非価格競争

□28 ★★ 現代においては**消費者行動が広告や宣伝に左右される**という ★★ 効果を指摘し、『ゆたかな社会』を著したのはアメリカの経済学者 ★★ である。

◆依存効果により、消費者は自律的な意思決定が困難になりがちである。

依存,
ガルブレイス

□29 ★★ 現代の消費者には**他の消費者の行動に影響を受けやすい**という ★★ 効果が作用している。

デモンストレーション

□30 ★ 例えば、買い手に中古車について知識がなく、その市場で値段が高くて質の良い中古車が売れ残り、値段が安くて質の悪い中古車ばかりが取引されるような消費行動を ★ という。

◆逆選択は売り手と買い手の**情報の非対称性**によって生じる。その下では、買い手が質の良し悪しを識別できないため、消費者は価格の安いものを選択して購入するため、結果的に、質の悪い財が市場で取引される傾向が強くなる。

逆選択

□31 ★★ 次の表は、2019年の日本国内におけるゲーム機（販売台数）、スマートフォン（出荷台数）、パソコン（出荷台数）のメーカーの**市場占有率（マーケットシェア）**を示したものである。表中の空欄**A～C**にあてはまる品目をそれぞれ答えよ。

品目	第1位(メーカー)	上位３社までの累計
A ★★	45.5%	69.5%
B ★★	26.8%	61.7%
C ★★	76.3%	99.8%

◆それぞれのシェア第１位はスマートフォン（A）がApple、パソコン（B）がNEC（レノボ）、ゲーム機（C）は**任天堂**である。特に、ゲーム機は日本国内で寡占状態にある。

A　スマートフォン
B　パソコン
C　ゲーム機

VI 経済

2 市場の失敗～独占・寡占

VI 政治経済 2 市場の失敗〜独占・寡占

□32
★★★
私的独占や<u>不当</u>な取引制限、<u>不公正</u>な取引方法を禁止する ★★★ 法は、これらの行為を監視する「**経済の番人**」として、**準司法権限**を持つ ★★★ の設置を規定している。

独占禁止,
公正取引委員会

◆<u>独占禁止法</u>は、<u>不公正</u>**な取引方法の禁止**として欺瞞的取引方法による**資本の<u>蓄積</u>を禁止**するとともに、<u>不当</u>**な取引制限の禁止**として<u>カルテル</u>を原則的に禁止してきた。

□33
★★★
2013年の<u>独占禁止法</u>改正で、<u>公正取引委員会</u>が下した ★★★ に対する**不服申立ての審判**を ★★★ で行うことになり、<u>公正取引委員会</u>の**準司法権限は縮小**し、行政上の命令・勧告を出す組織となった。

行政処分,東京地
方裁判所

◆現在、<u>公正取引委員会</u>は**独立行政委員会**として<u>内閣</u>から**独立**した職権行使が保証されている。委員長1人と委員4人の計5人で構成され、<u>内閣総理大臣</u>が任命するが、衆参両院の同意が必要である(**国会同意人事**)。

□34
★★
★★ <u>カルテル</u>と ★★ <u>カルテル</u>は、例外的な合法カルテルとして**1953年**の<u>独占禁止法</u>改正以来認められてきたが、**99年に禁止**された。

不況,合理化
※順不同

◆公正取引委員会が指定した特定の不況業種や合理化業種についてのみカルテルを認めるのは不透明であるから、1999年改正で禁止した。ただし、国会で特別法を制定すれば<u>カルテル</u>は可能である。

□35
★★
メーカー(製造会社)が小売店に定価販売を約束させるという ★★ <u>制度</u>は、実質的な**価格カルテル**である。

再販売価格維持
(再販)

◆かつては医薬品や化粧品も再販指定されていたが、価格自由化の流れを受けて、1990年代初めより<u>再販</u>**指定品目**は減っている。現在は**書籍、CD、新聞**などが指定されている。

□36
★★★
<u>三大経済民主化</u>の1つである ★★★ を進めることを目的とした<u>独占禁止法</u>は、**私的<u>独占</u>の禁止**のため、1947年の制定から半世紀にわたり ★★★ の設立を全面禁止してきたが、**97年**には<u>金融ビッグバン</u>の一環として ★★★ が、過度の集中(事業支配力)に至る場合を除いて、半世紀ぶりに**原則解禁**された。

財閥解体

持株会社

持株会社(金融持
株会社)

□37
★★
日本では、長らく ★★ <u>取引慣行</u>を**持つ企業集団**として<u>六大企業グループ</u>が形成されたが、<u>バブル</u>**崩壊後の長期不況**の中で企業集団の崩壊や再編が見られた。

排他的

196

□**38** 2006年の独占禁止法改正により、 ★★ の引き上げ
★★ と、談合などの違法行為を**自ら申告した者**への**課徴金
の減免措置**を導入した。

> ◆課徴金減免制度のことをリニエンシー（leniency）という。第1
> の申告者は課徴金を免除、第2の申告者は50％減額、第3〜5
> の申告者はそれぞれ30％減額となる。

カルテル課徴金

□**39** 2007年施行の改正会社法は、A社がB社を**吸収合併**す
★ る場合、A社は自分の親会社の株式をB社の株主に対
価として提供するという ★ を認めた。

三角合併

3 経済の三主体と企業形態

ANSWERS □□□

□**1** **経済主体**は ★★★ ・ ★★★ ・ ★★★ の3つに大別
★★★ され、これに ★★★ を加えて**経済の四主体**という。

家計，企業，政府，
※順不同 外国

□**2** **家計**は、 ★★ や土地を企業に提供して、その対価で
★★ ある ★★ や地代、利子、配当などの所得を用いて
財・サービスを購入する。これは ★★ と呼ばれる。

労働，
賃金，
消費

□**3** **企業**は、家計から提供された**労働**、**資本**、**土地**などを
★★ 用いて ★★ を行う。

生産

□**4** **企業**は、通常、所与の技術の下で ★★ を最大化す
★★ るように生産活動を行うと想定される。

利潤

□**5** **家計**は、限られた所得の中で ★★★ を最大化するよ
★★★ うに支出を行うと想定される。

効用

> ◆効用とは、財やサービスに対する主観的満足（欲望）のことで、
> いわば需要を意味する。

□**6** **政府**は、家計と企業から ★★ を徴収し、それによっ
★★ て企業から財・サービスを購入するとともに、社会保
障や道路、公園などの**公共財を提供**する。

租税（税金）

□**7** 毎年生産されたものの価値は、課税分を除いて分配さ
★★ れ、家計部門などで消費された残りが ★★ となる。
それは現金通貨、預金、債券、株式、生命保険などの
★★ 資産、または土地などの ★★ 資産として
蓄積される。

貯蓄

金融，実物

**VI
経済**

3 経済の三主体と企業形態

VI 政治経済　3 経済の三主体と企業形態

□ **8** 企業の種類には、**私的利潤を追求する**民間人が出資する
★★　会社企業などの ★★ 企業、その他に国や地方公共
団体が経営する ★★ 企業、出資者が政府と民間の
共同である**半官半民**の ★★ 合同企業がある。

私,

公,

公私

　◆日本では、かつて国営であった郵政、国有林野、印刷、造幣の
　　4現業といわれるものの中で、国有林野だけが現在も公企業と
　　して営まれている。農林水産省の外局である林野庁が、森林の
　　整備、保全、林業の発展、国有林野事業の運営を行っている。

□ **9** 会社形態は、大きく ★ 会社と株式会社に分けら
★　れ、前者は合名会社、合資会社、合同会社の3つの種
類の会社の総称である。

持分

　◆持分会社は少数の相互に信頼関係のある者が集まって運営され
　　ることを想定し、原則として出資者である社員が業務を執行す
　　る権限を持つ。利益の配分方法については、出資額の多寡にか
　　かわらず定款で配当を決める。

□ **10** **出資者**は自己の**出資金**の範囲内でのみ会社債務を負え
★★★　ば足りるとする有限責任**社員のみで構成**される、大企
業に多く見られる会社組織を ★★★ という。

株式会社

　◆有限責任**社員**の「社員」とは**出資者**のことを意味し、株式会社の
　　場合は「**株主**」を指す。2006年、新たに施行された会社法で設立
　　が認められた合同会社も有限責任**社員**のみで構成される。

□ **11** 無限責任**社員のみで構成**される、比較的小さな人的会
★　社を ★ という。

合名会社

□ **12** **株式会社**と**合名会社**の中間形態として、有限責任**社員**
★　と無限責任**社員で構成**される会社を ★ という。

合資会社

□ **13** 2006年施行の会社法によると、資本金を1,000万円以
★★★　上とする ★★★ 制度が廃止され、**資本金**1円以上で
株式会社を設立することが可能になったことから、
★★★ **の新設が禁止**されることになった。

最低資本金

有限会社

　◆既存の有限会社は以後も経営を継続できる（特例有限会社）。

□ **14** 会社法は、会社が定款に定めれば出資比率と配当率を
★★　不一致にできる ★★ **の新設**を認めた。

合同会社

　◆合同会社は、アメリカ各州の州法で設立が認められているLLC
　　（Limited Liability Company）をモデルとしたことから**日本型**
　　LLCとも呼ばれ、これを会社名の表記に用いることができる。
　　議決権のない出資者の設定が可能となるため、企業買収を防衛
　　できる利点がある。なお、合同会社の出資者はすべて有限責任
　　で、社員＝出資者の出資持分（出資の財産権）の譲渡には、他の
　　すべての社員の承認が必要となる。

□**15** 1990年の商法改正で ★★ 制度が導入され、**株式会**
★★ **社**では最低 ★★ 万円の資産保持が必要になったが、
2005年の会社法制定に伴い廃止された。

◆実体のない会社は悪徳商法の温床になることから、最低資本金
制度が導入されていたが、その廃止の目的は、資金はないがア
イディアのある者の起業を支援することにある。

最低資本金,
1,000

□**16** ★★★ とは、先端産業分野を中心に、独自の知識や
★★★ 技術を用いて商品を開発する中小企業のことをいう。

ベンチャー企業
（ベンチャービジ
ネス）

□**17** **起業家**は、自分や家族の蓄えを資金とするのみならず、
★ **エンジェル**と呼ばれる個人投資家や ★ から資金
提供を受ける場合が多い。

◆近年、インターネットなどを通じて特定の事業に賛同する不特
定多数の者に資金の援助を求める資金調達方法として**クラウド
ファンディング**が増えている。**クラウド**（crowd：群衆）と**ファ
ンディング**（funding：資金調達）を組み合わせた造語である。

ベンチャーキャピ
タル

□**18** **ベンチャー企業**が盛んなことで有名な ★★ は、**ベ**
★★ **ンチャー投資**がアメリカ西海岸の中で最も集中してい
る地域である。

◆シリコンバレーには、大学などでの研究成果を事業化する**ベン
チャー企業**に、資金や専門知識を提供する専門家や専門機関が
数多く集まっている。なお、企業が独自の技術や新製品の開発
のために行う投資のことを研究開発（R&D）投資という。

シリコンバレー

□**19** 起業家が独自技術を用いて事業化を図る際、**知的財産**
★★ **の管理**が重要となるため、前もって ★★ など法律の
専門家にアドバイスを受けやすい環境が起業に役立つ。

弁護士

□**20** 株式、国債、社債などの財産的価値を持つ証券を ★★
★★ という。

有価証券

□**21** **株式会社**の活動によって生じた**利潤**は、株主への分配
★★ 金となる ★★ や設備などへの ★★ のための資
金として利用される。

配当, 投資

□**22** 企業が株主数や時価総額など一定の基準を満たし、証
★★ 券取引所の承認を得て**株式市場での**株式の**売買が可能**
となることを ★★ と呼ぶ。

◆**経済のグローバル化**を背景に、世界の証券市場の統合が進む中、
2013年には日本でも三大証券取引所のうち、東京証券取引所（東
証）と大阪証券取引所（大証）が経営統合し、世界第3位の規模
となる日本取引所グループが発足した。

上場

VI
経済

3
経済の三主体と企業形態

199

VI 政治経済　3 経済の三主体と企業形態

□23 **株式会社**の株主は投下資本の回収方法として、株式を
★★　時価で第三者に売却できる ★★ **の原則**が保障され
　　ている。

　　◆なお、**株式譲渡制限会社**とは株式を譲渡する際に、取締役会ま
　　たは株主総会の承認がないと譲渡できない会社のことで、会社
　　設立時の定款で定められる。日本では上場企業以外のほとんど
　　がこれにあたり、その会社が株式を上場する際に定款を改めて
　　株式譲渡制限を外す（株式公開会社）。

株式譲渡自由

□24 **株式会社**の**最高意思決定機関**は ★★★ で、その**業務**
★★★　**執行の決定機関**は ★★★ である。

　　◆株主は、株式会社の経営の基本的な方針を決める株主総会に出
　　席し、原則として**1株1票の議決権**を行使し、経営に関与でき
　　る。

株主総会，
取締役会

□25 **株式会社**では、 ★★★ が対外的取引の代表者となる。
★★★　また、企業会計の公正確保のために、原則として
　　 ★★★ という機関が設置されることになっている。

　　◆近年、対外的に「最高経営責任者」を意味する CEO（Chief
　　Executive Officer）と呼称する場合が増えている。従来の会長
　　や社長といった名称では責任者が誰なのかわかりにくいためで
　　ある。法的には代表取締役がその企業の最高責任者である。

代表取締役

監査役

□26 現代の株式会社では、出資者の株主が配当や株価上昇
★★★　などの経済的利益を追求し、経営は専門家である取締
　　役に委ねる所有（資本）と ★★★ **の分離**が見られる。

　　◆所有（資本）と経営の分離については、1932年にアメリカのバー
　　リとミーンズが発表した『近代株式会社と私有財産』の中で明ら
　　かにされた。

経営

□27 **経営者が所有者に代わって会社を支配**し、やがて社会
★　全体を支配する ★ が発生することをアメリカの
　　思想家バーナムが指摘した。

経営者革命

□28 顧客や株主、投資家などの利害関係者（**ステークホル**
★★★　**ダー**）に**企業の経営情報を適切に開示**することを
　　 ★★★ （情報開示）という。

ディスクロージャー

□**29** 株主の経営参加権に関して、会社の経営陣などが法令
★★★ に違反して会社に損害を与えた場合、**会社または総株
主を代表**して**一部の株主で会社の責任を追及**する裁判
を提起できる。これを ★★★ という。

◆<u>株主代表訴訟</u>では、株主が会社に代わって損害を与えた会社の
経営陣（役員など）に対して**損害賠償責任**を求めることができ
る。1993年には**改正商法が施行**され、<u>株主代表訴訟</u>の手数料の
値下げが行われたため、訴訟件数が増加した。

株主代表訴訟

□**30** 株主の経営参加権に関して、保有株が ★★★ ％以上
★★★ の少数株主も ★★★ で議題を提案できる。

1，

株主総会

□**31** **自社の株式を前もって定めた価格で購入できる権利**を
★ ★ といい、これを認めることで会社経営陣の経
営努力や社員のモチベーションアップを期待できる。

◆例えば、3年後に自社株を100万円で購入できる権利を取締役
などに与えておけば、取締役は経営努力を行って3年後に自社株
を100万円以上の高い価格に引き上げる努力をするであろう。

**自社株購入権
（ストック・オプシ
ョン）**

□**32** 2001年の<u>商法</u>**改正**で、企業の乗っ取り防止のために、
★ 目的を限定せずに**自社の株式を購入し保有できる**とい
う ★ が認められた。

金庫株

□**33** 2003年の<u>商法</u>**改正**により、経営を監視する<u>取締役会</u>と
★★★ 実際の業務を担う執行役の役割を分離するというアメ
リカ流の ★★★ が導入された。

◆<u>コーポレート・ガバナンス</u>は、企業の自己統治のこと。代表取
締役や取締役などの会社経営陣の不正は、取締役相互間の監視
システムの確立によって自ら抑止するという考え方である。

**コーポレート・ガ
バナンス**

□**34** 企業資産の評価を**簿価**<u>方</u>**式**</u>（<u>簿価</u>**方
★ 式**）から、**現在の資産価格**（<u>時価</u>**方式**）に変更したこと
などの改革を一般に ★ という。

◆現在の企業の財務状況を正確に市場に知らせるためには時価方
式の方が優れているという理由から、<u>時価</u>**方式**がグローバル・ス
タンダード（国際標準）となっている。

会計ビッグバン

□**35** **株式**は会社自身の資本金となることから ★★★ <u>資本</u>
★★★ と呼ばれ、**社債・借入金**は ★★★ <u>資本</u>と呼ばれる。

◆両者の区別のポイントは、<u>自己資本</u>とは会社が返済する必要の
ない資金、<u>他人資本</u>とは会社が返済する必要のある資金である。

自己，

他人

**VI
経済**

**3
経済の三主体と企業形態**

201

VI 政治経済　3 経済の三主体と企業形態

□36 次のグラフは、**日本の株式市場における持株比率**（金額ベース）の推移を示したものである。折れ線 **A〜D** の空欄にあてはまる語句を下の語群からそれぞれ選べ。

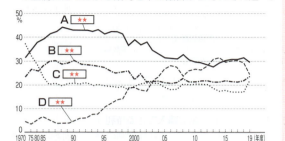

A　金融機関

B　事業法人等

C　個人その他

D　外国人

【語群】　個人その他　外国人　事業法人等　金融機関

◆外国人の持株比率が上昇しているのは、外国企業による日本企業への経営参加や買収の増加による。2008年にそれが低下したのは、同年9月のリーマン=ショックで損失を被った外国企業や外国人投資家が資金繰りのために日本の株式を売却したためである。なお、個人ではなく投資信託や投資ファンドなどの法人（企業体）で投資を行う投資家を機関投資家という。生命保険、年金基金、投資銀行、各種ファンドなどの株式投資の運用益を主な収益源とし、大規模な株式会社の大株主の多くを占めている。

□37 株式や債券などを発行して**投資家などから資金を調達する方法**を ★★★ といい、銀行などからの**融資や借入の形で資金調達する方法**を ★★★ という。

直接金融、
間接金融

◆直接金融のうち、株式発行による資金調達は、投資家に対して**財務状況に関するディスクロージャー（情報開示）**が求められる。

□38 企業が利潤を株主への配当金や従業員の給与の上昇に用いず、資金を蓄積することにより調達した資金を ★★★ といい、自己資本に分類される。

内部留保（利益剰余金）

◆企業は調達した資金と内部留保（利益剰余金）などの資金で**総固定資本形成**（建物や機械設備、車両など新たな耐久消費財の購入）を行う。近年は**法人実効税率の引き下げ**により、企業の内部留保が巨額化し、2020年度は前年度比2.0％増の484兆円を超えて過去最高を更新した。

□39 ★★ とは、工場や機械、設備などの固定資本が生産を行うたびに、その価値が下落していく分を企業会計上の費用とした評価したものである。

減価償却費

◆固定資本減耗と同義語で、固定資本の消耗分に相当する費用のことである。これを積み立てていき、新たな固定資本の整備にかかる代金にあてる。よって、これは内部金融に含まれる。

☐ **40** 企業の持つ資産と負債について、**資産の運用状態や資金の調達方法**を確認できる財務諸表を ★★ という。
★★

◆貸借対照表は左右に分かれており、左側はお金の用途（**運用**）を、右側はお金の出どころ（**調達**）をそれぞれ表す。左右の関係の金額は一致し、「**資産＝負債＋純資産**」という計算式が成り立ち、左右のバランスがとられていることから、貸借対照表は「**バランスシート (B/S)**」ともいう。

貸借対照表

☐ **41** 企業の一定期間における**収益と費用の状態**を記載した財務諸表を ★★ という。
★★

損益計算書

☐ **42** 企業などにおいて組織の再編や人員の削減や配置転換などを行うことで**経営の効率化を図る**ことを ★★★ といい、不採算部門の整理だけでなく、成長部門の拡充も含まれる。
★★★

リストラクチャリング（リストラ）

☐ **43** 金融商品取引法（旧証券取引法を含む）は、会社関係者や証券会社社員などが会社の**内部情報を不正利用して株式を取引する** ★★ **取引を禁止**している。
★★

◆金融商品取引法は、証券取引などにおける企業売買などが**公正**に行われるように、企業内容をはじめとする**情報の開示制度**について定めており、不公正な取引を禁じている。インサイダー取引は、**内部者だけが株式取引で巨額の利益**を得られることになってしまい、一般投資家に損失を与える可能性があることから禁止され、違反者には刑事罰が科される。

インサイダー

☐ **44** 行政機関や公務員、また企業などが自らの判断や行為に関して、市民や国民が納得できるように ★★★ する責任のことを ★★★ と呼ぶ。
★★★

◆近年では、公的機関や企業についても社会的責任を問う風潮が高まっており、倫理的振る舞いを求める考え方が広まっている。

説明,
アカウンタビリティ（説明責任）

☐ **45** 企業活動全般において、企業やその経営陣・従業員が**法令（ルール）を遵守**することを ★★★ という。
★★★

コンプライアンス（法令遵守）

☐ **46** 財やサービスを提供することだけでなく、**環境保護活動や社会的な貢献活動**にも責任を持つといった**企業の社会的責任**を ★★★ という。
★★★

◆CSR は Corporate Social Responsibility の略で、環境保護など社会的な貢献活動においても利害関係者（ステークホルダー）に責任を負うべきであるという理念に基づく。また、企業で働く従業員やその家族も利益関係者に含まれ、**福利厚生を拡充**させることは CSR の１つである。

CSR

Ⅵ 経済

3 経済の三主体と企業形態

203

VI 政治経済　4 広義の国民所得、狭義の国民所得

□**47** 2015年の国連サミットで採択された ★★★ で達成す
★★★ るべき**17の目標**を掲げられて以降、これに則り企業
活動を行うことを表明する会社が増えている。

> ◆持続可能な開発目標（SDGs：Sustainable Development
> Goals）は、地球上の「**誰一人取り残さない（leave no one
> behind）**」ことをスローガンに、2030年までに世界各国が「**貧困
> をなくそう**」「**作る側と消費する側の持続可能なパターンを作ろ
> う**」「**気候変動のため緊急の対策を**」など、**17の目標を達成する**
> ことを目指している。企業は、循環型経済の確立など、これらの目標達成への取り組みを通じて、CSR（企業の社会的責任）を
> 果たす。

持続可能な開発目標 (SDGs)

□**48** 投資家が、企業が CSR（企業の社会的責任）を積極的
★ に果たしているかという観点で評価し、投資活動を通
して支援することを一般に ★ という。

> ◆SRI は Socially Responsible Investment の略で、法令遵守
> といった企業統治上の観点だけでなく、環境保全や福祉、教育、
> 人権、地域経済活動などが含まれる。なお、企業による寄付や福
> 祉、ボランティアなどの社会貢献活動をフィランソロピー、芸
> 術・文化に対する貢献活動をメセナという。

社会的責任投資 (SRI)

□**49** ★ 投資とは、企業の価値を測る１つの基準とし
★ て、環境（Environment）、社会（Social）、ガバナンス
（Governance）要素を考慮した投資のことをいう。

> ◆ESG は、2006年に国連が掲げた「責任投資原則（PRI）」に盛り
> 込まれ、18年時点での ESG 投資残高は世界全体で約30兆ドル
> （約3,200兆円）と増加傾向にある。投資家は、その企業の
> 配慮が足りないと判断した場合、資金を引き揚げること（ダイベ
> ストメント）ができる。

ESG

4 広義の国民所得、狭義の国民所得

ANSWERS □□□

□**1** 国民が一定期間（通常１年間）に作り出した付加価値の
★★★ **総額＝市場取引総額**を広義の ★★★ という。

国民所得

□**2** **広義の国民所得**とは、１年間の市場活動を商品ないし
★★ はその時価である貨幣の流れで捉える ★★ の概念
である。

フロー

□**3** 国民所得は消費と投資の２つに支出されるが、**過去の
★★★ 投資部分の蓄積**が国富を形成することから、**国富は**
★★★ の概念と呼ばれる。

ストック

□**4** 一国の国民が外国に保有する**資産残高**と外国に対して
★★ 負う**負債残高**の差額を ★★ という。

対外純資産

□ **5** 日本の対外純資産は2020年末時点で約357兆円に達
★★ し、世界第 ★★ 位である。

1

◆日本は**1991年から世界最大の**対外純資産**を有する債権国**である。

□ **6** アメリカは、有力企業の多国籍化や世界資金が投資あ
★ るいは預金されていることから ★ 国で、2020年
末時点で ★ は約1,460兆円のマイナスである。

純債務,
対外純資産

□ **7** 国民が1年間に生産した財とサービスの価格の総合計
★★★ 額（総生産額）から、 ★★★ **の価格を差し引いた付加**
価値の合計金額を ★★★ という。

中間生産物,
国民総生産（GNP）

□ **8** 一国内で1年間に生産された財とサービスの価格の
★★★ 総合計額から ★★★ **の価格を差し引いた付加価値の**
合計金額を ★★★ という。

中間生産物,
国内総生産（GDP）

□ **9** 国内総生産（GDP）に**海外からの所得を加え、海外へ**
★★★ **の所得を差し引いた金額**を ★★★ という。

国民総生産（GNP）

◆「**海外からの所得**－**海外への所得**＝海外純所得」である。**海外か
らの所得**とは日本国民が海外で生産した財とサービスのこと。
海外への所得とは外国人が日本国内で生産した財とサービスの
こと。前者は国民総生産に入り、後者は国民総生産に入らない。

□ **10** 国民総生産（GNP）に**海外への所得を加え、海外から**
★★★ **の所得を差し引いた金額**を ★★★ という。

国内総生産（GDP）

□ **11** 国民総生産（GNP）は**居住者**による経済活動の成果を示
★ す。このような集計方法を ★ 主義という。

属人

◆経済統計上の「国民」とは、日本人（**国籍**）ではなく「**6ヶ月以
上、日本に居住する者」（居住者**）を意味する。

□ **12** 国内総生産（GDP）は**自国領域内**の経済活動の成果を
★ 示す。このような集計方法を ★ 主義という。

属地

□ **13** 国民純生産（NNP）から ★★★ **を差し引き、** ★★★
★★★ **を加えた価格**を**狭義の** ★★★ という。

間接税,補助金（政
府補助金）,
国民所得（NI）

□ **14** GNPとNNPが ★ **表示の国民所得**であるのに
★ 対し、NIは ★ **表示の国民所得**である。

市場価格,
要素費用

◆市場価格は、単に市場の値段だけで生産額を評価したものであ
るが、要素費用とは市場への政府介入による価格影響分を取り
除いた真の生産規模を測った金額である。例えば、市場価格に
は間接税が転嫁されているため、真の生産額は市場価格から間
接税を控除して表示する。

VI
経済

4
広義の国民所得、狭義の国民所得

205

VI 政治経済　4 広義の国民所得、狭義の国民所得

□15 2000年以降、国民総生産（GNP）に代わって用いられ
★★　るようになった指標を ★★ という。

国民総所得（GNI）

◆国民総生産（GNP）は、海外での利子所得なども含むため、生
産面からではなく所得面からとらえる国民総所得（GNI）の概念
が使われるようになった。

□16 ★★ とは、**一国全体の経済の大きさを所得面から**
★★　**計測した指標**で、**国内で一定期間内に支払われた賃金
や利潤、配当などの合計額**である。

国内総所得（GDI）

□17 国民総生産（GNP）を支出面から計測した概念を
★　 ★ といい、両者の金額は一致する。

国民総支出（GNE）

□18 国民総支出（GNE）は、**国内消費と国内投資の合計**で
★　ある ★ に経常海外余剰を加えたものである。

国内総支出（GDE）

□19 経常海外余剰とは、「**海外からの所得－海外への所得**
★　**+** ★ **－** ★ 」である。

輸出，輸入

□20 GDP（国内総生産）は一国の経済規模を把握するため
★★　に、重複計算を避ける目的から**原材料などの** ★★ **の
金額を含まない** ★★ **を示すように工夫されている。**

中間生産物，
付加価値総額

□21 経済の規模を測る代表的な指標は国内総生産（ ★★★ ）
★★★　であり、その対前年度伸び率を ★★★ という。

GDP，
経済成長率

□22 狭義の国民所得は1年間の市場取引総額を生産面、分
★★★　配面、支出面の三面から見ることができるが、これは
同じものをそれぞれの面から見ているだけであるから、
その**金額は等しくなる。**これを ★★★ の原則という。

三面等価

◆国内総所得（Gross Domestic Income：GDI）も国内総支出
（Gross Domestic Expenditure：GDE）も、それぞれ国内総
生産（GDP）と名目上では一致する（三面等価）。

□23 第一次産業、第二次産業、第三次産業の各産業別の生
★★　産額を合計した国民所得を ★★ という。

生産国民所得
（NIP）

◆生産国民所得の内訳として、第三次産業の金額が約70%と最も
大きな割合を占めているという、日本経済の産業構造（各産業の
比重）が見えてくる。

□24 生産に寄与した経済主体に分配される価格を合計した
★★　国民所得を ★★ という。

分配国民所得
（NID）

◆分配国民所得の内訳として、雇用者報酬の金額が約70%と最も
大きな割合を占めているという、労働分配率（付加価値のうち、
労働力を提供した雇用者への分配額の割合）が見えてくる。

- □25 **分配国民所得**は、労働者に対する**賃金**である ★ 、利子、配当金、地代など**生産要素提供の対価である** ★ 、企業の利潤である**企業所得**で構成される。

  雇用者報酬

  財産所得

- □26 **消費**と**投資**を合計した国民所得を ★★ という。

  支出国民所得（NIE）

  ◆**支出国民所得**は、**支出**面から見た**国内所得**（NI）を示す。その内訳は、**消費**と**投資**では**消費**の方が多い。消費が約7～8割、投資が約2～3割で、消費の中では「**民間＞政府**」となっている。

- □27 統計上、**消費**は**民間最終消費支出**と ★ の合計で、**投資**は**民間総固定資本形成と公的総固定資本形成の合計**である ★ で表示される。

  政府最終消費支出

  国内総資本形成

- □28 次の図の空欄A～Iにあてはまる適語を答えよ。

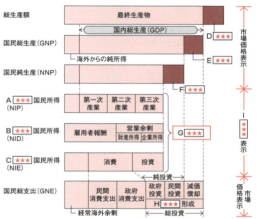

  A 生産
  B 分配
  C 支出
  D 中間生産物
  E 減価償却費（固定資本減耗（引当）分）
  F 間接税－補助金（政府補助金）
  G 三面等価
  H 国内総資本
  I 要素費用

  ◆**国民経済計算**（SNA）は、一国の経済状況について、生産、消費・投資などの**フロー**面や、資産、負債などの**ストック**面を体系的に記録するための国際的な基準のことである。SNAに関連する指標の概念とその関係を表したものが上記の図となる。

Ⅵ 政治経済　4　広義の国民所得、狭義の国民所得

 国民経済全体の活動水準を測るフローの指標について、次の表はある年の諸指標の項目と金額を示したもので、**国民総生産**（GNP）は ★★ 、**国民純生産**（NNP）は ★★ 、**国民所得**（NI）は ★★ とわかる。

520,
420, 380

項　　目	金　額
国内総生産（GDP）	500
海外からの純所得	20
間接税－補助金	40
固定資本減耗	100

◆**国民総生産**（GNP）＝国内総生産（GDP）＋海外からの純所得＝500＋20＝520
国民純生産（NNP）＝国民総生産（GNP）－固定資本減耗＝520－100＝420
国民所得（NI）＝国民純生産（NNP）－間接税＋補助金＝国民純生産（NNP）－（間接税－補助金）＝420－40＝380

 次の表は、あるリンゴ農家が、ジュースのメーカーにリンゴを売り、そのメーカーが販売会社にリンゴジュースを売り、販売会社が一般消費者にリンゴジュースを小売販売することを、数値とともにまとめたものである。減価償却を0とした場合、リンゴジュースの生産から販売の過程で、三者それぞれで生み出される**付加価値の合計**は ★★ である。

290

	収入	支出	損益
リンゴ農家	リンゴ売上：100	肥料代：10 賃金：50	利潤：40
メーカー	リンゴジュース売上：200	リンゴ仕入代：90 容器代：10 賃金：50	利潤：50
販売会社	リンゴジュース売上：300	リンゴジュース仕入代：170 運送会社への支払い：30 賃金：50	利潤：50

◆それぞれの段階で生み出される**付加価値**とは、収入から原材料費を差し引いた額＝賃金と利潤の合計額である。よって、生産面から測ると、（100－10）＋{200－（90＋10）}＋{300－（170＋30）}＝290となり、分配面から測ると、（50＋40）＋（50＋50）＋（50＋50）＝290となり、両者は三面等価の原則より一致する。

□**31** ★　　★　　とは、実収入（個人所得）から**租税や社会保険料などを引いた残り**の手取り収入のことで、貯蓄か消費に振り向けられる。

可処分所得

□**32** ★★　ある家計の１ヶ月の所得と支出、およびその使途をまとめた次の表より、その**可処分所得**は　★★　万円、**平均消費性向**は　★★　％、**エンゲル係数**は　★★　％であることがわかる。

32,
75, 25

所得	40万円	食費	6万円
税金	4万円	家賃	7万円
社会保険料	4万円	水道・光熱費	2万円
貯蓄	10万円	他の消費支出	9万円

◆可処分所得は「所得－（税金＋社会保険料）」、平均消費性向は「（食費＋家賃＋水道･光熱費＋他の消費支出）÷可処分所得」、エンゲル係数は「食費÷（食費＋家賃＋水道・光熱費＋他の消費支出）」の計算式でそれぞれ求めることができる。

□**33** ★★　何かを得るために何かを断念しなければならないという状況を一般に　★★　という。

トレード・オフ

◆人は選択や交換によって失うもの（費用）と得るもの（便益）を比較検討し、自らの行動を決めるが、その判断は必ずしも金銭的なものだけとは限らない。

□**34** ★★　今、4,600円の料金を支払うことでアイドルグループのライブをオンライン配信で視聴できるとする。同じ時間をアルバイトで働き2,200円の収入を得ることや、家事を手伝うことで2,000円のお小遣いをもらえることもできる。この３つの選択肢から１つしか選べない場合、**機会費用**を含めた配信ライブを視聴する費用は　★★　円となる。

6,800

◆すべての選択を同時に行うことはほぼ不可能で、仮に選ばれなかった他の選択肢を選んだ際に得たであろう最大の価値が**機会費用**となる。ここでは選択されなかったものの最大値であるアルバイトの収入（2,200円）がこれにあたる。

□**35** ★★★　2010年に中国の国内総生産（GDP）は　★★★　を抜いて、　★★★　に次いで世界第　★★★　位になった。

日本,
アメリカ, 2

◆日本は中国に抜かれて世界第3位に転落した。2019年現在も世界第3位である。

VI 経済

4 広義の国民所得、狭義の国民所得

VI 政治経済 ④ 広義の国民所得、狭義の国民所得

□36 狭義の国民所得に関する次のグラフ（2018年度）の空欄 A〜D にあてはまる適語を答えよ。

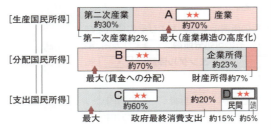

A 第三次

B 雇用者報酬

C 民間最終消費支出

D 国内総資本形成

□37 2020年時点において日本の国内総生産（GDP）は世界第 ★★★ 位である。一方、1人あたり国内総生産（GDP）は、00年に世界第 ★★★ 位であったのが、不況が続き07・08年には世界第24位に転落した。

3、

2

◆国内総生産（GDP）は人口の多い国ほど大きくなる傾向がある。よって、平均的な豊かさを示す指標として、1人あたりの大きさを用いることが多い。また、中長期的な比較や各国の国際比較でも有効な指標といえる。「失われた10年」の中で、日本の1人あたり国内総生産は減少し、2006年には世界第21位、07・08年は第24位にまで転落し、19年には第25位となった（40,802ドル）。世界トップクラスは人口の少ないヨーロッパ諸国（ルクセンブルク、スイス、アイルランドなど）などが占めている。

□38 次のグラフは、日本とアメリカの家計における金融資産の構成を示している（2021年3月末現在）。空欄 A〜C にあてはまる語句を下の語群より選べ。

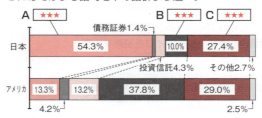

A 現金・預金
B 株式など
C 保険・年金など

【語群】株式など　保険・年金など　現金・預金

◆日銀によると、2021年12月末時点で家計の金融資産は2,023兆円となり、初めて2,000兆円を超えた。新型コロナウイルス感染症（COVID-19）の流行による個人消費の抑制が続き、現金・預金が積み上がったことなどによるものと考えられる。おもな内訳は、現金・預金（1,092兆円）、保険・年金など（540兆円）となる。

5 国富 ~「豊かさ」と「格差」

ANSWERS □□□

□1 一国の国民が年度末に保有する**有形資産などの総額**の
★★★ ことを ★★★ という。

◆厳密には「<u>正味の国富</u>」となる。<u>国富</u>は、その国の**個人**、企業、政府の三者が保有する**有形財などの合計**で、**一国の国民が保有する資産の総計**を示し、工場や機械などの**生産設備**の他に、公園、学校などの生活関連の**社会資本や住宅**も算入される。

国富

□2 <u>国富</u>は、 ★★ と ★★ の合計を指す。前者は国民
★★ が**国内**に保有する有形資産である ★★ 資産（社会
資本など）、非生産資産（自然資本など）の価格の合計、
後者は国民が**国外**に保有する資産から外国人が日本に
保有する資産を控除した額の合計である。

◆<u>正味の国富</u>には、**無形財である知的所有権や金融商品（預金、株式など）は含まれない。**国内金融資産（預金）が国富に含まれない理由は、預金者にとってはプラスの資産であるが、日本企業である銀行にとってはマイナスの資産であるため、日本人の資産全体で見ると、結局±0になるからである。一方、道路や公園、学校などの**社会資本**や住宅、**自然資本**である漁場、森林などはいずれも国富に含まれる。

非金融資産，対外純資産，
生産

□3 日本の<u>非金融資産</u>の内訳としては、非生産資産を構成
★★ する ★★ の額が最も大きいために、 ★★ 期に
は地価高騰で統計上、**国富は増大**した。

◆<u>バブル崩壊</u>期には**地価の下落**で、国富は統計上、減少を続けた。

土地，バブル

□4 一国全体の豊かさを測る指標である実物資産と対外純
★★ 資産の蓄積量（<u>国富</u>）は、フローとストックのうち、
★★ に分類される。

◆国富は<u>ストック</u>であり、国民所得（NI）や国内総生産（GDP）は<u>フロー</u>に分類される。

ストック

□5 国民の真の豊かさを測るために考案された**福祉水準の**
★★★ **指標**を ★★★ という。「<u>国民総生産</u>－**市場価格表示の**
非福祉項目＋非市場価格表示の福祉項目」で表される。

◆**市場価格表示の非福祉項目**とは公害防止費用、防衛費など金銭評価されているが福祉に結びつかないもの、**非市場価格表示の福祉項目**とは**家事労働**、**ボランティア活動**、**余暇時間**などを金銭に換算したもののことである。日本の<u>NNW</u>は高度経済成長期の間に約2.9倍に上昇した。

国民福祉指標（国民純福祉、NNW）

VI 経済

5 国富 ~「豊かさ」と「格差」

211

Ⅵ 政治経済 6 経済成長率と景気変動

□**6** 国民の豊かさを環境の保全度などの視点から表示する
★　ために、環境省が試算している指標が ★ である。

グリーン GNP
（グリーン GDP）

□**7** 国連開発計画（UNDP）は各国の**保健水準や教育水準、**
★★★　**所得水準**をもとに、その国の人々の「**生活の質**」や発展
度合いを示す ★★★ （HDI）を作成している。

人間開発指数

◆人間開発指数（Human Development Index）は、出生時の平
均余命、識字率・就学率などの教育指標、購買力平価による1
人あたり GDP などを指数化したもので、人間の基本的ニーズ
の充足を目指す中で導入されたものである。

□**8** 食料は生活必需品の性質が強く、その**支出額**（食料費）
★★　が消費支出の総額に占める割合である ★★ は、所
得水準が上昇すると ★★ するといわれている。

エンゲル係数,
低下

□**9** ★★ 曲線は、人口（世帯）の累積百分率を横軸に、
★★　所得の累積百分率を縦軸にとり、曲線と対角線との距
離または面積から所得分布の ★★ の度合いを表す。

ローレンツ

不平等

□**10** ★★★ は、0から1までの値をとり、分布が平等で
★★★　あれば0に近づき、不平等であれば1に近づく係数と
して、その値の大きさが ★★★ の差や不平等度を測
る指標として用いられている。

ジニ係数

貧富

□**11** 人口の n％の人々の所得が0円であり、残りの（100
★★　− n）％の人々は15,000円の所得を得ているとする。
n が100に近づくと、ジニ係数は、 ★★ に近づく。

1

◆低所得者から99％の世帯の累積所得が0％、1％の世帯で累積
所得が100％のケースは、**完全不平等**を意味する。この場合の
ジニ係数は1となる。

6 経済成長率と景気変動

ANSWERS □□□

□**1** 1年間の生産総額の増加率を ★★★ という。正確に
★★★　は ★★★ の対前年度伸び率で表される。

経済成長率,
国内総生産（GDP）

□**2** 物価変動分を考慮しない**名目 GDP の伸び率の前年比**
★★★　を ★★★ 、名目 GDP から1年間の物価変動分を控
除した**実質 GDP の伸び率の前年比**を ★★★ という。

名目経済成長率,
実質経済成長率

◆名目経済成長率は、名目上の GDP 金額（＝生産金額）の増加率
を示す。一方、実質経済成長率は、名目 GDP 金額から物価変
動分を除いているので、生産量（規模）の増加率を示す。

□**3** **名目**経済成長率（%）=
★★

$$\frac{\boxed{\text{★★}}\text{の名目 GDP} - \boxed{\text{★★}}\text{の名目 GDP}}{\text{基準年次の名目 GDP}} \times 100$$

比較年次，基準年次

□**4** **実質**経済成長率（%）=
★★

$$\frac{\boxed{\text{★★}}\text{の実質 GDP} - \boxed{\text{★★}}\text{の実質 GDP}}{\text{基準年次の実質 GDP}} \times 100$$

比較年次，基準年次

$$\text{実質 GDP} = \frac{\text{名目 GDP}}{\boxed{\text{★★}}} \times 100$$

GDP デフレーター

◆ GDP デフレーターとは、基準年次の物価水準を 100 で示した際の比較年次の**物価水準を示す指数**（百分率）。例えば、10%物価が上昇すれば110、10%物価が下落すれば90となる。

□**5** 昨年の実質 GDP が 100 兆円、今年の名目 GDP が 150
★★ 兆円で、1 年間で物価が 10%上昇した場合、昨年から
今年にかけての実質経済成長率は約 ★★ %（小数
点第 1 位まで）である。

36.4

◆今年の実質 GDP = 150 兆円 ÷ 110 × 100 ≒ 136.4 兆円
（136.4 兆円 − 100 兆円）÷ 100 兆円 × 100 = 36.4%

□**6** 次のグラフは、日本の 2018 年と 19 年の**名目 GDP**（概
★★ 数）と **GDP デフレーター**である。この場合、実質経済
成長率は ★★ %（小数点第 1 位まで）と算出される。

0.2

	名目 GDP	GDP デフレーター
2018年	556.2兆円	100.3
2019年	561.3兆円	101.0

◆計算式は次の通りである。
2018年の実質 GDP = 556.2 × 100/100.3 ≒ 554.5 兆円
2019年の実質 GDP = 561.3 × 100/101.0 ≒ 555.7 兆円
実質経済成長率 =（555.7 − 554.5）/554.5 × 100 ≒ 0.2%

VI
経済

6
経済成長率と景気変動

VI 政治経済　6 経済成長率と景気変動

■**7** 景気変動とは、景気が「　★★★　→後退→　★★★　→回復（拡張）」の4つの局面を繰り返す**景気循環**のことで、次の模式図で示すことができる。

好況，不況

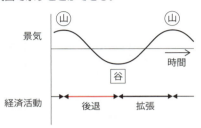

◆景気変動の波は、基本的に好況期に投資や生産が過剰になることで起きる。なお、景気が急激に後退することを恐慌という。1929年10月、アメリカのニューヨーク・ウォール街の株式市場における株価暴落を発端とした恐慌は、瞬く間に各国の経済に影響を与えたことから世界恐慌（世界大不況）と呼ばれる。2020年、新型コロナウイルス感染症（COVID-19）の大流行（パンデミック）は、それ以来の急激な景気後退といわれる。

■**8** 景気循環の類型の中で、　★★　が原因となる**50～60年周期**の景気の長期波動を　★★　**の波**という。

技術革新（イノベーション），
コンドラチェフ

◆コンドラチェフ循環によれば、1960年代に石炭から石油へのエネルギー革命が見られたことから、**2010年代以降**には大きな技術革新（イノベーション）が起こる段階に突入すると考えられる。現在、**人工知能（AI）**の開発など、その素地が数多く見られる。

■**9** 景気循環の類型の中で、機械の耐久年数に対応して行われる　★★　が要因となる**約10年周期**の中期波動を　★★　**の波**という。

設備投資，
ジュグラー

◆ジュグラーの波は、資本主義によく見られることから、**基本波動**（主循環）とも呼ばれる。

■**10** 景気循環の類型の中で、　★★　が要因となる**約40ヶ月周期**の短期波動を　★★　**の波**という。

在庫投資（在庫調整），
キチン

■**11** 景気循環の類型の中で、建築物の改築などの投資を要因とする**周期18～20年**の波を　★★　**の波**という。

クズネッツ

7 インフレーション、デフレーション

ANSWERS □□□

□**1** 商品価格（物価）が継続的に上昇することを ★★★ と
★★★ いい、 ★★★ の増加によって ★★★ が下落するこ
とで引き起こされる。

インフレーション
（インフレ），
流通通貨量，貨幣
価値

□**2** 物価が急上昇するインフレを ★ =インフレという。
★
◆しのびよるインフレをクリーピング=インフレ、かけ足のイン
フレをギャロッピング=インフレといい、インフレの進む速さは
「クリーピング→ギャロッピング→ハイパー」の順に大きくなる。

ハイパー

□**3** 総需要が総供給を上回る ★★★ によって生じる物価
★★★ 上昇のことを ★★★ =インフレという。

超過需要，
ディマンド=プル

□**4** 供給側のコスト（費用）の値上がりが商品価値に転嫁され
★★ て発生する**物価上昇**のことを ★★ =インフレという。
◆石油危機（オイル=ショック）当時の輸入原油の値上がりによっ
て生じる物価上昇は、コスト=プッシュ=インフレの1つである。

コスト=プッシュ

□**5** 輸入原材料の値上がり分が商品価格に転嫁されること
★ で発生するインフレを ★ インフレという。

輸入

□**6** ★★ とは**不況**と**インフレ**が同時に進行することで
★★ ある。
◆スタグフレーションは、不況にもかかわらず物価の上昇が続く
現象である。1970年代の2度の石油危機（オイル=ショック）で
は、先進国を中心に、原材料となる石油の値上がりによるコス
ト=プッシュ=インフレが発生すると同時に、原燃料の輸入が減
少して生産が停滞してスタグフレーションが発生した。

スタグフレーション

□**7** 通貨増発などで**政策的にインフレを起こして**国の債務
★ の実質的価値の減少を図る考え方を ★ 論という。

調整インフレ

□**8** デフレーション（デフレ）は、**流通通貨量**の ★★★ に
★★★ より**貨幣価値**が ★★★ することで引き起こされる。

減少，
上昇

□**9** **デフレが不況**を招き、さらに**不況がデフレ**を招くような
★★★ **悪循環**を ★★★ という。
◆デフレが極度に進み価格破壊が生じると企業経営が悪化して不
況となり、デフレ=スパイラルに陥るおそれがある。

デフレ=スパイラル

□**10** 土地や株などの**資産値下がり**に伴う担保価値の下落に
★★ よる銀行借入の減少や、**心理的な消費需要の減退**を原
因とするデフレを ★★ デフレという。

資産（ストック）

VI 政治経済　8 通貨制度と日本銀行の役割

□**11** 　　★★　　の進行による**輸入原材料や輸入製品の値下が** 　　　　　　　円高
★★ 　**り、割安な外国製品の大量流入**を原因とする**デフレ**
　　を　　★★　　デフレという。 　　　　　　　　　　　　　　　　　　　　　　　　輸入

□**12** 流通の簡素化、ディスカウント・ショップの台頭を原 　　　　　　　　　　　　流通
★ 　因とする**デフレ**は　　★　　コストの値下がりによるも
　　のと考えられる。

□**13** デフレ時には、**土地や建物、金**などの　　★★　　**資産は** 　　　　　　　有形
★★ 　**値下がり**するので、その所有者にとって**不利**になる。

□**14** インフレ時には、**借金（債務）の実質価値が**減少するの
★★ 　で　　★★　　に有利、　　★★　　に不利となる。反対に、デ 　　　　　　債務者，債権者，
　　フレが進行すると、**貨幣価値は**上昇するので　　★★　　 　　　　　　　債権者，
　　に有利、　　★★　　に不利となる。 　　　　　　　　　　　　　　　　　　債務者

　　◆インフレ時には物価上昇により通貨価値が下がるため、借金の
　　　価値も下がり、債務者は得をする（債務者利得）。一方、デフレ
　　　時には物価下落により通貨価値が上がるため、債務（借入金）の
　　　実質的価値も上がり、債務者は損をする（債務者損失）。

□**15** 　　★★★　　では「名目経済成長率＞実質経済成長率」、 　　　　　　インフレ，
★★★ 　　★★★　　では「名目経済成長率＜実質経済成長率」となる。 　　デフレ

　　◆インフレの場合、仮に10％物価が上昇している場合で考える
　　　と、生産規模（量）が前年と同じならば実質経済成長率は0％で
　　　あるが、生産金額は＋10％となり、名目経済成長率は＋10％
　　　となる。よって、名目経済成長率＞実質経済成長率となる。デ
　　　フレの場合は、その逆となる。

□**16** 1999～2000年代半ばまで、物価は　　★★★　　の傾向が続 　　　　デフレ
★★★ 　き、いったんその傾向が止まった後、08年9月の
　　　　★★★　　以降、09年から10年代に入って再び　　★★★　　 　　リーマン=ショック，
　　の傾向を示した。 　　　　　　　　　　　　　　　　　　　　　　　　　　　デフレ

8 通貨制度と日本銀行の役割

ANSWERS □□□

□**1** 通貨には　　★★　　通貨と　　★★　　通貨がある。 　　　　　　　現金，預金
★★ 　◆預金通貨には当座預金を担保に流通する小切手などがある。企 　　　※順不同
　　　業は当座預金を利用した小切手や手形支払を、安全かつ確実な
　　　資金決済手段として用いている。

□**2** 景気・物価対策として、**金融機関や中央政府を除く民間**
★★ 　**部門や地方公共団体が保有する通貨総量**である　　★★　　 　　マネーストック
　　の管理が重視されている。

216 　◆かつては、マネーサプライ（通貨供給量）と表現されていた。

□3 マネーストック(マネーサプライ)の指標に関する次の図の空欄 A〜C にあてはまる適語を答えよ。

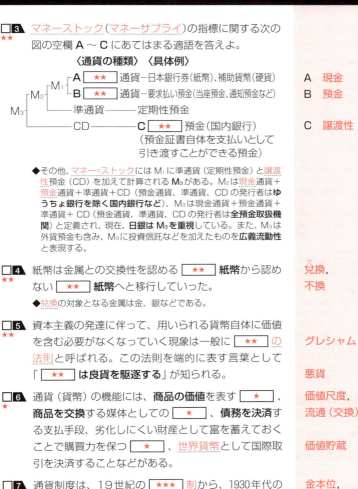

A 現金
B 預金
C 譲渡性

◆その他、マネー=ストックには M₁ に準通貨(定期性預金)と譲渡性預金(CD)を加えて計算される M₃ がある。M₂ は現金通貨＋預金通貨＋準通貨＋CD(預金通貨、準通貨、CDの発行者はゆうちょ銀行を除く国内銀行など)、M₃ は現金通貨＋預金通貨＋準通貨＋CD(預金通貨、準通貨、CDの発行者は全預金取扱機関)と定義され、現在、日銀は M₃ を重視している。また、M₃ は外貨預金も含み、M₃ に投資信託などを加えたものを広義流動性と表現する。

□4 紙幣は金属との交換性を認める ★★ 紙幣から認めない ★★ 紙幣へと移行していった。

◆兌換の対象となる金属は金、銀などである。

兌換,
不換

□5 資本主義の発達に伴って、用いられる貨幣自体に価値を含む必要がなくなっていく現象は一般に ★★ の法則と呼ばれる。この法則を端的に表す言葉として「 ★★ は良貨を駆逐する」が知られる。

グレシャム

悪貨

□6 通貨(貨幣)の機能には、商品の価値を表す ★ 、商品を交換する媒体としての ★ 、債務を決済する支払手段、劣化しにくい財産として富を蓄えておくことで購買力を保つ ★ 、世界貨幣として国際取引を決済することなどがある。

価値尺度,
流通(交換)

価値貯蔵

□7 通貨制度は、19世紀の ★★★ 制から、1930年代の世界恐慌の中で ★★★ 制に移行した。

金本位,
管理通貨

□8 金本位制では通貨を普遍的価値のある金貨それ自体とする ★★ 制も見られたが、国が保有する金の量を基礎にして金との交換性が保証された ★★ 紙幣を発行する制度が採用された。

金貨本位,
兌換

Ⅵ 経済

8 通貨制度と日本銀行の役割

VI 政治経済　8 通貨制度と日本銀行の役割

□9
★★
管理通貨制とは、金との交換性がない ★★ 紙幣が、国の信用と判断によって流通する制度である。

不換

◆世界恐慌後は、ほとんどの国が管理通貨制を採用している。

□10
★
★ とは、当座預金口座を持つ個人や企業が、一定金額を支払うべきことを委託もしくは約束したもので、商品やサービスを受け取る人が一定の期日までに代金の支払いを約束する証書は ★ と呼ばれる。

手形

約束手形

◆約束手形は企業が取引の決済に用いるもので、日本独自の商慣行である。取引先への支払猶予となるため、高度経済成長期には資金に余裕のない発注企業の資金繰りに役立ったが、長期不況下で下請けとして受注する中小企業が支払い（対価）を現金化する時期が遅くなるなど経営難に陥るケースも増えていた。オンライン決済の普及が進む中、2021年2月に政府は26年までに約束手形の利用廃止を目指す方針を固め、電子化と中小企業の資金繰りの改善を目指す。なお、20年の手形交換高は総額134兆2,534億円と、1990年のピーク時から97%減少している。

□11
★★
★★ とは、インターネット上でやり取りが可能な財産的価値である。

暗号資産（仮想通貨）

◆暗号資産（仮想通貨）は、国や中央銀行が発行する**通貨（法定通貨）**ではない。代表例はビットコインやイーサリアムなどで、交換所や取引所と呼ばれる暗号資産交換業者から入手・換金できるが、利用者の需給関係などから、その価格は変動しがちである。また、不正アクセスによって業者の外部に送金（流出）されるおそれや、麻薬取引といった反社会的活動により不正に得た現金の名義などを変更する**マネーロンダリング（資金洗浄）**に用いられる危険性が指摘されている。なお、暗号資産とは仮想通貨を表す国際標準の呼称で、2019年より日本政府も用いている。

□12
★★★
日本の中央銀行となる ★★★ は、1882年に株式会社に類似した特殊銀行として設立された。

日本銀行（日銀）

◆1942年制定の日本銀行法（日銀法）で認可法人となった。

□13
★★
日銀の三大業務は唯一の ★★ 銀行、 ★★ の銀行、政府の銀行とされる。

発券，銀行

◆日銀は紙幣（日本銀行券）**を発行する唯一の銀行**であるが、**硬貨**（補助貨幣）は政府（財務省）が発行する。2024年には、20年ぶりに紙幣デザインの一新が予定されている（肖像画は一万円札が渋沢栄一、五千円札が津田梅子、千円札が北里柴三郎）。また、**「最後の貸し手」**として資金繰りが悪化した市中金融機関に資金供給を行う場合がある。政府の銀行として国庫金の出納や国債発行の代行も行う。

□14
★
1997年の**日本銀行法改正**により、日銀の ★ 省からの**独立性**と**透明性**が保証された。

大蔵

◆2001年より、大蔵省は**金融監督権限**や**金融企画権限**が縮小されて財務省に改組された。

□**15** 日銀の金融政策は日銀の代表者である ┌──★★──┐ をはじ
★★ めとした計９名で構成される、┌──★★──┐ で決定される。

> ◆1997年の**日本銀行法改正**（98年施行）で同委員会への政府代表常時２人参加という制度を廃止するとともに、**内閣による**日銀総裁解任権と日銀への業務命令権を廃止し、**日銀政策の**独立性が確保された。

日本銀行総裁（日銀総裁），

日銀政策委員会

□**16** 日銀の金融政策の１つとして、**日銀は市中銀行に対し**
★★★ **て行う貸付の金利である** ┌──★★★──┐ **を上下**させることを
重視してきたが、1994年に金利自由化が完了し、市中
金利が公定歩合に連動しなくなったことから、日銀の
貸付金利は ┌──★★★──┐ の上限を画する役割を担うことに
なった。

> ◆2006年、日銀は公定歩合を「基準割引率および基準貸付利率」と表示することにした。なお、**日銀の政策金利**は、かつての公定歩合から無担保コールレート翌日物に変更されたが、16年２月に日銀当座預金の一部に－0.1％の金利を導入したことに伴い、この金利は変更された状況にある。

公定歩合

無担保コールレート翌日物（もの）

□**17** 市中銀行は預金に対する支払準備のために、**預金の一**
★★★ **定割合を日銀に預けなければならない。**この割合を
┌──★★★──┐（預金準備率）といい、これを操作することで
通貨量を調整できる。例えば、日銀がこれを引き上げ
ると、市中銀行が企業など民間に貸し付けることので
きる資金は ┌──★★★──┐ するため、通貨量は ┌──★★★──┐ する。

> ◆支払準備率（預金準備率）操作も日銀の三大金融政策の１つである。

支払準備率

減少，減少

□**18** 為替の変動が激しく、関係する国の経済に及ぼす影響
★★★ も大きくなることが予測される場合は、┌──★★★──┐ **銀行**
が為替の売買を行うことで、市場を落ち着かせようと
する ┌──★★★──┐（為替介入）を行う。

中央

外国為替市場介入

□**19** ┌──★★★──┐ とは、**日銀が市中の民間金融機関との間で直**
★★★ **接的に有価証券を売買する**ことを通して、市中の通貨
量を調整していく政策である。

公開市場操作（オープン゠マーケット゠オペレーション）

□**20** 金利政策として、**景気過熱・インフレ対策**では日銀が
★★★ 金利を ┌──★★★──┐ るのに対し、**景気停滞・デフレ対策**で
は ┌──★★★──┐ る。

> ◆引き上げて市中金利も引き上げられれば借りにくくなり、**流通通貨量が**減ることから、**景気過熱・インフレを抑制**できる。

引き上げ，
引き下げ

VI
経済

8
通貨制度と日本銀行の役割

VI 政治経済 8 通貨制度と日本銀行の役割

□**21** 公開市場操作として、**景気過熱・インフレ対策**では
★★★　　　 ★★★ を、**景気停滞・デフレ対策**では ★★★ を行う。

売りオペレーション（売りオペ）, 買いオペレーション（買いオペ）

◆日銀が有価証券（国債、手形、小切手など）などの<u>売りオペ</u>を行えば、**市中金融機関の手持ち資金が**<u>減少</u>**し、貸出も**<u>減少</u>する。すると、**流通通貨量が**<u>減少</u>するため、**景気過熱・インフレを抑制**できる。

□**22** 支払（預金）準備率操作として、**景気過熱・インフレ対**
★★★　　**策**では<u>支払準備率</u>を ★★★ るのに対し、**景気停滞・**
デフレ対策では<u>支払準備率</u>を ★★★ る。

引き上げ, 引き下げ

□**23** 日銀は金融機関が日銀に提供している担保の範囲内で
★　　　 あれば、**金融機関の求めに応じて自動的に融資する制**
度を採用している。これを ★ **制度という。**

ロンバート型貸出

◆日銀の融資は基準金利で行われるため、銀行間の貸借金利が基準金利よりも高い場合、銀行は日銀から借りてしまうことから、**銀行間の**<u>コールレート</u>は低めに誘導されていく。

□**24** 日銀は市中銀行に対して貸出を行うことができ、市中
★★　　 銀行は<u>コール市場</u>で相互に ★★ **資金を**融通し合う
ことができるが、 ★★ は貸出はできるが預金の受
け入れはできない。

短期, ノンバンク

◆日銀は資金不足に陥った金融機関に対して、一時的な資金の貸付を行う場合がある。「**銀行の銀行**」としての日銀の役割であり、日銀は「**最後の貸し手**」である。例えば、昭和40年不況や1990年代のバブル崩壊時に日銀は証券会社や破綻リスクのある金融機関を対象とした無担保かつ無制限となる**特別融資（日銀特融）**を行い、信用秩序を維持することに努めた。

□**25** 日銀が金融市場の国債を買うことと同時に、**市場に資**
★★★　　**金を供給する**<u>国債の買入れ</u>は、 ★★★ **の一種である。**

買いオペレーション（買いオペ）

◆2000年代初めに<u>量的金融緩和政策</u>として日銀が実施した、買い取った国債を再び売り戻す条件なしに買い取ってしまう方法は<u>国債買い切りオペレーション</u>と呼ばれる。なお、20年4月に日銀は**金融政策決定会合**で、**金融機関から買い入れる国債の保有を銀行券（紙幣）の発行残高以下に抑える**という自主ルール（<u>日銀券ルール</u>）を撤廃し、上限を設けずに購入を行う**無制限買い入れ**の実施を決定し、<u>新型コロナウイルス感染症（COVID-19）</u>対策で支出する**多額の財政出動の財源確保**として政府の財政出動の財源である新規国債（借入金）を日銀が通貨増発などの金融政策で下支えを図ることとした。発行された新規国債をいったんは市中金融機関に引き受けてもらい、売れ残りの国債を日銀が<u>買いオペ</u>を行うが、これについては日銀が政府の財政赤字を直接穴埋めする<u>財政ファイナンス</u>だとの指摘がある。

□**26** 日銀が ★★★ 年3月から政策として採用した ★★★
★★★　　<u>的金融緩和</u>は、**2006年3月にいったん解除**された。

2001, 量

220

□27 日本では、世界では**禁じ手**と呼ばれる、銀行が保有する ★★ や**投資信託**、最近では**不動産投資信託**など を買いオペの対象に加えていた。

★★

◆株価指数連動型上場投資信託は ETF、日本国内の不動産関連投資信託は J-REIT（J リート）と呼ばれる。

株式

□28 日本の公定歩合が最も高い9%を示したのは**1970年代**の ★★★ 対策時だが、2001年9月の同時多発テロによる不況対策として、06年7月まで ★★★ %という**超低金利政策**を実施した。

★★★

◆超低金利政策は、企業の設備投資などを促すことで景気回復を図る政策である。

石油危機（オイル=
ショック）,
0.1

□29 バブル崩壊後の長期不況対策として、**銀行間で担保なしに翌日まで資金を貸借する際の金利**である ★★★ を、手数料を除くと実質0%とした。これを ★★★ 金利政策といい、 ★★★ 的金融緩和を徹底した。

★★★

◆「無担保コールレート翌日物」は、1999年2月～2000年8月には手数料を除くと実質ゼロ金利となった。いったんこれは解除されたが、01年3月～06年7月まで再びゼロ金利となり、10年10月以降もゼロ金利が実施されている。

無担保コールレート翌日物,
ゼロ,
質

□30 日銀が、市中銀行が保有する有価証券（手形、小切手、国債）の買いオペを積極的に行い、資金供給を行う政策を ★★★ 的金融緩和という。**2004年1月から06年3月まで**日銀当座預金目標は30～35兆円とされた。

★★★

◆日銀当座預金は各銀行が日銀に持っている預金口座で、買いオペ代金などが振り込まれる。2006年に入り、小泉政権は景気回復を完了させたと判断し、同年3月に日銀当座預金目標の設定を廃止することによりいったん量的金融緩和を中止し、同年7月にはゼロ金利政策も中止して利上げを行った。しかし、その後の景気減退を受けて、10年10月にはゼロ金利が復活し、13年4月には量的金融緩和が復活する。

量

□31 2006年7月、日本は戦後最長を記録した好況の中、公定歩合を01年9月～06年7月の ★★ %から引き上げたが、08年12月、サブプライム=ローン問題による「100年に1度の経済危機」の中、**再び引き下げられた。**

★★

◆リーマン=ショック以後の経済危機の中、当時日本の政策金利として重視された無担保コールレート翌日物が0.1%に引き下げられ、後にゼロ金利に誘導されていく。

0.1

VI 経済

8 通貨制度と日本銀行の役割

221

VI 政治経済 8 通貨制度と日本銀行の役割

□**32** 日本が低金利、アメリカが高金利の場合、日本で借金
★ をして金利の高いアメリカに預金するという動きが起
こる。これを ★ トレードという。

円キャリー

◆この場合、円が日本から流出し、ドルで預金されるため、**円安ドル高**が進行する。

□**33** **リーマン=ショック**がギリシアを中心とした「**欧州危**
★★★ **機**」に拡大する中、2010年10月に日銀は再び ★★★
金利政策を復活させ、13年4月には ★★★ も復活
させた。

ゼロ,
量的金融緩和

◆**買いオペ代金**を日銀がプールする基金が創設され、2012年11月には91兆円規模に膨れ上がった。現在、日銀の国債保有残高は542兆円（2020年9月末時点）、株価指数連動型上場投資信託（ETF）の保有残高は35.3兆円（同年12月末時点）と巨額に膨らんでいる。

□**34** ★★ 政策とは、**デフレ**状態を脱却するために**積極**
★★ 的な**インフレ**政策で市場の心理を回復させ、**インフレ**
期待感や景気回復期待感の高まりを目指すものである。
2013年3月に就任した黒田東彦総裁の下、日銀は**第二**
次安倍晋三内閣の経済政策「**アベノミクス**」と政策協調
し、 ★★ を設定し、消費者物価上昇率目標を**年率**
★★ ％と設定し、**大胆な金融緩和**に踏み切った。

リフレ（リフレーション）

インフレ=ターゲット,
2

◆「**再膨張**」を意味する<u>リフレ（リフレーション）</u>とは、<u>デフレ</u>から<u>インフレ</u>に移行する途中の状況を指す。なお、いくつかの政策手段を用いて政策目的を実現することを<u>ポリシー=ミックス</u>という。例えば、景気を回復させるために**金融政策だけでなく為替政策や財政政策などを複合的に行うこと**を指す。

□**35** 第二次安倍内閣の<u>アベノミクス</u>において、日銀は市場
★★★ に存在する現金と市中銀行が保有する**日銀当座預金残**
高の合計である ★★★ を、2012年末の138兆円か
ら、14年末には270兆円と約2倍に増やす目標を設
定し、「**異次元の金融緩和**」ともいう ★★★ を続けた。

マネタリーベース
（ベースマネー、ハ
イパワードマネー）
量的・質的金融緩
和

◆「**異次元の金融緩和**」は、市中の<u>マネタリーベース</u>の増加を図るものである。2014年末までの2倍目標は達成され、20年12月末には約617.6兆円と5倍に迫る勢いである。<u>新型コロナウイルス感染症（COVID-19）</u>対策として市場に流通する現金が増額されている。

222

□36 2016年２月、金融機関（市中銀行）が日銀に預けている当座預金の一部に ★★★ 金利を適用し、市中に出回る通貨量の増加を促す政策を行った。

マイナス

◆マイナス金利の適用により、金融機関は日銀にお金を預けていると利子を支払わなければならず、損をすることになる。そのため、日銀に預けておくよりも企業や個人などへ積極的に貸出を行う方が得であると考え、市中にお金が出回ることが期待され、経済活性化とデフレ脱却を目指す「アベノミクス」の「異次元の金融緩和」の１つに位置づけられる。

□37 日銀のマイナス金利政策によって起こることが予測される市場や社会の動きについて、空欄Ａ〜Ｆにあてはまる語句を答えよ。

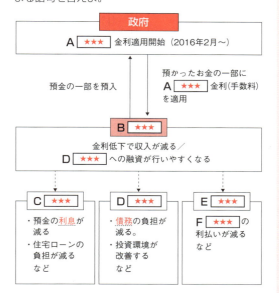

A マイナス

B 金融機関
 （市中銀行）

C 家計
D 企業
E 政府
F 国債

9 金融と金融機関の役割

□1 **市中銀行の三大業務**は、★★★ 業務、★★★ 業務、遠隔地間の支払いや送金を代行する為替業務である。

◆これらの業務は銀行の持つ仲介機能や決済機能である。

ANSWERS □□□

預金（受信），貸出
（授信・与信）
※順不同

VI 政治経済　9 金融と金融機関の役割

□**2** 遠隔地取引の決済手段である為替について、二国間貿易の為替による決済の基本的な仕組みを説明した、次の図中の空欄 **A ～ C** に、①支払いを確約する信用状 (L/C)、②為替手形・船積み書類、③自国通貨のどれがあてはまるか答えよ。

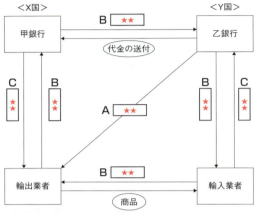

(注) 代金の決済は、複数の為替取引の相殺を活用して行われる。
　　 Aは、輸出業者の依頼の下に乙銀行から甲銀行に送られる場合もある。

◆上記の決済をX国(日本)の会社が自動車をY国(アメリカ)の会社に輸出するケースで説明する。売買契約後、アメリカの輸入業者がアメリカの乙銀行に **A**(①支払いを確約する信用状(L/C))を発行するように求め、日本の輸出業者に通知するよう依頼する。日本の輸出業者は **B**(②為替手形・船積み書類)を日本の甲銀行に買い取らせ、甲銀行から **C**(③自国通貨：円)で支払いを受け取る。甲銀行は乙銀行へ**B**を引き渡し、一方、アメリカの輸入業者はアメリカの乙銀行に **C**(③自国通貨：ドル)で支払いを行う。最後に、立替払いをしていた日本の甲銀行はアメリカの乙銀行から**決済代金の送付**を受け、同時に乙銀行は輸入業者に**B**を渡す。アメリカの輸入業者はそれを日本の輸出業者に呈示して自動車という商品を受け取ることになる。

A ①
B ②
C ③

□**3** 銀行の持つ機能の1つとして、当座預金(小切手)による貸付操作を繰り返すことで、初めの**本源的預金量以上の預金通貨を一時的に創造**することを ★★★ といい、 ★★★ 率が小さいほど生み出される総額は大きくなる。

信用創造、
支払準備(預金準備)

□**4** 46億円の本源的預金に対して、**信用創造**の結果、預
★★ 金総額が1,150億円になった場合の支払準備率は
　　　★★ ％である。

　◆本源的預金を預金総額で割って求められる百分率が支払準備率
　　となる。

　　　預金総額＝$\dfrac{本源的預金}{支払準備率}$

　　　1,150億円＝$\dfrac{46億円}{x}$

　　x＝46億円÷1,150億円＝0.04
　　よって4%。

4

□**5** 本源的預金（最初の現金による預金）が1,000万円、支
★★ 払準備率が10%だと仮定すると、銀行全体で生み出
される信用創造総額は　★★　円となる。

　◆信用創造を加えた預金総額＝$\dfrac{本源的預金}{支払準備率}$＝$\dfrac{1,000万円}{0.1}$＝1億円

　　新たに生み出される信用創造総額＝預金総額－本源的預金＝
　　1億円－1,000万円＝9,000万円

9,000万

□**6** 銀行が不良債権の拡大を防ぐために貸出の審査を厳し
★★★ くして貸出を抑えることを　★★★　といい、そのこと
によって金融システムが逼迫（ひっぱく）する　★★★　が発生する。

　◆2002年、小泉政権下では総合デフレ対策として不良債権を処理
　　し、貸し渋りを防止する政策が掲げられた。

**貸し渋り，
クレジット=クラ
ンチ（信用収縮）**

□**7** 返済期日前の貸付金を銀行が取り立てに行くことを
★★ 　★★　という。

貸しはがし

□**8** 企業が有価証券などを発行して**市場から資金を集める**
★★★ **方法**のことを　★★★　金融という。

　◆例えば、自社の株式の発行は直接金融であり、返済の必要がな
　　い**自己資本**である。自己資本には、企業の内部留保（利益から税
　　や配当などを除いた残りのもので、社内に蓄積されたもの）によ
　　る**自己金融**がある。社債の発行も直接金融で、一定の時期に利
　　子をつけて返済する必要がある**他人資本**である。

直接

□**9** 直接金融の具体例として、　★★★　や　★★★　の発行に
★★★ よる資金調達がある。

株式，社債
※順不同

□**10** 企業が**銀行からの借入によって資金を集める方法**のこ
★★ とを　★★　金融という。

　◆国民が銀行に預金した資金が、銀行を媒介にして企業に貸し付
　　けられることから間接金融と呼ばれる。銀行からの借入（銀行融
　　資）は間接金融であり、返済の必要があるため**他人資本**である。

間接

**VI
経済**

9 金融と金融機関の役割

225

VI 政治経済 9 金融と金融機関の役割

□11 企業の資金調達について、**アメリカでは** ★★★ 金融**方式**、**日本では** ★★★ 金融**方式が中心**である。

直接，
間接

◆日本では**伝統的に**間接金融**方式が中心**で、**日銀が行う金利政策**は企業の投資に**直接的な影響を及ぼし効果的**であったが、最近は間接金融**への依存度が低下**し金利政策の効果は薄れつつある。

□12 企業が発行する株式などを購入する形で資金を提供する資金調達方法である ★★★ 金融の重要性が指摘され、金融制度や金融業務などにかかわる規制を緩和する**日本版**金融 ★★★ と呼ばれる改革が行われた。

直接

ビッグバン

◆もともと金融ビッグバンは、**サッチャー**政権下の1986年にイギリスで行われた証券市場改革を指す。

□13 **金融の自由化**には、 ★★★ **の自由化**と ★★★ **の自由化**の2つがある。

金利，金融業務
※順不同

□14 金融ビッグバンの内容には、**銀行、信託、証券、保険の相互参入**、 ★★★ 関連業務の自由化、 ★★★ **の解禁**、**証券取引手数料の自由化**などがある。

外国為替，持株会社（金融持株会社）

□15 日本版ビッグバンの3つの原理は、「 ★★★ (**自由**)・ ★★★ (**公正**)・ ★★★ (**国際化**)」である。

フリー，
フェア，グローバル

◆金融ビッグバンによる**金融の自由化**については、1983年の日米円ドル委員会で円を国際化する前提として日本に対するアメリカの金融市場の開放要求とともに、金融国際化の中で**国際競争力のある金融を育成**するという国内事情がある。

□16 金融ビッグバンの一環として、**独占禁止法が改正され**、 ★★★ **が解禁**され、それによる**グループ化で金融再編を進めた**ことで、 ★★★ が形成された。

持株会社（金融持株会社），
メガバンク

◆**第一勧業銀行、富士銀行、日本興業銀行**が合併して**みずほ銀行**が、**住友銀行とさくら銀行**が合併して**三井住友銀行**が、UFJホールディングスと三菱東京フィナンシャルグループが合併して**三菱東京 UFJ 銀行**（2018年4月、三菱 UFJ 銀行に改称）が生まれ、**三大メガバンク・グループ**となる。

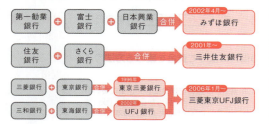

□**17** 金融ビッグバンでは ★★ 法を改正して、**証券取引**
★★ **手数料を自由化**した。

証券取引

□**18** アメリカからの金融市場開放と規制緩和要求の下、日
★★ 銀が各市中銀行の設定する金利を決定する ★★ が
廃止され自由金利になるとともに、**日銀や大蔵省（現
在の財務省）が金融機関を保護**する「 ★★ 方式」が
事実上廃止された。

規制金利

護送船団

◆金利政策や公定歩合操作、支払準備率操作などを補完するため
に、日銀は市中銀行に対して３ヶ月ごとに貸出増加枠を指示す
る窓口規制という行政指導を行っていた（1991年廃止）。

□**19** **破綻銀行への預金**は ★★★ 制度により**全額保護**され
★★★ てきたが、**保護上限を預金**元本1,000万円＋**利子**までで
遮断する ★★★ 解禁という措置が採られた。

預金保険

ペイオフ

◆なお、1971年には預金保険機構が設立され、金融機関が経営不
振などで預金の払い戻し能力を欠いた場合、それに代わって預
金を払い戻す役割を担っている。**2005年**には利子なし預金を除
き本格的にペイオフが**解禁**されたが、**10年**９月に日本振興銀行
が破綻し、**初めて**ペイオフが**適用**されることになった。

□**20** 銀行が保有する回収不能、ないし著しく回収困難な貸
★★★ 付金を ★★★ という。

不良債権

□**21** 国際決済銀行（BIS）**規制**の自己資本比率 ★★ ％を
★★ **下回る不健全銀行**（破綻懸念銀行）に対して、リストラ
を条件に**公的資金を投入**することなどを定めた、1998
年制定の３年間の時限立法を ★★ 法という。

8

金融再生関連

◆国際決済銀行には自己資本比率の算定方法、国際業務を営む銀
行の最低水準となる自己資本比率を定めるバーゼル銀行監督委
員会の常設事務局が置かれている。

□**22** 金融再生関連法では、破綻銀行は**一時的に国営企業で
★★★ ある** ★★★ **を設立**して経営再建を図り、営業譲渡先
を探すことになる。

ブリッジバンク
（つなぎ銀行）

◆時限切れの金融再生関連法の内容をほぼ引き継いで恒久化され
たのが**預金保険法第102条**である。これによると、**金融危機対
応会議**が自己資本の不足する銀行の破綻認定を行い、**破綻銀行
の一時国営化**や**公的資金投入**などの金融再生措置を決める。

□**23** 現在、旧大蔵省が持っていた**金融監督権限**と**金融企画
★★★ 権限**は、 ★★★ が持つようになった。

金融庁

◆旧大蔵省の不祥事から1998年に大蔵省の金融監督権限が剥奪さ
れて、金融監督庁が創設された。2000年には**金融監督庁**と**旧大
蔵省の金融企画局部門が統合**されて金融庁となった。

VI 経済

9 金融と金融機関の役割

227

VI 政治経済 **9** 金融と金融機関の役割

□**24** 旧政府系金融機関のいくつかは、2006年の ★★ 法
★★ の成立を受けて、 ★★ 公庫、**中小企業金融公庫、農
林漁業金融公庫、国際協力銀行**の国際金融業務が合体
して ★★ 公庫に統合された。

◆**国際協力銀行**の海外経済協力業務は国際協力機構（JICA）に合
流した。日本政策投資銀行と商工組合中央金庫は持株会社と
なったが、2008年より5〜7年間での民営化が決まったが先送
りされ、商工組合中央金庫は2022年までに最終的な結論を出す
とされた。日本政策投資銀行は完全民営化しないでおくべきと
の主張も根強い。

行政改革推進,
国民生活金融

日本政策金融

□**25** 銀行が特定の企業と強く結び付き、資金供給のみなら
★★ ず債権者や大株主として経営の監視を行う仕組みを
★★ 制という。

メインバンク

□**26** 2020年5月、10年以内の時限措置として地方銀行の
★★★ 再編で貸出の占有率が高まっても ★★★ 法の適用を
除外する**特例法**が成立し、同年11月に施行された。

◆**超低金利政策**が続く中、地方の人口減少や経済停滞で収益力が
落ち込む地方銀行の統合や合併の動きを後押ししている。

独占禁止

□**27** 次の図は、ある地方銀行の**貸借対照表**（以下、B/S）で
★★ ある。総資産のうち、貸出金70を持つが、そのうち
の30が不良債権である。この損失を自己資本で補填
して処理する場合、不良債権処理後のB/Sにおける
自己資本は ★★ 、総資本は ★★ となる。

10, 70

【総資産】	【総資本】
貸出金：70 （うち、不良債権：30）	預金：60
その他：30	自己資本：40

◆不良債権30を自己資本40から補填するので、総資本として残
る自己資本は、40−30＝10となる。その結果、総資本は、預
金60＋自己資本10＝70である。

10 財政～機能・政策・構造

ANSWERS □□□

1 アメリカの経済学者マスグレイブの定義によると、政府が行う経済活動である**財政**には**公共財と公共サービスを提供する** ★★★ **機能**、**貧富の差を解消させる** ★★★ **機能**、景気や物価状況に対応して**増減税**を行ったり**財政支出を増減**させたりする ★★★ **機能**の3つの機能がある。

資源配分調整,
所得再分配,
経済安定化

◆資源配分調整機能を果たすために、政府は利潤を追求する民間では提供されにくい**公共財や公共サービス**を採算が取れなくても提供する。そのために税金を徴収している。

2 **所得再分配機能**を果たすために、政府は直接税である所得税に ★★★ を導入して高所得者から高率の税を徴収し、その資金を**生活保護や失業保険などの** ★★★ によって低所得者に移転する。

累進課税,
社会保障給付

◆財政規模を縮小して「小さな政府」を実現すべきであるという考え方においては、社会保障関係費を削るべきであるという主張が出されている。

3 次のグラフは、2013年度税制改正以降の**所得税の累進課税率**を示したものである。この内容を前提とした場合、**課税所得1,000万円**の人が支払うべき所得税額は ★★ 円である。

176万4,000

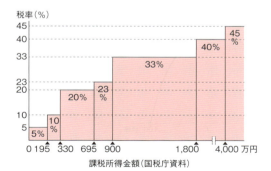

◆計算方法は以下の通りである。
195（万円）× 0.05 +（330（万円）− 195（万円））× 0.1 +（695（万円）− 330（万円））× 0.2 +（900（万円）− 695（万円））× 0.23 +（1,000（万円）− 900（万円））× 0.33 = 176万4,000円

VI 政治経済　10 財政～機能・政策・構造

- **4** 経済安定化機能として、景気動向に応じて政策的、裁量的に財政支出を伸縮させる ★★★ （補整的（伸縮的）財政政策）と、あらかじめ設けていた財政メカニズムが**景気を自動的に調整**する ★★★ がある。

　フィスカル=ポリシー
　ビルト=イン=スタビライザー

　　◆不況の場合に、公共事業の増加や前倒しでの実施、減税で有効需要の増加を図るといった**政府の裁量的な財政政策**がフィスカル=ポリシー（補整的（伸縮的）財政政策）である。ビルト=イン=スタビライザーとは、失業保険や生活保護などの社会保障、累進課税制度など景気変動に応じて自動的に**有効需要を補整（伸縮）させる機能**を働かせる仕組みが組み込まれていることである。

- **5** 景気過熱対策としてのフィスカル=ポリシーは、**歳入面**では ★★★ を、**歳出面**では財政支出の ★★★ を行って**流通通貨量を**減少させることである。

　増税, 削減

- **6** 景気停滞対策としてのフィスカル=ポリシーは、**歳入面**では ★★★ を、**歳出面**では財政支出の ★★★ を行って**流通通貨量を**増加させることである。

　減税, 拡大

- **7** 財政政策と金融政策などを組み合わせて実施することは、一般に ★ という。

　ポリシー=ミックス

- **8** 次のグラフは、★★ 曲線と呼ばれ、過度の増税がかえって税収を減らしてしまうために、**減税を行う方が税収が増加する場合がある**ことを示す。★★ 主義の減税論の根拠となっている。

　ラッファー
　反ケインズ

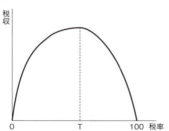

　　◆所得税の減税によって、家計による消費需要を刺激し景気回復の効果が期待され、その結果、税収の増加が見込まれると主張した。

□**9** **予算**には、通常の歳入・歳出の会計である一般会計、国
★★ が特定の事業を特定の資金の運用や特定の歳入で行う
　　　★★ 会計、国が全額出資する法人などの予算であ
る ★★ 予算の3つがある。

◆特別会計は官僚の「ヤミの財布」とも呼ばれ、主務官庁に使途を
丸投げする**委任予算**という性質を持つ。小泉内閣下では31存在
したが、2014年には第二次安倍内閣下で15に、18年には13
に統廃合された。

特別,
政府関係機関

□**10** ★★ 主義は「国の財政を処理する権限は、国会の議
★★ 決に基いて、これを行使しなければならない」とする
憲法第83条の規定を指す。

◆なお、予算成立後に経費の不足や、新たな経費の必要が生じた
場合、内閣の責任において支出できるあらかじめ定められた予
算部分を予備費という。2020年度に政府は新型コロナウイルス
感染症（COVID-19）の対策として3度の補正予算を経て確保
した予備費から、ワクチン確保、中小企業や貧困世帯への支援、
入国検疫強化などに支出することを決めた。

財政国会中心
（国会財政中心、財
政民主）

□**11** 日本の会計年度は ★★ から翌年 ★★ 月末日ま
★★ でで、それまでに国会が本予算を可決できなければ、日
常的な**必要最小限度の予算**を ★★ 予算として執行
する。

4月1日, 3

暫定

□**12** 会計年度途中に予算を追加・変更するために作成され
★★ る予算を ★★ 予算といい、その中には新項目を付
け加える ★★ 予算と特定項目から他項目への資金
流用を行う ★★ 予算がある。

補正,
追加,
修正

□**13** **国の予算**は、その執行を終えると、会計年度ごとに内
★★ 閣が決算を作成して ★★ に送付し、その検査を終
えたのちに次の年度に内閣は決算に決算報告を添付し
て ★★ に提出し、審議・承認を受ける。

◆国会の審議を通じて主権者たる**国民の意思が反映**される点が財
政国会中心主義のあらわれである。

会計検査院

国会

□**14** 「歳入＝歳出」となる**均衡財政を原則**に、**デフレ・不況**
★★★ **対策**としては ★★★ 財政、**インフレ・景気過熱対策**
としては ★★★ 財政が図られる。

赤字（積極）,
黒字（緊縮）

□**15** **一般会計歳出**のうち ★★★ の占める割合は社会保障
★★★ 関係費、国債費に続いて大きいが、いわゆる三位一体
の改革により、**その額は削減の方向**にある。

地方交付税交付金

VI
経済

10 財政〜機能・政策・構造

231

| | VI 政治経済　10 財政〜機能・政策・構造 |

□**16** 一般会計歳出の**第4位**である ［ ★★ ］ 費は、1989年の
★★ 　日米構造協議に基づく**内需拡大策**により、**90年代は
増加傾向**にあった。

公共事業関係

　◆2001〜06年の小泉内閣の下では公共事業関係費の削減が行われ
　た。その後増加することもあったが、民主党政権下では、「**コン
　クリートから人へ**」というスローガンをマニフェスト（政権公
　約）に掲げたことで、削減が進んだ。

□**17** 1990年代の日本の財政状況を見ると、歳入は長期不況
★★★ 　を背景とした税収自体の減少に加え、景気対策として
　の ［ ★★★ ］ や ［ ★★★ ］ の**減税**により減少する一方で、
　歳出は景気対策としての度重なる公共事業の追加や急
　速な高齢化に伴う ［ ★★★ ］ の**増大**が続き、財政赤字が
　拡大し、財政収支は危機的な状況に陥った。

所得税，法人税
※順不同

社会保障関係費

□**18** 橋本内閣は**財政赤字解消策**として**1997年**に ［ ★★ ］ 法
★★ 　を制定した。

財政構造改革

　◆財政構造改革法では、2003年までに国および地方の単年度あた
　りの**財政赤字を対GDP比3%以下**とし、赤字国債（特例国債）
　の発行をゼロにする目標を掲げた。橋本内閣が取り組んだ中央
　省庁のスリム化をはじめとした**行政改革**も**行政コストを削減**す
　ることで財政再建を図ることを目的とした。しかし、続く**小渕
　内閣**は、赤字国債**の濫発**による財政支出拡大路線に転じ、1998
　年に財政構造改革法を凍結した。

□**19** 「三位一体の改革」の一環として、2006年度の税制改正
★★★ 　で、［ ★★★ ］ 税から ［ ★★★ ］ 税への**3兆円規模**の税源
　移譲が実施された。

所得，住民

　◆三位一体の改革の1つである「**国から地方への税源移譲**」の具体
　的な方法として、国税である**所得税**を減税し、その減税分は地
　方税である**住民税**を増税するという方法が実施されている。

□**20** **一般会計歳入**（政府予算案）の主要科目別の割合（%）
★★★ 　を示した次のグラフの空欄 **A、B** にあてはまる適語を
　答えよ。

その他

| 2022年度 | A ［ ★★★ ］ 60.6 | B ［ ★★★ ］ 34.3 | |

A　租税・印紙収入
B　公債金（公債、
　　国債）

232

21. 一般会計歳出（予算）の主要経費の割合（％）を示した次のグラフの空欄 A ～ C にあてはまる適語を答えよ。

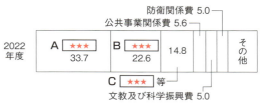

◆2022年度予算案の一般会計の総額は **107兆5,964億円** と10年連続で過去最大を更新した。

A 社会保障関係費
B 国債費
C 地方交付税交付金

22. 国が財政資金を用いて行う、投資や融資などの国家の**金融活動**のことを ★★★ という。

◆財政投融資は、2001年の改革により、政府の信用力を背景に金融市場から調達した資金などを財源に、民間では困難な**社会資本整備や中小企業への資金供給**などの役割を担うことになった。

財政投融資（財投）

23. 2001年4月以前の**財政投融資**の財源として ★ 、★ 、産業投資特別会計があったが、財政資金が組み入れられることでコスト意識が低下して放漫経営が行われ、赤字が拡大した。

◆かつての大蔵省資金運用部資金の原資は、郵便貯金、厚生年金積立金、国民年金積立金などであった。

大蔵省資金運用部資金、
簡易保険資金
※順不同

24. **財政投融資**は巨額の赤字を生んだため、**2001年の制度改革**で独立行政法人などの財政投融資機関に融資を行う特別会計として財政融資資金特別会計（現在の ★ 特別会計）が設置され、特別会計は ★ を発行して市場から資金を借入できることになった。

◆財投債とは別に財政投融資機関が自ら市場から借入を行う財投機関債も認められるなど、自主的な資金調達システムを採用した。

財政投融資、財投債（財政投融資特別会計国債）

25. 財政投融資の運用先には、**特別会計、地方公共団体、特殊会社、独立行政法人、公庫**などの ★★ がある。

政府系金融機関

VI 政治経済　11 租税制度

□**26** **財政投融資額**は、従来、一般会計の金額の約 ★★★ ％
★★★ に匹敵する額で、景気調整の役割も果たしていたこと
から、一般会計に次ぐ「 ★★★ 」ともいわれた。

50

第二の予算

◆もともと**財政投融資**の使途としては**生活関連社会資本**に対する
割合が多かったが、近年は**不況対策**として**中小企業への融資**の
割合が高まりつつあるが、その金額は削減されて約19兆円とな
り、2022年度予算案の約18％となっている。

11 租税制度

ANSWERS □□□

□**1** アダム=スミスの「**租税四原則**」によれば、近代以降の
★★ **租税国家**では、徴税のルールとして ★★ 、明確、便
宜性とともに、徴税にかける費用を ★★ にするこ
とが重視されている。

公平,
最小

◆**租税国家**とは、前近代の封建国家や、生産手段を国有化する社
会主義国家に対し、資本主義国家の性質を財政面から捉えたも
の。租税国家である資本主義国家は私有財産制の下で自由な経
済活動の中で、その権力によって税金を徴収する。

□**2** 納税**義務者**と実際に税を負担する租税**負担者**(担税者)
★★★ が同一である税を ★★★ 、**両者が異なり**、租税の価
格転嫁を予定する税を ★★★ という。

直接税,
間接税

□**3** **直接税と間接税の比率**(直間比率)は第二次世界大戦前
★★★ は3.5:6.5であったが、戦後は直接税**中心**となり、近
年はほぼ ★★★ : ★★★ であるが、社会保障関係費
の財源確保を目的とした消費税**率の引き上げ**で、今後
は間接税の割合が大きくなる。

6, 4

□**4** 次の表は、日本(2017年度)、アメリカ、イギリス、ド
★★ イツ、フランス(以上、2017年)における**税収の直間
比率**(国税+地方税)を示している。空欄**A～C**ににあ
たる国名をそれぞれ答えよ。

A ★★	B ★★	イギリス	ドイツ	C ★★
79:21	67:33	57:43	55:45	55:45

A アメリカ
B 日本
C フランス

◆アメリカは直接税の比率が高いのに対し、ドイツやフランスな
どの**ヨーロッパ諸国**は直接税と間接税の比率が近い。

5 主な**租税の種類**に関する次の表中の空欄 **A ～ E** にあ
★★　てはまる税目を答えよ。

		直接税	間接税
国税		所得税 法人税 **A** ★★ 贈与税	**D** ★★ 酒税 たばこ税 揮発油税 自動車重量税
地方税	道府県税	**B** ★★ 自動車取得税 事業税 不動産取得税 自動車税	道府県たばこ税 ゴルフ場利用税 **E** ★★ （2019年度 ～ **D** の10%のうち 2.2%分）
	市町村税	**C** ★★ 固定資産税 事業所税 都市計画税	市町村たばこ税 入湯税

A　相続税

B　道府県民税

C　市町村民税
D　消費税
E　地方消費税

◆ **B** と **C** を合わせて住民税という。**D** の消費税は、消費者が直接
納税するのでなく、製造者、卸業者、小売業者が納税する**間接
税**である。消費税とともに歳入の中心をなす法人税は企業が得
た利益に対して支払う**直接税**である。固定資産税は、土地や建
物といった不動産に継続的に毎年課される**直接税**である。

6 所得税、相続税など、**課税標準が大きくなるのに応じ
★★★　て税率が高くなる税**を ★★★ 税という。

累進

7 法人税、消費税など、**課税標準に対して適用される税
★★　率が一定である税**を ★★ 税という。

比例

8 EU 諸国での ★★★ をモデルに、日本では財やサー
★★★　ビスの消費に対して課せられる間接税として ★★★
が導入されている。

付加価値税,
消費税

VI 経済

11 租税制度

235

VI 政治経済 ⑪ 租税制度

□9 日本では、1989年4月に税率 ★★★ %で ★★★ が
★★★ 導入され、97年4月から5%、2004年改正で**外税方
式**から ★★★ **方式**（税込価格表示）となり、14年4
月の ★★★ %への引き上げではいずれの方式も選択
が可能とされていたが、19年10月に ★★★ %に引
き上げられたのち、21年4月より税込価格を示す**総
額表示**が義務づけられた。

3，消費税

内税，

8，

10

◆2013年10月には第二次**安倍内閣**より翌**14年4月**からの消費税
率**8**%への引き上げが発表され、予定通りに実施された。しか
し、15年10月からの**10**%への引き上げは、17年4月、さら
に**19年10月**へと2度、実施が延期された。

□10 安倍首相は、2015年10月に予定していた消費税率
★★★ ★★★ %への引き上げを、19年10月に実施した。そ
れに伴い、消費者への負担を軽減し、**逆進性を緩和**す
る ★★★ が導入され、一部の**生活必需品**の税率は
★★★ %に据え置かれた。

10

軽減税率，

8

◆**軽減税率**は持ち帰りなど一定条件を満たした酒類を除く飲食料
品、週2回以上発行されている新聞（定期購読）などの生活必需
品を対象とする。なお、**電気・ガス・上下水道などは軽減税率
の対象外**である。

□11 **生活必需品**に対する**消費税**は、**低所得者の税負担感が
★★★ 大きくなる**という ★★★ 性を持つ。また、消費者が
事業主に支払った消費税のうち、納税されず事業主の
手元に残る部分である ★★★ の**発生**が問題点である。

逆進

益税

□12 **消費税**は、商品やサービスの**すべての購入者に同じ税
★★★ 率が課される**ために、 ★★★ 的な性質を持ち、 ★★★
的公平の原則に反する傾向を持つ。

逆進，垂直

◆消費税の問題点である逆進性を**緩和**するために、1991年の法改
正によって福祉サービス、出産、学校教育、家賃など**非課税品目**
が設けられた。

□13 税務当局が所得税を課する際に把握できる**所得捕捉率
★★★ の格差**の問題を ★★★ 問題という。

クロヨン

◆所得税は職種によって徴収方法が異なり、**所得捕捉率は給与所
得者よりも自営業者や農業従事者が低い**とされる。**源泉徴収**で
ある雇用労働者（サラリーマン）が**9**割、**申告納税**である自営業
者**6**割・農業所得者**4**割という格差が生じている。捕捉率をそ
れぞれ「10割」「5割」「3割」とし、これを「**トーゴーサン**」と
称する場合もある。

236

□14 **所得税**における累進課税は、**租税負担において** ★★ **的公平を図る**という長所の一方で、**クロヨンの問題**など ★★ **的公平を失する**という短所がある。

垂直

水平

◆垂直的公平とは、**租税負担能力に応じて租税を負担**して、**実質的平等を図る考え方**。水平的公平とは、**租税負担能力にかかわらず全員が同じ負担をして、形式的平等を図る考え方**。消費税は、同一税率の負担を所得の高低にかかわらず課すという水平的公平を図るという特徴がある。

□15 所得税は現世代における所得 ★★★ の効果を持ち、相続税は世代間の所得 ★★★ の効果を持つ。

再分配,
再分配

□16 ★★ 税は累進課税であることから、親の世代における資産の多寡が、そのまま子の世代の資産の格差につながることを抑制する効果がある。

相続

□17 **国税の内訳（％）を示した次のグラフ中の空欄 A〜C にあてはまる税目を答えよ。**

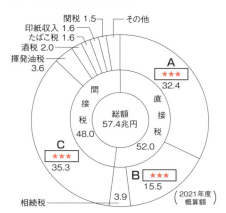

A 所得税

B 法人税
C 消費税

◆**国税収入の税目を金額の多い順に並べると**、2019年まで所得税・消費税・法人税であったが、19年10月から消費税率が10％に引き上げられたため、以後は消費税が第1位となっている。

□18 **使途が限定されない租税**を ★★ 財源といい、**使途が限定される租税**を ★★ 財源という。

一般,
特定

VI 政治経済　11 租税制度

□19 所得税が課される最低所得（年収）の基準を ★ と
いうが、景気過熱対策として増税する場合はその水準
の ★ を行うことが、不況対策として減税する場
合は ★ ることが有効である。

課税最低限（最低課税水準），
引き下げ，
引き上げ

◆例えば、課税最低限（所得税を課税する年収）を120万円から
300万円に引き上げれば、年収300万円以下の人は所得税が
免除になるので減税となる。逆に、課税最低限を引き下げれば、
低所得者にも課税され（「フリーター課税」）実質増税となる。

□20 次のグラフは、**一般会計税収の推移**を示したものである。折れ線A～Cの空欄にあてはまる租税の種類を答えよ。

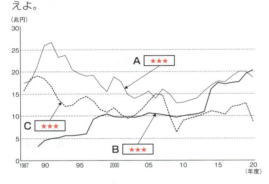

A　所得税

B　消費税
C　法人税

◆消費税は税率が引き上げられた1997年（3→5％）、2014年（5→8％）、19年（8→10％）に階段状に税収が増加する（B）。
21年度当初予算（概算）での全税収に占める割合のトップ3は、
①消費税（約35％）、②所得税（約32％）＝A、③法人税（約16％）＝Cとなる。

□21 都道府県の**法人事業税**を法人の所得に対してではなく
売上高、土地面積、従業員数などをもとに課税する方
式を ★ 課税といい、2004年より資本金1億円超
の法人に導入された。

外形標準

□22 **揮発油税**（ガソリン税）と**自動車重量税**は道路 ★★
財源であるが、無駄な道路工事が行われることから、
2009年に ★★ **財源化された**。

特定

一般

◆麻生内閣は、道路特定財源の削減分を地方に補塡する目的で、
国が地方に支給する**地域活力基盤創造交付金**を創設したことか
ら、事実上、道路特定財源を温存したものと批判された。

□23 租税負担に社会保障負担を加えたものの**国民所得に対する割合**を ★★★ という。次のグラフは主要国の割合を表している（日本は2019年度。他は16年度データ）。空欄**A〜C**にはアメリカ、スウェーデン、日本のいずれかがあてはまる。それぞれの国名を答えよ。

国民負担率

◆日本の国民負担率は40％超であり、約70％のフランス、約60％のスウェーデンと比べれば負担は低い。スウェーデンはかつて70％超の高負担・高福祉国家だったが、**欧州財政危機の影響**で小さな政府への転換を進めていることがわかる。

A アメリカ
B 日本
C スウェーデン

12 公債〜国債と地方債

ANSWERS □□□

□1 **政府や地方公共団体**が財政資金の不足を補うために発行する債券を ★★★ という。

公債

□2 国債には、**社会資本（インフラ）整備のための借入金**である ★★★ 国債と、**一般会計の歳入不足を補うための借入金**である ★★★ 国債の2種類がある。

建設,
赤字（特例）

□3 財政法（1947年成立）は、**借入金を原則禁止している**が、社会資本を後世代に残す ★★ 国債**の発行は認めている**。

建設

◆第1回の建設国債は1966年に発行され、公共投資（政府）主導型の**第二次高度経済成長**を実現して以来、現在に至るまで**毎年発行されてきた**。

□4 財政法上、**赤字国債は発行が禁止されている**が、実際は**会計年度ごとに** ★★★ 法**を制定し発行されている**。

財政特例

◆2016年に特例公債法が改正され、16〜20年度の5年間は、毎会計年度に赤字国債の発行が可能となった。なお、新型コロナウイルス感染症（COVID-19）の対応のため、2025年まで延長されることになった。

VI 政治経済　12 公債～国債と地方債

□**5** 一般会計の歳入不足を補うための借入金である ★★★ 　★★★
国債は、1965年度に1度発行されたが、 ★★★ 後の不
況対策をきっかけに発行が慣行化し、75～89年度、
94年度から現在に至るまで発行されている。

赤字（特例），
第一次石油危機
（第一次オイル=
ショック）

□**6** 一般会計歳入に占める国債の割合を ★★ という。　★★

◆1990～93年度は赤字国債発行をゼロにしたが、94年度より再
び発行し始め、90年代末から2000年代前半にかけての破綻金融
機関への公的資金投入やITバブル崩壊による不況対策などに
より、国債依存度は40%を超えた。その後、景気回復による税
収増加で、07年度は30%台に低下したが、09年度にはリーマ
ン=ショックによる世界経済危機で50%超（51.5%）と跳ね上
がり、初めて「租税収入＜国債収入」となった。11年度には東日
本大震災の復興財源確保のために再び50%近く（48.9%）に上
昇したが、12年12月以降のアベノミクス効果などから徐々に
低下し、20年度当初予算で約30%（31.7%）となった。しか
し、新型コロナウイルス感染症（COVID-19）対策の大規模な財
政出動の支出（補正予算）すべてを国債の新規発行で賄ったた
め、第3次補正予算時点で過去最大の64.1%に達した。

国債依存度

□**7** 小泉内閣では、2010年代初頭での ★★★ （PB）の均　★★★
衡ないし黒字化という目標が設定されたが、これは、
「歳出－ ★★★ ＜ ★★★ －公債金（＝ ★★★ 発行
額）」という式で示すことができる。

プライマリーバラ
ンス
国債費，歳入，公
債

◆プライマリーバランス（PB）は、基礎的財政収支を意味する。深
刻な財政状況を打開するために小泉内閣が掲げた2010年代初頭
の均衡・黒字化目標は結局達成されず、麻生内閣は18年くらい
までに、民主党政権は20年代までにと、目標時期を相次いで遅
らせた。第二次安倍内閣は15年度までにプライマリーバラン
スの赤字半減を目標に掲げていた。2019年10月、安倍首相は
25年度のプライマリーバランスの黒字化を表明したが、20年
の「コロナ=ショック」の中、3度にわたる補正予算を編成し、巨
額の経済対策を行ったことで、20年度は90.4兆円の赤字に達
し、25年度の黒字化目標は達成不可能な状況にある。21年度
予算案をもとにした財務省の試算によると、経済成長率3.0%
という楽観的な予測であっても、24年度に11.3兆円の赤字と
なる。

□**8** 次の図が示す**プライマリーバランス（PB）**の状態は
★★★ 　**★★★** であり、公共サービスに用いられる金額は、国
　　　民が負担している税金の額を **★★★** 回っている。

赤字,
上

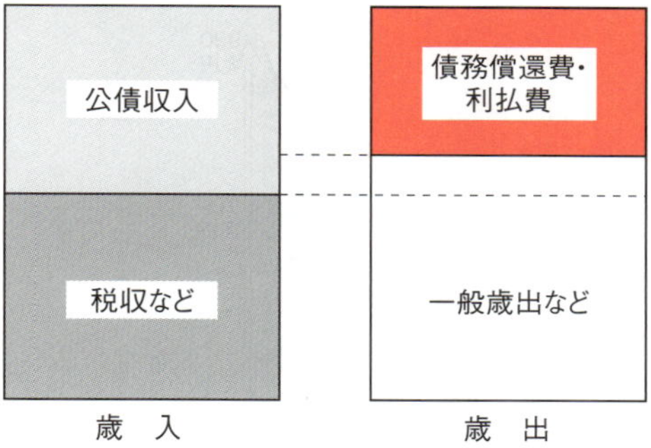

歳　入	歳　出
公債収入	債務償還費・利払費
税収など	一般歳出など

□**9** **国債償還費**が歳出の上位にあることは**財政として不健**
★★★ **全**であり、その膨張が社会保障や景気対策などの**財政**
　　　支出を圧迫する財政の **★★★** が生じてしまう。

硬直化

□**10** 政府発行の**国債を日銀**が発行時に買い取る **★★** を
★★ **禁止**し、市中金融機関が買い取って**市中の遊休資金**で
　　　賄う原則を **★★** の原則という。

日銀引き受け

市中消化

　　　◆日銀引き受け禁止＝市中消化の原則は、政府が新規国債を発行
　　　する際に直ちに日銀が通貨を増発することを防ぎ、インフレの
　　　発生を防止することが目的である。

□**11** **★** とは、**国債の濫発**により国民の遊休資金を政
★ 府に集めさせてしまうことから、**民間資金を圧迫**し、民
　　　間銀行からの貸出を減少させて民間投資を押しのけて
　　　しまう現象で、民間の景気を後退させ不況を招く。

クラウディング＝
アウト（押しのけ
効果）

□**12** **国債**が**濫発**されて国債価格の暴落が予想されると、**国**
★ **債を売却**し、その資金が**海外に流出**する **★** が起
　　　こるおそれがある。

資本逃避（キャピ
タル＝フライト）

　　　◆日本の国債は保有者のおよそ9割が日本国民であり、その多く
　　　が金融機関であることから、国債の投げ売りによる資本逃避
　　　（キャピタル＝フライト）のリスクは低く、暴落は起きにくいとい
　　　う楽観論も存在する。

□**13** **国債**が**濫発**されると、返済のための通貨増発などを招
★★★ き、**★★★** を発生させるおそれがある。

インフレ

VI
経済

12
公債〜国債と地方債

241

VI 政治経済 12 公債〜国債と地方債

14 次の国債残高の蓄積（2021年度末見込み）を示したグラフについて、以下の空欄にあてはまる数値や語句を答えよ。

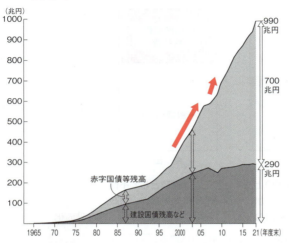

国債残高は、2021年度末で約 [★★★] 兆円、対GDP比で [★★★] ％に達する見込みである。これに地方債残高を加えた長期公的債務残高は [★★★] 兆円を突破し、対GDP比も210％を超えている。20年、新型コロナウイルス感染症（COVID-19）**への緊急経済対策**として、同年度の [★★★] 予算が3度にわたり組まれ、そのすべてが [★★★] の追加発行で調達されたことにより国債依存度は急上昇し、国債残高は激増している。

990,
177,
1,200

補正,
国債

◆2020年度は、訪日外国人旅行客（インバウンド）の需要激減、東京オリンピック・パラリンピックの延期、店舗や大型施設などの営業自粛などで日本の経済・社会は大きな停滞を余儀なくされた。全国民に対する**特別定額給付金**や、中小企業や個人事業主などを対象とした**持続化給付金**など、**緊急経済対策**で多額の財政出動が行われることとなり、その財源は国債発行に依存することになった。

15 次のグラフは主要国における**国および地方の債務残高の対GDP比**の推移を示している(一部、推計含む)。空欄**A〜C**にはアメリカ、イタリア、日本のいずれかがあてはまる。それぞれの国名を答えよ。

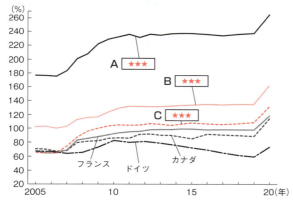

A 日本
B イタリア
C アメリカ

◆Aの日本はグラフが突出し、**G7の中で最悪の水準**で推移している。Cのアメリカは、2008年のリーマン=ショックによってグラフが急上昇している。

VII

経済分野
ECONOMICS
現代経済の諸問題

1 第二次世界大戦前の日本経済

ANSWERS ☐☐☐

☐1 明治維新によって近代国家を目指す日本は ★★ と
★★ ★★ を**近代化のスローガン**に掲げた。

富国強兵,
殖産興業 ※順不同

☐2 **1873年**の ★ 改正による税収をもとに政府が出資
★ して、**富岡製糸場**などの ★ が設立された。
◆2014年、**富岡製糸場**は世界文化遺産に登録された。

地租,
官営模範工場

☐3 1880年代、**官営模範工場**は ★★ に払い下げられ、国
★★ 家による**産業資本家の育成**が行われ、これにより財を
なした者たち (政商) は、四大 ★★ を形成した。

民間

財閥

☐4 日本の産業革命は、 ★★ 工業を中心に進展し(第一
★★ 次産業革命)、さらに ★★ (1904〜05年)を境に**官
営八幡製鉄所**などの設立に代表される ★★ 工業中
心の第二次産業革命期を迎えた。

軽,
日露戦争,

重

☐5 **第一次世界大戦期**には、 ★ 業の活況を受けて、政
★ 商から成長した ★ が**コンツェルン**を形成し、ア
ジア地域への資本進出を図った。このことは日本が
★ **資本主義**段階に到達したことを表す。

海運,
財閥

独占

☐6 第一次世界大戦後の反動恐慌、**1923年9月**の ★
★ による首都機能不全、27年の ★ 恐慌、29年の
★ などで日本経済は壊滅的な状況となった。
◆1931年には犬養毅内閣(高橋是清蔵相)のもとで金本位制から離
脱し、財政支出を拡大する**積極財政**が行われた(**高橋財政**)。

関東大震災,
金融,
世界恐慌

☐7 国内市場が狭く、不況打開のために海外市場の獲得が不
★★ 可避となる中、1930年代に日本は ★★ の引き上げや
★★ **ダンピング**などを行い、 ★★ 圏を形成した。
◆1930年代、各国の為替ダンピング(為替引き下げ)やブロック経
済圏の形成(イギリスの**スターリング=ブロック**、フランスの**フ
ラン=ブロック**など)によって世界貿易が縮小し、植民地や勢力
圏が拡大する中で、第二次世界大戦につながっていく。

関税 (保護関税),
為替, ブロック経
済

244

2 日本経済の動向 (1)～復興から高度経済成長へ

ANSWERS □□□

1 第二次世界大戦後、戦争再発防止のために、★★★、
★★★
農地改革、★★★ の保護・育成という、**三大経済民主
化**が行われた。

財閥解体,
労働組合

2 財閥解体の根拠立法となった ★★★ 法と、解体した
★★★
財閥の再編を防ぐ機能を持つ ★★★ 法は、**1947年に
施行**された。

過度経済力集中排
除,
独占禁止

◆ GHQ の指示に基づく経済民主化政策として、日本の資本主義
経済を発展させる自由競争を阻んでいた旧来の財閥を解体する
ために過度経済力集中排除法や独占禁止法（正式名称は「**私的独
占の禁止及び公正取引の確保に関する法律**」）を制定した。

3 ★★★ は、★★★ 地主制を廃止して ★★★ を創設
★★★
することが目的であった。

農地改革,寄生,自
作農

◆寄生地主とは、田畑などの農地を他人（小作農）に耕作させる**不
在地主**のことで、コメなど生産物の一部を地代（小作料）とし
て徴収し、生計を立てた。また、連合国軍最高司令官総司令部
（GHQ）の指示による第二次農地改革では、**不在地主の土地は
すべて没収**とし、在村地主の土地は、北海道を除いて1町歩を
超える部分を没収とした。こうした農地改革によって多くの小
規模自作農が誕生した。

4 第二次世界大戦後、**戦後経済復興**を目的として、**石炭・
★★★
鉄鋼・電力**などの**基幹産業の建て直し**を図るため、そ
こに重点的に投融資を行う ★★★ が採られた。

傾斜生産方式

5 傾斜生産方式の原資は、一般会計からの価格差補給金
★
以外に、★ の設置による ★ の発行に依存
していたが、その実質は、**日銀引き受けの**国債であっ
たため、インフレを招いた。

復興金融金庫,復
興金融金庫債

6 アメリカによる戦後復興のための対日援助として、**生
★★
活物資の援助**である ★★ （占領地域救済政府資金）
と産業復興の援助である ★★ （占領地域経済復興
援助資金）が拠出された。

ガリオア資金,
エロア資金

◆国内政策とアメリカからの援助という2つの政策により、経済の
再建を遂げていく戦後復興期の状況は「竹馬経済」といわれた。

VII 経済

2 日本経済の動向(1)～復興から高度経済成長へ

245

VII 経済分野 2 日本経済の動向(1)～復興から高度経済成長へ

□**7** 戦後インフレ抑制のため、**超均衡予算**の実施、1ドル
★★★ ＝ ★★★ 円という**単一為替レート**の設定などの、い
わゆる ★★★ が実施された。

> ◆インフレ対策として、1948年にGHQは総合予算の均衡、徴税
> や物価統制の強化などの「**経済安定9原則**」を指令し、これに基
> づき<u>ドッジ=ライン</u>が実施された。徹底したデフレ政策の結果、
> インフレは鎮静化したが、その反動で**安定恐慌**が発生した。

360,
ドッジ=ライン

□**8** <u>ドッジ=ライン</u>の**超均衡予算**のために徴税強化策とし
★★★ て ★★★ 勧告(1949・50年)に基づく**税制改革**を行
い、 ★★★ など**直接税中心**の税体系に改め、国税とは
別に ★★★ を独立化した。

シャウプ,
所得税,
地方税

□**9** **1950年**に隣国で発生した戦争を契機とした ★★ に
★★ より、日本経済は敗戦から立ち直り、51年秋には**戦
前の鉱工業生産水準**にまで回復した。

> ◆<u>朝鮮特需</u>は、駐留アメリカ軍による日本政府を通じての軍事品
> の大量発注(<u>特殊調達需要</u>)によるものであった。

朝鮮特需

□**10** 実質経済成長率が**年平均10%**を超えた1950年代半ば
★★★ ～70年代初頭の時期を ★★★ 期という。

> ◆1955～64年が<u>第一次高度経済成長期</u>、65～70年が<u>第二次高
> 度経済成長期</u>と呼ばれる。

高度経済成長(高
度成長)

□**11** <u>第一次高度経済成長</u>は、 ★★★ 主導・ ★★★ 主導型
★★★ の経済成長であった。

民間設備投資, 内
需 ※順不同

□**12** **第一次高度経済成長期**の貿易収支は ★★★ **字基調**で
★★★ あった。

> ◆日本の**貿易収支**(国際収支統計)は、**1964年から黒字**に転じ、オ
> イル=ショック時も含めて、**2010年まで黒字**が続いたが、11年
> 3月の<u>東日本大震災</u>の影響で、48年ぶりに<u>赤字</u>を記録し、以降
> の<u>赤字の年</u>(2011～15年など)が目立つようになった。

赤

□**13** 石油化学や合成繊維などの新興産業への ★★ **投資**
★★ **の拡大**と「**三種の神器**」などの<u>耐久消費財</u>ブームが牽引
役となった1955～57年の好景気を ★★ という。

> ◆家庭電化製品、乗用車、住宅などの、中長期的に使用できるも
> のを<u>耐久消費財</u>という。

民間設備

神武景気

□**14** **1956年度**の『**経済白書**』は、その序文で「<u>もはや ★★
★★ ではない</u>」と謳い、**戦後復興の「終了」**が宣言された。

戦後

246

15 第一次高度経済成長期の消費を支えた「**三種の神器**」と
★★ は、 ★★ 、 ★★ 、 白黒テレビ の３品目である。

冷蔵庫, 洗濯機
※順不同

16 第一次高度経済成長期には、設備投資の拡大が生産財
★ や原料輸入を増加させ**国際収支の赤字**を招いたことか
ら、それ以上の輸入増加を防ぐために ★ が行わ
れ、国内の成長が止まった。このような**成長の限界**
を ★ という。

金融引き締め

国際収支の天井

　◆神武景気と岩戸景気の間に発生した「**なべ底不況**」は、国際収支
　　の天井が原因であった。

17 1958～61年の ★★ の好況期に池田勇人内閣が発
★★ 表した、61年からの**10年間で GNP を 2 倍**にする
という計画を ★★ という。

岩戸景気

国民所得倍増計画

　◆1960年に策定されたこの計画は10年を待たずに達成された。池田
　　内閣の最終年となる1964年10月には東海道新幹線の開業、東
　　京オリンピックの開催と、日本の高度経済成長を象徴する出来
　　事が続いた。

18 1963～64年の ★ を経て、**65年には** ★ と
★ いう激しい反動不況に見舞われた。

オリンピック景気,
昭和40年不況

　◆第一次高度経済成長期と第二次高度経済成長期の間の時期を**転
　　換期（転型期）**という。1964年の東京オリンピックが終了した翌
　　65年は、その反動不況が起こり、大手証券会社が倒産したので
　　昭和40年不況、または証券不況という。

19 神武景気、岩戸景気、オリンピック景気と続き、次の
★★★ ★★★ は ★★★ ヶ月継続する、20世紀後半で最も
長い好況となった。

いざなぎ景気, 57

20 高度経済成長期には銀行に豊富な資金が存在したため、
★★★ ★★★ 方式に基づく**民間設備投資**が旺盛であり、こ
れを支えたのは、国民の高い ★★★ であった。

間接金融,
貯蓄性向(貯蓄率)

　◆高度経済成長期の貯蓄率は**15～20%程度**に達していた。また、
　　高度経済成長を支えた現象として、**地方（農村）から都市へ良質
　　な労働力**が大量に流入したことも挙げられる。

21 高度経済成長期の後半となる第二次高度経済成長期は、
★★★ 政府による ★★★ 主導型、1965年以降の**ベトナム特
需**による ★★★ 主導型の経済成長であった。

公共投資,
外需(輸出)

22 **第二次高度経済成長期**の消費を支えた「**3C**」とは、
★★ ★★ 、 ★★ 、 カラーテレビ の３品目である。

カー(自動車), クー
ラー ※順不同

VII
経済

2
日本経済の動向(1)〜復興から高度経済成長へ

247

VII 経済分野　2 日本経済の動向(1) ～復興から高度経済成長へ

□23 日本は、1952年に為替の自由化を進める ★★★ （国際通貨基金）に加盟し、神武景気の時期となる55年に貿易の自由化を進める ★★★ （関税及び貿易に関する一般協定）に加盟した。

IMF

GATT

□24 日本は、高度経済成長期の1963年に国際収支の赤字を理由に貿易制限が認められるGATT ★★★ 条国から、貿易制限が認められないGATT ★★★ 条国に移行し、貿易の自由化義務を負うことになった。

12,
11

□25 日本は、1964年に国際収支の赤字を理由に為替制限が認められるIMF ★★ 条国から、それが認められないIMF ★★ 条国に移行し、為替の自由化義務を負うことになった。

14,
8

□26 日本は、高度経済成長期の1964年に「先進国クラブ」とも呼ばれる ★★★ （経済協力開発機構）に加盟し、資本の自由化義務を負うことになった。

OECD

◆ OECD（経済協力開発機構）は、資本の自由化を進めている。国際的にはOECD加盟国を「先進国」、非加盟国を「発展途上国（開発途上国）」と定義している。日本は、高度経済成長期のいざなぎ景気の時期となる1967年に西側世界で国民総生産（GNP）がイギリスを抜いて第3位に、68年には当時の西ドイツを抜いて第2位となり、名実ともに経済大国として先進国の仲間入りを果たした。

□27 高度経済成長期の経済成長率の動向を示した次のグラフ中の空欄 A 〜 D にあてはまる景気の名称を答えよ。

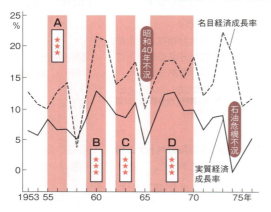

A　神武景気

B　岩戸景気
C　オリンピック景気
D　いざなぎ景気

28 高度経済成長期には都市での [★★] 需要の増加に伴い、都市労働者の賃金が [★★] した。

労働力,
上昇

29 高度経済成長期以降、家族の形態に現れた変化の１つに [★★] 化がある。この背景には、産業構造の変化により若年層が [★★] を求めて**都市部へ集中**したことなどがある。

◆近年は単身（独身）世帯が増加している。

核家族,
職

30 高度経済成長期には都市での [★★] 需要の増加に伴い、都市の地価が [★★] した。

住宅,
上昇

31 第二次世界大戦後の国土構造の形成過程では、貿易に有利な [★★] と呼ばれる地域に集中的に**公共投資や民間投資**が行われた。

◆太平洋ベルトとは、京浜、中京、阪神、北九州の四大工業地帯と、その間に位置する東海、瀬戸内といった工業地域を含む太平洋岸における帯状の地域を指す。第二次世界大戦後、新しい工業基地として形成が検討された。

太平洋ベルト

32 1962 年策定の [★★] は、全国に15の開発拠点となる新産業都市を設置する拠点開発方式の計画として、[★★] 内閣の国民所得倍増計画の一翼を担った。

◆1969年からの**新全国総合開発計画（新全総）**では**大規模開発プロジェクト方式**、77年からの**第三次全国総合開発計画**（三全総）では**人口定住圏構想**が打ち出された。

全国総合開発計画
（旧全総）
池田勇人

33 1987 年策定の**第四次全国総合開発計画**（四全総）では [★] 型の国土建設のための [★] が謳われた。

◆1992年には**国会等移転法**が成立した。しかし、財政赤字に直面している現在、これを実施するか否かは再検討の余地がある。なお、文化庁は2022年度以降に京都に全面移転の予定である。

多極分散, 首都機
能移転

34 1998 年策定の [★] では「**21世紀の国土のグランドデザイン**」として、東京一極集中・太平洋ベルト地帯一軸型から多軸型国土構造への転換や地域連携軸の形成が目指された。

第五次全国総合開
発計画（五全総）

VII 経済

2 日本経済の動向(1) ～復興から高度経済成長へ

VII 経済分野　**3** 日本経済の動向(2)～2度の石油危機

□**35** 　　**★★**　　とは、IoT（モノのインターネット）などを活
★★　用して生活インフラやサービスなどを効率的に管理・
運営するとともに、新エネルギーを軸に**持続的な経済
発展**を目指す新しい都市の形である。

◆少子高齢化社会が進む中で、AI（人工知能）や5G（**第5世代移
動通信システム**）などの最先端技術や**ビッグデータ**を活かした
まちづくりを目指す。日本では、国土交通省がスマートシティ
実現に向けて主導的役割を果たしている。

スマートシティ

---

3 日本経済の動向(2)～2度の石油危機

ANSWERS □□□

□**1** 日本の高度経済成長が終焉したきっかけは、1970年代
★★★　に発生した　　**★★★**　　と　　**★★★**　　の2つのショックで
あった。

◆1971年8月に**ドル=ショック**が、73年10月の**第四次中東戦争**
を機に第一次石油危機（第一次オイル=ショック）が発生した。

ドル=ショック（ニ
クソン=ショック），
オイル=ショック
※順不同

□**2** 　　**★★★**　　年の　　**★★★**　　の勃発により石油輸出国機構
★★★　（OPEC）による**原油公示価格が約4倍**になったのを
きっかけとして、日本などの世界各国では**景気停滞下
で**インフレが発生する　　**★★★**　　の状況に陥った。これ
を第一次　　**★★★**　　という。

◆1バレル=約3ドルの原油公示価格が約12ドルに値上げされた
（1バレル=159リットル）。

1973，第四次中東
戦争

スタグフレーション，
石油危機（オイル=
ショック）

□**3** 1970年代初頭、OPEC の**原油公式価格の値上げ**による
★★　コスト=プッシュ=インフレと、田中角栄首相の掲げた
　　★★　　論による**過剰流動性の発生**で　　**★★**　　と呼ば
れる急激なインフレが起こった。

日本列島改造，狂
乱物価

□**4** 狂乱物価対策として実施された　　**★★**　　政策の結果、
★★　インフレは抑制されたが、景気は停滞し、　　**★★**　　年に
は**第二次世界大戦後初の実質**マイナス成長を記録した。

総需要抑制，
1974

□**5** 第一次石油危機後の不況克服策として、政府は　　**★★**　　
★★　**依存型の産業**から、　　**★★**　　**依存型の産業**への構造転
換を図った。

石油，
非石油

250

□**6** 第一次石油危機後の不況克服策として、企業は ★★ 経営を進め、無駄なコストを削減するとともに商品の値下げを行い、日本製品の ★★ の回復を図った。

◆日本企業が<u>国際競争力</u>を高め、輸出を伸ばすことにより、日本経済の<u>外需依存度</u>**は高まっていった。**

減量

国際競争力

□**7** 第一次石油危機後の不況による税収不足対策として、**1975年度より** ★★★ **国債の発行**が継続的に行われ、いわゆる ★★★ **財政**が実施された。

赤字 (特例)，
赤字

□**8** ★★ 年の ★★ **革命**により原油供給が削減され、再び **OPEC** は**原油公示価格を約**2.5**倍に引き上げた**ため、日本などの世界各国では再び<u>スタグフレーション</u>が発生した。これを<u>第二次</u> ★★ という。

◆1バレル＝約12ドルの原油公示価格が約30ドルに値上げされた。

1979，イラン

石油危機 (オイル=
ショック)

□**9** **第二次石油危機**の影響により、**1980～83年に36ヶ月続いた戦後最長の不況を** ★ という。

世界同時不況

□**10** **世界同時不況**が続く中で、日本は欧米諸国に**家電製品**や ★★★ を大量輸出することで不況を克服していった。この大量輸出の状況は ★★★ **的輸出**と呼ばれ、<u>日米貿易摩擦</u>を**激化**させていった。

自動車，
集中豪雨

□**11** 高度経済成長期に**技術革新**が進んだ産業は、石油化学や鉄鋼など<u>資源</u>**多消費型の** ★★ 産業であったが、**石油危機後になると**資源を**浪費しない** ★★ **型の** ★★ 産業へと移行した。

◆<u>省資源・省エネルギー</u>による産業構造の転換を図った日本経済は、石油危機後のマイナス成長から回復し、1991年のバブル経済崩壊まで**年5％程度の安定した経済成長**を果たした（<u>安定成長</u>）。

素材，
資源寡消費 (省資
源・省エネルギー)，
加工組立

□**12** **1970年代の日米貿易摩擦の品目**は ★★ 、 ★★ 、**工作機械**であった。

◆1950年代からの日米貿易摩擦品目は<u>繊維</u>製品であった。

鉄鋼，カラーテレ
ビ ※順不同

4 日本経済の動向 (3)～「バブル」と「失われた10年」

ANSWERS ☐☐☐

□**1** **1980年代**に両国間で政治問題化した日米貿易摩擦品目は ★★ 、 ★★ などであった。

自動車，半導体
※順不同

VII 経済

4 日本経済の動向(3)～「バブル」と「失われた10年」

VII 経済分野 **4** 日本経済の動向(3) ～「バブル」と「失われた10年」

□2 1989～90年に行われた ★★ では、**日米貿易不均衡**
の一因が日本特有の**経済構造の閉鎖性**にあるとアメリ
カが主張し、日本は実効的な措置を迫られた中で、日
本の自動車メーカーは対米輸出 ★★ を行った。

◆日本の規制緩和の遅れは、**日本の対米貿易**黒字を膨らませる一
因になっているという指摘がアメリカから度々なされてきた。

日米構造協議

自主規制

□3 **日米構造協議**では、独占禁止法**強化**による ★★ の
撤廃(★★ 取引の見直し)が要求された。

排他的取引慣行,
系列

□4 日米構造協議では、海外では安い製品が日本では高く
販売されていることが、アメリカから日本への輸出を阻
害する原因であるとして ★★ の是正とともに、アメ
リカの大型スーパーマーケットやデパートの日本進出
を阻む ★★ 法の**廃止**が求められた。

内外価格差

大規模小売店舗

□5 アメリカは、**1980年代**には ★★★ 赤字と ★★★ 赤
字という「双子の赤字」を抱えた。

財政,経常収支(貿
易収支)※順不同

□6 1990年代のアメリカでは、IT景気により税収が増加
し、98年には ★★★ 赤字を**一時的に解消**できたが、
★★★ 赤字は**拡大**し続けた。

財政,
経常収支(貿易収支)

□7 日米構造協議で、日本は向こう10年間(1990年代)で
総額430兆円の ★★ を行い、 ★★ **バランスを**
図ることを受諾した。

公共投資, 貯蓄・
投資(I・S)

□8 **1985年9月**に開催された先進5ヶ国財務相・中央銀行
総裁会議(G5)では、日米貿易摩擦解決のための為替
レート調整として円 ★★★ ・ドル ★★★ **誘導を決**
定した。この合意を ★★★ という。

高, 安,
プラザ合意

□9 **1985年9月**のプラザ合意によるレート調整により、日
本経済は86年11月まで ★★★ に陥った。

円高不況

□10 1986年の「 ★ 」は、日本の課題として経常収支の
大幅黒字是正を掲げ、**内需拡大**に向けた経済構造の調
整を提言した。

前川レポート

□11 **1986年12月～91年2月の好況**を ★★★ といい、こ
の時期には資産価格が実体評価以上に上昇した。

平成景気(バブル
景気)

□**12** 円高による輸入原材料の値下がりで、**輸入関連企業**
★★ に ★★ 現象が生じた。その余剰資金は土地、株、貴
金属などに投資され ★★ インフレを発生させた。

◆バブル期には**財テクブーム**が起こったので、株式と土地がともに買われインフレを発生させた。1989年12月29日、日経平均株価は史上最高値となる38,915円87銭を記録し、これがバブル景気の**絶頂**となった。なお、2020年末には27,444円と、31年ぶりに高値水準となった。

金あまり,
資産 (ストック)

□**13** 資産インフレの結果、**株式や土地の値上がり益**となる
★★★ ★★★ (資本利得) を得た人々は、**心理的に**消費を拡
大させた。これを ★★★ という。

キャピタル=ゲイン,
資産効果

□**14** 平成景気の時期、日本企業は**強い円**を背景に ★★★
★★★ を増加させ、アメリカ企業の ★★★ を行った。

◆日本企業がアメリカ企業を買収するという**1980年代後半**に見られた状況は、日米投資摩擦と呼ばれた。

海外直接投資,
**M&A (合併・買
収)**

□**15** 円高に伴う企業の海外進出により、**国内の生産・雇用
が減少**し、**国内産業が衰退**する現象を ★★★ という。

◆1980年代後半以降、日本企業による海外直接投資が活発化し、国内の産業の空洞化を引き起こした。なお、企業が自社の業務の一部またはすべてを海外に移すことをオフショアリングという。

産業の空洞化

□**16** 円高の進行によって、国内企業は海外の工場で生産し
★ た製品や部品を ★ して生産コストを抑えた。

◆この結果、日本企業が海外で生産した製品が日本国内でも流通するようになった。

逆輸入

□**17** 1989年からの金融引き締めで**株や土地の価値が暴落**
★★★ し、資産 ★★★ が生じ、多額の ★★★ (資本損失)
が発生した。これで損失を被った人々は**心理的に**消費
を抑制した。これを ★★★ という。

デフレ, **キャピタ
ル=ロス**
逆資産効果

□**18** 1991年3月〜93年10月の不況を ★★★ 不況といい、
★★★ 大きく値上がりしていた**土地や株などの**資産 (ストッ
ク) **の価値が**下落し、**消費や投資が減退**した。

◆公定歩合の引き上げや地価税の導入などによる金融の引き締めや**不動産融資規制**を機にバブル経済が崩壊し、以後、日本は長期不況に陥る。

平成 (バブル)

□**19** バブル崩壊による消費不況と同時に、不良債権を抱え
★★ た金融機関の貸し渋りによる**消費と** ★★ **の減退**と
超円高が重なって**長期不況**となった。このような状況
を ★★ 不況という。

投資

複合

**VII
経済**

4
日
本
経
済
の
動
向
(3)
〜
「
バ
ブ
ル
」
と
「
失
わ
れ
た
10
年
」

253

VII 経済分野 **4** 日本経済の動向 (3) ～ 「バブル」と「失われた10年」

□**20** 1993～94年に行われた ★★ で、アメリカは日本に
★★ 対し具体的な輸入数値目標である ★★ の設定や政
府調達などを要求した。

日米包括経済協議，
客観基準

□**21** 日米包括経済協議で、アメリカは日本に対し具体的な
★★★ **輸入数値目標の設定**を要求したが、日本は数値目標の
受諾は ★★★ 貿易を崩し ★★★ 貿易に陥るとして
拒否し、交渉は難航した。

自由，管理

◆1991年の**第二次日米半導体協定**で日本は**国内シェアの20%輸
入**という数値目標を受諾した。

□**22** **不公正取引慣行国への経済制裁条項**である米国包括通
★★ 商法301条の拡大適用を行う、いわゆる ★★ 条
は、日本に対する市場開放要求の手段として、しばし
ば適用されそうになった。

スーパー301

□**23** 社会資本整備のための土地取得がバブル期の地価高騰
★ で難しくなったこともあり、 ★ 法が制定された。

土地基本

◆土地基本法（1989年）における土地の基本理念として、①公共の
福祉の優先、②適正計画での利用、③投機対象とすることの抑
制、④土地価格が上昇した場合には道路や鉄道など利益に応じ
た適切な負担を求められること、などが明記された。

□**24** 1980年代後半、日本は ★★★ 主導の ★★★ 経済に
★★★ 沸いたが、90年代初頭にその好況は終わり、「 ★★★ 」
と呼ばれる**長期不況**に陥った。

内需，バブル，
失われた10年

□**25** 1990年代の長期不況では、資産価格が急落する一方で、
★★★ 企業と金融機関の財務状況が悪化し、**国内需要が減退**
したため、 ★★★ が発生した。

デフレーション
（デフレ）

◆デフレが不況を招き、さらに不況がデフレを招くことで経済全
体が下降するデフレ=スパイラルの危機に日本経済は直面した。

□**26** 1990年代の長期不況において、企業部門では ★★ ・
★★ ★★ ・ ★★ （「**3つの過剰**」）を抱え込むととも
に、金融機関の保有する ★★ が膨大な規模に達す
るなど循環的な不況とは異なる構造的課題に直面した。

雇用，
設備，債務，
※順不同
不良債権

□**27** 1990年代に金融の自由化が進んだため、経営体力や競
★★ 争力が最も弱い金融機関に合わせて、**当時の大蔵省（政
府）が業界全体を規制**して金融システムを守るとい
う ★★ 方式は崩壊した。

護送船団

□**28** 1995年4月、1ドル＝ ★★ 円 ★★ 銭という<u>超</u>
★★ <u>円高</u>が進行したため**輸出が減退**するとともに、中国製
品やNIES製品がさらに安く日本に流入し、 ★★
という現象が発生した。

79, 75

価格破壊

□**29** 1997年、**橋本龍太郎内閣**による<u>消費税</u>率の ★★ ％
★★ から ★★ ％への引き上げ、<u>健康保険</u>の**本人負担率**
の ★★ 割から ★★ 割への引き上げなどのため
消費が減退し、**98年度は**<u>マイナス</u>成長を記録した。

3,

5,

1, 2

　◆小泉純一郎内閣下の**2003年**には、民間被用者が加入する<u>健康保</u>
　<u>険</u>や公務員が加入する<u>共済保険</u>の**本人負担率**が<u>3</u>割に引き上げ
　られた（自営業者などが加入する<u>国民健康保険</u>の本人負担率は
　もともと<u>3</u>割）。

□**30** 1998年、**小渕恵三内閣**は長期不況の一因である銀行の
★★★ <u>貸し渋り</u>対策として ★★★ 法を制定し、金融機関に
対し**公的資金**を投入して ★★★ の**処理**を進めた。

金融再生関連,

不良債権

　◆**1997〜98年**には、大手証券会社の**山一證券**、都市銀行の**北海道**
　拓殖銀行、長期融資を行い高度経済成長を支えてきた**日本長期**
　信用銀行、**日本債券信用銀行**が相次いで破綻した。

□**31** **2001年9月11日**の ★★★ によるアメリカの消費減
★★★ 退を受けて ★★★ が崩壊した。

同時多発テロ,

ITバブル

□**32** 2001年、**小泉純一郎内閣**は**郵政民営化**や ★★★ の廃
★★★ 止・民営化を含めた改革で、大胆な**財政支出の削減**を
目指した。

特殊法人

□**33** ★★ とは特定分野について<u>規制緩和</u>が認められる
★★ **特別区域**のことで、**2003年**から**総合デフレ対策**の1つ
として設置された。

構造改革特区

　◆具体例として、輸入品の入関手続を24時間行う**国際物流特区**、
　株式会社の学校教育への参入を認める**教育特区**、産・官・学連
　携で先端技術の研究を行う**知的特区**、医療経営や**農業経営**に**株**
　式会社の参入を認める特区などがある。成功事例を全国に拡大
　することを当時、小泉首相は「**規制改革**」と呼んだ。

□**34** ★ は、破綻寸前であるが**再建の見込みがあると**
★ **認定した企業**に対して、リストラ・再建計画を実施す
ることを条件に、銀行と協力して**公的融資**を行い、企
業に対する救済措置を行った。

産業再生機構

　◆カネボウ、大京、ミサワホーム、ダイエーなどの大企業が救済
　された。**2007年3月に任務を完了**して解散した。

VII
経済

4
日本経済の動向(3)〜「バブル」と「失われた10年」

255

VII 経済分野　4 日本経済の動向(3)～「バブル」と「失われた10年」

☐ **35** 2009年、破綻の危機にある企業の再建のために**公的資**
★　　**金を投入**する組織として産業再生機構とほぼ同じ目的
や機能を持つ ☐★☐ が発足し、13年には企業を再
建する ☐★☐ に改組された。

◆再生企業の代表例は**日本航空(JAL)**である。

企業再生支援機構,
地域経済活性化支
援機構

☐ **36** **2002年2月から08年2月まで、73ヶ月続いた好況**は、
★★★　06年10月に ☐★★★☐ (57ヶ月)に並び、同年11月
にはこれを超え、第二次世界大戦後で最長の好況と
なった。

◆設備・債務・雇用の**「3つの過剰」が解消**したことで、再び生産
の拡大が見られ好景気が実現した。現在、この好況は「いざなみ
景気」と名づけられたが、単に「**戦後最長の景気**」、あるいは「実
感なき景気回復」などと呼ばれている。

いざなぎ景気

☐ **37** 経済のグローバル化が進む2000年代の日本企業の経営
★★　　合理化は、人件費削減のための ☐★★☐ 雇用**の拡大**や
国内産業の ☐★★☐ **化による雇用機会の喪失**を伴った
ため、労働者の所得は減少し、00年代初頭の長期景
気拡大は「 ☐★★☐ 景気回復」と呼ばれている。

非正規,
空洞

実感なき

☐ **38** 2008年9月のアメリカ大手証券会社リーマン=ブラ
★★★　ザーズの破綻をきっかけに**世界同時株安**が発生し、
「100年に1度の経済危機」とされる ☐★★★☐ を招いた。

リーマン=ショック

☐ **39** リーマン=ショックが発生した2008年の日本の年平均
★　　**完全失業率**は ☐★☐ %台であったが、翌09・10年
にはその影響を受けて ☐★☐ %台に達し、また09
年の有効求人倍率は ☐★☐ 倍を下回った。

4,
5,
0.5

☐ **40** 1990年代半ばの超円高により、もともと安価な中国製
★★★　品などがさらに値下がりする ☐★★★☐ が起こった。そ
の結果、国産品の ☐★★★☐ 傾向が進行し、企業収益を
悪化させて ☐★★★☐ **が深刻化**する ☐★★★☐ の危機が、
リーマン=ショック後の超円高で再燃した。

価格破壊,
デフレ,
不況,デフレ=スパ
イラル

256

□41 消費者が日常的に購入する財やサービスの価格の動き
★★★ を表すものを ★★★ 指数、国内の企業間取引での財
の価格の動きを表す指数を ★★★ 指数という。次の
グラフは、1970〜2019年のそれぞれの推移を示し、A
は ★★★ 指数、Bは ★★★ 指数を指し、グラフの
背景がグレーの期間は景気の ★★★ 局面を表す。
1973年と79年の2度の ★★★ では、いずれの指数
も急上昇（「狂乱物価」）するとともに不況に陥るとい
う ★★★ の状況に見舞われた。85年には ★★★ 合
意を受けて円高による輸入素材の値下がりから、Aの
指数が下がっている。90年代後半、「失われた10年」
といわれた長期 ★★★ では、いずれの指標も下落傾
向を示し、2000年代半ばに歯止めがかかるが、08年
の ★★★ の影響で再び下落するという ★★★ 傾向
を示した。12年12月に発足した第二次安倍内閣は、
この局面を脱却するための経済政策として「 ★★★ 」
を実施した。

消費者物価，
国内企業物価

国内企業物価，消
費者物価，
後退，
石油危機（オイル＝
ショック），
スタグフレーション，
プラザ
不況

リーマン＝ショック，
デフレ，
アベノミクス

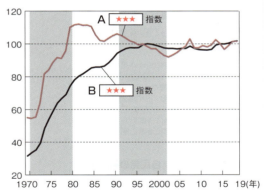

◆2006〜08年までは、消費者物価指数と国内企業物価指数ともに
上昇に転じた。世界的な原油の値上がりが原因である。しかし、
08年のリーマン＝ショックの影響で、09・10年はいずれも下
落に転じた。

VII 経済分野　**5** 日本経済の動向(4) 〜 2010年以降

5 日本経済の動向(4)〜2010年以降

ANSWERS □□□

□**1** 2011年3月11日、★★★ が発生し、★★★ で1986
★★★ 年の ★★★ 原子力発電所事故と同じ「レベル7」となる深刻な事故が起こり、日本の経済と社会に大きな影響を及ぼした。

東日本大震災，福島第一原子力発電所(福島第一原発)，チェルノブイリ

□**2** 東日本大震災により生じた津波によって大きな被害が
★★ 発生し、自動車や家電、パソコンなどの ★★ （供給網）が寸断されたため、新しい製品の生産が激減した。

サプライチェーン

◆在庫を最小化することで過剰在庫や不良在庫の発生を抑える「かんばん方式」と呼ばれる生産方式を採用するトヨタ自動車は、地震や津波でサプライチェーンが寸断されたことによって新車の生産がストップした。もともと在庫は最小化されていたため、販売するものがなくなり、収益が大きく悪化した。

□**3** 例年、日本の貿易収支は大幅な ★★ を記録してい
★★ たが、2011年の国際収支統計では1963年以来48年ぶりに、貿易統計では1980年以来31年ぶりに、それぞれ ★★ を記録し、15年まで続いた。

黒字

赤字

□**4** 2011年の東日本大震災以後、超円高が進行することに
★★★ より、再びデフレと不況の繰り返しで経済全体が下降する ★★★ の危機が発生した。

デフレ=スパイラル

◆1995年1月17日の阪神・淡路大震災後の同年4月にも1ドル＝79円台という超円高を記録したという経験則から、2011年3月11日の東日本大震災直後、海外投資家を中心に円が買われ、同17日に1ドル＝76円台、同年10月31日には海外市場で1ドル＝75円台の超円高を記録した。その原因は、日本の保険会社が震災関連で生じた保険金支払のために外国資産を売り、円を買い戻す結果、円高が進むとの予測が投資家の間に流れ、投機的な円買いが加速したためである。

□**5** 2012年12月、政権与党に復帰した自民党の第二次安
★★★ 倍晋三内閣は ★★★ と名づけた経済政策を掲げ、大胆な ★★★ 、機動的な ★★★ 、民間投資を喚起する ★★★ の「三本の矢」を打ち出し、デフレからの脱却や日本経済の再生を目指した。

アベノミクス，金融政策（金融緩和），財政政策（財政出動），成長戦略

◆2020年10月、菅首相は前政権下でアベノミクスの政策を議論してきた未来投資会議を廃止し、新たに成長戦略会議を設置した。菅首相は経済財政諮問会議を成長戦略の司令塔に位置づけ、引き続き首相が議長を務める。この新たな会議では官房長官が議長を務め、経済財政諮問会議と連携していく。

□ **6** 2012年12月、**第二次安倍内閣**が掲げた<u>アベノミクス</u>
★★★ と日銀の政策は、<u>消費者物価</u>**を年率**［★★★］**％上昇**さ
せることを目指す［★★★］を実施して<u>デフレ＝スパイ</u>
<u>ラル</u>の進行を食い止めようとした。

> 2,
> インフレ＝ター
> ゲット

□ **7** 2013年、**第二次安倍内閣**は**構造改革特区**をグレード
★ アップさせた［★］の創設を決定し、14年に改革
拠点などを全国各地に指定した。

> 国家戦略特区（国
> 家戦略特別区域）

◆東京圏を「国際ビジネス、イノベーションの拠点」、関西圏を「医療等イノベーション拠点」、沖縄県を「国際観光拠点」、兵庫県養父市を「中山間地農業の改革拠点」などに指定している。

□ **8** 2014年、**第二次安倍内閣**は<u>成長戦略</u>の1つとして
★ ［★］**法**を施行し、**財政支出や税制優遇**により企業
の先端的な設備投資や赤字不採算部門の整理などを促
すとともに、税制面では［★］への投資を支援する。

> 産業競争力強化
>
> ベンチャーファンド

□ **9** <u>世界貿易機関</u>（<u>WTO</u>）の［★★★］**＝ラウンド**が難航する
★★★ 中、太平洋の周辺地域を中心に**例外なく**<u>関税</u>**撤廃**を目
指す［★★★］（<u>TPP</u>）の拡大交渉が行われ、日本も**第二**
次安倍内閣下で正式に交渉へ参加した。

> ドーハ
>
> 環太平洋経済連携
> 協定

◆<u>環太平洋経済連携協定</u>（<u>TPP</u>）は、<u>2006年5月</u>に東南アジア地域の**シンガポール**と**ブルネイ**、太平洋地域の**ニュージーランド**、南米地域の**チリ**の4ヶ国で発効し、**アメリカ、カナダ、ペルー、ベトナム、日本**などが加盟交渉に参加した。参加国間の関税撤廃を行うことで**自由貿易圏**を拡大する多国間の<u>経済連携協定</u>（<u>EPA</u>）や<u>自由貿易協定</u>（<u>FTA</u>）といえる。<u>2018年</u>12月、<u>アメリカ</u>を除いた<u>11</u>ヶ国で発効した（<u>TPP11</u>）。

□ **10** 2012年12月からの好況は「［★★］」と呼ばれ、20
★★ 年1月で**いざなみ景気**（2002年2月〜08年2月、73ヶ
月）を抜き**戦後最長の好況**といったんは発表されるも、
同年7月に景気回復局面は<u>18</u>年<u>10</u>月（<u>71</u>ヶ月）で終
了したと最終判断され、戦後最長記録に及ばなかった。

> アベノミクス景気

◆雇用状況が改善して失業率が低下、日銀や**年金積立金管理運用独立行政法人**（<u>GPIF</u>）による株式購入で株価上昇を支え続けた（**官製相場**）。しかし、結果として株式を大量保有する大企業、大口投資家たちの利益に偏り、格差社会はさらに広がっていった。高度経済成長期の<u>いざなぎ景気</u>（<u>57</u>ヶ月間の年実質<u>10〜12</u>％の経済成長）と比べ、<u>アベノミクス景気</u>」は平均で年率1.1％程度と力強さを欠く、<u>実感なき景気回復</u>であった。所得や個人消費はあまり伸びず、**米中貿易摩擦の激化**や、2度の先送り（2015年10月→17年4月→19年10月）を経て行われた**消費税率10％への増税**などで、景気が落ち込んでいったと思われる。

VII
経済

5
日本経済の動向(4)〜2010年以降

259

VII 経済分野　5 日本経済の動向(4)～2010年以降

□**11** 2015年9月、「アベノミクス」の第2ステージとして、
★★ 「希望を生み出す強い<u>経済</u>」「夢をつむぐ ★★ 支援」
「安心につながる ★★ 」をスローガンとする「<u>新・</u>
<u>三本の矢</u>」が発表された。

子育て,
社会保障

◆従来の「<u>三本の矢</u>」を強化し、最大600兆円の名目GDPを目標に、「希望出生率1.8%」「介護離職ゼロ」「<u>一億総活躍社会の</u>
<u>実現</u>」などを図る経済財政政策である。

□**12** **地方創生**の方法の1つとして、「 ★ 立国」をス
★ ローガンに ★ が進めるビジット・ジャパン事業
を通じた**訪日外国人の誘致活動**が行われている。

観光,
観光庁

□**13** 次の表は、日本を訪れた外国人の国・地域別の人数を
★★ 表している（2019年データ：日本政府観光局（JNTO）
調べ）。表中の空欄**A～D**にあてはまる国・地域名を次
の語群から答えよ。

A ★★	9,594,394
韓国	5,584,597
B ★★	4,890,602
香港	2,290,792
C ★★	1,723,861
タイ	1,318,977
D ★★	621,771
フィリピン	613,114
マレーシア	501,592
ベトナム	495,051

A 中国

B 台湾

C アメリカ

D オーストラリア

【語群】　アメリカ　インド　インドネシア
　　　　オーストラリア　台湾　中国　シンガポール

◆2019年の訪日外国人は**3,188万人を超え**、7年連続で過去最多を記録、その旅行消費額は約4.8兆円と同じく7年連続で過去最高を更新した。18年にはカジノ、ホテル、国際会議施設などからなる<u>統合型リゾート（IR）</u>実施に関連する法律が成立し、25年の大阪での<u>国際博覧会（万博）</u>開催が決定するなど、訪日外国人の誘客に取り組み、20年に8兆円に到達することを目標としていたが、<u>新型コロナウイルス感染症（COVID-19）の流行</u>により<u>東京オリンピック・パラリンピック</u>が翌21年に延期されるなど、この目標は事実上、取り下げられた。20年の訪日外国人旅行客は411万5,900人と前年比で87.1%減少という過去最大の下げ幅となった。

260

□**14** 観光分野の政策に充当するため、2019年1月より、日本からの出国時に2歳以上の日本人と外国人から1人あたり1,000円の 「 ★ 」 税の徴収が始められた。

国際観光旅客

□**15** 2019年10月、**消費税率**が 「 ★★★ 」 ％から 「 ★★★ 」 ％に引き上げられたが、その背景には、翌20年7〜9月に予定された東京オリンピック・パラリンピック開催による 「 ★★★ 」（訪日外国人旅行客）需要などで、日本経済が空前の好況を迎えることで、増税による**景気後退を相殺**し、それを上回る増収への期待があった。

8，10

インバウンド

□**16** 2020年1月、新型コロナウイルス感染症（COVID-19）の感染者が日本でも正式に確認され、同年4月には全国に「 「 ★★ 」 」が発令されるなど、「 「 ★★ 」 ＝ショック」という深刻な経済の落ち込みから、実質 「 ★★ 」 成長となった。

緊急事態宣言，コ
ロナ，
マイナス

◆倒産・廃業件数、失業者数が急増し、2020年7〜9月開催の東京オリンピック・パラリンピックの**1年間延期**、観光目的をはじめとした訪日外国人旅行客によるインバウンド需要の**大幅な落ち込み**など、日本経済は大きなダメージを負っている。同年4〜6月期の国内総生産（GDP）は前期より7.8%減り、3四半期連続でマイナス成長となったことが発表された。**年率では−4.8%**となる。

6 産業構造の変化

ANSWERS □□□

□**1** イギリスの経済学者の 「 ★★ 」 は、産業を第一次産業、第二次産業、第三次産業に分類した。

コーリン=クラーク

□**2** 商業、サービス業、公務などは 「 ★★★ 」 産業に、鉱工業、製造業、建設業は 「 ★★★ 」 産業に、農林水産業は 「 ★★★ 」 産業に分類される。

第三次，
第二次，
第一次

□**3** 経済の成長に伴い生産額、就業人口割合が「**第一次産業→第二次産業→第三次産業**」へとその比重を移していくことを 「 ★★★ 」 といい、コーリン=クラークの法則または 「 ★★★ 」 の法則とも呼ばれる。

産業構造の高度化，
ペティ=クラーク

□**4** **第二次産業**の内部で軽工業から重工業に生産額や就業人口が移行していくことを 「 ★ 」 工業化といい、「 ★ 」 の法則とも呼ばれる。

重化学，
ホフマン

VII 経済分野　6 産業構造の変化

□5 日本の**産業別就業人口割合**を表す次のグラフ中の空欄 **A～C** にあてはまる適語を答えよ。

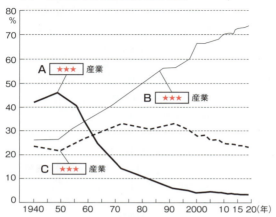

A 第一次

B 第三次

C 第二次

□6 次の表は、1995～2010年の日本の産業構造の変化を、各産業の就業者割合で示したものである。表中の **A～C** にあてはまる産業を、下の語群よりそれぞれ選べ。

業種	1995年	2000年	2005年	2010年
情報通信業	2.0	2.5	2.6	2.7
運輸業、郵便業	5.1	5.1	5.2	5.4
A	5.6	6.8	8.7	10.3
宿泊業、飲食サービス業	5.9	6.0	6.0	5.7
B	6.0	5.1	4.8	4.0
鉱業、建設業	10.6	10.2	8.9	7.5
C	20.5	19.0	17.0	16.1
その他	44.4	45.3	46.9	48.1

A 医療・福祉業

B 農林漁業

C 製造業

【語群】　製造業　医療・福祉業、金融・保険業
　　　　教育・学習支援業　農林漁業

□7 近年、**地域活性化**の取り組みの１つとして、**第一次産業**に従事する事業者が、**第二次産業**や**第三次産業に進出**したり、これらと**連携**を図ったりするものがある。これを 　　　 産業化と呼ぶ。

六次

□**8** 2度の**石油危機**によるエネルギーコストの上昇によっ
★★　て**石油依存型**の ★★ は、大きな打撃を受けたため、
　　非石油依存型の ★★ に転換していった。

素材産業,
加工組立産業

□**9** **石油危機後の産業形態**は、大量の原材料を投下する
★★　 ★★ **集約型産業**からコンピュータのソフト開発な
　　どの ★★ **集約型産業**に移行していった。

資本,
知識

□**10** アメリカの社会学者 ★ は、高度に工業化が発達
★　した社会がさらなる発達を遂げて、産業構造における
　　第三次産業の占める割合が高まった社会を分析し、こ
　　れを ★ 社会と呼んだ。

ダニエル=ベル

脱工業(脱工業化)

　　◆現在の情報通信技術（ICT）にかかわる産業の発達は、ダニエル
　　=ベルが示した脱工業化社会の特徴の１つといえる。

□**11** 第三次産業を中心に、モノを売る産業から付加価値を
★★　売る産業に重点が移っていくことを**経済の** ★★ **化**
　　という。

サービス

　　◆産業の中心が情報、通信、金融、保険、コンピュータ、プログ
　　ラミングやネットワークなどの分野に移行していく中で、経済
　　のサービス化は、経済のソフト化と強く関連づけられている。

□**12** 食料品や雑貨を中心とする小型のスーパーマーケット
★★　である ★★ は、現在、日常生活に不可欠なインフ
　　ラ的な役割を果たしている。その商品管理は、仕入か
　　ら販売、在庫・返品管理までを総合的に行う販売時点
　　情報管理（ ★★ ）システムによって行われている。

コンビニエンスス
トア（コンビニ）

POS

　　◆経済産業省の定義によると、コンビニエンスストア（コンビニ）
　　は主に飲食料品を取り扱う、売場面積30～250平方メート
　　ルの１日14時間以上営業するセルフサービス店を指す。POS
　　（Point of sale）システムとは、各店舗の商品をバーコードなど
　　を用いて運営会社本部のコンピュータで管理し、商品の販売状
　　況、在庫品の過不足を把握し、速やかに**最適な商品の店頭数量**を
　　設定、実現するという流通・管理システムである。現在、POS
　　システムをはじめ、店舗運営に関するシステムは情報通信技術
　　（ICT）に大きく依存している。

□**13** ICT（情報通信技術）の進歩により、**インターネット**に
★★★　よる ★★★ （e コマース）が拡大し、**インターネット
　　銀行**や ★★★ による決済手段が普及するなど、新た
　　な**流通革命**が起きている。

電子商取引,
電子マネー

　　◆電子マネーには、前もって資金をカードにチャージ（積み増し）
　　しておき、買い物の際にカードで支払うプリペイド（**前払**)型や、
　　携帯電話などで買い物をし、後日に支払（決済）を行うポスト=
　　ペイ（**後払**)型などがある。

VII
経済

6
産業構造の変化

263

Ⅶ 経済分野　⑥ 産業構造の変化

□**14** インターネットの発達と普及に伴い、インターネット
★★ 上での**電子商取引**が活発化している。このことに関す
る次の空欄 **A ～ F** にあてはまる適語を答えよ（ただ
し、**B ～ D** はアルファベットの略語が入る）。

①大容量通信網の整備、
　インターネット使用料
　の低額化
　（公共財化政策）
② A ★★ マネー開発
　（ネット上の通貨）

インターネット市場
①情報・ノウハウ取引
②サービス取引
　金融サービス／預金・株式取引など
③商品取引
④インターネット貿易
　B ★★ ：企業と企業の取引
　C ★★ ：企業と消費者の取引
　D ★★ ：消費者と消費者の取引

A　電子
B　B to B
C　B to C
D　C to C

長所　世界貿易を変革（E ★★ ）革命
短所　F ★★ （情報格差）による経済格差の発生

E　流通
F　デジタル=
　　デバイド

◆日本のインターネット利用者数とその割合（人口普及率）は、
1997年の9.2％（1,115万人）から、2000年には37.1％（4,708
万人）、16年には83.5％（1億84万人）に達している。19年
時点で利用端末の割合はパソコン（50.4％）、スマートフォン
（63.3％）とスマートフォンが広く普及している。これに伴い、
フリーマーケットアプリ（フリマアプリ）などを用いた、C to C
（個人間取引）の電子商取引も急増している。

□**15** ★ とは、金融（finance）と技術（technology）
★ を組み合わせた言葉で、各種の金融サービスと情報通
信技術を結び付けた技術革新の動きを指す。

フィンテック
（FinTech）

□**16** **暗号資産（仮想通貨）**などで用いられる ★ とは、
★ ネットワーク内で生じた取引記録を「ブロック」という
データの 塊 に格納し、これを暗号技術を組み合わせて
複数のコンピューターで鎖のようにして記録する仕組
みのことで、データの改ざんが難しいとされる。

ブロックチェーン

□**17** ICT（情報通信技術）の進歩により、 ★★ という**在**
★★ **宅勤務**による電子化事務所や電子化家庭が実現した。

ソーホー
SOHO(Small Office
Home Office)

◆近年は、ITに communication の「C」を加えてICT（情報通信
技術）と呼ばれる。SOHO はワーク・ライフ・バランス（仕事と
生活の調和）の実現に向けた**「働き方改革」**の中で注目されてい
る自営型の働き方のスタイルである。2020年の新型コロナウイ
ルス感染症（COVID-19）の感染拡大に対して、**ホワイトカラー**
（事務職）を中心に在宅勤務（テレワーク、リモートワーク）の実
施が進んだ。

7 中小企業

ANSWERS □□□

□**1** [★★★]法が定める中小企業の定義を示した次の表中の空欄 **A**〜**E** にあてはまる数値を答えよ。

中小企業基本

業種	資本金	従業員数
鉱工業・製造業	A [★★★] 円以下	B [★★★] 人以下
卸売業	C [★★★] 円以下	100人以下
小売業	D [★★★] 円以下	E [★★★] 人以下
サービス業		100人以下

A 3億
B 300
C 1億
D 5,000万
E 50

◆2016年現在、日本の事業所の約99%が中小企業であるが、製造業出荷額に占める割合は約50%である。小売販売額に占める中小企業の割合は約70%である。**小売業には中小商店が多い。**

□**2** 中小企業には、大企業から発注を受けて部品などを製造する [★★★]、大企業のグループに入り製品開発を進める [★★★]、ある地域に多くの企業や産業が集まる [★★★] 型企業、地元の地域伝統産業である [★★★] を営む企業などがある。

下請企業,
系列企業,
産業集積, 地場産
業

◆日本の産業構造として、円高の進行は、中小企業製品の輸出を不利にさせ、また、中小企業分野と競合する財が大量に安価で輸入されるために中小企業の倒産を増加させる。

□**3** 日本では中小企業の近代化が遅れ、大企業と比較して [★★★] 率、**労働生産性**、**収益性**、**賃金**などで大きな格差がある。この大企業と中小企業の関係を [★★★] という。

資本装備,
二重構造

◆日本の中小企業は伝統的な地場産業を支えている反面、親企業との系列・下請関係が存在し、大企業との間に二重構造が生じている。その改善策は、中小企業基本法と**中小企業近代化促進法**(現在の中小企業新事業活動促進法)が中心となっている。なお、資本装備率とは**総資本を労働力で除した指標**で、企業内の労働者数に対する設備投資の比率を指す。**労働生産性**とは従業員1人あたりが生み出す付加価値額を指す。

□**4** **二重構造**の原因として、土地などの担保物件が乏しく十分な担保がないため、銀行などの融資を受けられない [★★] の二重構造と、原料が高く製品が安いという**原料高・製品安**、中小企業の多くが大企業の下請企業であるため [★★] として利用され、不況期に倒産しやすい構造にあることなどが挙げられる。

金融

景気変動の調節弁
(景気の安全弁)

VII 経済

7 中小企業

265

VII 経済分野　7 中小企業

□5 ★★ 次のグラフは、日本の企業の開業率と廃業率の推移を表している(『中小企業白書』)。グラフ A は ★★ 、B は ★★ を指す。近年は ★★ の効果もあり「A＞B」の状態が続いていたが、20年の「 ★★ ＝ショック」で逆転することが確実である。

開業率, 廃業率, アベノミクス, コロナ

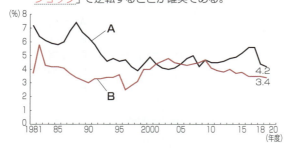

□6 ★★ 企業の生産プロセスは、下請や分社化、他企業に業務を委託する ★★ など多様化している。

アウトソーシング

□7 ★★ **経済産業省の外局**である ★★ は、中小企業を保護・育成し、その経営を向上させ発展を図る環境づくりのために設置されている。

中小企業庁

□8 ★ ★ 法は、デパートや大型スーパーの出店を当時の通産大臣の**許可制**とし、数年間の ★ を義務づけ、営業日数や営業時間などの規制を設けていた。

大規模小売店舗, 出店調整

◆1973年制定の大規模小売店舗法の立法目的は中小商店の保護にあった。出店調整期間は当初3年間であったが、アメリカによる同法の**廃止要求**を受け、1992年より1年間に短縮された。

□9 ★★★ 大規模小売店舗法の**廃止**に伴い、2000年に施行された大規模小売店舗立地法は、百貨店や大型スーパーの出店や営業時間について ★★★ を認め、交通渋滞緩和策とごみ処理の実施など生活環境保持のみを出店条件としている。

規制緩和

□10 ★★★ 独自の研究開発で経営展開を行い、新たな市場を開拓する企業を一般に ★★★ 企業という。

ベンチャー

□11 ★ 既存の産業や大企業が行っていない取り組みによって成長を遂げる「**すき間産業**」は ★ 産業とも呼ばれる。

ニッチ

◆需要はあるがこれまで取り組まれていなかった「**すき間**(niche)」にあるのがニッチ市場である。

□**12** 中小企業の<u>ベンチャービジネス</u>を**支援**するため、2003
★★★ 年には時限立法として**中小企業挑戦支援法**が制定され、
資本金　★★★　円の**株式会社の設立**が認められ、**05年**
の<u>会社法</u>制定（06年施行）で恒久法化された。

◆近年、<u>ベンチャービジネス</u>をはじめとした<u>技術革新（イノベーション）</u>を促すために<u>産官学</u>（産業界、国・地方公共団体、大学など教育・研究機関）の連携が進んでいる。

1

---

8 農業問題と農政

ANSWERS □□□

□**1** 世帯員全員が農業だけに従事している農家を一般に
★★★ 　★★★　<u>農家</u>、世帯員中に農業以外に従事している者
がいる農家を一般に　★★★　<u>農家</u>という。

専業,
兼業

□**2** 次の図の空欄 **A ～ J** にあてはまる言葉または数字を
★★ 答えよ。

分類法	農家類型	定義
専兼業別	**A** ★★ 農家	世帯員の中に **B** ★★ 従事者がいない農家
	B ★★ 農家	世帯員の中に **B** ★★ 従事者が **F** ★★ 人以上いる農家
主副業別	**C** ★★ 農家	**G** ★★ 所得が主であり、**H** ★★ 歳未満の自営農業従事<u>60</u>日以上の世帯員がいる農家
	D ★★ 農家	**I** ★★ 所得が主であり、**H** ★★ 歳未満の自営農業従事 **J** ★★ 日以上の世帯員がいる農家
	E ★★ 農家	**H** ★★ 歳未満の自営農業従事 **J** ★★ 日以上の世帯員がいない農家

A 専業
B 兼業

C 主業
D 準主業
E 副業的
F 1
G 農業
H 65
I 農外
J 60

◆**第1種**<u>兼業</u>**農家**：農業所得＞<u>農外所得</u>、**第2種**<u>兼業</u>**農家**：農業所得＜<u>農外所得</u>となる。現在は**第2種兼業農家**が圧倒的に多い。また、農業世帯を構成する者における兼業従事者の有無で区分していた従来の**専兼業分類**から、実態をより正確に把握することを目的に、1995年より**主副業別分類**が用いられ、<u>主業</u>**農家**、<u>準主業</u>**農家**、<u>副業的</u>**農家**という収入と働き手の両面から農家を定義する新たな分類法が導入された。この3つの種別はまとめて「<u>販売</u>**農家**」とされ、その中で現在は<u>副業的</u>**農家**の割合が大きい。

267

VII 経済分野　8 農業問題と農政

□**3** 高度経済成長期の ★★ 人口の減少に伴って、GNP（国民総生産）に占める農業生産の割合が ★★ した。

農村,
低下

□**4** 高度経済成長期に主な働き手である ★★ 労働者が工業に流出し、俗にいう「 ★★ 農業」が出現した。

男子,
三ちゃん

◆農業の主な働き手を失い、農家に残された「おじいちゃん、おばあちゃん、おかあちゃん」が農業を担うことから名づけられた言葉。高度経済成長期の1963年の流行語になった。

□**5** 次の2つのグラフは、2015年調査での日本における①**年齢別農業就業人口（販売農家）の年代別割合（%）**と、②その男女比率（%）を示したものである。空欄**A〜F**にあてはまる数字や語句を答えよ。

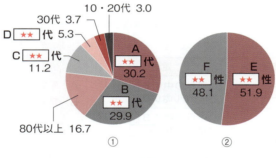

A 70

B 60
C 50
D 40
E 男
F 女

◆農業就業人口（販売農家）は209.7万人で、そのうち65歳以上は133.1万人と63.5％を占める。男女の就業人口が拮抗しているのは、家族的経営によるところが大きく、現在の日本の農業が**高齢者の夫婦世帯**に支えられている現状が見えてくる。

□**6** **政府がコメを管理することを定めた** ★★★ 法は第二次世界大戦中に制定され、**1995年に廃止**された。

食糧管理

◆コメの需要と供給、価格を調整し安定させる目的で定められた食糧管理法は戦時立法であり、**統制経済**の一環である。

□**7** コメを政府が生産者米価を設定して高く買い、消費者には消費者米価を設定して安く売るという ★★ 制度は、 ★★ による**食糧管理特別会計の赤字**が拡大したことから、1970年代に見直された。

食糧管理,
逆ザヤ

◆1995年まで実施されていた食糧管理制度の下では、**生産者米価は高く、消費者米価は安いという逆ザヤ**が存在していたが、その差額を負担する**食糧管理特別会計は赤字**に陥っていた。

□8 コメの増産や消費の減少の結果として生じた ★★ に対応するため、1970年代の総合農政の下、作付面積を減らし**コメを生産調整**する ★★ 政策が行われた。

◆減反政策は、2018年度産米から廃止された。

生産過剰

減反

□9 食糧管理法**の廃止**に伴い、1995年に施行された ★★ 法は、コメの生産、流通、販売を**自由化**し、強制減反を選択的減反とし、計画流通米として**自主流通米**を政府が管理する一方、計画外流通米として生産者の直接販売を合法化した。

◆2004年の改正新食糧法の施行により、自主流通米と計画外流通米の区別をなくし、民間流通米に一本化した。

新食糧（食糧需給価格安定）

□10 1960年代に農業基本法の下で**自立経営農家の育成**や農業構造改善事業、**付加価値性の高い**農作物に作付転換を進める**農業生産の選択的拡大**などの政策を進める ★★ が行われた。

基本法農政

□11 1999年制定の ★★ 法は新農業基本法とも呼ばれ、農業の機能として、**食糧の安定供給**の確保、**農業の持続的発展**や**農村振興**以外にも、**自然環境の保全**などの多面的な機能が明示されている。

食料・農業・農村基本

□12 2019年の日本の食糧全体の**供給熱量自給率**（cal ベース）は ★★ ％である。

◆1960年代に80％、70年代に60％、2000年代に40％程度まで低下し、10年からは40％台を割り込んでいる。100％超のカナダやアメリカ、フランス、60％程度のイギリスやイタリアと比べ、先進国では最低レベルで、人口比としても低い。2020年3月、安倍内閣は5年ぶりに新たな「食料・農業・農村基本計画」を閣議決定し、30年度までに45％とする目標を設定したが、**農地面積や農業従事者数の減少**、環太平洋経済連携協定（TPP）の締結による農業自由化の加速、さらに新型コロナウイルス感染症（COVID-19）の感染拡大による**国内需要の落ち込み**で農業経営が破綻するなど、日本の食料自給率の行く末が懸念されている。

38

□13 日本の食料自給率（2019年換算、供給量ベース）は、かつて100％を超えていた ★★ が98％、鶏卵が96％、野菜が79％と高い数値であるが、小麦や大豆などの穀物（食用＋飼料用）は ★★ ％を下回る。

◆**穀物類は28％**（小麦16％、大豆7％など）と極めて低い。なお、JA（農業協同組合、農協）グループは「国民が必要とし消費する食料は、できるだけその国で生産する」という「国消国産」の考え方を提唱している。

コメ

30

VII 経済

8 農業問題と農政

VII 経済分野　8 農業問題と農政

14 次のグラフは、2017年（日本のみ2019年）の主要国の**食料自給率**を供給熱量（cal）ベースと生産額ベースをそれぞれ試算したものを示したものである。空欄A～Cにはアメリカ、日本、フランスのいずれかがあてはまる。それぞれの国名を答えよ。

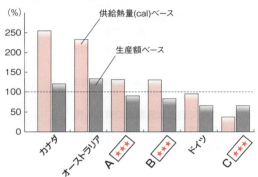

◆先進主要国の中で、供給熱量（cal）ベースの食料自給率が130%前後となる国はAの**アメリカ**と、ヨーロッパ最大の農業国であるBの**フランス**である。特に、穀物自給率では**アメリカ**が**119%**、**フランス**が**170%**と、いずれも穀物輸出国となっている。

A　アメリカ
B　フランス
C　日本

15 外交および安全保障政策上、少なくとも**主食は国内完全自給体制を維持**することが望ましいとの考え方を ★★★ 論といい、 ★★★ の**市場開放反対論**としてしばしば主張されてきた。

◆ GATT **ウルグアイ=ラウンド**（1986～94年）で**コメ**の市場開放・自由化を迫られた際、これに反対する立場の根拠となった。

食糧安全保障, コメ

16 1980年代以降には海外からの ★★★ 要求により**農産物の輸入自由化**が行われ、91年には ★★★ と**オレンジ**、92年には**オレンジ**果汁、99年には**コメ**が ★★★ （包括的関税化）に移行した。

市場開放,
牛肉

例外なき関税化

□**17** 1994年、**GATT ウルグアイ=ラウンド**で<u>コメ</u>の<u>例外なき関税化</u>が決定するも、日本は直ちにその実施を猶予される代わりに、95年から国内消費量の4～8%を輸入する ★★ を受諾し ★★ が行われた。

◆**1999年**から日本は<u>コメ</u>の<u>例外なき関税化</u>に移行した。なお、日本に輸入されているコメには関税として**従量税**が課せられている。これを従価税に換算すると778%の高関税となるが、これによって**内外価格差**を縮め、**国内のコメ農家を保護**している。

ミニマム=アクセス（最低輸入量）,
部分開放

□**18** ★★★ は、太平洋の周辺諸国で例外なく<u>関税</u>を撤廃することを目指しているが、これに加入することへの反対論として ★★★ が主張された。

◆<u>環太平洋経済連携協定</u>（<u>TPP</u>）により、関税なしに、ないしは低関税で外国から安価な農作物が日本の市場に流入する可能性があるため、日本もコスト引き下げのために**農業への**<u>法人</u>の参入規制をさらに緩和すべきだとの主張がある。

環太平洋経済連携協定（TPP）
食糧安全保障論

□**19** <u>環太平洋経済連携協定</u>（<u>TPP</u>）や日本・EU 間の ★★★ （<u>経済連携協定</u>）の発効に伴い、日本の農作物を世界中に輸出する中で、2009年の<u>農地法</u>**改正**でリース方式による農業経営への ★★★ の**参入**を認めるなどの**規制緩和**により、今後は農作物を作り、加工し、製品化して販売する ★★★ **産業化**を推進することが重要となる。

◆1952年制定の<u>農地法</u>は、地主制の復活を防止するために農地の所有や賃貸、販売に対して厳しい規制が設けられていたが、2009年の法改正で農地の貸借が自由化された。農業人口の減少に対応し、広く人材を確保するための施策といえる。そのような中で、第一次産業が第二次産業や第三次産業と連携し<u>六次産業化</u>された新たな農業のあり方が模索されている。<u>バイオテクノロジー</u>や <u>AI</u>（<u>人工知能</u>）、<u>ICT</u>（<u>情報通信技術</u>）などの最先端技術を活用した「**強い農業**」へ転換できるかが課題である。

EPA

法人（株式会社）

六次

□**20** 2010年、民主党政権下において**国内農業の保護**を目的に ★★ 制度が導入されたが、自民党への政権交代後は**新農政プラン**に基づき経営規模拡大や施設機械整備などの ★★ 的機能を直接支援する支払制度に転換を図っている。

農業者戸別所得補償
多面

□**21** 農業就業者の<u>高齢化</u>と後継者不足により ★ 地が**増加**する中、2013年には ★ 法が制定され、同機構（農地集積バンク）がその農地を借り受け、農業の担い手を募り、貸借・譲渡の橋渡しを行うことになった。

耕作放棄,
農地中間管理機構

VII 経済

8 農業問題と農政

271

VII 経済分野　9 食の安全をめぐって

9 食の安全をめぐって

ANSWERS ☐☐☐

☐1 日本では、 ★★★ 食品を販売する場合、原則的にその
★★★ 旨を表示することが義務づけられているが、**加工食品
の場合は表示義務が免除**されるケースがある。

遺伝子組み換え

☐2 近年の日本の農林業を取り巻く状況として、地元で生
★ 産されたものを地元で消費することで、消費者と生産
者が相互の信頼の構築を目指す ★ の動きがある。

地産地消

☐3 消費地と生産地との距離に輸送量をかけて算出された、
★ 二酸化炭素の排出量など**環境への負荷の度合い**を示す
指標を ★ という。

フードマイレージ

☐4 流通段階では生産情報や流通経路などを明確に表示す
★ るなど、 ★ （**履歴管理**）システムを実現した農産
物の販売も増加してきた。これは、多くの人々の間
に ★ **の安全性**への関心が高まったことから生じ
たものである。

トレーサビリティ

食（食品）

◆農産物やその加工品の生産から流通までの過程を追跡できるよ
うにするシステムであるトレーサビリティが確立した背景に
は、牛海綿状脳症（BSE）発生の際、消費者の食への不安を取り
除く必要があった。

☐5 食品の安全性を確保する施策として、2009年に**消費者
★★★ 行政の一元化**を目的として ★★★ が発足した。

消費者庁

☐6 国内で販売される ★ 食品については、食品添加
★ 物だけでなくアレルギーの原因とされる特定の原材料
も原則として ★ が義務づけられている。

加工

表示

☐7 防虫や防腐のために収穫後、農作物に農薬を散布する
★ ことを ★ といい、その健康被害が問題となった。

ポストハーベスト

☐8 複数の化学物質による相乗効果が現れることを ★
★ といい、想定外の健康被害の発生が懸念されている。

複合汚染

☐9 日本では、食中毒事件や食品の**表示**偽装など、食の安
★★ 全性をめぐる問題を受けて、 ★★ 法が制定された。

食品安全基本

☐10 食品に含まれる放射性 ★ の量について、日本は、
★ 子どもの健康への影響に配慮し、公的な基準値の区分
を設定した。

セシウム

272

□11 **★** **★** は、2003年に内閣府の下に設置され、消費者庁などと連携し、食品の安全性を確保するための科学的な知見に基づく中立かつ公正なリスク評価を行う。

◆食品安全基本法に基づき設置された機関で、食の安全のための多様な活動として、リスク評価の他にリスクコミュニケーションや緊急事態への対応なども行っている。

食品安全委員会

10 消費者問題

ANSWERS □□□

□1 **★★★** 1962年、アメリカのケネディ大統領は、欠陥商品や悪徳商法などが社会問題化する中、**消費者の** **★★★** を消費者特別教書の中で唱え、 **★★★** の考え方を提唱した。

◆**消費者運動**はアメリカの弁護士ラルフ=ネーダーらが社会運動として始めた。

4つの権利,
消費者主権

□2 **★★★** アメリカのケネディ大統領による**消費者の4つの権利**とは「安全である権利」「 **★★★** 」「 **★★★** 」「意見を反映させる権利」である。

◆知る権利とは、**商品の品質と性能を知る権利**のことである。

選ぶ権利, 知る権
利 ※順不同

□3 **★★★** 日本では、1947年に **★★★** 法が制定され、独占価格や不公正な競争を排除するとともに、 **★★★** が適正な価格で商品を購入できることを保障した。

独占禁止,
消費者

□4 **★★★** 1968年に消費者保護基本法が制定され、2004年に同法の改正で制定された **★★★** 法の第1条では「消費者の **★★★** の尊重及びその自立の支援」を基本理念に掲げている。

◆消費者保護基本法は、従来の**消費者の**保護から**消費者の**自立支援を目的として抜本改正された。

消費者基本,
権利

□5 **★★** **消費者行政の最高意思決定機関**は **★★** であり、消費者の国の窓口が **★★** 、地方の窓口となって苦情処理や品質テストを行うのが **★★** である。

消費者政策会議,
国民生活センター,
消費生活センター

□6 **★** 国民生活センターが仲介するなど、身近な消費者間のトラブルを当事者以外の第三者の介入により**迅速かつ簡易に解決するシステム**を **★** という。

裁判外紛争解決手
続（ADR）

VII
経済

10
消費者問題

273

VII 経済分野　10 消費者問題

□**7** 消費者行政の主務官庁は ★★★ であるが、新たな主
★★★
務官庁として厚生労働省の一部や農林水産省の一部な
どが統合し、2009年9月に各省庁が行っていた**消費者
行政を一元化**するために ★★★ が創設された。

内閣府

消費者庁

□**8** 「 ★★ 社会」とは、自らの消費行動が社会や自然環
★★
境に与える影響を自覚し、環境にやさしい商品への選
考を高めるなど、**消費者が主体的に社会の改善や発展
に参加する社会**を意味する。

消費者市民

◆例えば、日本の**消費者庁**が普及に取り組んでいるものとして、
自然環境や社会的課題を考慮し行う消費活動である**倫理的消費
（エシカル消費）**がある。

□**9** ★★ は、消費者が**商品の共同購入**を通して商品を
★★
少しでも安く購入することを目的に作られた組織で、
1844年にイギリスの ★★ で創設された。

生活協同組合

ロッチデール

□**10** 消費者保護を目的として、訪問販売や割賦販売、宅地
★★★
建物取引、マルチ取引などについて、成立した**売買契
約を一定期間内**ならば ★★★ なしに**買主側から無条
件で解除できる** ★★★ という制度が設けられている。

違約金,

クーリング=オフ

◆クーリング=オフで買主が売買契約を無条件で解除できる期間
は、マルチ商法では20日間、訪問販売では8日間である。

□**11** ある保険会社が、契約を変更すると料金が高額になる
★
ことを知らせずに、消費者に契約を変更させていた場
合、企業と消費者との取引における**情報の** ★ に
よって、消費者に**不利益が生じている**といえる。

非対称性

□**12** 1976年に制定された ★★ 法が改称され、**訪問販売
★★
やマルチ商法**などについて**悪徳商法の禁止**を定めた
★★ 法が、2000年に制定された。

訪問販売

特定商取引

□**13** ★★★ 法は、欠陥商品の製造業者が過失の有無にか
★★★
かわらず被害者たる消費者に対して ★★★ 損害賠償
責任を負うことを定めているが、製造当時の科学水準
で被害結果の発生が予見不可能であることが立証でき
た場合にのみ**免責**される ★★★ も認められている。

製造物責任（PL）,

無過失

開発危険の抗弁権

□**14** 現代の消費社会において、**広告や宣伝に左右されやす
★★
い消費者の心理的傾向**を、アメリカの経済学者ガルブ
レイスは『ゆたかな社会』の中で ★★ と呼んだ。

依存効果

274

□**15** 必ず儲かると説明された契約に関する**消費者の取消権**
★★ や**メーカーの免責特約の無効性**を定めた法律は 　★★ 　
法である（2000年制定、01年施行）。

◆消費者契約法では、不実告知があった場合、消費者が契約を取り消すことができることが定められている。2006年の法改正で**適格消費者団体**が創設され、消費者に代わり悪徳事業主への販売差止めなどの裁判を行うことが認められた。

消費者契約

□**16** 通信販売などで注文していない商品を勝手に送付し、
★ 代金を一方的に請求する 　★　 は、消費者が受領を
拒否したにもかかわらず、業者が14日以内に引き取
りに来なければ、送り主である業者の返還請求権は
　★　 すると特定商取引法に明記された。

ネガティブ=オプ
ション（送りつけ
商法）
消滅

□**17** **商品の買い手を次々と勧誘するネズミ講式の取引**で、
★ 特定商品を複数セット購入させ、これらの商品を複数
の人に各々複数セット購入させることに成功した場合、
一定割合の利益を与えるなどの方法で**商品を連鎖的に
販売する商法**を 　★　 という。

マルチ商法（マル
チまがい商法）

□**18** 「消防署の方から来ました」などといい、消火器の検査
★ をするふりをして消火器を高く買わせるなどの悪徳商
法を 　★　 という。

かたり商法

□**19** 手紙や電話で「あなたは選ばれました」などといって呼
★ び出し、英会話教材などを買わせる悪徳商法を 　★　
という。

アポイントメント
商法

□**20** 経営や建築などの「○○○士」と呼ばれる資格が、近く
★ 国家資格になるなどといって、資格取得講座に誘う悪
徳商法を 　★　 という。

資格商法（士商法）

□**21** 街頭でアンケートなどを理由に近づき、事務所などに
★ 連れ込んで化粧品や美術品などの商品を売りつける悪
徳商法を 　★　 という。

キャッチ=セールス

□**22** 2013年、企業と消費者との間の情報収集力や交渉力の
★ 格差を是正するために、**集団的消費者被害回復制度**を
定めた 　★　 法が施行された。

◆正式名称は「消費者の財産的被害の集団的な回復のための民事の裁判手続の特例に関する法律」。消費者被害の集団的な回復を図るために**2段階型の訴訟制度**を設けている。

消費者裁判手続特
例

VII 経済

10 消費者問題

275

VII 経済分野　11 公害問題と環境保護

☐ **23** 裁判所が認定することによって<u>多重債務</u>者の借金を事
★★　　実上、帳消しにする救済方法を ☐ ★★ という。

自己破産

☐ **24** 消費者の<u>自己破産</u>の増加を招く ☐ ★★ 問題に対処す
★★　　るため、2006年の<u>貸金業法</u>改正による借入金額の**総量**
規制などに加え、10年の<u>出資法</u>改正で法律上の**借入**
金利の上限を引き下げ、上限金利が利息制限法の上限
金利を上回ることで生じる「 ☐ ★★ 金利」が消滅した。

多重債務

グレーゾーン

　　◆この背景には、バブル崩壊後の長引く不況の中、1990年代に急
　　速に普及した**消費者金融**など個人への無担保融資事業から、多
　　くの消費者が借入を受けたことがある。

☐ **25** サイバー犯罪には、金融機関などに**なりすまし**、偽サ
★★　　イトの作成やメッセージを送信して情報を入力させる
　　 ☐ ★★ 、URL を**1度クリック**しただけで一方的にサー
ビスへの入会などを告げられ多額の料金を請求される
　　 ☐ ★★ 詐欺、サイトやメールから**ウイルスに侵入**さ
れ情報を盗み取られる ☐ ★★ による犯罪などがある。

フィッシング

ワンクリック,
スパイウェア

11 公害問題と環境保護

ANSWERS ☐☐☐

☐ **1** 日本における<u>公害</u>の**原点**は、1890年の ☐ ★★ 事件で
★★　　あり、代議士の ☐ ★★ が天皇にその解決を直訴した。

足尾銅山鉱毒,
た　なかしょうぞう
田中正造

　　◆日本の公害の歴史は、産業革命により本格的な工業化が始まっ
　　た明治時代にさかのぼる。<u>足尾銅山鉱毒事件</u>のほか、愛媛県で
　　起きた<u>別子銅山煙害事件</u>が、その代表例である。

☐ **2** 日本で**公害問題が深刻化**したのは ☐ ★★ 期である。
★★

高度経済成長

☐ **3** **四大公害**とは、三重県で発生した ☐ ★★★ 、富山県で
★★★　発生した ☐ ★★★ 、熊本県で発生した ☐ ★★★ 、新潟
県で発生した ☐ ★★★ の4つを指す。

四日市ぜんそく,
イタイイタイ病,
みなまた
水俣病,
新潟水俣病

　　◆<u>四日市ぜんそく</u>は**大気汚染**、<u>イタイイタイ病</u>はカドミウムによ
　　る**水質汚濁**、<u>2つの水俣病</u>は有機水銀による**水質汚濁**である。**四**
　　大公害の裁判では、いずれも加害者側となる企業の責任が明ら
　　かにされ、原告である被害者側に損害賠償金が支払われ、1974
　　年には公害健康被害補償制度が開始されている。ただし、水俣
　　病についてはその認定基準をめぐり裁判が続けられ、2004年の
　　最高裁判決で国の行政認定基準を否定し、四肢末梢と疫学によ
　　る判定基準を採用した。なお、13年に**水銀**とその使用製品の製
　　造・輸出入を禁止する<u>水俣条約</u>が採択され、17年に発効した。

276

□**4** 1967年制定の ★★ 法において、**公害**を ★★ 汚
★★ 染、 ★★ 汚濁、土壌汚染、騒音、振動、地盤沈下、
悪臭の７種類に規定した。

公害対策基本，大
気，
水質

◆これら７種類の公害は「**典型７公害**」と呼ばれる。1993年に公害
対策基本法に代わり、環境基本法が制定されたため、現在は同
法に規定されている。

□**5** ★★★ 年の国会では、公害対策基本法第１条の「**公害**
★★★ **対策と経済発展の**調和**条項**」が削除され、公害罪法な
ど14の公害対策関係法の改正と制定が行われたこと
から「 ★★★ 」と呼ばれ、 ★★★ の設置が決まった。

1970

公害国会，環境庁

□**6** **1971年**に公害対策の主務官庁として ★★★ が発足
★★★ し、**2001年**の中央省庁改革で ★★★ となった。

環境庁，
環境省

□**7** 高度経済成長期から、都市部で大気汚染や騒音などの
★★ ★★ 型公害が社会問題化し、その対策を求める
★★ が盛んに行われた。

都市・生活，
住民運動

◆例えば、自動車の排気ガスと紫外線が反応して起こる**光化学ス
モッグ**やごみ処理場の不足、下水や廃棄物による河川の汚濁な
どの環境問題が発生した。

□**8** 1973年には特定の公害の被害に対して、**国による補償**
★ を定めた ★ 法が制定された。

公害健康被害補償

□**9** 1993年には廃棄物や放射性物質、地球環境問題などに
★★★ 対処すべく、公害対策基本法と ★★★ 法を発展的に
統合して ★★★ 法を制定した。

自然環境保全，
環境基本

◆環境基本法は、いわゆる環境憲法として制定されたが、環境権
を認める規定は置かれなかった。

□**10** 公害は、市場を経由せずに被害を及ぼすため、その**社**
★★★ **会的費用が市場取引に反映されない**がゆえに、市場で
は適切な ★★★ が行われない。

資源配分

□**11** **公害を発生させた企業**が汚染防除や被害者救済のため
★★★ の**費用を負担すべき**であるという ★★★ は、日本の
環境政策に採用されている。

汚染者負担の原則
(PPP)

◆1972年の **OECD** 環境委員会で汚染者負担の原則(PPP)の国際
ルール化が提唱された。日本において、PPP は自動車の排気量
によって自動車関係諸税を重くする**グリーン化税制**（2001年実
施）や、二酸化炭素排出量に応じた税率を上乗せする**地球温暖化
対策税**（2012年10月より導入）などに具体化されている。

VII
経済

11
公害問題と環境保護

277

VII 経済分野　11 公害問題と環境保護

□12 **過失の有無を問わず**公害発生企業や欠陥商品製造企業
★★ の**損害賠償責任を認める原則**を　★★　という。

◆民法の損害賠償義務に関する故意・過失責任の原則を被害者保護の観点から修正した。**大気汚染防止法、水質汚濁防止法、原子力損害賠償法**などに規定されている。

無過失責任の原則

□13 公害問題における<u>無過失責任の原則</u>や<u>汚染者負担の原則</u>（PPP）は、企業の　★★★　（CSR）の一例である。
★★★

社会的責任

□14 公害規制のあり方としては、かつての有害物質の<u>排出濃度</u>を規制する方式に加え、地域や企業別に**排出量を割り当てて**　★★　**を規制**する方式も導入されている。
★★

◆濃度規制から総量規制へと政策の重点が変化している。

排出総量

□15 環境に著しい影響を及ぼすとされる事業の**環境負荷量**を事前に調査、予測、評価することを　★★★　という。
★★★

◆以前より地方での条例はあったが、1997年の環境影響評価法により初めて国レベルで環境アセスメントが法律化された。

環境アセスメント
（環境影響評価）

□16 副産物を廃棄物にせず技術的に相互に利活用し、<u>廃棄物</u>を**ゼロにする**　★★　や<u>国際標準化機構（ISO）</u>の**環境マネジメントに関する国際規格（**　★★　**シリーズ）、**　★★　**マーク**を表示した商品など、企業の自己規制や環境技術開発を促進する政策が進んでいる。
★★

ゼロ=エミッション,
ISO14000,
エコ

□17 家庭や事務所から排出されるごみを　★　というのに対して、工場などの生産活動に伴って排出されるごみを　★　という。
★

一般廃棄物

産業廃棄物

□18 2019年12月、経済産業省は　★★　法の関係省令を改正し、翌20年7月よりプラスチック製買物袋（　★★　）の有料化を開始した。
★★

容器包装リサイクル,

レジ袋

□19 近年の**訪日外国人旅行客**（<u>インバウンド</u>）の増加は、<u>地方活性化</u>につながることが期待される一方で、その地方の受け入れを超える数の人々が訪れることで地域住民の平穏な生活を脅かす　★　（<u>観光公害</u>）も懸念されている。
★

オーバーツーリズム

◆ただし、新型コロナウイルス感染症（COVID-19）の感染拡大による影響で、2020年以降、訪日外国人旅行客が激減し、観光業の衰退、雇用の喪失など経済面で大きな打撃を受けている。

12 国際分業と貿易

ANSWERS □□□

□ **1** 発展途上国が先進国に対して ★★ を輸出し、先進
★★ 国は発展途上国に対して**工業製品などの加工製品を輸
出**するという貿易形態を ★★ 分業という。

一次産品

垂直的

□ **2** 同一産業に属する製品どうしの対等な貿易形態のこと
★★ を ★★ 分業という。

◆先進国間に見られる工業製品どうしの貿易形態などを指す。

水平的

□ **3** ★★ は、**国際**分業を**社会**分業の最高形態と捉え、自
★★ 由放任に基づく国際取引を主張した。

アダム=スミス

□ **4** ★★★ はアダム=スミスの ★★★ 主義の考えを発
★★★ 展させて、 ★★★ 説によって自由貿易を主張した。

◆アダム=スミスは主として**国内的自由放任**を、リカードは主とし
て**国際的自由放任**を唱えた。2人とも古典派経済学の立場に立つ。

リカード, 自由放任,
比較生産費

□ **5** ★★★ は、外国貿易において、**各国は**比較優位にあ
★★★ る商品の生産に特化し、それを輸出し合えば**双方が利
益を得られる**と主張した。

リカード

◆リカードは『**経済学および課税の原理**』の中で、各国は自国内で
生産コストが比較的安く済む商品に生産を特化し、お互いがそ
れを自由に交換し合えば双方に有利だと考えた。

□ **6** 次の表は、甲国と乙国で衣料品と食料品を1単位生産
★★ するのに必要とされる労働者数を示している。**絶対優
位説**に立つと、 ★★ 国は ★★ 国に比べて両方
の生産に優れているが、**比較生産費説**に立つと
★★ 国は ★★ 品の生産に**比較優位**があるため、
その生産に特化した方がよい。

乙, 甲

甲, 衣料

	甲国	乙国
衣料品	100人	46人
食料品	120人	48人

◆衣料品と食料品のそれぞれで生産が優れているのは、より少な
い労働者数で1単位を生産する乙国である。しかし、比較優位
を考えると、衣料品は甲国100人÷120人≒0.83、乙国46
人÷48人≒0.96、食料品は甲国120人÷100人=1.2、乙
国48人÷46人≒1.0となり、甲国は衣料品の生産に特化した
方がよい。

VII 経済

12 国際分業と貿易

279

VII 経済分野　12 国際分業と貿易

□**7** 次の表を見て、下の文章の空欄にあてはまる適語を答
★★　えよ。なお、表中の人数はそれぞれの製品を1単位生
産するのに必要な労働者数を指す。

	ラシャ1単位	ブドウ酒1単位
イギリス	100人	120人
ポルトガル	90人	80人

この例では、比較生産費説によると、**イギリス**は ★★
に生産を特化し、**ポルトガル**は ★★ に生産を特化
して、お互いで作った製品1単位どうしを自由に交換
すれば、イギリスは ★★ 単位、ポルトガルは ★★
単位増産できる。

ラシャ,
ブドウ酒

0.2, 0.125

◆**イギリス**はラシャに**特化**すれば、**全労働者220人÷100人＝
2.2単位**、2.2単位－2単位＝0.2単位増産できる。**ポルトガ
ル**はブドウ酒に**特化**すれば、**全労働者170人÷80人＝2.125単
位**、2.125単位－2単位＝0.125単位増産できる。最後に両国間
でラシャ1単位とブドウ酒1単位を**自由貿易によって交換し合
えば**、生産しなかった財を1単位入手できる。

□**8** 　★　化とは、**それまで輸入していた製品を国産化**
★　**する**ために国内の工業化を図ることである。

輸入代替工業

□**9** ドイツの経済学者 ★★ は、**国内の幼稚産業を保護・
★★　育成**するために国家が貿易に介入し、輸入品に関税を
課すことで輸入品の国内流入を抑える ★★ の必要
性を主張した。

リスト

保護貿易

◆**幼稚産業**とは、今は競争力はないが、自国で育成することでや
がて国際競争力を持つことが期待される産業を指す。

□**10** 輸入品に**高率の**関税を課して**国内販売価格を**関税分だ
★★★　け高くすることを ★★★ の形成という。

関税障壁

◆国内保護を行う場合、アメリカは関税を引き上げる場合が多い
ことから、先進国では関税障壁の高い国である。近年の**米中貿
易摩擦**ではトランプ政権(2017〜21年)が**中国に対して高関税政
策**を行った。

□**11** 貿易において、 ★★ の制限、輸入課徴金、 ★★
★★　手続の複雑化、排他的取引慣行などで国内産業を保護
することを ★★ の形成という。

輸入数量,入関(検
疫)

非関税障壁

◆**日本**は非関税障壁の高い国といわれている。

280

- □12 第二次世界大戦後は、大戦前の反省に立ち徹底した ★★★ 体制が構築され、★★★ の引き下げや輸入数量制限の撤廃による貿易の**自由化**を目指して ★★★ (関税及び貿易に関する一般協定) が創設された。

  自由貿易, 関税, GATT

  ◆第二次世界大戦前の**保護貿易**は、排他的な**ブロック経済圏**を**形成**したため、市場拡大のための**帝国主義戦争**を招くことになった。

- □13 第二次世界大戦後の国際経済を支える ★★★ は貿易の支払手段である ★★★ の**安定化と自由化**を図り、自由貿易を支払面からバックアップしている。

  IMF（国際通貨基金）,
  外国為替

  ◆ GATT と IMF は同時期に設立されたことから、第二次世界大戦後の国際経済は IMF＝GATT **体制**と呼ばれた。なお、IMF が債務返済が困難になった国に対して緊急の救済融資を行う場合に、金融と財政の引き締めやインフレ抑制など当該国に課す政策的な条件をコンディショナリティーという。

- □14 ★★ は、**先進加盟国の経済の安定成長と貿易拡大**を図ると同時に、**発展途上国に対する援助**とその調整を目的とする政府間機関で「先進国クラブ」とも呼ばれ、二国間援助の実態調査も行う。

  経済協力開発機構 (OECD)

13 国際収支

ANSWERS □□□

- □1 国際収支が ★★ の場合は外国からの通貨の受け取りが多く、外貨準備高は増加し、★★ の場合は外国への通貨の支払いが多く、外貨準備高は減少する。

  黒字,
  赤字

- □2 **国際収支**について、日本はかつて ★★ で表示してきたが、現在は ★★ で表示している。

  ドル,
  円（自国通貨）

- □3 2013年までの旧統計の主な国際収支項目に関する次の表の空欄 A〜G にあてはまる適語を答えよ。

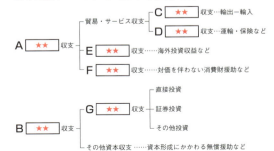

  A 経常
  B 資本
  C 貿易
  D サービス
  E 所得
  F 経常移転
  G 投資

VII 経済分野　13 国際収支

□4 **2014年からの新統計**の主な国際収支項目に関する次の表の空欄 A ～ E にあてはまる適語を答えよ。

C ★★★ 収支……資本形成にかかわる無償援助、非生産・非金融資産の譲渡（知的財産権譲渡）

A 経常
B 金融
C 資本移転等
D 第一次所得
E 第二次所得

◆**旧統計**では日本からお金が流出すれば赤字（マイナス）、日本にお金が流入すれば黒字（プラス）と表示されていた。新統計では、経常収支と資本移転等収支は従来と同様であるが、**金融収支だけ逆の符号で表示**することになった。海外資産・負債の増加を黒字（プラス）、減少を赤字（マイナス）と評価する。すなわち、日本人が海外に投資して海外資産（金融資産）を持つことを黒字（プラス）と表示し、お金の流出入ではなく、資産が増加したことを黒字（プラス）と評価する。一方、居住者が対外投資を居住国に引き揚げた場合は赤字（マイナス）と評価する。なお、海外から非居住者による日本への対内投資が増えた場合、対外負債が増えたので黒字（プラス）と表示する点に注意。

□5 新統計の経常収支と資本移転等収支の合計が ★★ であれば、理論上、金融収支は ★★ となる。

黒字（プラス），黒字（プラス）

◆「経常収支＋資本移転等収支－金融収支＋誤差脱漏＝0」という計算式が成り立つ。よって、経常収支と資本移転等収支の合計が黒字（プラス）であれば、金融収支は黒字（プラス）となる。実際は、統計上の誤差が生じるために誤差脱漏で補正される。

□6 日本車の外国への輸出は、 ★★ 収支の ★★ に計上される。

貿易，黒字（プラス）

□7 アメリカで出版されている経済学の教科書を、日本にいる学生がインターネットを通じて購入する取引は、 ★★ 収支の ★★ に計上される。

貿易，赤字（マイナス）

□8 日本の企業が持つ特許権に対して外国の企業が支払う使用料の収入は、新統計では ★★ 収支の ★★ に計上される。

サービス，黒字（プラス）

◆特許権・著作権などの**知的財産権**を外国企業に**売却**した収入は、資本移転等収支の黒字に計上されることに注意！

□**9** 日本からの旅行客が、パリのレストランで食事をする
★★ ような取引は、新統計では ┃ ★★ ┃収支の ┃ ★★ ┃に
計上される。

サービス, 赤字(マ
イナス)

□**10** 日本人の外国への旅行は、┃ ★★ ┃収支の ┃ ★★ ┃に
★★ 計上される。

サービス, 赤字(マ
イナス)

◆従来、「日本人の海外旅行客＞外国人の訪日旅行客」であったこ
とから、日本のサービス収支は赤字であったが、2019年は後者
が増加し、インバウンド需要も急増して第二次世界大戦後初めて
黒字を記録した。翌20年は東京オリンピック・パラリンピック
関連でさらなる黒字の拡大が期待されていたが、新型コロナウイ
ルス感染症(COVID-19)の感染拡大による海外往来の大幅な制
限により、期待されたインバウンド需要はほぼ消失した。

□**11** 新統計の ┃ ★★ ┃収支に含まれる ┃ ★★ ┃収支には、
★★ 外国で稼いだ給料や利子などの対価の受け取りと、外
国への対価の支払いを差し引いたものが含まれる。

経常, 第一次所得

□**12** 日本の居住者が外国の銀行に定期預金をした場合、
★★ ┃ ★★ ┃収支の ┃ ★★ ┃に計上され、その**利子の受け**
取りは、┃ ★★ ┃収支の ┃ ★★ ┃に計上される。

金融, 黒字 (プラ
ス),
第一次所得, 黒字
(プラス)

□**13** 金融収支が ┃ ★★ ┃の場合、外国からの通貨の受け取
★★ りが多く、対外純資産は減少する代わりに**国内流通通**
貨量は増加し、┃ ★★ ┃の場合、外国への通貨の支払い
が多く、対外純資産は増加する代わりに**国内流通通貨**
量は減少する。

赤字 (マイナス)

黒字 (プラス)

□**14** イギリスの国債や株式に投資した日本の投資家が、そ
★★ の国債の利子や株式配当金を受け取るような取引は、
新統計では ┃ ★★ ┃収支の ┃ ★★ ┃に計上される。

第一次所得, 黒字
(プラス)

□**15** 日本の企業が外国に現地工場を建設した場合、新統計
★★ ではその資金の流れは ┃ ★★ ┃収支の ┃ ★★ ┃に、そ
の工場が上げた利潤の一部が配当として日本の企業本
社に送金された場合、新統計では ┃ ★★ ┃収支の
┃ ★★ ┃に計上される。

金融, 黒字 (プラ
ス)
第一次所得,
黒字 (プラス)

VII
経済

13
国際収支

VII 経済分野 13 国際収支

16 日本政府がODA（政府開発援助）で、アフリカの国々に食糧品や医薬品購入のための資金援助を行う取引は、新統計では ★★ 収支の ★★ に計上される。

第二次所得, 赤字（マイナス）

17 日本政府が発展途上国に対して固定資産を援助した場合、新統計では ★★ 収支の ★★ に計上される。

資本移転等, 赤字（マイナス）

18 次のグラフは、2000〜19年における**日本の経常収支**とその項目別（新統計）の推移を示している。空欄A〜Dにあてはまる項目名を答えよ。

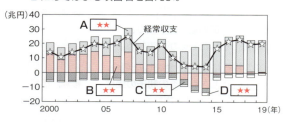

A 第一次所得収支
B 貿易収支
C サービス収支
D 第二次所得収支

19 旧統計では**対外直接投資が増えると資金が流出**するため ★★ と表示されていたが、新統計では資本流出（居住者の海外投資）は ★★ と表示される。

赤字（マイナス）, 黒字（プラス）

◆新統計は日本居住者の海外資産・負債の増減を見るため、資本流出（日本居住者の海外投資）は日本居住者の保有する海外資産が増加するため黒字（プラス）、資本流入（非居住者の日本国内投資＝対内投資）は負債が増加するため黒字（プラス）と評価する。

20 新統計の金融収支の ★★ （旧統計の資本収支の ★★ ）**が拡大**すると、やがて新統計の ★★ 収支の黒字が拡大していく。

黒字（プラス）, 赤字（マイナス）, 第一次所得

◆海外の株式への投資や海外への預金が増加すると、新統計では金融収支の黒字（旧統計では資本収支を構成する投資収支の赤字）が発生する。すると、うまくいけばいずれ配当金や利子が流入して、新統計でいう投資収益を示す第一次所得収支の黒字が発生する。日本は、このような状況の下で第二次所得収支の黒字が拡大し、貿易収支の赤字分ないしは黒字の減少分を補塡している。

21 ★★ とは、**政府と中央銀行が保有する公的な**外貨**の総額**を意味する。

外貨準備高

◆2005年まで、日本の外貨準備高は世界第1位であったが、06年に中国に抜かれ、第2位となった。

□22 日本の国際収支は、2000年代までは 　★★ 　収支が大
★★ 幅黒字であったことから 　★★ 　収支が大幅黒字を記
録したが、それは旧統計では 　★★ 　収支が大幅赤字、
新統計では 　★★ 　収支が大幅 　★★ 　となる。

貿易,
経常,
資本,
金融, 黒字

□23 次の表は、2019年の日本の**国際収支**を、**新統計**による
★★ 国際収支表に基づいてまとめたものである。この表か
ら計算した当年の経常収支は 　★★ 　兆円、また金融
収支の金額は 　★★ 　兆円となる。

20.1,
24.3

貿易収支	0.4兆円
サービス収支	0.1兆円
第一次所得収支	21.0兆円
第二次所得収支	−1.4兆円
資本移転等収支	−0.4兆円
金融収支	★★ 　兆円
誤差脱漏	4.6兆円

◆**経常収支＝貿易・サービス収支（貿易収支＋サービス収支）＋第
一次所得収支＋第二次所得収支**
上記の表より、0.4＋0.1＋21.0−1.4＝20.1兆円
経常収支＋資本移転等収支−金融収支＋誤差脱漏＝0
経常収支＋資本移転等収支＋誤差脱漏＝金融収支
ゆえに、20.1−0.4＋4.6＝24.3兆円

□24 1980年代には、日本の 　★★★ 　の多くが対米輸出のた
★★★ めであるとして日米 　★★★ 　が問題化した。

貿易黒字,
貿易摩擦

□25 1980年代後半、旧統計の資本収支が大幅な赤字を記録
★★ したのは、**85年の** 　★★ 　**合意**による円高誘導を背景
に日本企業の対米 　★★ 　が増加したためである。

プラザ,
直接投資

◆円高になるとドルが安く入手できるため、アメリカでの企業設
立がしやすくなり、アメリカ人労働者も安く雇用できる。その
結果、日本企業の対米進出が増加する。このようにして起こっ
た摩擦を**日米投資摩擦**という。

□26 日本の国際収支は、従来 　★★★ 　収支が新統計の
★★★ 　★★★ 　収支を上回ったが、**2005年以降は逆転**した。

貿易,
第一次所得

◆日本はモノを作って輸出する国から、**過去の資産を海外で運用
して稼ぐ国**に変化している。

**VII
経
済**

**13
国
際
収
支**

285

VII 経済分野　13 国際収支

■27 日本の国際収支は、2003・04年に旧統計の[　★　]収支が34年ぶりに黒字を記録した。

資本

◆2003年4月に日本の株価(東証平均)が1株=7,607円と当時のバブル後最安値を記録し、日本株の割安感から**外国人による日本への株式投資や企業買収、資本参加が増加**したためである。

■28 近年、**韓国**や**中国**の製品の輸出が伸長する中、**日本の**貿易収支**は大幅な**[　★★　]**を記録することが困難な状**況に追い込まれ、2011〜15年には[　★★　]を記録した。

黒字,
赤字

■29 **2008年**の日本の貿易収支が、前年比で**大幅に**減少して2兆円程度の黒字にとどまったのは[　★★　]によるアメリカの消費減退に伴い輸出が激減したためである。

リーマン=ショック

■30 2011年の日本の国際収支は、東日本大震災の影響もあり、[　★★　]収支が03・04以来の[　★★　]を記録した。一方で、**下請メーカーが被災し**[　★★　](**供給網**)が寸断され生産が減少したことや**超円高の進行**による輸出の低迷、原発停止に伴う**天然ガスなどのエネルギー輸入増加**などにより、貿易統計に基づく[　★★　]収支が1980年以来の[　★★　]に転じた。

資本, 黒字,
サプライチェーン

貿易, 赤字

■31 日本の経常収支(旧統計)の内訳に関して、次のグラフAは[　★★　]、Bは[　★★　]、Cは[　★★　]、Dはサービス収支の推移を示している。

貿易収支, 所得収支, 経常移転収支

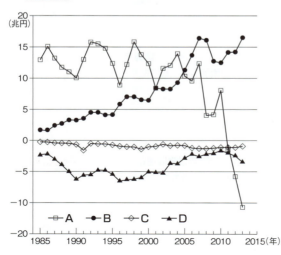

- **32** アメリカは巨額の ★★★ の赤字と ★★★ 赤字という「 ★★★ の赤字」を抱えている。

  経常収支（貿易収支），財政，双子

  ◆1980年代、アメリカの巨額となった「双子の赤字」への対応策として、主要先進国はドル高（円安）を是正してドル安（円高）に誘導することに合意した（プラザ合意）。

- **33** アメリカでは、2001〜09年までのブッシュ政権下の「**テロとの戦い**」や**イラク戦争**などにより、08年には財政赤字は約 ★★ 億ドルに、経常収支赤字は対日貿易赤字のみならず対 ★★ 貿易赤字も増加して約 ★★ 億ドルに達し、「双子の赤字」が再燃した。

  4,600,
  中（中国），
  7,000

  ◆2008年度のアメリカの財政赤字は4,590億ドル、経常収支赤字は最大で7,061億ドルにも達した。08年以降、サブプライム=ローン不況対策としての**財政支出拡大**のため、財政赤字が急増した結果、09年度の財政赤字は1兆4,130億ドルに達した。

- **34** 次の図1は1人あたりGDPの実質成長率の推移を、図2は経常収支の対GDP比の推移を、**日本**、**アメリカ**、**タイ**、**中国**の4ヶ国について示したグラフである。図中の空欄 A 〜 C にあてはまる国名を答えよ。

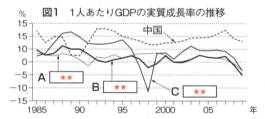

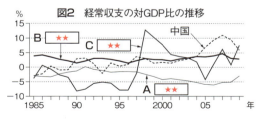

A アメリカ
B 日本
C タイ

◆1997年の通貨バーツの下落を契機にしたアジア通貨危機（**タイ**：C）、2001年以降の財政赤字のさらなる悪化（**アメリカ**：A）、80年代後半のバブル景気、90年代の「失われた10年」という長期不況（**日本**：B）といった出来事や事象などから判別する。

VII 経済分野　14 外国為替市場

14 外国為替市場

ANSWERS ☐☐☐

□1 　★★★　とは、遠く離れている個人や企業との間で、実
★★★　際に現金を運搬せずに、振込や振替によって資金の受
け渡しを行うことである。

為替

□2 一般に、異なる国の通貨と自国通貨との交換比率は
★★★　　★★★　と呼ばれる。

為替レート（外国
為替相場）

□3 変動為替相場制の下では、為替レートは外国為替市場
★★　における各国　★★　の需要と供給によって決定する。

通貨

□4 外国為替市場でドル　★★　・円　★★　が行われる
★★　と、ドルが供給されて円の需要が高まるので、円高・
ドル安になる。

売り，買い

□5 為替レートを決定する基礎的条件（ファンダメンタル
★★　ズ）には、　★★　、金利、マネーストック、経済成長
率、失業率、インフレ率などがある。

国際収支（経常収
支）

◆為替レートは、自国通貨と外国通貨の購買力の比率によって決
定されるとする理論を購買力平価説という。同一商品の日本で
の価格とアメリカでの価格を見れば、円・ドルの交換比率がわ
かるとする考え方である。購買力平価説はスウェーデンの経済
学者カッセルによって提唱された。

□6 円とドルの為替レートが1ドル＝100円で均衡して
★★　いる当初の状態から、両国の物価指数が次の表のよう
に変化した場合、購買力平価説によれば、為替レート
は1ドル＝　★★　円に変化する。

123

	当初の物価指数	変化後の物価指数
日本	100	246
アメリカ	100	200

◆当初の物価指数では、日本で100円のものがアメリカでは1ド
ルとなる。変化後の物価指数では、日本での246円がアメリカ
で2ドルとなることから、246÷2＝123ドルとなる。

□7 購買力平価説によれば、日本のインフレ率が1％、ア
★★　メリカのインフレ率が3％の場合、円とドルの為替
レートは円　★★　・ドル　★★　になると予想され
る。

高，安

288

□**8** 日本とアメリカで売られている同じスマートフォンが、
★★ 当初日本で1台9万円、アメリカで1台900ドルで
販売され、その後、日本で8万円、アメリカで1,000
ドルに価格が変動したとする。このスマートフォンの
価格に**購買力平価説**が成り立つ場合、円とドルとの為
替レートは、当初1ドル＝100円だったのが、1ドル
＝ ★★ 円となり円 ★★ ・ドル ★★ となる。

80, 高, 安

◆80,000円÷1,000＝80円

□**9** 日本の**国際収支の主要項目**が ★★ になると経済的
★★ 信用が高まり、投機的な円需要が高まることで ★★
になり、日本の**国際収支の主要項目**が ★★ になる
と、日本の経済的信用が低下し、円需要が減退すること
で ★★ になる。

黒字,
円高,
赤字,

円安

□**10** 日本の**輸出**が増加すると ★★ になり、**輸入が**増加
★★ すると ★★ になる。

円高,
円安

◆輸出増加→国際収支(貿易収支)黒字→円高
輸入増加→国際収支(貿易収支)赤字→円安

□**11** **日本からの海外旅行者**が増加すると ★★ になり、
★★ **日本への海外旅行者**が増加すると ★★ になる。

円安,
円高

◆日本からの海外旅行者増加→国際収支(サービス収支)赤字→円安
日本への海外旅行者増加→国際収支(サービス収支)黒字→円高

□**12** **日本からの海外投資**が増加すると ★★ になり、**日**
★★ **本への対内投資**が増加すると ★★ になる。

円安,
円高

◆海外投資増加→国際収支(旧統計)赤字(＝お金が流出)→円安
対内投資増加→国際収支(旧統計)黒字(＝お金が流入)→円高

□**13** **日本で** ★★ **金利政策**が行われると、外国人は日本
★★ の銀行に預金する方が得なので、**ドル売り・円買い**を
行って、**円で預金**する傾向が強くなり ★★ になる。

高

円高

□**14** 日米金利格差が拡大し、**アメリカが**高**金利、日本が**低
★★ **金利**となると ★★ になる。

円安

◆日本人は預金金利の高いアメリカに預金する→日本の国際収支
(旧統計)赤字(＝お金が流出)→円安

VII
経済

14
外国為替市場

289

VII 経済分野　**14** 外国為替市場

□**15** アメリカで<u>インフレ</u>が**進行**した場合、アメリカ人は安
★★　価な日本商品を買おうとするので、**日本からのアメリ
カへの輸出が**<u>増加</u>し、日本は［ ★★ ］になる。

円高

◆アメリカで<u>インフレ</u>→割安な日本商品が<u>アメリカ</u>に売れる→日
本の輸出<u>増加</u>→<u>日本</u>の国際収支（貿易収支）が<u>黒字</u>→<u>円高</u>

□**16** <u>円高</u>になると円の購買力が上がるので、**輸入品は**
★★　［ ★★ ］し、**輸入に**［ ★★ ］になるため、輸入数量は
［ ★★ ］する。

値下がり，有利，
増加

□**17** <u>円安</u>になると円の購買力は下がるので、**輸入品は**
★★　［ ★★ ］し、**輸入に**［ ★★ ］になるため、輸入数量
は［ ★★ ］する。

値上がり，不利，
減少

□**18** <u>円高</u>になると、ドルで支払う場合、**輸出品は**［ ★★ ］す
★★　るため**輸出が**［ ★★ ］となり、輸出数量は［ ★★ ］する。

値上がり，
不利，減少

□**19** <u>円安</u>になると、ドルで支払う場合、**輸出品は**［ ★★ ］す
★★　るため**輸出が**［ ★★ ］となり、輸出数量は［ ★★ ］する。

値下がり，
有利，増加

◆1993年、日本の輸出を抑制しようとしたクリントン大統領の**円
高容認**の発言を受け、円の値上がり観測から世界中で投機的な
円買いが進み、<u>95</u>年に1ドル＝<u>79</u>円台の**超円高**となった。

□**20** 日本からアメリカに旅行する際に日本人旅行客がとる
★★　であろう行動として、円［ ★★ ］の時には、日本国内
で購入するよりも、アメリカで購入してきた方が出費
を抑えられる商品が［ ★★ ］する。

高

増加

◆<u>円高</u>の時は<u>ドル安</u>となるので、日本人の海外旅行客はアメリカ
で購入した方が日本で購入するよりも、円払いで見て安く購入
できる商品が<u>増加</u>する傾向にある。

□**21** 1ドル＝146円であった時、日本の工場でテレビを生
★★　産する企業が、自社のテレビをアメリカに輸出して販
売した結果、2億ドルを売り上げた。その後、1ドル
＝106円になった時、同じく2億ドルの売上を得た場
合、円に換算した売上は［ ★★ ］億円減少する。

80

◆1ドル＝146円のとき、2億ドルの売上を円換算すると、2億
×146円＝<u>292</u>億円となる。一方、1ドル＝106円のとき、
2億ドルの売上を円換算すると、2億×106円＝<u>212</u>億円とな
る。よって、<u>292</u>億円－<u>212</u>億円＝<u>80</u>億円売上が減少する。

□**22** **貿易摩擦**の原因の1つには、**日本の輸出に有利な為替
★★　レート**である［ ★★ ］が挙げられる。

円安

290

□23 円高になると**国内の物価は** ★★ し、**景気は** ★★
★★ することが多い。

　◆円高→輸入有利・輸出不利→国際収支（貿易収支）赤字基調→国
　　内通貨量減少→デフレ・不況

下落，悪化

□24 円安になると**国内の物価は** ★★ し、**景気は** ★★
★★ することが多い。

　◆円安→輸入不利・輸出有利→国際収支（貿易収支）黒字基調→国
　　内通貨量増加→インフレ・好況

上昇，回復

□25 国内の**インフレ・景気過熱を抑制**する為替政策として
★★★ は、円 ★★★ ・ドル ★★★ の外国為替市場**介入**を
行い、 ★★★ に誘導する。

　◆円高に誘導→輸入有利→輸入数量増加→国際収支（貿易収支）赤
　　字基調→国内通貨量減少→インフレ・景気過熱抑制

買い，売り，
円高

□26 国内の**デフレ・不況を克服**するための為替政策として
★★★ は、円 ★★★ ・ドル ★★★ の外国為替市場**介入**を
行い、 ★★★ に誘導する。

　◆円安に誘導→輸出有利→輸出数量増加→国際収支（貿易収支）黒
　　字基調→国内通貨量増加→デフレ・不況克服

売り，買い，
円安

15 戦後の自由貿易体制 (1)〜 IMF 体制

ANSWERS ☐☐☐

□1 国際間の決済や金融取引の基本となる、**各国通貨の基**
★★★ **準としての機能**を果たす通貨のことを ★★★ という。

基軸通貨(キー=カ
レンシー)

□2 国際通貨基金（IMF）では、**1945〜71年8月**までアメ
★★★ リカの経済力（国力）を背景に ★★★ を基軸通貨とす
る ★★★ 制を採用していた。この体制を ★★★ 体
制（旧 IMF 体制）と呼ぶ。

ドル，
固定為替相場，ブ
レトン=ウッズ

□3 ブレトン=ウッズ体制（旧 IMF 体制）下では、金1オン
★★★ ス＝ ★★★ ドルの交換性を保証してドルに信用性を
与え、1ドル＝ ★★★ 円をはじめとした**ドルと各国**
通貨との交換比率を固定する固定為替相場制（金・ド
ル本位制）が採用された。

35，
360

　◆金・ドル本位制とは、国際取引の決済手段として利用する通貨
　　が、金またはドルであるという体制の固定為替相場制である。ブ
　　レトン=ウッズ体制下では平価（各国通貨間の基準為替相場）の
　　変動幅を上下1%以内に抑えることが義務づけられていた。

VII
経済

15
戦後の自由貿易体制(1)〜IMF体制

291

VII 経済分野　15 戦後の自由貿易体制(1)〜 IMF 体制

☐4 1945年に発足した ┌ **★★** ┐ は、第二次世界大戦後の復
★★ 興および開発のために ┌ **★★** ┐ 融資を行い、**国際通貨
である** ドル **を供給する**ことを目的とする。

◆ ブレトン=ウッズ体制下において、一時的な国際収支の赤字国に
対しては国際通貨基金 (IMF) が一定条件を守ることを前提に短
期融資を行った。

国際復興開発銀行
(IBRD),
長期

☐5 国際復興開発銀行 (IBRD) は ┌ **★★★** ┐ とも呼ばれ、補
★★★ 助機関には ┌ **★★★** ┐ がある。

◆ 国際開発協会 (IDA) は1960年に設立。第二世界銀行ともいう。

世界銀行,
国際開発協会
(IDA)

☐6 国際通貨基金 (IMF) は、為替の自由化を確立するため
★★ に、┌ **★★** ┐ 制限の撤廃を IMF 第 ┌ **★★** ┐ 条に定めて
いる。

為替, 8

☐7 1964年、**日本**は為替制限が認められる IMF ┌ **★★** ┐ 条
★★ **国から**、制限が認められない IMF ┌ **★★** ┐ 条**国に移行**
した。

◆ IMF 第14条は発展途上国に認められる特例 (為替制限) を、第
8条は先進国の原則 (為替自由化義務) を定めている。

14,
8

☐8 1960年代以降、**アメリカの国際収支の**赤字**が拡大**した
★★ 理由として、**西欧諸国や日本の経済復興**によるアメリ
カの ┌ **★★** ┐ の減少やアメリカ企業の ┌ **★★** ┐ 化によ
る**資本** ┌ **★★** ┐ の増加、西側陣営の拡大を目指す**軍事
援助の増加**、ベトナム戦争に端を発する ┌ **★★** ┐ の発
生による輸出の低迷などが挙げられる。

輸出, 多国籍企業,
輸出,
インフレ

☐9 アメリカの ドル が国際通貨としての基軸通貨性**を失っ**
★ **た**理由として、そもそも一国の通貨を国際通貨にするこ
とには矛盾があり、理論上、無理であるとする考え
方の ┌ **★** ┐ 論が挙げられる。

◆ 一国の通貨を国際通貨にするためには、その通貨を世界各国に
供給しなければならないため、国際収支は赤字にならなければ
ならないが、赤字に陥るとその通貨に対する信用性が失われて
国際通貨とならなくなってしまうという矛盾がある。

流動性ジレンマ

☐10 ドルへの信用低下によって**国際流動性不足**が発生した
★★ ため、1969年に IMF は金・ドルに代わる**第3の通貨**と
して ┌ **★★** ┐ (SDR) を創設した。

◆ SDR とは、国際収支 (経常収支) が赤字に陥った IMF 加盟国
が、黒字国や外貨準備の豊富な加盟国から**外貨を引き出して借
入できる権利**のこと。

特別引出権

292

☐**11** 1971年8月、アメリカの ★★★ 大統領は、ドル防衛
★★★ のために金とドルの交換性を停止したことなどから、
事実上 ★★★ は崩壊した。

◆1971年8月15日、ニクソン大統領が発表した新経済政策が世界に衝撃を与えた（ニクソン=ショック）。アメリカが金・ドル本位制を維持できないとして、ドル防衛のために金・ドルの交換を停止し、10％の輸入課徴金、賃金・物価の凍結などを行うことを決めた。こうしてドルに対する信用が崩れたため、**ドルの**基軸通貨性**が失われた。**

☐**12** ドル=ショックを受け、日銀は固定為替相場制を維持
★★ するために、大量の ★★ 買いを決めたことで国内
の外貨準備（外貨準備高）とともにマネーサプライ（通
貨供給量）が急増し、日本は ★★ 状態となった。

☐**13** 1971年12月に ★★★ 協定により、ドル切り下げに
★★★ よる固定為替相場制への復帰が図られたが、73年に
は各国は ★★★ に移行した。

◆金公定価格は金1オンス＝35ドルから38ドルに変更され、為替レートは1ドル＝360円から308円と、円が16.88％切り上げられた。また、変動幅の拡大も行われ、上下各1％を各2.25％に変更した（ワイダー=バンド方式の採用）。

☐**14** 変動為替相場制の下で、ある国の為替レートが上昇（そ
★★ の国の通貨の価値が高くなること）する場合、その国
の要因の1つとして、近隣国への ★★ の増加が考
えられる。

◆近隣国への輸出が増加すると、自国への対価の支払いのために自国通貨の需要が高まり、為替レートは上昇する（その国の通貨の価値は高くなる）。

☐**15** 企業は利潤を求めて、直接投資や間接投資などの形で
★★ 市場に資金を投下する。こうした**資金が国境を越えて**
いくことを、一般に ★★ **という。**

☐**16** 国際資本移動において、通貨の為替相場は、資本が流
★★★ 出する国では ★★★ し、流入する国では ★★★ す
る。したがって、国際間の自由な資本移動を実現し、各
国が自発的な金融政策を行う場合、 ★★★ 制の**採用**
は困難といえる。

ニクソン

固定為替相場制

ドル

インフレ

スミソニアン

変動為替相場制

輸出

国際資本移動

下落，上昇

固定為替相場

VII
経済

⑮
戦後の自由貿易体制⑴〜IMF体制

293

VII 経済分野　15 戦後の自由貿易体制 (1) ～ IMF 体制

□17 変動為替相場制への移行は、1976年の ★★★ で事後
★★★ 的に追認された。

　　◆1973年以降、現在までの国際通貨体制は、キングストン体制
　　（新しい IMF 体制）と呼ばれている。変動為替相場制への移行で
　　IMF が解体されたわけではない。

キングストン合意
（キングストン協定）

□18 1970年代に起こったニクソン=ショックと2度の ★★★
★★★ により、日本の高度経済成長は終焉したが、日本の企
業は ★★★ 経営と省エネルギー化の推進で**国際競争
力を高めて輸出**を伸ばし、この不況を乗り切ったこと
から、日本経済の ★★★ 依存度が高まっていった。

石油危機（オイル=
ショック），
減量

外需（輸出）

□19 1973年以降の変動為替相場制では、ある程度の**為替誘
導を主要国で話し合い外国為替市場に ★★ を行う
点から ★★ 制と呼ばれる。

協調介入，
管理フロート

□20 1985年9月、G5（先進5ヶ国）は**日米貿易摩擦解決の
ために外国為替市場に協調介入して円 ★★★ 是正=
円 ★★★ 誘導、ドル ★★★ 是正=ドル ★★★ 誘
導することを決定した。この合意を ★★★ という。

安，
高，高，安，
プラザ合意

　　◆プラザ合意以前は1ドル=240円台であったが、合意後には1ド
　　ル=120円台と約2倍の円高が進行した。円高誘導を行い日本
　　の輸出品をドル払いで値上げすることで輸出に不利な状況を作
　　り出した。一方で、日本で生産される製品の価格が外国製品と
　　比較して割高となるために、日本企業の対アメリカ向け海外進
　　出が進み、現地生産・現地販売を行う製造業が増加した。なお、
　　現在、日銀が為替レートの安定化のために市場介入する場合は、
　　財務省の外国為替資金特別会計の資金を用いている。

□21 1987年2月、G7（先進7ヶ国）はプラザ合意による過
★★ 剰な**円高の行き過ぎを防ぐ**ために、 ★★ 売り・
★★ 買いの**協調介入**を決定した。この合意のこと
を ★★ という。

円，
ドル，
ルーブル合意

□22 現在、主要先進国が世界経済の安定化を図るために**為
★★★ 替レートの調整や協調介入、金利調整**などを話し合う
国際会議は**G7（先進7ヶ国 ★★★ ）**と呼ばれている。

財務担当大臣およ
び中央銀行総裁会
議

　　◆もとは、1985年に G5（アメリカ、イギリス、西ドイツ（当時）、
　　フランス、日本）の**財務担当大臣**と**中央銀行総裁**が参加した会議
　　で、86年にイタリアとカナダが加わり、G7 となり、これを指
　　して一般的に財務担当大臣および中央銀行総裁会議とする場合
　　が多い。

294

□23 **第一次石油危機への対応策**を話し合うため始まった主
★★★ 要国首脳会議は通称 ★★★ と呼ばれ、1975年当初は
西側**6ヶ国**、**76年**には**7ヶ国**で開かれた。

サミット

◆**1997年**の**デンバーサミット**で**ロシア**が正式加入して**8ヶ国**に
なった。しかし、2014年に**ウクライナ**領の**クリミア**半島を事実
上、併合したことへの制裁措置により**ロシア**が除名され**7ヶ国**
となっている。

□24 2008年9月の**リーマン=ショック**に伴う**世界経済危機**
★★ **対策**として、08年11月に新興国などを含めた ★★
サミット（いわゆる**金融サミット**）が開かれ、世界各国
の**協調的な金融緩和と財政出動**が決定した。

G20

◆その後も**G20サミット**は毎年開催され、存在感を増している。
2019年には**日本**で開催（**G20大阪サミット**）。20年はサウジア
ラビアのリヤドで予定されていたが、**新型コロナウイルス感染
症（COVID-19）**の影響で「バーチャル形式」で開催された。21
年はイタリアのローマで開催予定である。

□25 2010年の **G20トロントサミット**では、同年にEU域
★★ 内の ★★ で発生した**財政危機**を他国で起こさない
ために、**13年まで**に ★★ を半減することを先進
各国に対して義務づけたが、日本はこれを猶予された。

ギリシア,
財政赤字

□26 2014年、新興国への**開発援助**を中心業務とする ★★
★★ が創設され、**中国**が主導権を握るなど、世界経済にお
ける**ドルやユーロへの不安感**の中で、中国の通貨であ
る ★★ の存在感が高まっている。

BRICS銀行（新
開発銀行）

人民元（元）

◆同じ2014年には、中国が主導する**アジアインフラ投資銀行
（AIIB）**の設立が決まり、翌15年に発足した。発展途上国やヨー
ロッパ諸国への融資を行うなど、国際経済における**人民元**の存
在感を強めようとしている。この背景には、**習近平**国家主席が
唱える、中国から東南アジア・南アジア・中央アジア・西アジ
アを経由し、ヨーロッパに向けて新幹線と高速道路を整備する
などの経済圏構想である「**一帯一路**」がある。

16 戦後の自由貿易体制 (2) ～GATTからWTOへ

ANSWERS □□□

□1 1948年発効の条約である **GATT**（ ★★★ ）の目的は、
★★★ **貿易の自由化**を実現することで、 ★★★ 貿易による
戦争の再発を防ぐ点にある。

関税及び貿易に関
する一般協定,
保護

◆**保護貿易**に基づく**ブロック経済圏**の形成が第二次世界大戦を招
いたとの反省から、**GATT**が設立された。

VII 経済

16 戦後の自由貿易体制(2)～GATTからWTOへ

295

VII 経済分野　16 戦後の自由貿易体制 (2) ～ GATT から WTO へ

□2 第二次世界大戦後の国際経済体制は、<u>貿易</u>**の自由化を**
★★★ **目指す** **★★★** と、貿易の支払手段である<u>為替</u>**の自由**
化と安定化を目指す **★★★** によって運営された。

◆この国際経済体制は <u>IMF = GATT 体制</u>ともいわれる。

GATT，
IMF (国際通貨基金)

□3 **関税の**<u>引き下げ</u>による**貿易の**<u>自由化</u>を目的に1948年に
★★★ 発効した <u>GATT</u> は、**95年**に通商紛争の処理機能が強
化された常設機関である **★★★** に発展した。

◆第二次世界大戦直後にアメリカは、**国際貿易機関 (ITO)** を創設
して関税撤廃を目指すことを提唱したが、理想論に過ぎないと
の批判から失敗し、代わって<u>関税</u>**の引き下げ**を行う現実主義に
立つ <u>GATT</u> が創設された。

世界貿易機関
(WTO)

□4 <u>GATT</u> が掲げた３つの原則とは、**★★**、**★★**、
★★ **★★** である。

自由，無差別，
多角 ※順不同

□5 <u>GATT</u> の３つの原則の１つである<u>自由</u>の原則とは、自
★★★ 由貿易体制を確立するための **★★★** **の引き下げ**と
★★★ **の撤廃**である。

関税，
貿易制限

□6 <u>GATT</u> の３つの原則の１つである **★★** の原則で
★★ は、加盟１ヶ国に与えた**有利な貿易条件は全加盟国に**
平等に与えたものとみなす **★★** を設けている。

無差別

最恵国待遇

□7 <u>GATT</u> の３つの原則の１つである **★★** の原則と
★★ は、貿易上の問題は **★★** によって解決し、二国間
の力による解決を排除し、公平性を実現することである。

多角，
ラウンド交渉 (多
国間交渉)

□8 <u>GATT</u> が、<u>輸入数量制限</u>**を撤廃**する一方で、輸入品に
★★★ 対する<u>関税</u>の設定による**国内産業の保護**を認めるなど、
輸入制限を<u>関税</u>に置き換えることを **★★★** という。

◆ <u>GATT</u> は、<u>関税は認めている</u>が、<u>関税を段階的に</u><u>引き下げる</u>こ
とを目指した。

例外なき関税化
(包括的関税化)

□9 <u>例外なき関税化</u>の措置は、日本が従来、輸入数量制限
★★ を実施し、輸入量をゼロとして完全自給体制を守って
きた **★★** に対しても適用された。

◆ <u>GATT</u> の<u>ウルグアイ=ラウンド</u>で**1993年に決定され、**<u>99</u>**年から**
日本はコメについても<u>例外なき関税化</u>を実施している。

コメ

□10 同種の**輸入品と国内製品**とを区別せず、国内製品に対す
★★ る税金や法令上の優遇を輸入品にも認める <u>WTO</u> の「<u>無</u>
<u>差別</u>」ルールに基づく原則を **★★** という。

内国民待遇

296

□**11** ある商品の輸出向け販売が自国国内向け販売の価格より安く行われた場合、輸入国がその商品への<u>関税</u>を**高くして対抗する措置**を ┃ ★ ┃ といい、そのルールの適切性などについて <u>WTO</u> で議論されている。

アンチダンピング

□**12** **多角的貿易交渉**として、初めて工業製品に対する<u>関税</u>**の大幅引き下げ**を実現したのは、1960 年代に行われた ┃ ★ ┃ **=ラウンド**である。

ケネディ

◆**工業製品**の関税が一括方式により**平均35％引き下げ**られた。

□**13** 1970 年代に行われた ┃ ★★ ┃ **=ラウンド**では、<u>関税</u>**の大幅引き下げ**以外に、<u>関税</u>以外の**貿易障壁**である ┃ ★★ ┃ の**国際ルール化**などが話し合われた。

東京

非関税障壁

□**14** 先進国は、**発展途上国**からの輸入品について、特に<u>関税</u>**の税率を引き下げる優遇措置**を行う ┃ ★★ ┃ を設けている。この措置は、発展途上国保護の観点から、┃ ★★ ┃ で導入が認められた措置である。

一般特恵関税

国連貿易開発会議
(UNCTAD)

◆<u>一般特恵関税</u>は、<u>無差別</u>**の原則**の修正である。

□**15** 1986〜94 年の<u>ウルグアイ=ラウンド</u>では、サービス貿易、┃ ★★★ ┃ のルールづくり、コメなどの農産物市場開放を焦点に、農産物を含めた**輸入品**の ┃ ★★★ ┃ が決まる一方で、**常設の多角的な通商紛争処理システム**として ┃ ★★★ ┃ の設置が決まり、翌95 年に <u>GATT</u> から同機関に発展した。

知的財産権,
例外なき関税化

世界貿易機関
(WTO)

◆<u>世界貿易機関</u>（<u>WTO</u>）**の本部**は、スイスの**ジュネーヴ**に置かれた。

□**16** **通商摩擦**を解決するための**小委員会**（<u>パネル</u>）**の設置**要求や、小委員会による報告の採択に際し、GATT 体制下の理事会では「┃ ★★ ┃ **方式**」による意思決定が行われていたが、WTO ではすべての当事国が拒否しない限り採択される「┃ ★★ ┃ **方式**」が採用された。

コンセンサス

ネガティブ=コン
センサス

◆GATT の<u>コンセンサス</u>**方式**は**全会一致制**である。WTO の<u>ネガティブ=コンセンサス</u>**方式**は全会一致の否決がない限り、**1ヶ国でも賛成すれば議案が成立**するという方式。

□**17** **自国の特定産業を保護する緊急の必要**がある場合に認められる**輸入制限措置**を ┃ ★★★ ┃ という。

セーフガード（緊
急輸入制限）

◆発動する際、特定の国を指名して、その国の特定製品は輸入しないとする<u>緊急輸入制限措置</u>を<u>選択的セーフガード</u>といい、<u>ウルグアイ=ラウンド</u>で禁止が決定した。

VII
経済

16
戦後の自由貿易体制(2)〜GATTからWTOへ

VII 経済分野　**16** 戦後の自由貿易体制 (2) ～ GATT から WTO へ

□**18** 農物などを事実上 WTO の枠外に置き、事実上の輸
★　　入制限を行うことを 　★　 といい、日本はこの方法
　　　によって、従来、コメの輸入制限を行ってきた。

　　　◆現在も乳品などに対して行われている場合がある。

残存輸入制限

□**19** 2001年からのドーハ=ラウンドでは、**包括的な貿易自**
★★★　**由化**が交渉されているが、加盟国が 150 ヶ国を超え、
　　　アンチ 　★★★ 関税の濫用防止、　★★★　 上限設定、
　　　　★★★　 と貿易の共生ルール化などをめぐって、各国
　　　の対立が激しく、現在も妥結していない。

　　　◆アンチダンピング関税 (反ダンピング関税) とは、外国製品の**不**
　　　当値下げ (ダンピング) に対抗して、国内販売価格の値下がりを
　　　防ぐために当該輸入品にかける関税のことである。

ダンピング，関税，
環境

□**20** ドーハ=ラウンドでは、高率関税商品ほど税率を大幅に
★　　引き下げる 　★　 方式が提唱されている。

　　　◆日本は国内農家の保護のため、輸入農産物には高率の関税を課
　　　し、**階層方式の導入**や**関税上限設定**には反対している。

階層

□**21** ドーハ=ラウンドでは、関税の大幅引き下げが免除され
★　　る 　★　 として一部認めることになっている
　　　が、どの品目に認めるかをめぐり対立が起こった。

　　　◆日本は重要品目を8%と主張したが、WTO では原則4%とする
　　　意見が大勢である。

重要品目

□**22** 社会主義諸国の市場原理導入や新興国の台頭を受けて、
★★★　2001 年に 　★★★　、02年に台湾、07年に 　★★★　、
　　　12年に 　★★★　 が WTO に**正式加盟**した。

中国，ベトナム，
ロシア

□**23** 中国が世界貿易機関 (WTO) に**加入**したことで、日本
★★　など先進諸国が中国製品に課してきた高率の関税は、
　　　無差別原則のあらわれである 　★★　 の適用により、
　　　他の加盟国なみの実質的な**大幅引き下げ**となった。

最恵国待遇

□**24** WTO の附属協定の1つで**知的財産権**のルールを定め
★★★　る 　★★★　 (**知的所有権の貿易関連の側面に関する協**
　　　定) は、加盟国に最恵国待遇の付与などを義務づける。

TRIPs 協定

298

□ **25** ★★★ **★★★**（自由貿易協定）は、締約国間で**財**の取引について**相互に関税を撤廃**して貿易の自由化を実現する協定であり、これに加えて資本移動や労働力移動、その他の経済取引全般にわたって自由化の実現を目指す協定が **★★★**（経済連携協定）である。

FTA

EPA

◆FTA（自由貿易協定）の経済理論の裏づけは**比較優位**原理である。これによって国際分業が最も効率的に行われるとする。1994年に北米自由貿易協定（NAFTA）が発効して以来、現在までに世界には約200件の FTA（自由貿易協定）が締結されている。

□ **26** ★★★ WTO の多国間自由貿易交渉が、加盟国の増加により**利害対立が複雑化**する中で、**利害の一致した多国間または二国間**で **★★★**（自由貿易協定）を中核とする **★★★**（経済連携協定）を締結する動きが進んでいる。

FTA,
EPA

□ **27** ★★ 日本は経済連携協定（EPA）の交渉をウラン埋蔵量の多い **★★** と続けた結果、2015年に発効した。隣国の **★★** とも交渉を続けることになっていたが、最大の貿易相手国である **★★** とともに未締結である。

オーストラリア,
韓国,
中国

◆いくつかの国と結んでいる日本の FTA（自由貿易協定）は、実際にはもっと幅広い約束を含めた EPA（経済連携協定）である。2021年1月時点で発効または署名済なのは以下の国・地域との協定である。シンガポール（2002年）、メキシコ（2005年）、マレーシア（2006年）、チリ、タイ（2007年）、インドネシア、ブルネイ、フィリピン、ASEAN 全体（2008年）、スイス、ベトナム（2009年）、インド（2011年）、ペルー（2012年）、オーストラリア（2015年）、モンゴル（2016年）、EU（2019年）、アメリカ（2020年）、イギリス（2021年）。なお、アメリカとの**日本貿易協定**は FTA の名称を用いていないが、実質的には FTA である。

□ **28** ★★ 日本にとって EPA（経済連携協定）を締結する**利点**は、締約国内で相互の**貿易が拡大**し、**★★** の輸出先を確保できることと、**★★** の輸入先を安定的に確保できる点にある。一方で、安価な **★★** の輸入による**国内の食料自給率の低下**や、安価な外国人労働者の流入による**雇用機会の喪失**などが懸念される。

工業製品,
資源,
農産物

◆日本が EPA を締結したメキシコ、ブルネイ、インドネシアは**原油や天然ガスの産出国**である。一方、アメリカやオーストラリアは農業国であり、関税の引き下げにより**安価な輸入農産物が国内に流入**するため、国内農家の経営が厳しくなるおそれがある。

□ **29** ★★★ 2008年より日本は **★★★**（EPA）に基づいて **★★★** やフィリピンなどの協定相手国から**看護師や介護福祉士**の候補者を受け入れている。

経済連携協定, インドネシア

VII 経済

16 戦後の自由貿易体制(2)〜GATTからWTOへ

VII 経済分野　17 グローバル化と通貨・金融危機

☐ **30** 2019年2月発効の ★★ により、人口6億人超、世
★★　　界のGDPの約3割、貿易額の約4割に相当する**世界最大規模の自由貿易圏**が生まれた。

◆農産物や工業製品にかかる関税を日本は約94%、EUは約99%撤廃する。また、知的財産権保護などの取り決めも共通化する。

日本・EU経済連携協定（日欧EPA）

☐ **31** 世界貿易機関（WTO）の ★★★ =ラウンドが難航する
★★★　中、 ★★★ （TPP）の拡大交渉が行われ、太平洋の周辺地域を中心とする12の加盟国間の**例外なき関税撤廃**を目指し、2016年2月に署名され、18年12月30日にアメリカを除く11ヶ国で発効した。

◆アメリカのオバマ大統領は「**アジア太平洋自由貿易圏（FTAAP）**」という構想を掲げていたが、政権が交代し、2017年1月にトランプ大統領が離脱を表明したため、18年3月にアメリカを除く「TPP11協定」が署名され、同年12月30日に発効した。これは「環太平洋パートナーシップに関する包括的及び先進的な協定（CPTPP）」と名づけられている。21年2月には、EUを離脱したイギリスが、同年9月には中国と台湾が、12月にはエクアドルがCPTPPへの加盟を申請した。

ドーハ，
環太平洋経済連携協定（環太平洋パートナーシップ協定）

☐ **32** 2020年1月1日に発効した ★★ とは、日米間での
★★　　物産品に関する関税や輸入割当といった制限的な措置を一定期間内に撤廃または軽減することのできる取り決めで、二国間の ★★ （自由貿易協定）にあたる。

◆日米貿易協定は、世界のGDPの約3割を占める強力かつ安定的な自由貿易協定を目指している。アメリカのトランプ大統領は、以前からの公約通りにTPPから脱退し、日本との貿易交渉を切り離して行う意向を示していたが、牛肉などの畜産物や農産物に対する関税の撤廃や削減をする具体的な品目はTPPと同様である。なお、コメの関税撤廃・削減は除外されている。

日米貿易協定

FTA

17 グローバル化と通貨・金融危機

ANSWERS ☐☐☐

☐ **1** 世界各地が国境の壁を越えて密接につながることを
★★★　 ★★★ といい、**経済取引が世界的に一体化する動き**のことを経済の ★★★ と呼ぶ。

◆グローバリゼーションは、ヒト、モノ（商品）、カネ（資本）、データ（情報）などが大量に国境を越え、経済活動が地球規模に行われるようになったことを指す。経済活動の面で、国境という枠を越え、消滅させる方向へと進む点でボーダレス化も意味する。

ボーダレス化，
グローバル化（グローバリゼーション）

☐**2**
★★★
1980年代にはアメリカの<u>レーガン</u>大統領が<u>インフレ</u>対策として　★★★　**政策**を実施したため、世界中の資金がアメリカに預金として流入し、ドル需要が高まりドル　★★★　が進んだ。

◆<u>ドル高</u>が<u>円安</u>を**招き**、日本の輸出に有利なレート状況を生み出したことが、<u>日米貿易摩擦</u>の**一因**となった。

高金利

高

☐**3**
★★★
日米貿易摩擦の一因は、日本側の**集中豪雨型の輸出構造**とアメリカ側の　★★★　**赤字**にある。

財政

☐**4**
★★★
アメリカの**財政赤字**はアメリカ国内物価の　★★★　を招くため、高金利の状態を引き起こし、ドル　★★★　・円　★★★　を誘発する。その結果、日本のアメリカ向け輸出が伸びて**日米貿易摩擦は激化**する。

◆<u>財政赤字</u>は財政支出の拡大を意味するので、アメリカ国内の流通通貨量が増えてインフレを発生させる。すると、割安な日本商品のアメリカ向け輸出が拡大し、**日米貿易摩擦を発生**させる。

上昇,
高,
安

☐**5**
★★★
1980年代にアメリカの貿易収支<u>赤字</u>と<u>財政赤字</u>がともに巨額となった「　★★★　**の赤字**」への対応策として、**1985年9月**の　★★★　でドル高是正が合意された。

双子,
プラザ合意

☐**6**
★★★
1997年、　★★★　の通貨<u>バーツ</u>**の下落**をきっかけとして、アジア各国では投機資金の流出が連鎖的に起こり、　★★★　が発生した。

◆1997～98年にかけて、それまで高度経済成長を続けていた<u>タイ</u>や<u>インドネシア</u>などの**バブル景気が崩壊**し、さらには ASEAN 地域に多額の投資を行っていた<u>韓国</u>の通貨<u>ウォン</u>**も暴落**し、**アジア全体の**<u>通貨危機</u>に発展した。

タイ

アジア通貨危機

☐**7**
★★
1990年代にアジアなどで起こった<u>通貨危機</u>の原因として、短期的な　★★　を行う金融機関や、多額の資金を集めて**複数の株式や先物などの金融商品に分散投資する**　★★　と呼ばれる投資家グループによる投機的な株式や為替の売買取引が指摘されている。

資金運用

ヘッジファンド

☐**8**
★
　★　とは、株式や債券から派生した金融商品で、先物取引やオプション取引がある。

◆<u>デリバティブ</u>は、少ない資金で大きな取引が可能なため、典型的な「ハイリスク・ハイリターン」の金融派生商品といえる。

デリバティブ

VII
経済

17
グローバル化と通貨・金融危機

301

VII 経済分野　17 グローバル化と通貨・金融危機

□ **9** 投機を目的とする国際的な資金移動を抑制するために
★★ 提案されている、国際的な金融取引に課される税のこ
とを ★★ 税という。

◆あらゆる通貨取引に課税することで、投機取引を抑制するため
の税であり、アメリカの経済学者トービンが提唱した。

トービン

□ **10** 1990年代以降、97〜98年のアジア通貨危機、98年
★★ の ★★ 金融危機、累積債務問題に端を発した99年
の ★★ 通貨危機、2001年の ★★ 通貨危機が相
次いで発生した。

◆1980年代に工業化のための資金を諸外国から借り入れた**ラテン
アメリカ諸国**や、外国政府からの借款に依存してきた**アフリカ
諸国**で累積債務問題が表面化した。

**ロシア,
ブラジル, アルゼ
ンチン**

□ **11** 2007〜08年、アメリカで ★★★ 破綻者が激増したた
★★★ め、**08年9月**にはアメリカの大手証券会社 ★★★ が
破綻し、**アメリカの株価暴落が世界中に波及する**とい
うリーマン=ショックが発生した。

◆**中・低所得者向けの不動産融資**で、最初の数年間の金利は低い
が、一定期間を経過すると金利が一気に跳ね上がるアメリカ
の融資を一般にサブプライム=ローンと呼ぶ。サブ（sub）とは
「**下**」、プライム（prime）とは「**優れた**」という意味。サブプライ
ム=ローンとは優良な借り手よりもランクの低い**信用力の低い
人向けの住宅ローン**を指す。

**サブプライム=ロ
ーン,
リーマン=ブラザ
ーズ**

□ **12** サブプライム=ローンの原資は、世界中の金融機関や投
★ 資家から集めるために ★ 化され、様々な投資信
託商品などに混ぜ込まれていたため、その損失は世界
中を巻き込むことになり、**世界同時株安**と**世界同時不
況**を引き起こす結果となった。

◆アメリカにおける**住宅ローン債権**は証券化され、信用機関によ
る格付けを取得し世界中の金融機関・機関投資家などに販売さ
れていた。

証券

□ **13** リーマン=ショック後、多くの国の通貨に対して為替
★★★ レートが円 ★★★ に振れたことが、日本では ★★★
に依存した企業の業績に悪影響を及ぼした。

◆2008年のリーマン=ショックで、その発端となったアメリカの**ド
ルが値下がり**、09年には**ギリシア**財政危機で**ユーロも値下がり**
したため、対ドル・対ユーロともに円高が進んだ。

高, 輸出

□**14** 中国は世界第 1 位の**外貨準備高**を原資とする ★★ | 政府
★★ ファンドを設け、世界中の金融商品に投資するととも
に、サブプライム=ローン問題で多額の財政出動を行う
必要に迫られたアメリカに融資を行うために大量のア
メリカ ★★ を購入した。| 国債

◆中国は**輸出の急増**や**外国企業の国内進出**によって多額の外貨が
流入した結果、世界第 1 位の**外貨準備高**を保有し、2021 年 3 月
の外貨準備高は**3 兆 1,700 億ドル**となっている。

□**15** 日本は ★★★ に次いで多くのアメリカ国債を保有し、| 中国,
★★★ その価格の暴落やドル ★★★ ・円 ★★★ の進行は | 安, 高
日本におけるその資産価値 (円表示) を目減りさせる。

□**16** 2008 年上半期に**原油価格**が高騰した原因は、**新興工業**
★★★ **国である中国、インド、ブラジル**などの ★★★ が高 | **BRICS**
度経済成長を遂げ、石油の需要が急増していることや、
サブプライム=ローン問題によってアメリカ株式の売
却で生じた資金が ★★★ を通じて原油先物市場に大 | ヘッジファンド
量に流入したことなどが挙げられる。

◆**ブラジル** (Brazil)、**ロシア** (Russia)、**インド** (India)、**中国**
(China)、**南アフリカ** (South Africa) の「BRICS」に加え、**イン
ドネシア** (Indonesia) の 6 ヶ国で「BRIICS」と表す場合もある。

□**17** 原油価格の高騰の中、環境にやさしい**代替エネルギー**
★★★ である ★★★ 燃料が注目されたことから、★★★ | バイオ, ヘッジ
の投機的資金が、その原料となる**先物市場**へと流れ込 | ファンド
んで ★★★ 価格が急騰した。| 穀物

◆**穀物の燃料化**によって世界的な**食料価格の高騰や食料不足**が問
題となり、アフリカや中南米の一部では**暴動**が発生した。2008
年 5 月、日本の横浜で開かれたアフリカ開発会議 (TICAD) で、
日本はアフリカ向けの政府開発援助(ODA)を 5 年間で 2 倍に増
額することと食料援助を約束した。なお、第 6 回からこの会議
は 3 年に 1 度行われ、19 年まで計 7 回開催されている (22 年
はチュニジアで開催予定)。

□**18** 2009 年以降、深刻化したギリシア**財政危機**は、ヨーロッ
★★★ パ全体に波及し、**ポルトガル**、★★★ 、**アイルランド**、| イタリア,
★★★ への広がりが金融・財政危機を招いた。| スペイン

◆この 5 ヶ国は、その頭文字をとって PIIGS (ピッグズ) と呼ばれる。| ※順不同

VII 経済

17 グローバル化と通貨・金融危機

303

VII 経済分野　17 グローバル化と通貨・金融危機

□19 **グローバリゼーション**における**世界規模での競争の激**★★
化や**市場経済化の進展**が**貧富の差**を拡大させ、先進国
では**競争圧力**にさらされた企業が ★★ **削減**や**リス**
トラを、政府は国民に課する**社会保障負担金の増加**な
どの**財政再建策**を進めている。それらが国民の生活
や ★★ の**不安定化**と**社会不安**を招いている。

コスト

雇用

□20 2016年６月、**イギリス**は国民投票で ★★★ からの**離**★★★
脱を選択した。 ★★★ や**難民**によって**雇用や社会福**
祉を奪われているなどと考えた中・低所得者層と、65
歳以上の高齢者（シルバー）層が支持したとされ、**グ**
ローバリゼーションが進む中で「**置き去りにされた**
人々」の意思が国民投票を通じて表明された。

欧州連合（EU），
移民

□21 2020年末、イギリスは**欧州連合**（**EU**）との間で合意し★★★
た ★★★ を発効させる法案を可決、成立させた。

◆１年間の移行期間を経て、イギリスはこのFTAの成立により、
欧州連合（**EU**）の単一市場と関税同盟から完全に離脱した。た
だし、2021年以降も、両者の間での貿易は関税がかけられてい
ない。

自由貿易協定
（FTA）

□22 2017年１月に就任したアメリカの**トランプ**大統領は★★
「 ★★ 」（**アメリカ第一主義**）を掲げ、**反グローバリ**
ズムに立つ ★★ **主義的な政策**を推し進め、「**強いア**
メリカ」の再生という公約を実行に移した。

◆2020年７月、それまでの**北米自由貿易協定**（**NAFTA**）に代わり、
アメリカ・メキシコ・カナダ協定（**USMCA**）が発効した。自
動車など製品の**サプライチェーン**（**供給網**）をアメリカ一国に集
中させるなど、**トランプ**政権の掲げる**保護**主義的な政策が色濃
い協定である。長らくアメリカ自身がリードしてきた**経済の**グ
ローバル化は、大きな曲がり角に差し掛かったといえる。

アメリカ=ファー
スト，
保護

□23 2010年代後半、アメリカのトランプ政権が**中国製品に**★★
対する関税について対象品目を４度にわたり拡大し、関
税率も徐々に引き上げたことから、中国もほぼ同等の
★★ **関税**を行った。このような泥沼状態は ★★
といわれた。

報復，米中貿易戦
争

304

□**24** 情報通信の付加価値取引の仲介業であり、サービス基
★★ 盤を提供する ★★ ビジネスが急速に拡大し、現在、
　　　 ★★ と総称される**巨大なアメリカの IT 大手4社**
が国際経済を牽引している。

プラットホーム,
GAFA
　（ガーファ）

◆**プラットフォーマー**の代表格である<u>GAFA</u> は **Google**（グーグ
ル）、**Amazon**（アマゾン）、**Facebook**（フェイスブック）、**Apple**
（アップル）の4社の頭文字をとった総称で、これに **Microsoft**
（マイクロソフト）を加え、**GAFAM**（ガーファム）という。現在、
市場における独占的な地位から、アメリカでは**反トラスト法**（日
本の**独占禁止法**に相当）で規制する動きがあり、2020年10月に
は司法省が Google を同法違反の疑いで提訴した。また、グロー
バル企業である GAFA は、<u>タックス=ヘイブン</u>（<u>租税回避地</u>）に
利益を留保し、巨大な売上に対する税負担を避けている疑いが
あることから、このような過度な節税を防ぐために、経済協力
開発機構（OECD）が主導し**デジタル課税**を行うことが協議され
ている。

18 地域経済統合

ANSWERS □□□

□**1** **地域経済統合**とは、 ★★★ （<u>FTA</u>）や関税同盟などの
★★★ 通商に関する**規制**、投資や人の移動に関する**制限の撤
廃**などにより、地域内の**市場経済を統合**することを指
し、東南アジアの ★★★ （<u>AFTA</u>）、ヨーロッパの
　　　 ★★★ （<u>EU</u>）などがその代表例である。

自由貿易協定

ASEAN 自由貿易
地域, 欧州連合

□**2** 1952年に欧州で発足した ★★ と、57年の**ローマ**
★★ **条約**によって設立された<u>欧州経済共同体</u>（<u>EEC</u>）、<u>欧州</u>
<u>原子力共同体</u>（<u>EURATOM</u>）の3つの組織が統合し、
<u>67</u> 年に ★★ が成立した。

欧州石炭鉄鋼共同
体（ECSC）

欧州共同体（EC）

◆<u>欧州共同体</u>（<u>EC</u>）は、現在の<u>欧州連合</u>（<u>EU</u>）の母体である。**域
内**の<u>関税</u>を撤廃して**域内貿易**の<u>自由化</u>を実施するとともに、域
外からの輸入品については加盟国が**共通関税**を設定するという
<u>関税</u>**同盟**を基本としつつ、域内固定為替相場制である<u>欧州通貨</u>
<u>制度</u>（<u>EMS</u>）と共通農業政策を実施した。

□**3** 1960年、 ★ に対抗しイギリスの提唱の下で、ノル
★ ウェー、スイスなどが**域内関税を撤廃**して工業製品の
貿易自由化を実現する一方、**域外からの輸入品には各
国**で<u>関税</u>**を設定**する<u>関税</u>**自主権**を認める ★ を結
成した。

欧州経済共同体
（EEC）

欧州自由貿易連合
（EFTA）

VII
経済

18
地域経済統合

305

VII 経済分野　18 地域経済統合

□**4** 1979年に創設された欧州通貨制度（EMS）では、EC
★ 域内では ★ を基軸通貨とする固定為替相場制を
採用し、域外通貨に対しては加盟各国通貨が同じ率で
変動する ★ 制を採用した。

◆エキュー（ECU）は、現在の統合通貨であるユーロ（EURO）の
母体となっている。

欧州通貨単位
（ECU）
共同フロート

□**5** **1992年末までに**欧州共同体（EC）では、域内の**ヒト、モ
★★★ ノ、カネ、サービスの移動を自由化**する ★★★ を完
了させた。

市場統合

□**6** 1992年調印、93年発効の ★★★ 条約により欧州共
★★★ 同体（EC）から発展した ★★★ は、さらに97年調印、
99年発効の ★★★ 条約によって、外交・安全保障
における共通政策の実施に向けて動き出した。

マーストリヒト
（ヨーロッパ連合）、
欧州連合（EU）、
アムステルダム

□**7** 欧州共同体（EC）の原加盟国は、 ★★ 、ドイツ（旧
★★ 西ドイツ）、イタリア、ベルギー、オランダ、ルクセン
ブルクであるが、73年には ★★ 、アイルランド、
デンマークが加盟し、 ★★ と呼ばれた。

フランス

イギリス、
拡大EC

□**8** 欧州連合（EU）は、経済統合を目指して各国の中央銀
★★★ 行を統合し、**1998年**にドイツのフランクフルトに
★★★ を設立した。翌**99年**には**経済通貨同盟（EMU）**
が成立して通貨も ★★★ に統合され、**共通の金融・財
政政策**を行っている。

欧州中央銀行
（ECB）、
ユーロ（EURO）

◆1999～2002年にかけて**通貨統合**が進められたが、95年までに
EUに加入した15ヶ国中のユーロ未導入国は、20年に離脱し
たイギリス（加盟時も一貫して未導入）を除きスウェーデン、デ
ンマークの2ヶ国のみである。04年以降にEUに加入した東・
中欧諸国の中でもスロベニア、キプロス、マルタに続き、09年
にはスロバキア、11年にエストニア、14年にラトビア、15
年にはリトアニアがユーロを導入し、20年8月までの導入国は
19ヶ国となる。欧州連合（EU）が実現させた通貨統合は、それ
ぞれの国家の主権を部分的に超国家的な組織に移譲する動きだ
が、EU加盟国すべてがユーロを導入していない点に注意！

□**9** 欧州連合の東方拡大を準備するために2001年に調印さ
★ れたのは ★ 条約である。

ニース

□**10** **2004年**には旧共産主義国など**10ヶ国**が、07年には**ブ
★★ ルガリア**と**ルーマニア**が、13年には**クロアチア**が欧
州連合（EU）に加盟し、EUの ★★ 拡大が進んだ。
21年5月時点での加盟国数は ★★ ヶ国である。

東方、
27

□ **11** 2004年には、欧州連合(EU)の**立法、行政、司法の権限**やEU 大統領**の新設**を定めた ★★ が採択されたが、05年に ★★ と**オランダ**の**国民投票**でそれぞれ批准が否決された。

EU 憲法,
フランス

□ **12** 欧州連合(EU)は、**通貨統合と経済政策統合**の後、最終的には ★★ を実現させてヨーロッパに**巨大な連邦制国家を構築**することを目指してきた。

政治統合

◆統一国家の国名も「欧州連邦」を予定していたが、EU 憲法の制定に失敗し、この名称は実現しなかった。

□ **13** EU 憲法が定める **EU 機構の組織図**の空欄 A ～ D にあてはまる適語を答えよ。

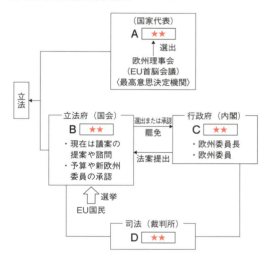

A EU 大統領

B 欧州議会
C 欧州委員会

D 欧州裁判所

□ **14** **大統領制**の導入や**外相級ポスト**の新設、EU からの「**脱退条項**」などを盛り込んだ「拡大 EU」の基本条約は ★★ **条約**である。

リスボン

◆リスボン条約は、**EU 新基本条約**といわれ、2005年に否決されたEU 憲法に代わる条約である。**07年**に採択されたものの、08年6月には**アイルランド**が国民投票で条約への加盟を否決し、発効が危ぶまれたが、**09年10月に再度の国民投票で可決**され、加盟27ヶ国すべてが可決し、**09年12月発効**にこぎつけた。EU大統領(欧州理事会議長)は、初代が**ファン=ロンパイ**(ベルギー元首相、2009年12月～14年11月)、第2代が**ドナルド=トゥスク**(ポーランド元首相、2014年12月～19年11月)、第3代が**シャルル=ミシェル**(ベルギー元首相、2019年12月～)である。

VII 経済分野　18 地域経済統合

□ **15** **EU** 加盟国の財政運営は各国の責任とされているが、
★★★　財政規律を保つために ★★★ の幅を一定の枠内に収
める規定がある。

財政赤字

◆単年度あたり財政赤字を対 GDP 比3%以下、政府債務残高を同
60%以下に抑制するという規定がある。

□ **16** 2010年、 ★★★ で ★★★ が GDP 比で大幅に上方
★★★　修正されたことなどから、**通貨ユーロの信用力が下が
り急速なユーロ安**が進んだ。

ギリシア，財政赤
字

◆2009年10月、ギリシアの政権交代で、国の財政赤字が GDP 比
3%を超えていた（最終的には13%超）ということが明るみに出
た。

□ **17** 2012年に設立された ★ は、**財政危機時の緊急融
★　資**などによって金融の安定化を図ることを目的とした、
ユーロ圏諸国の拠出による基金である。

欧州安定メカニズ
ム（ESM）

□ **18** **EU** 域内の労働力移動の自由化で、**大量の労働者**が流
★★★　入したことなどを受け、国内の雇用や社会保障に対す
る不安が増大する中、**2016年6月にイギリスは国民投
票**を行い、 ★★★ からの ★★★ 案が僅差で支持さ
れ、20年1月末に正式に実行された。

欧州連合（EU），
離脱

◆「イギリスの EU 離脱」は**ブレグジット**（Brexit）と呼ばれる。

□ **19** 1949年発足の ★ は、人権、民主主義、法の支配の
★　分野で国際社会の基準策定を主導するヨーロッパの国
際機関である。

欧州評議会

◆欧州統合の一環としても位置づけられる欧州評議会は、フラン
スのストラスブールで設立され、加盟国は47ヶ国（EU 全加盟
国、旧東側諸国、トルコなど）、オブザーバーとしてアメリカや
日本など5ヶ国が参加している。加盟には**欧州人権条約**の批准
が条件とされる。

□ **20** **1994年にアメリカ、カナダ、メキシコの3ヶ国間で発
★★★　効した ★★★ は、域内関税を相互に撤廃して域内貿
易の自由化を主たる目的とした協定であった。

北米自由貿易協定
（NAFTA）

◆アメリカのトランプ政権は、2017年8月に北米自由貿易協定
（NAFTA）の再交渉を開始し、18年9月末に合意に至り、同年
11月末にアメリカ・メキシコ・カナダ協定（USMCA）として
署名された。3ヶ国間の自由貿易体制は維持されるも、自動車
分野では原産地規則が過度に厳格化されるなど同政権の**保護主
義的な政策**が色濃く反映されている。20年7月に発効した。

□**21** 1995年にブラジル、アルゼンチン、ウルグアイ、パラ
★　　グアイの4ヶ国が**関税同盟**にあたる ┌─★─┐ を結成し、
　　後にベネズエラとボリビアが加わった。

　　　◆メルコスールは**共同市場の形成**だけでなく、**域内関税撤廃**、**域
　　　　外共通関税**はもとより資本・サービスの自由化、共通貿易政策、
　　　　経済協調なども図っている。

**南米南部共同市場
（メルコスール）**

□**22** 1967年設立の ┌─★★─┐ は、90年代半ばまでは高度経
★★　　済成長を遂げ、93年には域内関税を撤廃し**貿易の自
　　由化**を目指す ┌─★★─┐ を発足させた。

**東南アジア諸国連
合（ASEAN）
ASEAN自由貿
易地域（AFTA）**

□**23** 1980年代には韓国、台湾、香港、シンガポールのアジ
★★★　　ア ┌─★★★─┐ が、90年代には「**世界の成長センター**」と
　　呼ばれた ┌─★★★─┐ が経済成長を遂げ、2000年代に入る
　　と「**21世紀の世界の工場**」と呼ばれる ┌─★★★─┐ がアジ
　　ア地域で高度経済成長を果たしている。

　　　◆アジア諸国の急速な経済成長には、積極的な**外資の導入**や**安価
　　　　な労働力**、アメリカや日本などの**巨大な輸出向け市場**の存在な
　　　　どが背景にある。

**NIES（新興工業
経済地域）、
東南アジア諸国連
合（ASEAN）、
中国**

□**24** ASEAN加盟国に日本、┌─★★★─┐、┌─★★★─┐ を加えた
★★★　　「**ASEAN＋3**」による定期会合は、┌─★★★─┐ 通貨危機
　　をきっかけに、以後、金融や食料安全保障など域内の
　　諸問題を討議し、協力関係を続けている。

中国、韓国、
※順不同
アジア

□**25** 1989年発足の ┌─★★─┐ では、94年に ┌─★★─┐ 宣言が
★★　　出され、**域内**の自由で開かれた貿易・投資を達成する
　　目標を定めた。

　　　◆発足当初のAPECは**アジア・太平洋地域の経済協力**を目指す緩
　　　　やかな経済協力組織であったが、アメリカの強い要求もあり、
　　　　1994年のボゴール宣言で**自由貿易地域**へと発展した。ラオス、
　　　　ミャンマー、カンボジアを除くASEAN諸国が加盟している。

**アジア太平洋経済
協力（APEC）、ボ
ゴール**

□**26** 2012年より、東アジア自由貿易協定（EAFTA）と東ア
★　　ジア包括的経済連携（CEPEA）を統合した東アジア地
　　域包括的経済連携（ ┌─★─┐ ）の交渉が開始された。

　　　◆東アジア地域包括的経済連携（RCEP）の交渉に参加している国
　　　　は16ヶ国（ASEAN10、日本、中国、韓国、オーストラリア、
　　　　ニュージーランド、インド）である。「**世界の成長センター**」と
　　　　いわれるアジア太平洋地域における自由貿易の推進を目指すも
　　　　ので、アメリカを除いた形での**アジア独自の連携**を図る交渉と
　　　　して、日本は力を入れてきた。2020年11月、日本や中国、韓国
　　　　など東アジア諸国を中心に15ヶ国で合意に達し、正式に署名さ
　　　　れ、22年1月に発効した（インドは不参加）。

アールセップ
RCEP

**VII
経済**

**18
地域経済統合**

309

VII 経済分野 18 地域経済統合

☐ 27 2015年末に発足した ASEAN 経済共同体（ ★ ）は、ASEAN 加盟国のヒト、モノ、サービスの自由化を目指す東南アジア地域の**経済共同体**である。

◆ ASEAN 経済共同体（AEC）は「**EU の東南アジア版**」として注目されているが、通貨統合や関税同盟は目的としていない。なお、2015年に ASEAN10 は「**ASEAN 共同体**」の設立を宣言した。政治・安全保障共同体、ASEAN 経済共同体、社会・文化共同体の３つの組織から構成されている。

AEC

☐ 28 地域経済統合は、域内の貿易、投資、労働力の移動を ★★★ 化して経済取引を拡大させる一方、域外取引を事実上制限し、 ★★★ 化する可能性がある。

◆ただし、排他的な保護ブロックとの違いは、現状よりも高い関税を課すものではなく、今の関税を加盟国が共同して引き下げ、域外との貿易についても自由化を目指す点であるといえる。

自由,
保護主義

☐ 29 **アフリカ**では、2002年に既存の地域機構が再編され、より高度な統合を目指した ★ が発足した。

◆前身のアフリカ統一機構（OAU）から移行するため、2000年にアフリカ連合制定法（アフリカ連合を創設するための条約）が採択され、02年にアフリカ連合（AU）が正式に発足した。

アフリカ連合
（AU）

☐ 30 地域経済統合のレベルを示す次の図中の空欄 A ～ E にあてはまる語句を、下の語群からそれぞれ選べ。
【語群】 共同市場　経済同盟　関税同盟
　　　　完全経済同盟　自由貿易地域

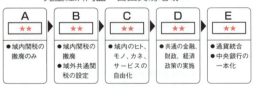

A 自由貿易地域
B 関税同盟
C 共同市場
D 経済同盟
E 完全経済同盟

◆これら５つの段階の後に政治統合がある。世界各地域で進んでいる地域経済統合のレベルについて、かつての NAFTA は自由貿易地域、EU の前身である **EC は**関税同盟から**市場統合**を実現した段階で共同市場となり、現在の EU は完全経済同盟を実現した上で政治**統合**、すなわちヨーロッパ社会を１つに包摂する**連邦制国家**を目指していたが、EU 憲法の不成立によって**完全なる政治統合**の実現は困難となった。

19 南北問題

ANSWERS □□□

□1 南北問題とは、北半球に多い ★★★ と南半球に多い
★★★
★★★ の**経済格差**のことで、1960年代に問題化した。

◆発展途上国の多くは、かつては出生率と死亡率がともに高かったが、医療の改善や先進国の支援などにより死亡率、特に乳幼児の死亡率が低下したため、近年は人口爆発が生じ、貧困、低い教育水準、食料不足などの諸問題を抱えている。

先進国,
発展途上国（開発
途上国）

□2 南北問題の**原因**としては、発展途上国の ★★ 経済
★★
構造や、先進国に対して原材料などの ★★ を安く
輸出する一方、高い工業製品を輸入する ★★ 分業
構造などが挙げられる。

モノカルチャー,
一次産品,
垂直的

□3 南北問題の解決には、**発展途上国が工業化して工業製**
★★
品どうしの ★★ **的分業を確立する**とともに、**一次**
産品の価格を安定させ、先進国との間の ★★ 条件
を改善し ★★ を実現することなどが必要である。

◆工業化した発展途上国は**輸出指向型工業**への産業構造の転換を果たす一方、**経済のグローバル化**が広がり**国際分業が進展**し、国際経済における**サプライチェーン（供給網）を形成**していった。

水平,
交易,
フェアトレード

□4 **1961年**に設立された ★★★ は、その下部機関として、
★★★
加盟先進諸国の発展途上国に対する**援助の促進**と**調整**
を図るために ★★★ を設けている。

経済協力開発機構
（OECD）
開発援助委員会
（DAC）

□5 **1964年**、国連に南北問題の解決策を話し合う ★★★
★★★
が設置され、事務局長による ★★★ 報告が出された。

◆国連貿易開発会議（UNCTAD）の第1回会議で事務局長プレビッシュが行った報告では、発展途上国からの輸入に対して先進国が関税を撤廃するか税率を特別に低く設定する一般特恵関税の実施などが求められた。

国連貿易開発会議
（UNCTAD），
プレビッシュ

□6 プレビッシュ報告は、南北問題解決のスローガンとし
★★
て「 ★★ 」を掲げるとともに、経済援助目標を先進
国の GNP の ★★ ％に設定した。

◆「援助より貿易を」は、条件付きのひも付き援助（タイド=ローン）よりも、貿易で発生する利益の方が**発展途上国は自由に使える**ため、そちらをまず充実してほしいという要求である。

援助より貿易を,
1

VII 経済

19 南北問題

311

VII 経済分野　19 南北問題

□**7** 1966年発足の　**★★★**　は、国連による技術協力活動を
★★★ 推進する機関として、65年の国連総会決議に基づき
設立された。

> ◆**国連開発計画**（UNDP）の任務は、国連憲章第55条の理念に基
> づき、1961年から10年ごとに採択されている「**国連開発の10
> 年**」の開発戦略を指針に、発展途上国などにおける**持続可能な開
> 発**について援助することである。

国連開発計画
（UNDP）

□**8** 　**★★★**　とは、発展途上国の経済や社会の発展、国民
★★★ の福祉向上や民生の安定に協力することを目的に、**政
府や政府機関が提供する**資金や技術**協力**などである。

政府開発援助
（ODA）

□**9** 国連貿易開発会議（UNCTAD）では、後にスローガン
★★ が「　**★★**　」となり、政府開発援助（ODA）を GNP
（GNI）の　**★★**　％とする目標が設けられた。

> ◆なお、GNP（国民総生産）は、最近では GNI（国民総所得）で表
> 示することが多い。日本の ODA は、0.7％援助目標を達成して
> おらず**0.3％程度**で、DAC 平均の0.31％を若干下回っている。
> アメリカも0.2％と極めて低い。この目標を達成しているのは、
> デンマーク、ノルウェー、スウェーデン、ルクセンブルク、イ
> ギリスのみである（2019年）。

援助も貿易も,
0.7

□**10** 政府開発援助（ODA）は贈与に加え**低利子の**融資も含
★★ まれ、その程度を示す指標は　**★★**　（GE）という。

> ◆贈与は GE100％、貸付金利が高くなるにつれて小さくなる。
> GE が25％以上の低利融資や贈与を ODA という。

グラント=エレメ
ント

□**11** 日本が**中国**や**韓国**に対して行ってきた ODA は、　**★★**
★★ の意味を持っている。

戦後補償（戦争責
任）

□**12** 日本の ODA は、他の先進国と比べて　**★★**　比率が
★★ 低く、ひも付き**援助**（　**★★**　）が多いことから、質が
悪いと批判されることがあった。

> ◆円借款が多く、**現地の公共事業が日本企業に発注されやすく**、通
> 貨が現地にとどまらないため、経済発展効果が薄いとされる。小
> 泉内閣では財政再建のために政府開発援助（ODA）の削減が
> 決定し、2007年には特に中国向けに円を貸し付ける円借款が中
> 止された。さらに、18年度の案件をもって中国向け ODA が終
> 了した。

贈与,
タイド=ローン

312

□**13** 日本の ODA について、贈与比率は約 ★★ ％で、ア
★★ メリカ（約100％）、ドイツ（約80％）、フランス（約
60％）などと比べて低いが、ひも付き援助が多いとの
批判から、近年、日本の ODA のアンタイド比率は
約 ★★ ％となっている（2017年発表データ）。

40

93

◆アンタイド比率とは、ひも付きではない援助の比率のこと。2017
年は、日本が93.1％、アメリカが64.8％、イギリスが100％、
ドイツが98.5％となっている。なお、日本政府は低い贈与比率に
ついて、贈与が発展途上国の自助努力を阻害するためであると
説明している。

□**14** 日本は、従来より軍事支出の多い国、非民主的な独裁政
★★ 権、人権保障の不十分な国、環境破壊につながる場合な
どには原則的に ODA を行わない ★★ を掲げてき
たが、2015年にこれらの方針を見直し、人間の安全保障や
自助努力支援の観点から「開発協力大綱」と改称された。

ODA 大綱

□**15** 日本の ODA の金額は、1991～2000年までは世界第1
★★★ 位であったが、01年に ★★★ に抜かれて第2位、06
年には ★★★ に抜かれて第3位、07年には ★★★ 、
フランスに抜かれて第5位になったが、13年には第
4位になり、その後も同様に推移している。

アメリカ，
イギリス，ドイツ

◆日本の ODA 相手国は、インド、ベトナム、バングラデシュ、イ
ンドネシア、ミャンマーなどアジア諸国が中心である。近年は、
アフリカへの援助も拡大する方針が示されている。

□**16** ★★ は、アジア・太平洋地域の発展途上国の経済
★★ 開発に必要な融資を行うことで、当該国の経済発展に
寄与することを目的に、アメリカや日本などが中心と
なって、1966年に創設した国際開発金融機関である。

アジア開発銀行
（ADB）

□**17** 2015年12月、中国が提唱・主導するアジア対象の国
★★ 際開発金融機関である ★★ が発足し、アジア諸国
以外も含む50を超える国が参加した。

アジアインフラ投
資銀行（AIIB）

◆G7ではイギリス、フランス、ドイツ、イタリア、カナダが参加
している。また、ロシア、インド、ブラジルの BRICS やインドネ
シア、ベトナム、シンガポールなどの ASEAN（東南アジア諸
国連合）10ヶ国、サウジアラビア、クウェート、カタールなど
主な中東の資源国、オーストラリア、ニュージーランド、韓国も
参加したが、アメリカと日本は発足時の参加を見送った。アメリ
カやヨーロッパ、日本で主導するアジア向け融資銀行であるアジ
ア開発銀行（ADB）が存在すること（1966年設立）、AIIB の融資
基準や経営方針に関するガバナンス（統治）が不明確・不透明で
あることが主な理由である。

VII 経済

19 南北問題

313

VII 経済分野　19 南北問題

□18 次のグラフは、**日本のアジアNIES（新興工業経済地域）、ASEAN（東南アジア諸国連合）4ヶ国、中国への直接投資の推移**を示したものである。グラフ中の空欄 A～C にあてはまる国または地域名を答えよ。

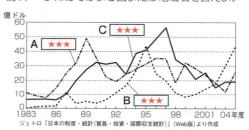

ジェトロ「日本の制度・統計（貿易・投資・国際収支統計）」(Web版) より作成

A　アジアNIES

B　中国

C　ASEAN4ヶ国

◆A：アジアNIES は韓国、シンガポール、台湾、香港を指す。1980年代後半から成長し始め、海外企業の進出が増えている。
B：中国は、1990年代初めから成長し、20年近く年平均実質10％超の経済成長を遂げている。
C：ASEAN4ヶ国は ASEAN 加盟国のうちインドネシア、タイ、フィリピン、マレーシアを指す。**1997～98年に通貨危機に見舞われた**ことから**直接投資が激減**している点から判断する。

□19 第二次世界大戦後、復興融資を行ってきた ★★ は、現在、発展途上国に対する**低金利での長期資金の貸付**で当該国の経済発展に寄与している。

国際復興開発銀行（IBRD）

□20 ★ は、旧ソ連・東欧諸国に対して長期の投資および貸付を行うことで市場経済への移行を支援する。

欧州復興開発銀行（EBRD）

□21 著しい貧困のために就業の場がなく、人間らしい生活ができないために**豊かな他国へ逃れようとする人々**を ★★ というが、難民条約の**保護対象外**である。

経済難民

□22 1973年に ★★★ が原油公式販売価格を約 ★★★ 倍に値上げしたことから、第一次石油危機（第一次オイル=ショック）が発生した。

石油輸出国機構（OPEC）、4

◆原油の値上がりで、**コスト=プッシュ=インフレ（狂乱物価）**と同時に、原油供給削減により生産量が減少して不況も発生した（インフレ＋不況＝スタグフレーション）。

□23 第一次石油危機後の1974年に行われた ★★★ で、発展途上国は**天然資源に対する恒久主権**の確立や**一次産品の値上げ**を求め、先進国と対等な貿易秩序である ★★★ （NIEO）の樹立を求めた。

国連資源特別総会

新国際経済秩序

□24 メキシコ、 ★★★ 、アルゼンチンなどの中南米 NIES
★★★ が急成長を遂げていったが、これらの国々は石油危機
（オイル=ショック）が原因で、1980年代に ★★★ 問
題に直面した。

ブラジル

累積債務

□25 石油危機（オイル=ショック)による原油価格の値上げで
★★★ 利益を得た産油国と非産油国との格差や、NIES(新興
工業経済地域) と ★★★ との格差を ★★★ という。

LDC (後発発展途
上国), 南南問題

□26 1982年、メキシコは莫大な債務を抱えて ★ に
★ 陥った。**支払期限の延期**である ★ や**債務の一部
免除**、**緊急追加融資**などが行われ、現在は債務を現地
企業の株式で返済する債務の株式化が行われている。

デフォルト（債務
不履行),
リスケジューリン
グ

◆中南米諸国が累積債務を抱えた理由は、1970年代にOPEC諸国
からのオイルマネーが還流したことと、アメリカがインフレ対
策として高金利政策を実施したため利子負担が増えたことなど
が挙げられる。

□27 発展途上国は先進国企業を国内に誘致して輸出加工区
★★★ を創設するために、**その地区の法人税率を低くするこ
とで** ★★★ を作ることがある。

タックス=ヘイブ
ン（租税回避地)

◆グローバリゼーションにおいて、**多国籍企業**はタックス=ヘイブ
ン（租税回避地) と呼ばれる**非課税ないし税率の低い国**に拠点を
置きつつ、金利の低い国から資金を、価格の安い国から原材料や
部品を調達し、これを賃金の安い国で加工した上で、製品を高
く売れる国で販売して、さらに大きな利潤を得るようになった。

□28 **発展途上国の人々の生産物を**適正**な価格で買い取り、**
★★★ **生産者の**自立**などを支援する取り組みに** ★★★ **がある。**

フェアトレード

□29 **2000年に国連は**1日の収入が1ドル（米ドル）未満とい
★★ う極度の貧困に苦しむ人々の人口比率を半減させるな
ど8つの目標を掲げた ★★ （MDGs）を採択した。

ミレニアム開発目
標

◆2000年9月の国連で行われた「ミレニアム・サミット」で「ミレ
ニアム宣言」として採択され、15年までの目標達成を掲げた。

VII
経済

19
南北問題

315

VII 政治分野　20 日本の貿易～現状と国際比較

□**30** 2015年、国連は<u>ミレニアム開発目標（MDGs）</u>を引き
★★★ 継ぐ形で ★★★ を採択し、世界の**格差や貧困の解消**
に向けたさらなる取り組みを進めている。

> ◆<u>貧困</u>の解消、「<u>飢餓</u>をゼロに」、すべての人に対する質の高い<u>教育</u>、「<u>ジェンダー</u>平等」の実現、<u>福祉</u>の拡充や地球環境問題への対策としての<u>クリーン・エネルギー</u>、平和と公正など、<u>17</u>の達成すべき目標（ゴール）と、具体的な<u>169</u>のターゲットから構成され、2016～30年までの期間をめどに掲げた国際目標である。

持続可能な開発目
標（SDGs）

持続可能な開発目標（SDGs）概要	
1 貧困をなくそう	9 産業と技術革新の基盤をつくろう
2 飢餓をゼロに	10 人や国の不平等をなくそう
3 すべての人に健康と福祉を	11 住み続けられるまちづくりを
4 質の高い教育をみんなに	12 つくる責任 つかう責任
5 ジェンダー平等を実現しよう	13 気候変動に具体的な対策を
6 安全な水とトイレを世界中に	14 海の豊かさを守ろう
7 エネルギーをみんなに そしてクリーンに	15 陸の豊かさも守ろう
8 働きがいも 経済成長も	16 平和と公正をすべての人に
	17 パートナーシップで 目標を達成しよう

20 日本の貿易～現状と国際比較

ANSWERS □□□

□**1** 日本の貿易相手国（2019年）についての表の空欄 **A**～
★★ **I**にあてはまる国名を答えよ。

	輸入	輸出	貿易総額
第1位	A ★★	D ★★	G ★★
第2位	B ★★	E ★★	H ★★
第3位	C ★★	F ★★	I ★★

> ◆**2007年**、香港を除く<u>中国</u>が<u>アメリカ</u>を抜いて貿易総額で世界第1位となった。近年、日本の輸入先は、第1位が<u>中国</u>、第2位が<u>アメリカ</u>（2002年～）となっているが、輸出先はツートップとなる<u>アメリカ</u>と<u>中国</u>がそれぞれ約20％と、年によって順位が入れ替わっている。

A 中国
B アメリカ
C オーストラリア
D アメリカ
E 中国
F 韓国
G 中国
H アメリカ
I 韓国

□**2** 1980年代後半には、<u>プラザ合意</u>後の**円高**により、海外
★★★ に進出する日本企業が増加し**対米直接投資が急増した**た
め、<u>日米</u> ★★★ 摩擦が激化した。

投資

316

□3 2001年、 ★★ 産のネギ、生シイタケ、イグサ（畳表）に対して**日本が** ★★ **を発動した**のに対し、中国は日本製携帯電話などに対して報復 ★★ を課し、**日中貿易摩擦**が始まった。

中国，
緊急輸入制限措置
（セーフガード），
関税

◆世界貿易機関（WTO）は特定国を指定した選択的セーフガードを禁止しているが、2001年当時、中国がWTOに未加入であったことから、日本は発動を決めた。ただし、同年12月に中国がWTOに加盟したため、その時点で日本はその措置を中止した。

□4 中国の経済成長は米中**貿易摩擦**と日中**貿易摩擦**を激化させ、2005年7月には**人民元の** ★★★ **が行われた。**

切り上げ

◆かつては1ドル＝約8.3元であったが、**2005年7月に1ドル＝8.11元**に切り上げられ、以降、順次、人民元の切り上げが行われ、06年5月には1ドル＝7元台、**08年4月には6元台**に突入。20年8月時点では6〜7元台で推移している。

□5 日本は、高度経済成長期には**原油を輸入して機械類を輸出する** ★★ **貿易**を行っていたが、近年の輸入品の第1位は ★★ である。

加工，
機械類

◆日本は**付加価値性の**高い**工業製品を輸出**し、汎用半導体など**付加価値性の**低い**工業製品を中国やアジア諸国から輸入**している。

□6 輸入額のGDPに対する比率を ★★★ 、輸出額のGDPに対する比率を ★★★ といい、両者の合計である貿易総額のGDPに対する比率を ★★★ という。

輸入依存度，
輸出依存度，
貿易依存度

□7 主な貿易国の1人あたり貿易依存度を示した次のグラフ中の空欄A〜Cに該当する国名を答えよ。

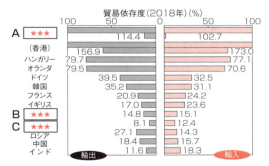

A シンガポール

B 日本
C アメリカ

◆日本とアメリカの**貿易依存度が低い**のは、GDPが多いことで分母の数値が大きくなるためである。日本は、2011年から15年までは**貿易収支**赤字に陥っていたが、16年から**貿易収支黒字**となり、18年に再び**貿易収支赤字**となったため、輸出＜輸入となっているのでB。アメリカは**貿易収支赤字国**なので、輸出＜輸入となるのでC。

VII 経済

20 日本の貿易〜現状と国際比較

VII 政治分野　20 日本の貿易〜現状と国際比較

□8 次のグラフは、**日本、インド、韓国**の、1995年を100
★★ とする**鉱工業生産指数の変化**を示したものである。グ
ラフ中の空欄 **A ～ C** にあてはまる国名を答えよ。

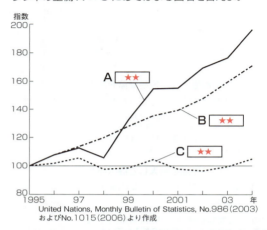

United Nations, Monthly Bulletin of Statistics, No.986(2003)
およびNo.1015(2006)より作成

A　韓国

B　インド

C　日本

◆鉱工業生産指数とは、企業の生産動向を知るための指数のことである。日本はすでに工業化を完了していることからCである。1997〜98年に低下しているAは、アジア通貨危機の影響を受け、ASEANへの投資が大きかった韓国で、通貨であるウォンの暴落が発生していることから判断する。

□9 一国の輸入品の価格に対して輸出品の価格が上昇する
★ と、その国の ★ 条件は ★ になる。

交易，良好

◆交易条件とは、輸出品1単位で輸入できる単位数の割合。発展途上国の交易条件は概して劣悪で1単位未満となるが、先進国の交易条件は概して良好で1単位以上となる。

□10 **1960年代**には、 ★★ 製品が日本からアメリカに対
★★ し**集中豪雨的に輸出**され、日米貿易摩擦が問題化した。

繊維

□11 **1980年代**には、日米貿易摩擦が激化したが、**日本の貿
★★★ 易収支黒字額とほぼ同額のアメリカの貿易収支** ★★★
額が発生していた。

赤字

□12 **2000年代**に入り、**アメリカの貿易収支赤字は巨額化**し、
★★★ **日本の貿易収支黒字額を大幅に上回り**、アメリカは新
たに ★★★ などとの**貿易摩擦に苦慮**している。

中国

■ 13 2020年5月、国際通貨基金（IMF）の発表によると、19年の世界全体の輸出額は ★★★ 兆7,240億ドル、輸入額は ★★★ 兆9,841億ドルと、いずれも前年から減少した。その背景の1つに、アメリカと ★★★ との間の「貿易戦争」がある。

18,
18,
中国

◆さらに、2020年の新型コロナウイルス感染症（COVID-19）の感染拡大で、世界経済全体は第二次世界大戦以来の大幅な落ち込みに見舞われた。

■ 14 世界の輸出貿易に占める主要国の割合を示した次のグラフ中の空欄 A～D にあてはまる国名を答えよ。

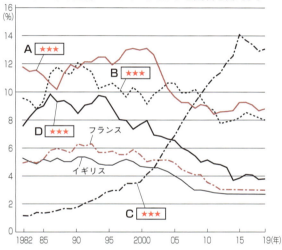

A アメリカ
B ドイツ（旧西ドイツ）
C 中国
D 日本

◆Cの中国は「21世紀の世界の工場」と呼ばれ、2008年の「北京オリンピック景気」で輸出を増やし、Aのアメリカ と Bのドイツ（旧西ドイツ）を抜き、09年から世界第1位となっている。輸入はアメリカに次ぐ世界第2位で、今や中国は「世界の市場」となっている。日本は輸出・輸入いずれも第4位である。なお、GDPは10年に中国に抜かれた後は、世界第1位がアメリカ、第2位が中国、第3位が日本である。外貨準備高も、06年に中国に抜かれ、日本は世界第2位である。

VII 政治分野 20 日本の貿易〜現状と国際比較

□15 次のグラフは、2007〜20年（第三四半期）までにおける、15年を100とする**鉱工業生産指数の変化**を示したものである。空欄**A**〜**C**には日本、韓国、アメリカのいずれかがあてはまる。それぞれの国名を答えよ。

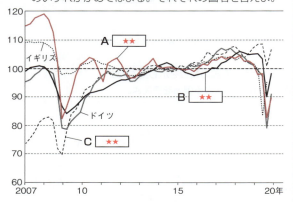

A 日本

B アメリカ

C 韓国

◆各国は2008年のリーマン=ショック、20年のコロナ=ショックの影響を大きく受けている。日本は、11年の東日本大震災で下落した後、アベノミクスによる景気回復で上昇に転じている。

□16 ★★ とは、国民の生命や財産に対する脅威を取り除き、経済や社会生活の安定を維持するために、エネルギーや資源、食料、社会インフラなどの安定供給を確保するための措置を講じることを指す。

経済安全保障（経済セキュリティ）

◆経済安全保障（経済セキュリティ）とは、経済的手段によって安全保障の実現を目指すことである。原子力発電所などの重要なインフラや基幹産業を支える企業や技術を外国資本に支配されることで国家の安全保障が脅かされる事態を回避するために、外国の投資家や企業などによる日本企業への投資を規制することもその一例である。岸田文雄内閣は、新たに経済安全保障担当大臣を設け、総理大臣を議長とする「経済安全保障推進会議」を開催するなど関連する政策の実現に力を入れている。2022年5月には経済安全保障推進法が成立し、23年から段階的に施行される。

経済分野
ECONOMICS
地球環境と人類の未来

1 人口問題

ANSWERS ☐☐☐

■**1** 人口は幾何級数（等比級数）的に増加するが、食糧は ★★★ 級数的にしか増加しないため食糧不足が発生するとして、 ★★★ は人口抑制を主張した。

算術（等差），
マルサス

■**2** 一般的に人口ピラミッドの形は、発展途上国に見られる「 ★★★ 型」から、先進国に見られる「つり鐘」へと移行していく。人口停滞型である「つり鐘型」の人口ピラミッドは、少子高齢化が加速すると徐々に人口減少型の「 ★★★ 型」に近い形状になっていく。

富士山（ピラミッド）

つぼ

◆日本の人口ピラミッドは「つり鐘型」から「つぼ型」に移行中である。

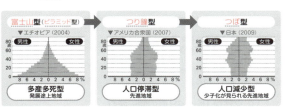

■**3** 第二次世界大戦後、世界の人口は急増し、2011年には ★★★ 億人に達した。このように急激に人口が増加することを ★★★ という。

70,
人口爆発

◆人口爆発はアフリカやアジアなどの発展途上地域で発生している。国連によると、世界人口は2019年現在の77億人から、50年には97億人になり、2100年頃に110億人でピークを迎えると見られる（『世界人口推計2019年版』）。

■**4** 発展途上地域における人口爆発の発生原因には、子どもは多く生まれるが、その多くが死んでいくという ★★ 型から、医学の発達や食糧援助などにより ★★ 型へ移行したことが挙げられる。

多産多死,
多産少死

321

VIII 経済分野　1 人口問題

□ **5** 先進地域においては、生活様式（ライフスタイル）の変
★★　化や女性の高学歴化と社会進出に伴って出生率が低下
　　　する一方、医学の発展により死亡率が低下したことに
　　　よって、　★★　型への移行が進んでいる。

少産少死

□ **6** 少子高齢化が進むと少産少死型から　★★　型に移行
★★　し、**人口は減少**し始める。

少産多死

　　◆2004年12月、日本の人口は減少に転じた後、わずかに増加した
　　　が、08年以降は人口減少が続いている。

□ **7** 人口の自然増加数（出生数−死亡数）の総人口に対する
★　　比率のことを人口の　★　率という。

自然増加

　　◆自然増加率は、1,000人あたりの自然増加率（‰＝パーミル）で
　　　表す。出生率、死亡率がいずれも高く、自然増加率が低い人口
　　　転換の**第1局面**（多産多死型）から、死亡率が低下し始め、かつ
　　　出生率が高い率で維持されることで自然増加率が高まっていく
　　　第2局面（多産少死型）において、その国や地域の人口は急増す
　　　る。その後、死亡率と出生率が急速に低下し、自然増加率が減
　　　速する**第3局面**を経て、**第4局面**で死亡率、出生率、自然増加
　　　率がさらに低くなる（少産少死型）。

□ **8** 先進地域においては、都市化の進行などによって家族
★★　形態として　★★　化が進んだため、高齢者の介護の
　　　他、社会保障や雇用問題も深刻化している。

核家族

　　◆核家族は、アメリカの文化人類学者**マードック**が唱えた概念で、
　　　日本では一組の夫婦と未婚の子、または一組の夫婦からなる家
　　　族（**夫婦家族**）を指す。近年の日本では、都市部を中心に**単身世
　　　帯**も増えている。特に、高齢者単身世帯の増加が目立ち、社会
　　　的・地域的ケアの必要性が高まっている。

□ **9** 出生率は、統計上、1人の**女性**が**15〜49歳**の間に産む
★★★　**子どもの平均人数**を示す　★★★　によって表示される。

合計特殊出生率
（TFR）

　　◆2021年現在、合計特殊出生率が**2.07**を下回ると日本の人口は
　　　減少すると推定される（人口置換水準）。

□ **10** 平均寿命が延び、少子化が進行することで**65歳以上
★★★　の人口比率**を示す　★★★　比率が高まりつつある社会
　　　を　★★★　社会、高まった社会を　★★★　社会と呼ぶ。

老年人口,
高齢化, 高齢

　　◆合計特殊出生率が低下して少子化が進むと、同時に老年人口比
　　　率が高まり高齢化が進行する。両方の現象を合わせて少子高齢
　　　化というが、**両者は表裏一体の関係にある。**

□**11** 生産年齢人口（15〜64歳）に対する従属人口（**年少**
★　　**人口と老年人口の合計**）の割合が低下し、老年人口が
増え始めるまでの一定期間で、生産年齢人口の割合が
増えて経済成長が起こることを ★ という。

> ◆人口ボーナスの期間は、**豊富な労働力**が供給され、**消費が活発に**
> 行われるようになる。また、高齢者が少なくなることで**社会保障**
> **費が抑制**されることもあり、経済成長が起こりやすい。逆に、従
> 属人口比が上昇し、経済が停滞することを人口オーナスという。

人口ボーナス

□**12** 高齢化が進んでいる原因としては、 ★★★ の発達、食
★★★　生活の改善など**生活水準が著しく向上したこと**による
★★★ の大幅な伸びなどがある。

医療

平均寿命

□**13** 世界人口会議の**第1回ブカレスト会議**では、人口問題
★★　の解決には ★★ よりも ★★ が優先されるべき
ことなどが確認された。

> ◆発展途上国は、経済的に貧しいことから、労働力として子ども
> を多く産まざるを得ないと主張した。

**人口抑制, 開発
（経済開発）**

□**14** **1994年**にエジプトの ★★★ で行われた国際人口開発
★★★　会議では、女性の妊娠および出産への国家政策から女
性を解放する ★★★ （**性と生殖に関する健康と権利**）
が宣言された。

カイロ

**リプロダクティブ
=ヘルス / ライツ**

□**15** 次のグラフは主要国における**合計特殊出生率の推移**を
★★★　示している。空欄**A〜C**にはアメリカ、日本、フラン
スのいずれかがあてはまる。それぞれの国名を答えよ。

	1985年	1995年	2005年	2015年
A ★★★	1.84	2.02	2.05	1.84
B ★★★	1.83	1.71	1.92	1.92
イギリス	1.80	1.71	1.79	1.80
C ★★★	1.76	1.42	1.26	1.45
ドイツ	—	1.24	1.34	1.50

> ◆Cの日本は、2005年に過去最低の1.26を記録した後、やや上
> 向くも依然として低く、19年は1.36であった。Bのフランス
> をはじめとする西ヨーロッパ諸国では、女性の社会進出や出産・
> 育児支援、多様な家族やパートナーのあり方に対する権利保護
> を行う施策によって、出生率の下降傾向を押しとどめている。

**A　アメリカ
B　フランス**

C　日本

VIII 経済

1 人口問題

VIII 経済分野　1 人口問題

□16 **中国**は、「　★★★　」という**子どもを1人に限ること**を
★★★　　奨励する政策を実施してきたが、2015年に廃止した。

ひとりっ子政策

◆2019年現在、人口の世界**第1位**は中国（約14億人）、**第2位**は
インド（約13億人）であるが、人口抑制策が進んでいないインドが近い将来、人口世界第1位になると予想されている。

□17 アメリカの経済学者**ボールディング**は、地球のことを
★★★　　「　★★★　」と呼び、地球の環境維持、資源の効率的利
　　用の必要性などを訴えた。

宇宙船地球号

◆地球環境は誰もが影響を与え合っており、**生態系の閉鎖性**ゆえに、環境悪化は当然ながら人間にも害を及ぼす。アメリカの細菌学者ルネ＝デュボスは「Think Globally, Act Locally（**地球規模に考え、足元（地元）から行動せよ**）」という考え方を示し、国際的な視点で環境問題を考え、身近なところから環境対策をやっていくべきだと説いた。

□18 科学者も参加した　★★★　は、報告書『　★★★　』で、
★★★　　経済成長に伴う人口問題や資源・環境問題を指摘した。

ローマ＝クラブ,
成長の限界

□19 **2005年**に人口減少社会に突入した**日本の総人口**は、
★★　　20年の約　★★　人から、53年には1億人を下回り、
　　65年に約　★★　人にまで減少すると予測される。

1億2,600万,
8,800万

□20 少子高齢化が加速する中で、15〜64歳の　★★　人
★★　　**口が減少**し、経済の担い手が減少するおそれから、**外
　　国人労働者**を活用するため、　★★　を技能・専門職に
　　限定している出入国管理及び難民認定法を2018年に改
　　正し、単純労働などにも交付することにした。

生産年齢

就労ビザ

◆2019年4月にこの改正法は施行され、法務省の外局として出入国在留管理庁も設置された。改正法では、人手不足の14業種（建設業、自動車整備業、介護、宿泊、農業など）については「相当程度の知識又は経験を必要とする技能を要する業務」に従事する外国人を**特定技能1号**として最長5年間の在留を、また「熟練した技能を要する業務」に従事する外国人を**特定技能2号**として更新すれば事実上の永住を認めることとした。なお、技能実習とは異なり、特定技能では受け入れ先の変更が可能となっている。

□21 少子高齢化が加速する中で、介護など**福祉に関する人
★★★　　材**を海外から補うために、日本は一部の国々との間で
　　労働者を受け入れる　★★★　（EPA）を結んでいる。

経済連携協定

□22 今後、人口が急激に減少することが予測される日本に
★　　おいて、すでに地方の農山村では、**地域の**コミュニティ
　　機能が果たせなくなった　★　集落が多数出現し、
　　遠からず　★　集落となる可能性が高い。

限界,
消滅

☐**23** 人口減少により、消滅の危機に直面する地方では、**生**
★ **活基盤や居住地を一部に集約**する「 ★ 」と呼ばれ
るものを構築することが提起されている。

コンパクトシティ

☐**24** **第二次安倍内閣**では、**都市と地方との格差を縮小する**た
★★ めに**地方の活力**を高め、新たな産業を創り出す ★★
の担当大臣を新設した。

地方創生

　◆地方創生の基本理念などを定める「**まち・ひと・しごと創生法**」
　では、"**まち**"を「国民一人一人が夢や希望を持ち、潤いのある
　豊かな生活を安心して営める地域社会の形成」、"**ひと**"を「地域
　社会を担う個性豊かで多様な人材の確保」、"**しごと**"を「地域に
　おける魅力ある多様な就業の機会の創出」としている。

☐**25** 地域経済の振興の試みとして、**地元で生産されたもの**
★★ **を地元で消費**することで消費者と生産者との信頼関係
の構築を目指す ★★ の動きや、各地域が自らの力
や発想で特産品を作り出し、**地域おこし（村おこし）**を
目指す「 ★★ 運動」などが行われている。

地産地消

一村一品

2 資源エネルギー問題

ANSWERS ☐☐☐

☐**1** エネルギーの中心は、19世紀初め頃までは薪や木炭
★★ であったが、19世紀初めからは石炭へ、1960年代に
は ★★ や液化天然ガスなどの液体燃料へと変化し
た。これを ★★ という。

石油,
エネルギー革命
（流体革命）

☐**2** **石油や天然ガス**など古い地質時代の動植物が炭化して
★★★ 形成された ★★★ は燃焼により**二酸化炭素（CO$_2$）**
や ★★★ 、**窒素酸化物（NOx）**などの大気汚染物質
を排出する。

化石燃料,
硫黄酸化物（SOx）

☐**3** ある天然資源の**確認埋蔵量を現在の年間生産量で割る**
★ ことで**将来、採掘可能な** ★ **年数**が計算できる。

可採

　◆採掘技術が向上して確認埋蔵量が増加したり、その資源の年間
　生産量が減少したりすれば、可採年数を増やすことができる。

☐**4** 1972年にローマ=クラブは『 ★★★ 』という報告書の
★★★ 中で、世界人口、工業化、汚染、食糧生産、資源の使
用が現在の伸び率のまま続けば、100年以内に地球上
の ★★★ は限界に達すると警鐘を鳴らした。

成長の限界

成長

VIII 経済

2 資源エネルギー問題

325

VIII 経済分野　2 資源エネルギー問題

□**5** 基線から ┌**★★**┐ カイリ以内の水域では、**沿岸国に天**
★★ **然資源を管轄、開発する権利**が認められている。

200

□**6** 1974年、**第一次石油危機対策として** ┌**★★★**┐ が開かれ、
★★★ 原油などの価格安定と**先進国と発展途上国間の対等な**
貿易などを目指す新国際経済秩序樹立宣言（ ┌**★★★**┐ ）
が採択された。そこで確認された**天然資源に対す**
る ┌**★★★**┐ の考え方は ┌**★★★**┐ のあらわれといえる。

◆1962年の国連総会で天然資源に対する恒久主権が決議された。
天然資源の開発・利用権は保有国にあるとする考え方である。

国連資源特別総会

NIEO 宣言

恒久主権，資源ナ
ショナリズム

□**7** **2度の石油危機の原因**となった原油公示価格の引き上
★★ げと原油供給削減は、石油輸出国機構（ ┌**★★**┐ ）とア
ラブ石油輸出国機構（ ┌**★★**┐ ）などの**石油カルテルが**
行った石油戦略である。

◆1960年に結成された石油輸出国機構（OPEC）は、欧米諸国の国
際石油資本に対抗するための**産油国によるカルテル**の一種で、
原油価格の上げ下げ、生産調整、石油生産の国有化などの共通
政策を掲げている。本部はオーストリアのウィーンに置かれて
いる。

OPEC，

OAPEC

□**8** ┌**★★★**┐ は、石油などの ┌**★★★**┐ と比べて、①エネル
★★★ ギーの大量生産ができること、②エネルギー効率が良
く**安定した発電**ができること、③燃料の投入量が少な
く可採年数が長いこと、④燃料コストが安価で市場価
格に左右されにくいことなどの利点がある。

◆日本では、1966年に初の商業用原子力発電所として**東海原子力**
発電所が運転を開始したが、本格的に原子力発電所の設置が始
まるきっかけとなったのは、70年代の2度の石油危機（オイル=
ショック）である。

原子力，化石燃料

□**9** **原子力発電**には、①深刻な ┌**★★★**┐ 汚染が生じる危険
★★★ 性、②事故による後世代への影響、③ ┌**★★★**┐ の処理・
廃棄方法の問題、④核兵器や核兵器開発技術の ┌**★★★**┐
の問題などが指摘されている。

◆原子力発電における核分裂は人為的な抑止が困難で、事故が起
こると生命にかかわる重大な放射能汚染を招き、その汚染は数
十年から数百年以上続いていく。また、事故発生のリスクと廃
棄処理施設の開発・維持コスト、原発建設が核兵器転用・製造
の原料となるプルトニウムの拡散を進める危険性も指摘されて
いる。

放射能，

放射性廃棄物，

拡散

326

□**10** 原子力発電所で核分裂を起こすために利用される物質
★   として主要なものは ★ であるが、通常は核分裂
反応を起こしやすい濃縮 ★ を利用する。

ウラン，
ウラン

□**11** 原子力発電所から排出される ★ は、その処理が
★   難しく、軍事転用のおそれもある。

放射性廃棄物

□**12** 1955年制定の ★★ 法では、原子力平和利用の三原
★★   則として「 ★★ ・ ★★ ・ ★★ 」を基本方針と
して掲げている。

原子力基本，
民主，自主，公開

□**13** 日本では、石油危機（オイル=ショック）を契機に、**新**
★★   **エネルギーの技術研究開発**を進める ★★ 計画
(1974年)、省エネルギー技術の研究開発を進める
★★ 計画 (1978年) が相次いで始まり、これらは
★★ 計画に統合された。

サンシャイン，

ムーンライト，
ニューサンシャイン

□**14** 1979年にアメリカ合衆国で発生した ★★ 島原子力
★★   発電所事故や、86年に旧ソ連の**ウクライナ**で発生し
た ★★ 原子力発電所事故では、事故により原子炉
から多量の放射性物質が大気中に拡散した。

スリーマイル

チェルノブイリ

□**15** 1995年に福井県敦賀市にある高速 ★★ 炉「 ★★ 」
★★   でナトリウムの火炎事故が発生した。

増殖，もんじゅ

◆高速増殖炉は、MOX（プルトニウム・ウラン混合酸化物）燃料
を使用し、消費量以上の燃料を生み出せる原子炉で、**核燃料サイ
クル計画の一環**であったが、世界的にも事故が多く、ほとんど
稼働実績がないという問題を抱えていた。1995年の事故後、本
格的な再稼働を目指していたが、2010年に再び事故が発生した
ことなどを受け、16年12月に廃炉が正式に決定した。

□**16** 1999年に茨城県 ★★ の核燃料加工会社で起こった
★★   事故は、日本で初めて事故被ばくによる死者を出し
た ★★ 事故である。この ★★ とは、**核分裂の
連鎖反応が一定の割合で持続している状態**をいう。

東海村

臨界，臨界

□**17** 2011年3月11日に発生した東日本大震災によって、東
★★★ 京電力の ★★★ 原子力発電所が**電源・冷却機能を喪
失**し、これによって生じた炉心溶融（ ★★★ ）と水素
爆発で多量の放射性物質が外部に放出された。

福島第一，
メルトダウン

◆国際原子力事象評価尺度（INES）によると、チェルノブイリ原
発事故と同じ最悪のレベル7（深刻な事故）に分類されている。

VIII 経済

2 資源エネルギー問題

327

VIII 経済分野　2 資源エネルギー問題

□**18** 福島第一原子力発電所事故は、原子力発電の ★★ 性に対する国民の信頼を失うとともに、原子力発電所の停止などにより全国規模の ★★ 不足が発生した。

安全

電力

◆日本では、エネルギー多様化の観点などから火力から原子力発電にウエイトを移してきたが、エネルギー政策はゼロベースで見直された。一方、福島第一原発事故後、ドイツのメルケル首相は原子力発電所の建設計画を見直す方針を示した。スイスやイタリアでは国民投票を実施して脱原発の方向性が確認された。

□**19** 2012年に**新たな原子力規制体制**として、 ★★ を ★★ の外局に設置した。

原子力規制委員会，

環境省

◆原発を規制する機関を原発推進派とされる経済産業省から切り離して環境省の下に置き、規制体制の独立性と強化を図った。

□**20** 2013年に ★★ は原発に関する新たな ★★ を設けたが、**第二次安倍内閣**はこれらの基準を満たした原発は ★★ を認める方針を示した。

原子力規制委員会，

規制基準

再稼働

◆活断層上の設置禁止に関する調整年代を40万年前に拡大、緊急用制御室の設置、防潮堤の充実、複数の電源確保、ポンプ車分散配備などがある。2021年12月時点で9基が稼働している。

□**21** ★★ 計画とは、原子力発電所の**使用済み核燃料を再処理**して回収したプルトニウムとウランを混合した**MOX燃料**を、既存の軽水炉で**リサイクル**し燃料の有効利用を行う計画である。

プルサーマル

◆民主党の鳩山内閣（2009～10年）は地球温暖化対策の一環として、二酸化炭素をほとんど発生させない原子力発電を重視し、天然資源に恵まれない日本が推進する核燃料サイクル政策の根幹としてプルサーマル発電の推進を打ち出していたが、事故の危険性から住民の反対運動が起こった。

□**22** ★ 電源とは、昼夜を問わず終日安定して一定量の電力を供給することができる電源を指す。

ベースロード

◆日本は、2014年に取りまとめた「エネルギー基本計画」で原子力を「重要なベースロード電源」と位置づけ、新安全基準を満たした原発の再稼働を進め、30年の原子力発電の比率を20～22%と定めた。

□**23** 環境保護における経済的手法の1つとして、オランダやスウェーデンなどでは、いわゆる ★★★ が導入され、二酸化炭素排出量に応じた課税が行われている。

環境税

◆ヨーロッパで導入されている環境税は炭素税とも呼ばれ、汚染者負担の原則（PPP）を具体化したものである。日本も2012年に環境税（地球温暖化対策税）を導入している。このように二酸化炭素排出量に応じて、企業や家庭にコストを負担してもらう仕組みをカーボンプライシング（炭素の価格づけ）という。

☐**24** 動植物（特に微生物）などの**生物体を原料**とするエネルギー資源を総称して ★★ という。

★★

◆トウモロコシを原料とした**エタノール**や間伐材を加工した小型固形燃料なども<u>バイオマス</u>に含まれる。**生物資源を利用しての発電**を<u>バイオマス発電</u>という。2008年に起こった穀物価格の高騰は、地球温暖化対策としての**バイオエタノールの生産量の増加**が一因とされる。

バイオマス
（生物資源）

☐**25** 石油や原子力に代わるエネルギー源を一般に ★★ と呼ぶが、これには**太陽光、風力、潮力**などの<u>自然エ</u>

★★

<u>ネルギー</u>や**廃熱利用エネルギー**などを含む。

◆<u>代替エネルギー</u>（再生可能エネルギー）の開発によって、**持続可能性（サステナビリティ）の高い低炭素社会の実現**が期待される。

新エネルギー

☐**26** 日本では、政府が**クリーンエネルギー**を ★★ <u>エネ</u>

★★

<u>ルギー</u>という表現で統一し、 ★★ <u>エネルギー特別</u>
<u>措置法</u>を制定し、この分野の規制緩和を一部進めている。

◆<u>再生可能エネルギー特別措置法</u>（FIT法）では、太陽光や風力などの<u>再生可能エネルギー</u>により発電された電力は、家庭によるものだけでなく、民間法人によるものについても国が定める期間、**指定された価格で買い取ることが電気事業者に義務づけられた**（固定価格買取制度）が、2019年から見直しが行われた。

再生可能,
再生可能

☐**27** <u>再生可能エネルギー</u>として、 ★★ や**風力、バイオマ**

★★

ス、火山帯での ★★ 、積雪の氷解エネルギーなどの利用も試験的に行われている。

◆発電における原子力の依存度を低下させるためには、当面は<u>天然ガス</u>など火力発電のウエイトを高め、徐々に<u>再生可能エネルギー</u>などへと移行していく必要がある。なお、近年日本近海で**メタンハイドレート**（メタンガスと水分子が結合してできた氷状の固体物質）が埋蔵されていることが判明している。

太陽光,
地熱

☐**28** 自然界から直接得られる化石燃料や水力は ★★ <u>エ</u>

★★

<u>ネルギー</u>と呼ばれ、それから作られる電力などは
★★ <u>エネルギー</u>と呼ばれる。

◆原子力発電は<u>ウラン</u>などの核燃料などを用いて行われるが、<u>ウラン</u>の原子力そのものは自然界から得られるエネルギーであるため、石炭や石油、天然ガス、水力などと同じく<u>一次</u>エネルギーとされる。

一次

二次

☐**29** 日本近海の海底にも豊富に存在すると推定され、開発

★

が試みられている新しい資源の1つとして、天然ガスの原料となるメタンガスが海底下で氷状に固まっている ★ がある。

メタンハイドレート

Ⅷ 経済

2 資源エネルギー問題

329

VIII 経済分野 ② 資源エネルギー問題

- [ ] **30** 従来の電池と異なる ★★ 電池は水素と酸素を化学反応させて電力を取り出すもので、発電から排出されるのは水と熱だけであり、 ★★ などを出さないため環境への負荷が低い。 … 燃料／二酸化炭素(CO_2)

- [ ] **31** ★★ とは、発電する際に生み出される熱のエネルギーを用いて、温水や蒸気を電気と同時に発生させる**電熱供給システム**で、近年、省エネルギー強化策の1つとして導入が進められている。 … コジェネレーション（コージェネレーション）

- [ ] **32** ★ とは、情報通信技術（ICT）を駆使して電力の流れを供給側と需要側の双方から制御する**無駄のない最適化された送電網**である。 … スマートグリッド（次世代送電網）

- [ ] **33** 省電力で明るく光る青色の ★ の発明や実用化の実績により、2014年に中村修二らがノーベル物理学賞を受賞した。 … 発光ダイオード（LED）

- [ ] **34** 次のグラフは、日本の**一次エネルギー**（非加工エネルギー）の供給割合の変化を示したものである。空欄A〜Dにあてはまる資源エネルギーを答えよ。

A　石炭
B　石油
C　天然ガス
D　原子力

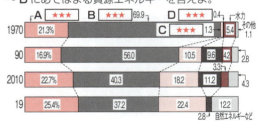

◆1970年代の2度の石油危機（オイル＝ショック）をきっかけに**脱石油**が進み、一次エネルギーに占める石油の割合は低下している。一方、石油の代替エネルギーとして期待された原子力は、2010年までに11.2％と上昇したが、11年3月の福島第一原子力発電所事故後、すべての原子力発電所が安全性確認のため一時停止したため、15年はほぼゼロになった。その後、新たな安全性基準をクリアした原子力発電所の再稼働が始まったが、発電量は高まっていない。なお、**一次エネルギーは非加工エネルギー**であるが、電力は加工して発電されているため**二次エネルギー**となる。

□35 次のグラフは主要国における**1人あたりの一次エネルギー消費量**を示している(2017年データ)。空欄**A～E**にはアメリカ、中国、ドイツ、日本、ロシアのいずれかがあてはまる。それぞれの国名を答えよ。

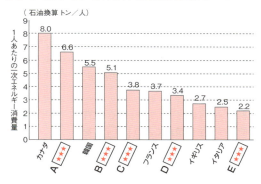

A アメリカ
B ロシア
C ドイツ
D 日本
E 中国

◆Aのアメリカは、エネルギー消費量が世界のおよそ1を占めている。エネルギー消費量が世界第1位となるEの中国は、人口も世界第1位（アメリカの人口の約4倍）であるため、1人あたりの消費量に換算すると少なくなる。

□36 大規模な核戦争は「 ★★ 」と呼ばれる**大幅な気温低下**をもたらし、食糧危機を発生させるおそれがある。

核の冬

□37 ★★★ 成長のために環境を犠牲にして開発が進められてしまったことに対する反省から、環境を保全するという条件下で、**将来の世代のニーズを満たす能力を損なうことなく、現在の世代のニーズを満たすように**今後の開発を行うことを「 ★★★ 」という。

経済

持続可能な開発

◆1992年に国連環境開発会議（地球サミット）で「持続可能な開発」という概念が掲げられた。**2015年9月の国連サミット**では、SDGs（持続可能な開発目標）が採択された。

□38 ★★★ とは、 ★★★ 破壊や資源問題などは長期間にわたって影響を及ぼすので、子や孫ばかりでなく、**はるか後の世代の人間に対する生存可能性に現在世代は**義務や ★★★ **を負っている**という考え方である。

世代間倫理，環境

責任

◆世代間倫理は、ドイツ出身の哲学者ハンス=ヨナスが「未来倫理」という言葉で思想的に基礎づけた。温暖化をはじめとする地球環境問題においては、現在の討議や民主的決定手続に参加できない未来（将来）世代が、現在の世代から深刻な環境危機を押しつけられるおそれがある。

VIII 経済分野　**3** 地球環境問題

□**39** 資源の循環利用を目指し、資源の浪費を抑制すること
★★★　で、｜★★★｜への負荷をできる限り低減しようとする
社会を一般に｜★★★｜という。

環境,
循環型社会（資源
循環型社会）

3 地球環境問題

ANSWERS ☐☐☐

□**1** 代表的な**地球環境問題**としては、**異常気象**を引き起こ
★★★　す｜★★★｜、**皮膚ガン**の増加を招く｜★★★｜の破壊、
森林破壊の原因となる酸性雨がある。

地球温暖化, オゾ
ン層

□**2** アメリカの生物学者｜★★｜は『沈黙の春』で、**DDT**
★★　などの｜★★｜の使用が、**生体濃縮により**｜★★｜**を**
破壊する危険性を指摘した。

レイチェル=カー
ソン,
農薬, 生態系（エ
コシステム）

□**3** 1972年は、**OECD** 環境委員会で｜★★｜の国際ルール
★★　化が議論され、同年にローマ=クラブは『｜★★｜』と
いう人類の危機レポートを発表した。

汚染者負担の原則
（PPP）,
成長の限界

□**4** ｜★★★｜（UNEP）は、**地球環境保全**のための**国際協力**
★★★　を推進する機関で、**1972年**の｜★★★｜での｜★★★｜会
議で採択された「｜★★★｜宣言」および「環境国際行動
計画」に則り設立された。

国連環境計画,
ストックホルム,
国連人間環境,
人間環境

□**5** **1972年**の国連人間環境会議では「｜★★｜のない地球」
★★　というスローガンが掲げられた。

かけがえ

□**6** 1992年に**ブラジル**の**リオデジャネイロ**で開催された
★★★　「環境と開発に関する国連会議」（通称｜★★★｜）では、
「｜★★★｜」という理念が共有された。

地球サミット,
持続可能な開発

◆「持続可能な開発」とは、次世代のために**再生可能な範囲内で自
然資源を利用する**という開発理念で、1987年の「**環境と開発に関
する世界委員会**（ブルントラント委員会）」で提起された。地球
サミットでは、その基本理念を掲げた「リオ宣言」と、行動計画
を定めた「アジェンダ21」が採択され、10年後の2002年には
南アフリカのヨハネスブルクで「**持続可能な開発に関する世界
首脳会議**（環境・開発サミット）」が開かれた。

□**7** ｜★★★｜破壊の原因物質は、スプレーの噴射剤、冷蔵
★★★　庫やクーラーの冷媒、半導体の洗浄剤などに含まれて
いた｜★★★｜である。

オゾン層

フロンガス（CFC）

332

□**8** 1985年、オゾン層保護のための ★★ 条約が採択さ
★★ れ、87年にはこの条約により規制される物質を特定
する ★★ 議定書が採択され、89年に発効した。

ウィーン

モントリオール

□**9** 1989年、**特定**フロンの20世紀中の全廃と**代替**フロン
★★ の2020年以降の原則使用禁止が ★★ で定められた。

ヘルシンキ宣言

□**10** 気候変動の原因物質は、排気ガスや工場の煤煙中に含
★★★ まれる**二酸化炭素（CO₂）**やメタンガス、代替フロンガ
スなどの ★★★ である。

温室効果ガス

□**11** **1992年**の地球サミットで、 ★★★ と ★★★ の2つ
★★★ の条約が採択された。

気候変動枠組み条約,
生物多様性条約
※順不同

□**12** **1992年**の地球サミットで採択された ★★ は、**生物**
★★ **資源の保全と利用**および ★★ **資源**から得られる**利**
益の公正な配分の実現を目指した条約である。

生物多様性条約,
遺伝

◆生物多様性とは、異なる種の間や同じ種の中などに存在する豊
かな差異のことを意味し、人類にとって**遺伝資源**として保全す
べき価値のあるものとする概念である。日本は**1992年**に生物多
様性条約に署名し、翌93年に締結した。

□**13** 2010年、生物多様性条約**第10回締約国会議（COP10）**
★ が日本の名古屋で開催され、遺伝資源の利益配分ルー
ルを定めた ★ 議定書と、20年までに多様性の
損失を食い止め、50年までに多様性の回復と自然と
の共生社会を実現する ★ ターゲットを採択した。

◆条約に関する定期的な締約国会議の略称を COP という。

名古屋

愛知

□**14** 1997年開催の気候変動枠組み**条約第3回締約国会議**
★★★ **（COP3、京都会議）**では、温室効果ガス排出量の先進
国の削減数値目標を定めた ★★★ が採択された。

◆2008～12年までに温室効果ガスの年間排出量を先進国全体で
約5％、EU 8％、アメリカ7％、日本6％を削減するという目
標が設定された。

京都議定書

□**15** 京都会議では、 ★★★ について温室効果ガス削減の
★★★ 数値目標の設定が見送られた。

◆二酸化炭素（CO₂）排出量が2007年にアメリカを抜き世界第1位
になった中国は、「発展途上国」として削減義務が課されていな
い。だが、近年経済成長の著しい中国やインドなどの新興諸国
で二酸化炭素（CO₂）の排出量が**急速に増大**している。

発展途上国（開発
途上国）

VIII
経
済

3
地球環境問題

333

VIII 経済分野　3 地球環境問題

□**16** 発展途上国が排出量規制に消極的な理由は、自国の
★★★ 　　★★★　　に悪影響を与える懸念などからである。

経済成長

□**17** 1997年の気候変動枠組み条約第3回締約国会議（京都
★★★ 会議、COP3）では、温室効果ガスの排出削減数値目標
の設定に成功して京都議定書が採択されたが、当時の世
界第1位の二酸化炭素（CO₂）排出国の　★★★　が批准
を拒否し、発効できない状態が続いたが、2004年に
　★★★　が批准し、05年に発効した。

アメリカ

ロシア

◆京都議定書の発効条件は、55ヶ国以上の締結、かつ締結国の
　CO₂排出総量が先進国全体の総排出量の55%以上になること
　とされた。ロシアの批准で、この2つの条件が充足された。

□**18** 京都議定書では、義務づけられた　★★★　削減量を超
★★★ える削減を達成した国から、未達成国が排出権を買い
取り自国の削減分に算入できる（国際）　★★★　という
仕組みなどが京都メカニズムとして採用された。

温室効果ガス

排出権取引（排出
量取引）

□**19** 2005年にEUが導入した域内　★★★　制度は、「　★★★
★★★ 方式」を採用し、各事業所に温暖化ガス排出量の上限
を課し、過不足分を取引している。

排出権取引（排出
量取引）、キャップ
=アンド=トレード

□**20** 温室効果ガスの新しい削減方法を先進国どうしで共同
★★ 開発をした場合、両国間で削減分を譲渡し合うことを
認める仕組みを　★★　、発展途上国の温室効果ガス
削減に技術協力をした場合、協力国の削減分に算入で
きる仕組みを　★★　（CDM）といい、いずれも京都
メカニズムとして採用された。

共同実施

クリーン開発メカ
ニズム

□**21** 　★　（炭素予算）とは、気候変動による地球の気温
★ 上昇を一定のレベルに抑える場合に想定される、温室
効果ガスの累積排出量の上限値である。

カーボン=バジェッ
ト

◆この考え方に基づき、過去の排出量と気温上昇率から、今後ど
　れくらい排出することができるかをある程度推計できる。

□**22** 　★　とは、排出量に見合った二酸化炭素などの温
★ 室効果ガス量を、植林や森林保護といった環境保全活
動で埋め合わせようとする取り組みである。

カーボン=オフセッ
ト

□23 2011年には、気候変動枠組み条約第17回締約国会議（COP17）が ★★★ のダーバンで開催され、ポスト ★★★ の方向性を示すダーバン合意が採択された。

南アフリカ，
京都議定書

◆2015年までに内容を決め、20年から新たな枠組みを発効させることを前提に京都議定書を延長。日本は中国やインドなど経済発展の著しい新興国の削減義務のないままの京都議定書の延長に反対し、13年から20年までの延長分は不参加となった。**15年12月に採択された**パリ協定により、先進国に課せられていた削減数値目標は廃止され、発展途上国を含むすべての締約国が、20年以降の新たな削減数値目標を自ら掲げることになった。

□24 2015年、フランスで開催された気候変動枠組み条約第21回締約国会議（COP21）で、世界の平均気温上昇を産業革命以前から ★★★ 度未満に抑える目標設定などを内容とした ★★★ が採択され、翌16年11月に発効した。

2，
パリ協定

◆世界の平均気温上昇を2度未満、できれば1.5度未満にすることを定めたが、**CO_2排出量の削減数値目標の設定は行わず**、発展途上国を含めた全加盟国が**自主削減目標**を立て、5年ごとに見直しをして報告し合うことが決められた。パリ協定は2020年より実施とされ、主な二酸化炭素（CO_2）排出国である中国やアメリカ、発展途上国を含む196ヶ国・地域が参加したが、17年6月にアメリカのトランプ政権はパリ協定からの離脱を表明した（2020年11月に正式離脱）。しかし、2021年1月に発足したバイデン政権は、パリ協定へ復帰することを決め、環境対策を後退させる前政権の政策を見直すこととした。バイデン大統領は大統領選挙で50年までに二酸化炭素（CO_2）排出量を**実質ゼロ**にする目標を公約に掲げた。

□25 世界各国の**二酸化炭素（CO_2）排出量**の割合(%)を示した次のグラフの空欄 A～D にあてはまる国名を答えよ。

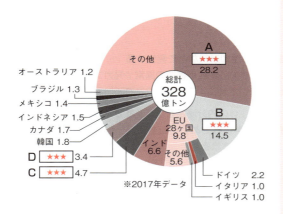

A 中国

B アメリカ

C ロシア

D 日本

VIII 経済分野　3 地球環境問題

□26 2020年10月、日本の菅内閣は　★★　年までに二酸
★★　化炭素（CO_2）などの温室効果ガスの排出量と、森林保
護・整備によるその吸収量を相殺してゼロで釣り合う
状態とする　★★　（炭素中立）を目標に掲げた。

◆菅内閣の掲げた「**グリーン成長戦略**」の1つである。

2050

カーボン=ニュートラル

□27 　★　とは、環境問題を解決に導きつつ**経済再生**を
★　図ることを指す。

◆2020年12月に国連環境計画（UNEP）が発表した報告書では、
「コロナ=ショック」をきっかけとした取り組みで、二酸化炭素
（CO_2）などの温室効果ガスの排出量を30年までに最大25％減
らせると推計した。21年1月に就任したアメリカのバイデン大
統領は、「**より良い再建**」をスローガンに、環境やインフラ投資
に財政出動を行い、「コロナ=ショック」以前よりも経済を好転さ
せることを目指している。

グリーン=リカバリー

□28 国連環境計画（UNEP）と世界気象機関（WMO）によっ
★　て発足した国際会議である　★　は、気候変動に関
する科学的知見や社会、経済への影響について意見を
集め、対応策を検討している。

◆IPCCは、2007年のノーベル平和賞をアメリカのゴア元副大統領と
ともに受賞した。アメリカに気候変動枠組み条約批准拒否の環
境政策を見直すことを迫る政治的意図を持った授賞であった。
なお、2021年10月の**気候変動枠組み条約第26回締約国会議**
（COP26）の開催を前に、世界気象機関（WMO）は温室効果ガ
スの大気中濃度が、**20年に過去最高を更新した**と発表し、気候
変動について警鐘を鳴らした。

気候変動に関する政府間パネル（IPCC）

□29 1992年の地球サミットから20周年となる2012年に同
★★　じブラジルで開催された　★★　（リオ＋20）では、持
続可能な開発と貧困の撲滅を目指して国際社会で取り
組むべきテーマとなる「　★★　経済」への移行などが
話し合われた。

国連持続可能な開発会議
グリーン

□30 　★★　は、**廃棄物の焼却過程などで発生する**化学物
★★　質で、体内に取り込まれると**生殖機能の異常**や**発ガン**
といった健康被害を引き起こすことが懸念されている。

ダイオキシン類

□31 ダイオキシン類は、生体の**内分泌系をかく乱させるホ**
★★　**ルモン作用を持つ化学物質**であることから、一般に
　★★　の1つであるとされる。

◆1996年、アメリカのシーア=コルボーンらが『**奪われし未来**』を
出版し、環境ホルモンの危険性を指摘した。

環境ホルモン（内分泌かく乱物質）

336

□**32** | ★★ | は**中皮腫や肺ガンの原因**となる繊維状鉱物であ
★★ り、建築用資材やブレーキパッドなどに用いられてきた。

アスベスト(石綿)

◆アスベスト(石綿)は、建築現場や工場などで労働者が吸引してしまうことから、**労働者災害補償（労災補償）**の対象となっているが、最近では近隣住民の発病例も増加しつつある。2006年には健康被害を受けた患者やその遺族を救済する石綿健康被害救済法（アスベスト新法）が施行され、また14年には最高裁がアスベスト被害について国の行政責任を認め、被害者の国家賠償請求を認容する判決を言い渡した。

□**33** 酸性雨とは**工場の煤煙**や**自動車の排気ガス**に含まれる
★★ | ★★ | と | ★★ | が主な原因物質である、**pH**5.6以下
の雨で、その降雨によって湖沼に生息する動植物や森林・農作物などへ悪影響を及ぼす。

硫黄酸化物 (SOx),
窒素酸化物 (NOx)
※順不同

□**34** 1971年にイランで開かれた国際会議において採択され
★ た | ★ | では、水鳥の生息地として国際的に重要な
湿地に生息する動植物の保護を謳っている。

ラムサール条約

◆正式名称は「**特に水鳥の生息地として国際的に重要な湿地に関する条約**」。日本は1980年に批准した。

□**35** **大気汚染の越境移動**の問題について、1979年には欧州
★★ 諸国を中心として | ★★ | が結ばれ、欧州全体での酸性雨原因物質の排出規制が規定された。

長距離越境大気汚
染条約

□**36** 1994年には地球砂漠化への対策として | ★ | が採択
★ され、96年に発効した。

砂漠化対処条約

◆日本は1998年に批准した。

□**37** 1972年には放射性物質などの特定の**廃棄物の**海洋投棄
★ **を規制する** | ★ | が国際海事機関（IMO）で採択され、75年に発効した。

ロンドン条約(ロン
ドン海洋投棄条約)

◆日本は1980年に批准した。1996年には規制を強化する議定書が採択され、産業廃棄物の海洋投棄が原則禁止となった。

□**38** 1989年には**有害廃棄物の**越境移動**および処分の規制に**
★★ **関する** | ★★ | が採択され、92年に発効した。

バーゼル条約

◆1993年に批准した日本はバーゼル法を制定し、特定有害廃棄物の輸出入に際しては経済産業省へ承認申請を行い、環境省は輸出時には相手国の同意を確認し、輸入時には相手国へ同意を回答することになっている。

VIII
経済

3
地球環境問題

337

VIII 経済分野　3 地球環境問題

☐39 2019年、バーゼル条約第14回締約国会議（COP14）では、有害廃棄物に「汚れた ★ ごみ」が追加され、輸出禁止ではないものの輸出には相手国の同意が必要とされ輸出入手続の規制が強化されるなど、21年1月発効となる同条約の附属書が改正された。

プラスチック

◆2019年6月開催のG20大阪サミットでは、環境問題として海洋プラスチックごみの削減が主要テーマの1つとして扱われ、使い捨てストローの削減などが提唱された。

☐40 1973年には**絶滅のおそれのある動植物の種の国際取引を規制する** ★★ が採択され、75年に発効した。

ワシントン条約

◆日本は1980年に批准し、加入した。

☐41 1989年のアラスカでのバルディーズ号のタンカー事故による海洋汚染以降、企業倫理に関する ★ が提唱された。

バルディーズの原則

☐42 次の図は、環境破壊が発生するメカニズムを表したものである。空欄A〜Hにあてはまる語句を答えよ。

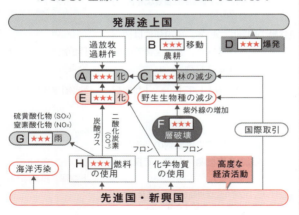

A 砂漠
B 焼畑
C 熱帯（熱帯雨）
D 人口
E 地球温暖
F オゾン
G 酸性
H 化石

☐43 1895年にイギリスで設立された民間組織の ★★ は、美しい自然景観や歴史的遺産の保全運動を行っていて、同様の動きが世界的に広がりを見せている。

ナショナル=トラスト

☐44 動植物の生態や歴史文化を学びながら、**自然環境や文化の保護意識を高める観光のあり方**を ★ という。

エコツーリズム

◆2004年に環境省はエコツーリズム憲章を制定し、屋久島の原生林ツアーや小笠原のホエール・ウォッチング、里山の暮らしを体験するツアーなどのエコツアーを推進している。

□**45** 2005年、フランスで憲法の一部となった ★ は、**良
★ 好な環境の中で生きる国民の**権利を認めるとともに、
国民に対して**環境保全の**義務を、国には**環境への損害
を予防する**義務などを課している。

環境憲章

□**46** 環境保護に取り組む民間非営利の組織や団体は ★
★ と呼ばれ、国連などの国際機関とも連携しながら活動
している。

◆世界自然保護基金（WWF）、国際自然保護連合（IUCN）、グリー
ンピース、ワールドウォッチ研究所（WWI）などが有名な環境
NGO である。

環境 NGO

□**47** 近年、 ★★ 中心主義を見直し、自然にもそれ自体の
★★ 価値を認めようとする考え方から、自然の ★★ 権
が主張されるようになった。

◆環境破壊によって動植物が被害を受けることを問題視し、動植
物を原告とする**自然の権利訴訟**も起こされている。

人間,

生存

□**48** 近年、農山村は、ゆっくりと滞在しながら農林業体験
★ などを通して地域の生活を知る ★ の機会を提供
する場として、環境保護の観点から注目されている。

グリーン=ツーリズ
ム

□**49** 2000年制定の ★★★ 法が採用する ★★★ （EPR）
★★★ とは、製品の生産者がその廃棄や ★★★ まで責任を
負うとする考え方である。

循環型社会形成推
進基本, 拡大生産
者責任,
リサイクル

□**50** 3つのRとは、 ★★ （ごみ削減）、 ★★ （再利用）、
★★ ★★ （再資源化）を指す。

◆例えば、買い物にマイバッグを持参してレジ袋の無駄を省くこ
とは「リデュース」、洗剤やシャンプーなど詰め替えて容器を再
利用することは「リユース」にあたる。なお、環境に悪い商品を
拒むリフューズ（Refuse）、壊れたら修理してなるべく長く使
い続けるリペア（Repair）を加えて「**5つのR**」ともいう。

リデュース (Reduce),
リユース (Reuse),
リサイクル(Recycle)

□**51** 容器包装リサイクル法が1995年に制定され、ビンと
★★ ペットボトルについてメーカーのリサイクルが義務づ
けられ、2000年には ★★ 容器のリサイクルも義務
づけられた。

紙製・プラスチッ
ク製

VIII

経済

3

地球環境問題

339

Ⅷ 経済分野　❸ 地球環境問題

☐ 52 **家電リサイクル法**が1998年に制定、2001年に完全施行
★★　され、エアコン、｜ ★★ ｜、｜ ★★ ｜、洗濯機（後に冷
凍庫や衣類乾燥機を追加）は販売業者が引き取り、製
造業者には**リサイクルを義務づけ**、消費者は排出時に
収集・リサイクルの料金を負担することになった。

テレビ，冷蔵庫
※順不同

☐ 53 2013年4月に｜ ★★ ｜法が施行され、デジタルカメラ
★★　や携帯電話、ゲーム機器などの**再資源化**が目指され、
流通量・使用量が少ない｜ ★★ ｜や<u>レアアース</u>と呼ば
れる希少金属を再利用することとなった。

小型家電リサイク
ル
レアメタル

◆<u>レアアース</u>（希土類元素）は中国などに偏在し、中国が貿易交渉
のカードとして戦略的に用いる傾向にあることから、<u>日本</u>は供
給確保のために市場に存在する<u>レアメタル</u>などのリサイクルを
進めている。

☐ 54 ｜ ★★ ｜法が2002年に制定され、3品目（破砕くず、エ
★★　アバッグ、エアコンの<u>フロンガス</u>）の回収と適正処理
が製造者に義務づけられ、リサイクル費用は購入時に
原則として｜ ★★ ｜の負担となった。

自動車リサイクル

消費者（購入者）

☐ 55 食品メーカーや加工・販売業者に食品の残渣を有効に
★★　再利用することを義務づけた｜ ★★ ｜法が2000年に制
定、01年に完全施行された。

食品リサイクル

◆食品の残渣（濾過した後などに残ったかす）は、**肥料**や**家畜用飼
料**、**バイオマスの発電**などに利用される。なお、世界中で生産
された食料の約3分の1が消失、もしくは廃棄されており、そ
の量は年間約13億トンと推計されている。先進国を中心に、原
材料の生産段階から個人や世帯などによる消費の過程全体で食
料の甚大な無駄が生じている問題を「<u>フードロス</u>」という。

☐ 56 **2000年**にリサイクル商品や環境に配慮した商品を優先
★★★　的に購入・利用することを**国などの公的機関に義務づ
ける**｜ ★★★ ｜法が制定された。

グリーン購入

☐ 57 ｜ ★★★ ｜とは、**地球環境に及ぼす影響の少ない行動や
★★★　製品を使用**することが大切だとして、そのような生き
方は「<u>地球にやさしい</u>」という言葉で表されるが、この
ような商品を優先的に購入しようという運動である。

グリーン=コン
シューマリズム
（緑の消費者運動）

☐ 58 2021年制定、翌22年4月施行の｜ ★ ｜法は、製品
★　の設計から廃棄物の処理まで、<u>プラスチック</u>を用いる
モノの流れのすべてにおいて資源の循環などに取り組
むことを促進するための法律である。

プラスチック資源
循環促進

340

□59 人類にとって顕著で普遍的な価値を持つものとして保
★★ 護が目指される文化財や自然景観を ★★ という。

世界遺産

◆世界遺産は、自然遺産、文化遺産、複合遺産の３つに大別される。1972年、国連教育科学文化機関（UNESCO）総会で採択された世界遺産条約に基づいて、文化遺産については国際記念物遺跡会議（ICOMOS）が、自然遺産については国際自然保護連合（IUCN）が現地調査を行い勧告し、世界遺産委員会で最終決定される。日本では自然遺産として白神山地（青森県、秋田県）、屋久島（鹿児島県）、知床（北海道）、小笠原諸島（東京都）が、文化遺産として姫路城（兵庫県）、原爆ドーム（広島県）、石見銀山（島根県）、富士山（山梨県、静岡県）などが登録され、2015年に「明治日本の産業革命遺産」（山口県など計８県）、18年に「長崎と天草地方の潜伏キリシタン関連遺産」（長崎県、熊本県）、19年に「百舌鳥・古市古墳群」（大阪府）、21年に「奄美大島、徳之島、沖縄県北部及び西表島」（鹿児島県、沖縄県）、「北海道・北東北の縄文遺跡群」（北海道など計４県）が加わり、登録件数は自然遺産５件、文化遺産20件の合計25件となる（2021年７月時点）。

4 現代社会の特質と課題

ANSWERS □□□

□1 匿名で未組織の多数の人々からなる現代社会を ★★★
★★★ 社会という。

大衆

□2 マス＝メディアは、その影響力の大きさから「 ★★ 」
★★ とも呼ばれ、不特定多数の人に対して多くの情報を伝達
し、世論の形成に重要な役割を担っている。

第四の権力

◆マス＝メディアは、新聞、雑誌、ラジオ、テレビなど大勢の人に情報を伝達する機関のことで、マスコミ（マス＝コミュニケーション）とも呼ばれる。インターネット、SNSが広く普及した現在、これら既存のマス＝メディアの役割やあり方が改めて問われている。なお、「第一の権力」は立法権（議会、国会）、「第二の権力」は行政権（内閣）、「第三の権力」は司法権（裁判所）を指す。

□3 ★★ はナチス支配下の大衆の社会的性格を分析し、
★★ 自由を獲得した大衆が孤独感から自由を重荷に感じて
権威に束縛を求めることを著書『 ★★ 』で指摘した。

フロム

自由からの逃走

◆フロムは、人間の自由を束縛から逃れる「〜からの自由」と、ある目標を目指す「〜への自由」に分け、自由が心理的な重荷になる場合に、人々はファシズムのような全体主義に自らを委ねる可能性があると指摘した。

□4 ★★ は現代人が善悪の判断を自ら行わず、権威に
★★ 従うことで自己責任を回避する傾向を持つことを著書
『 ★★ 的パーソナリティ』の中で指摘した。

アドルノ

権威主義

VIII 経済

4 現代社会の特質と課題

341

VIII 経済分野　4 現代社会の特質と課題

□**5** 　官僚制は、**ピラミッド型の**位階制を基本とする権限系
★　　統である　★　の固定化、自分のなわばりや既得
　　　★　を守ろうとする　★　による**組織の硬直化**
　　　や**権威主義**など問題点も多い。

　　　◆近代国家において、官僚制は合理的な組織運営原理であるが、負
　　　　の側面として官僚主義に陥りやすいという欠点がある。

ヒエラルキー，
権益，セクショナ
リズム（セクト主
義、なわばり主義）

□**6** 　ドイツの社会学者　★★　は、　★★　性を徹底的に
★★　　追求した**近代**官僚制を特徴とする社会を作り上げた現
　　　代人は、いわば「**鉄の檻**」と化したこの社会の中から逃
　　　れがたく　★★　され、豊かな精神と人間性を欠く存
　　　在に堕ちる危険があると指摘した。

マックス=ウェー
バー，合理

管理

□**7** 　専門的な科学技術者で、社会の意思決定や政治決定で
★　　重要な影響力を持つ高級技術官僚を　★　と呼ぶ。

テクノクラート

□**8** 　現代の大衆社会は、サラリーマンなどの、生産手段を
★★　　持たず生活水準が平均的である　★★　と呼ばれる
　　　人々が社会の中核をなす。彼らの中流意識と大量
　　　★★　文化は大衆社会の特徴をよく表している。

新中間層

消費

□**9** 　近代社会において、大資本家と無産者の間にあって、新
★　　たに資本を蓄積していた独立自営農民（ヨーマン）など
　　　の　★　が社会の中核を形成していた。

旧中間層

□**10**　現代社会は、人々の生活様式（　★★　）や思考方法が
★★　　画一化、規格化し、労働者もいわば機械の歯車と化す
　　　ようになることで、人間性を喪失し　★★　化した。

ライフスタイル

没個性

□**11**　普通教育の普及と　★★★　による情報の大量伝達によ
★★★　　り、一定の教育水準と情報を有するようになった大衆
　　　が、**上流ではないが下流でもないという自意識を持つ**
　　　ような傾向を一般に　★★★　意識と呼ぶ。

　　　◆高度経済成長によって、1970年代には一億総中流という言葉が
　　　　一般化したが、近年の格差社会の進行により一億総中流は過去
　　　　の話ともいわれている。

マス=メディア

中流

□**12**　社会・経済活動において、財やモノ、エネルギーより
★★★　　も　★★★　が重要になり、それを即座にやり取りでき
　　　る環境が拡張されていく社会を　★★★　化社会という。

　　　◆特に、1990年代以降のパソコンと高性能な OS（オペレーティン
　　　　グシステム）の普及、通信回線の速度向上が情報化社会を急速に
　　　　進展させ、現在は高度情報化社会といわれる。

情報，

情報

□**13** **情報化社会**では、**マス＝メディア**が人々に情報を大量伝
★ 達し、世論形成に必要な判断資料を提供する反面、**情
報操作**や**世論操作**の危険性、営利本位の ★ や扇
動主義と呼ばれる ★ に陥る可能性がある。

◆**コマーシャリズム**は**商業主義**ともいう。これに基づいて、**マス＝
メディア**の報道にスポンサー（広告主）の意向が反映される場合
がある。テレビでは、視聴率を上げるために内容を誇張して**セ
ンセーショナルに表現する傾向**がある。一面的な報道で事実と
異なる情報が印象化されるおそれもある。

**コマーシャリズム，
センセーショナリ
ズム**

□**14** ★★ とは、**固定的なパターン**により、事実を認識
★★ したり理解したりする捉え方および捉えられたイメー
ジのことである。

◆**大衆**は与えられた情報や報道の評価に同調する**ステレオタイプ**
な思考を持つために世論操作をされやすく、**外部指向型**（他人指
向型）となりやすい。特に、現在はインターネットなどを介して
大量の誤まった情報が瞬時に拡散し、社会や人々が混乱に陥る
ような状態（**インフォデミック**）が起こりやすい。

ステレオタイプ

□**15** **マスコミ（マス＝コミュニケーション）**の発達で、**大量
★★★ の情報が効率的に伝達**されるようになり、社会の中
の ★★★ 形成に大きな影響を与えるようになった。
これに対し、会話や電話など個人間で行われる意思伝
達を ★★★ **＝コミュニケーション**と呼ぶ。

世論

パーソナル

□**16** 近年、 ★★ **的な性質**を持つ**ソーシャル＝メディア**の
★★ **発達と普及**で、不特定多数の人々によるコミュニケー
ションが活発に行われるようになった。

◆例えば、新しい製品やアイディアを持つ者が、インターネットや
SNS を通じて不特定多数の者から出資や経済援助を受ける**ク
ラウド＝ファンディング**の取り組みは、**双方向的なコミュニケー
ション**の1つといえる。

双方向

□**17** **いつでも、どこでも、どんな者でも**コンピュータ＝ネッ
★★★ トワークに**接続**し、情報を利用できる社会を ★★★
という。一方で、個人情報がコンピュータに蓄積され、
公権力による管理が進み、個人や集団が様々な場面で
管理される社会は一般に ★★★ と呼ばれる。

◆**ユビキタス**とは、ラテン語で「**神はあまねく存在する**」という意
味である。2000 年には**高度情報通信ネットワーク社会形成基本
法（IT 基本法）**が制定された。最高水準の情報通信ネットワーク
を実現し、国民すべてがその恩恵を受けられるようにすること
などを基本理念に掲げている。

ユビキタス社会

管理社会

VIII 経済

4 現代社会の特質と課題

343

VIII 経済分野　4 現代社会の特質と課題

□**18** **★★** ＝コンピューティングとは、インターネット上
★★　で提供される様々なサービスによって、データの作成
や管理、発信などを行う情報処理の仕組みである。

クラウド

□**19** イギリスの小説家**ジョージ＝オーウェル**は『**1984年**』の
★★★　中で、技術の進歩がもたらす双方向的な通信技術に
よって、 **★★★** が守られた生活は終わりを告げ、個人
の行動が **★★★** され、思想が統制される管理社会の
危険性を予見した。

プライバシーの権
利，
監視

□**20** **★★** とは、情報システムの脆弱性を衝いた**コン
★★　ピュータ＝ネットワークへの攻撃**のことである。

サイバーテロ

◆官公庁や大企業のコンピュータやデータベースへ大量にアクセ
スを行い、機能を停止させるサイバーテロも発生している。

□**21** **情報化社会の進展**に伴い、小説や音楽など知的創造物
★★★　の権利を守る **★★★** 保護や**ハッカー**などによるコン
ピュータ犯罪、情報公開と個人の **★★★** 保護の問題
など日常生活に関する問題点も浮上している。

知的財産権，
プライバシーの権
利

◆知的財産権には、商標権や商号などについての権利と、知的創
造物についての権利があり、特許権、実用新案権、意匠権、著
作権などは後者にあたる。2005年、特許に代表される知的財産
権に関する訴訟を専門的に扱う知的財産高等裁判所が東京高等
裁判所内に創設された。また、EU（欧州連合）は2018年５月25
日に一般データ保護規則（GDPR）を施行し、基本的人権の確保
という観点から個人情報の保護やその取り扱いについて、域内
で規制を行っている。

□**22** 近年、コンピュータ使用に伴う精神的苦痛である
★　 **★** の発生や**仮想現実**である **★** が精神に及
ぼす危険性が指摘されている。

テクノストレス，
バーチャル＝リア
リティ

◆実際の自然環境や人間関係よりも、メディアが提供する世界に
現実感を見出すようになり、現実と空想（仮想現実）の境界が不
明確になるという指摘がある。

□**23** 青少年がインターネット上に有害情報を閲覧する機会
★　をできるだけ少なくするために、事業者には **★**
サービスを提供することが義務づけられている。

フィルタリング

□**24** **★★★** とは、**メディアが提供する情報が真実か否か
★★★　を判断する能力**を受け手である国民自身が身に付ける
必要があるが、この情報判断能力のことである。

メディア＝リテラ
シー（情報リテラ
シー）

◆特に、「第四の権力」といわれるマス＝メディアに対しては、そ
の影響力の大きさから、批判的なまなざしを向けて読み解くメ
ディア＝リテラシーが重要となる。

344

□**25** インターネットには **★★** 性という従来のマス=メ
★★ ディアとは異なる特性があるため、嘘のニュース
（ **★★** ）を気軽に発信したり、他人を安易に誹謗中
傷したりする問題が起きやすい。

> ◆**ソーシャル=メディア**を中心に、**偽りの報道**（フェイクニュース）
> が流れ、一瞬にして世界に拡散するリスクがある中で、現代は
> 情報の真実性や客観性よりも、虚偽であっても個人の感情に訴
> えるものの方が世論において強い影響力を持つという「**ポスト・**
> **トゥルース**」の状況にある。ゆえに、ソーシャル=メディアにお
> いても<u>メディア=リテラシー</u>がさらに重要な意味を持っている。
> 近年、世界各国ではソーシャル=メディアでの公私の区別、<u>フェ</u>
> <u>イクニュース</u>に惑わされないためのリテラシーなどといった**デ**
> **ジタル=シチズンシップ**の教育の取り組みが行われている。

匿名

フェイクニュース

□**26** 情報メディアを使いこなせる人とそうでない人の間に
★★★ 生じる<u>格差</u>のことを **★★★** と呼ぶ。

> ◆<u>デジタル=デバイド</u>による経済格差の拡大を防ぐため、誰でも簡
> 単に使える情報機器の開発や環境整備が必要となる。

デジタル=デバイド

□**27** AI（ **★★** ）の開発と普及によって、これまで人間が
★★ 行ってきた多くの仕事がコンピュータによって代替さ
れ、**人間の雇用を奪うおそれ**があると指摘されている。

> ◆2005年、アメリカのカーツワイルは、45年に<u>AI</u>（Artificial
> Intelligence、<u>人工知能</u>）が**人類の知能を超える**と予言し、その
> 転換点は**シンギュラリティ**（**技術的特異点**）と呼ばれる。14年
> には、イギリス・オックスフォード大学のマイケル .A. オズボー
> ンらによる共同論文で、<u>AI</u>を用いたコンピュータ技術によって、
> 10〜20年後程度でアメリカの全雇用者の約47%の仕事が自
> 動化される可能性が高いという分析結果が発表された（『雇用の
> 未来』）。

人工知能

□**28** **★★** （<u>情報通信技術</u>）の発達による、インターネッ
★★ ト上の膨大な情報の蓄積を一般に **★★** という。こ
れをコンピュータや<u>人工知能</u>（AI）で処理することで、
消費者のニーズに合った新商品の開発や販売、マーケ
ティング、社会的な各種サービスの向上が期待される。

> ◆1970年代末に登場した車載型などの移動電話を第 1 世代（**1G**）、
> 90年代の<u>アナログ</u>から<u>デジタル</u>へ移行した多機能な携帯電話
> を第2世代（**2G**）、2000年代に入り、全世界共通でモバイルが
> 使用可能となった第3世代（**3G**）、10年代以降の**高速・大容量**
> **化**が急速に発達・普及した第4世代（**4G**）に続き、20年以降に
> は**超高速・大容量**のモバイル通信が可能となる第5世代（**5G**）
> が、<u>ICT</u>（情報通信技術）の基盤になるとされる。そのようにし
> て、社会のあらゆる領域に<u>ICT</u>（情報通信技術）が浸透すること
> で抜本的な変革（<u>デジタルトランスフォーメーション</u>（<u>DX</u>））が
> 起こり、生活様式が向上することが期待されている。

ICT，
ビッグデータ

VIII 経済

4 現代社会の特質と課題

345

VIII 経済分野 4 現代社会の特質と課題

□29 日本が提唱する未来社会のあり方として、<u>サイバー空間</u>（**仮想空間**）と<u>フィジカル空間</u>（**現実空間**）を高度に融合させたシステムにより、人工知能やロボットが経済発展と社会的課題の解決を両立させるような社会を　**★★**　という。

Society5.0

◆「1.0（狩猟社会）→2.0（農耕社会）→3.0（工業社会）→4.0（情報社会）」の次にあるものが Society5.0 である。現在、**人工知能**（AI）、<u>情報通信技術</u>（**ICT**）、**モノのインターネット**（IoT）、**ビッグデータ**などを活かした未来社会へ移行する**技術革新**（<u>イノベーション</u>）が進んでいる。2020年には、その具現化としての先端都市「**スーパーシティ**」の構想実現を目指す改正国家戦略特区法が可決、成立した。

□30　**★**　とは、<u>IoT</u>（<u>モノのインターネット</u>）の普及を背景に、自動運転やネットワークを通じたデータの送受信を可能とする「つながる車」の実現など**次世代自動車**の新たな技術開発の動きである。

CASE

◆<u>CASE</u> とは、自動車の次世代の潮流で、4つの英単語の頭文字を組み合わせた造語。オンラインネットワークの中で他の自動車や機器ともつながるコネクテッド化（Connected）、自動運転（Autonomous）、ライドシェアやカーシェアリング（Shared）、電動化（Electric）の頭文字からなる。**二酸化炭素（CO_2）の排出量削減**が期待されるとともに、情報通信産業が参入することから、**自動車業界の大変革**が予想される。

□31 菅内閣は、2021年度予算案に**同年9月に発足予定**の　**★**　や、**小中学校に1人1台のデジタル端末**を設置する「　**★**　スクール」構想をはじめとした**オンライン教育**に関連する予算を計上した。

デジタル庁,
GIGA

□32　**★★**　とは、社会集団が一定の秩序を維持するために設ける**規範や行動基準**のことであり、法や道徳、伝統や慣習などのことをいう。

社会規範

□33　**★★**　とは、良心や理性の命令に従って行動するための規範で、それに違反した場合には良心の呵責や<u>社会的制裁</u>が伴うのに対して、　**★★**　とは、国家などによって定められているルールであり、違反した場合には刑罰などの<u>外的制裁</u>が伴う社会規範である。

道徳

法律

◆「<u>法律は道徳の最小限である</u>」といわれるように、**法律**は反道徳的な行為の中でも**刑罰**をもって強制すべき行為などを規制する。

□34 社会集団において、生活全般に浸透している日常生活
★★ の行動基準を ★★ と呼ぶが、これに法的確信が得
られて法的拘束力が付与されたものを ★★ という。

慣習,
慣習法

□35 ★★★ とは、様々な文化にそれぞれ違いはあるが優
★★★ 劣はないとし、文化的な多様性を尊重することである。

文化相対主義

□36 自国の文化や価値観を絶対視する ★★★ を克服する
★★★ には、**他国の文化や価値観を尊重**し、少数民族や先住
民などの ★★★ (**少数者**)の文化を理解することで、
それぞれの言語や価値観などを尊重し合い、**異文化理
解**や積極的な共生を図る ★★★ が重要となる。

自民族中心主義
(エスノセントリ
ズム)
マイノリティ
多文化主義(マルチ
カルチュラリズム)

□37 人種差別問題に関して、国際的な人権保障の一環とし
★★★ て、1965年の国連総会で ★★★ 条約が採択された。

人種差別撤廃

◆1969年発効の同条約の締約国は、あらゆる形態の人種差別撤廃
に向けた施策の実現の義務を負う。日本は95年に批准した。

□38 2度の世界大戦を経験した国際社会では、女子(女性)に
★★★ 対する差別の撤廃を目指す ★★★ 条約、児童の権利
を守る ★★★ 条約や人種、宗教、性などによる差別か
らあらゆる人を守る ★★★ 宣言など、すべての人々
が平等に尊重されるための取り組みが行われている。

女子差別撤廃(女
性差別撤廃),
子どもの権利,
世界人権

□39 かつて、「男は仕事、女は家庭」という ★★★ 分担が
★★★ 一般的であったが、近年は**男女共生の理念**に基づく**新
たな社会制度の構築**も始まり、育児や介護など**家族責
任**を果たすために一定期間の休業が労働者 ★★★ と
して法的に男女平等で認められている。

性別役割

権利

□40 性別役割分担を**社会的・文化的**性差(★★★)に依拠
★★★ するものとして問い直すことは、その不平等によって
不利益を被る人たちを救うだけでなく、 ★★★ 社会
を促進し、社会全体の活性化を促すことにつながる。

ジェンダー

男女共同参画

◆職場をはじめ組織内に、女性をはじめ多様な人々が活躍できる
場や機会が設けられているようなダイバーシティ(多様な人材
活用)が求められている。

Ⅷ 経済

4 現代社会の特質と課題

347

Ⅷ 経済分野　4 現代社会の特質と課題

☐ **41**
★★★
高齢者や障がい者を施設や制度で隔離し保護する形を改め、他の人々と**共生して日常生活を送ることができるよう生活の諸条件を整える**考え方を ★★★ と呼ぶ。

ノーマライゼーション

　◆社会から隔離したり排除したりするのではなく、社会の中でともに支え、助け合いながら生きていこうとする考え方を<u>ソーシャルインクルージョン</u>（**社会的包容力、社会的包摂**）という。

☐ **42**
★★★
現代社会では、従来家族が持っていた様々な機能が企業や学校など**外部の機関に吸収される傾向**にあるが、これを ★★★ と呼ぶ。

家族機能の外部化

☐ **43**
★★
子どもたちが結婚後も親と同居を続ける家族の形態を ★★ と呼び、このうち<u>核</u>となる親子が1組である家族を ★★ と呼ぶ。また、1組の夫婦のみ、または夫婦と未婚の子のみからなる家族を ★★ と呼ぶ。

複合家族（拡大家族）、
直系家族（世代家族）、
核家族

　◆<u>複合家族（拡大家族）</u>は、祖父母やおじ、おばまでをも含む大家族である。

☐ **44**
★★★
かつての日本社会に見られた<u>家（イエ）制度</u>とは、家長の統率の下に家族と財産を守り代々受け継いでゆく制度であるが、**第二次世界大戦後の** ★★★ の改正により廃止された。この結果、 ★★★ が増加していった。

民法、
核家族

　◆加えて、<u>高度経済成長期</u>の**産業化**に伴う**地域間移動の増加**で、都市部への人口流入が起こり、1組の夫婦のみ、または夫婦と未婚の子のみからなる<u>核家族</u>化が進んだ。

☐ **45**
★★
★★ 化の進行により、子育ての知恵が若い母親にうまく継承されず、育児ストレスなどによる ★★ が社会問題化している。

核家族、
児童虐待

　◆<u>児童虐待</u>には、体罰などの暴力的な虐待や性的虐待の他、<u>ネグレクト</u>と呼ばれる**育児放棄**も含まれる。

☐ **46**
★★
旧来の家族形態が崩れて ★★ 化が進み、家庭内での高齢者介護の負担が増加している。特に、<u>高齢者が高齢者を介護する</u>「 ★★ 」の問題が深刻化している。

核家族

老老介護

　◆近年は、<u>核家族</u>の占める割合が頭打ちになる一方で、**単身世帯**が増加し、特に**高齢者の単身世帯**が急速に増えている。独り暮らしの高齢者が看取られることなく、また気づかれることなく**孤独死**しているケースも多く、地域行政と地域社会との連携が課題となっている。2021年2月、菅内閣は一億総活躍担当大臣の下に**孤独や孤立問題**に関する対策室を新設した。<u>新型コロナウイルス感染症（COVID-19）</u>の感染拡大などで深刻化している貧困化とともに、関係省庁が横断的に取り組む。

□47 人々が共同体意識を持って生活している近隣社会を
★★★ 　★★★　と呼ぶが、これは単なる空間的な広がりだけ
ではなく、そこに住む人々の生活様式（　★★★　）や意
識によって結び付いた共同体である。

◆地域社会の機能は、アメリカの社会学者マッキーバーらによっ
て分類された。

地域社会,
ライフスタイル

□48 近年は、都市部を中心に近隣の人々の間での　★
★ の意識が減少し、　★　性が高まり、お互いの顔や名
前を知らなくても生活が成り立つようになった。

相互扶助,
匿名

□49 高度経済成長期に人口が流入した都市部では　★★★　、
★★★ 人口が流出した地方部では　★★★　の問題が深刻化し、
地域の行事を営むに足る人口を欠く農村部などでは、
地域社会の様々な機能が失われつつある。

過密（過密化）,
過疎（過疎化）

□50 かつては家族と　★★★　とが密接にかかわり合いなが
★★★ ら生産や教育に携わっていたが、現代の日本では
　★★★　の外部化が進んだことで家族は主に安らぎの
場となり、　★★★　住民どうしの連携が弱まった。

◆地域社会の崩壊が叫ばれる現代においては、地域共同体の機能
を見直す必要性が高まっている。天災の発生や高齢社会の加速
化に対して、地域の防災協力や地域ボランティアが重要となる。

地域社会（コミュ
ニティ）
家族機能,
地域

□51 近年、事故や災害の被害者や社会的・経済的　★★★　を
★★★ 救済する　★★★　のあり方が議論され、それは保険制
度だけでなく、地域ネットワークや地域コミュニティ
などを活用して社会で援助する仕組みも含まれる。

弱者,
セーフティネット

□52 都市が発展し市街地が拡大する際に、虫食い状に開発
★★ が進む現象を　★★　現象という。

スプロール（スプ
ロール化）

□53 都市の拡大とともに、都心部の地価が　★★　するた
★★ め、都市中心部に居住する人が　★★　し、通勤が可
能な近郊に人口が移転することで都市中心部が空洞化
する現象を　★★　化現象という。

高騰,
減少

ドーナツ

□54 全国的な基盤に立ち、国際的機能を果たしている都市
★ を　★　（巨大都市）といい、それが機能的に接続し
た　★　（巨帯都市）も形成されている。

メトロポリス,
メガロポリス

VIII 経済

4 現代社会の特質と課題

349

IX

経済分野
ECONOMICS
労働・社会保障

1 労働運動の歴史

ANSWERS ☐☐☐

☐**1** 18世紀末から19世紀後半までのイギリスの労働運動の歴史について、次の空欄 **A** 〜 **F** にあてはまる適語を答えよ。

年号	出来事	主な内容
1799	**A** ★ 法制定	労働組合運動を規制
1811	**B** ★ 運動（機械打ち壊し運動）	世界初の労働運動
33	**C** ★ 法制定	世界初の労働者保護立法
37(38)	**D** ★ 運動	男子労働者の普通選挙権要求運動
68	**E** ★ 結成	19世紀型の **F** ★ 別労働組合。熟練工中心

A 団結禁止
B ラッダイト
C 工場（一般工場）
D チャーティスト
E 労働組合会議（TUC）
F 職業

☐**2** 1864年、**労働者階級の解放と国際的団結**を目指す ★ が**イギリスのロンドン**で結成された。

第一インターナショナル（国際労働者協会）

☐**3** 1889年、国際的な**社会主義組織の樹立**を目指す ★ が**フランスのパリ**で結成された。

第二インターナショナル

☐**4** 1919年、**国際共産主義の確立**を目指す ★ が**ソ連のモスクワ**で結成された。

第三インターナショナル（コミンテルン）

☐**5** ヨーロッパでは19世紀に熟練工中心の ★ 別労働組合が結成されたが、20世紀になると**不熟練工を含めた** ★ 別労働組合が結成された。日本では、正社員を中心とした ★ 別労働組合が一般的である。

職業

産業,
企業

350

□6 19世紀後半以降のアメリカの労働運動の歴史について、次の空欄 **A ～ H** にあてはまる適語を答えよ。
★

年号	出来事	主な内容
1869	A ★ 結成	アメリカ労働組合の起源
86	B ★ 結成	19世紀型の C ★ 別労働組合。熟練工中心
1935	D ★ 法制定	世界恐慌下の E ★ 政策の一環
38	F ★ 結成	20世紀型の G ★ 別労働組合
47	H ★ 法制定	D ★ 法を修正、労働組合運動の激化防止
55	B ★ ・ F ★ 合同	労働組合運動の穏健化

A 労働騎士団
B アメリカ労働総同盟（AFL）
C 職業
D ワグナー
E ニュー=ディール
F 産業別労働組合会議（CIO）
G 産業
H タフト=ハートレー

□7 1919年、ヴェルサイユ条約に基づき、**労働条件の改善**を目的とした条約作成などを行う **★★** （ILO）が**国際連盟の主要機関**として設立された。
★★

◆現在、ILO（International Labour Organization）は**国連の専門機関**として活動している。

国際労働機関

□8 ILO が定める条約のうち、日本が批准している主なものについて、次の空欄 **A ～ E** にあてはまる適語を答えよ。
★★

号数	主な内容	採択年
2	失業	1919年
26	最低 A ★★ 決定制度	1928年
87	結社の自由および B ★★ 権保護	1948年
98	B ★★ 権および団体交渉権	1949年
100	同一 C ★★	1951年
102	D ★★ の最低基準	1952年
156	E ★★ 的責任を有する労働者	1981年

A 賃金
B 団結

C 報酬（賃金）
D 社会保障
E 家族

◆ ILO は、**条約と勧告**という形で**国際的な最低労働基準**を定め、加盟国の批准手続を経て、その効力が発生する。2019年現在、190号までの条約が設けられ、その内容に基づき批准国は国内法を整備する。例えば、1995年に156号を批准した日本は、育児休業法を改正し、99年に育児・介護休業法を制定した。

IX
経済

1 労働運動の歴史

IX 経済分野　1 労働運動の歴史

□**9** **1944年のILO総会**で、社会保障を拡張することがILO
★　　の義務であるという　★　が採択された。

　◆所得保障、医療保障、雇用保障に関する勧告が出された。

フィラデルフィア
宣言

□**10** 第二次世界大戦前の日本の労働運動の歴史について、
★　　次の空欄 **A ～ H** にあてはまる適語を答えよ。

年号	出来事	主な内容
1897	A　★　結成 →その下で**初の労働 組合 B**　★　結成	日清戦争後、高野房太郎らが組合を 求めて結成
1900	C　★　法制定	集会・結社の規制
11	D　★　法制定	日本初の労働者保護立法（16年施行）
12	E　★　結成	**鈴木文治**らが結成した穏健的組合 （F　★　主義）
25	G　★　法制定	民主主義、社会主義運動を弾圧
38	国家総動員法制定	戦時体制
40	H　★　への統合	政党・組合を解散し、戦争遂行の労 務提供機関に

A 労働組合期成会

B 鉄工組合

C 治安警察

D 工場

E 友愛会

F 労使協調

G 治安維持

H 大日本産業報
国会

□**11** 第二次世界大戦直後から復興期にかけての日本の労働
★★　運動の歴史について、次の空欄 **A ～ H** にあてはまる
適語を答えよ。

年号	出来事	主な内容
1945	A　★★　法制定 （1949年改正）	←三大経済民主化の一環 　= D　★★　の承認
46	B　★★　法制定 （1949、52年改正）	「労働三法」
47	C　★★　法制定	
	E　★★　中止命令	GHQ が**全国スト中止**を命令
48	F　★★　公布	公務員の**争議権剥奪**
53	スト規制法制定	電気・石炭事業の争議行為制限
59	G　★★　法制定	賃金の H　★★　**水準**を設定

A 労働組合

B 労働関係調整

C 労働基準

D 労働組合

E 2・1ゼネスト

F 政令201号

G 最低賃金

H 最低

　◆第二次世界大戦後の労働組合運動は、1950年結成の日本労働組合
　総評議会（総評）と、64年結成の日本労働組合総同盟（同盟）が全
　国中央団体（ナショナル=センター）の二大勢力となり、これらが
　80年代に解散して日本労働組合総連合会（連合）に再編された。

352

2 労働三法

ANSWERS □□□

□**1** 日本国憲法は、第 ★★★ 条で勤労の権利を定めるとともに、**第28条**で団結権・団体交渉権・ ★★★ のいわゆる労働三権を保障している。これらの権利は総称して労働基本権と呼ばれる。
★★★

27,
団体行動権（争議権）

□**2** いわゆる**労働三法**を、制定年代の早い順に並べると、★★★ 法、 ★★★ 法、 ★★★ 法となる。
★★★
◆成立はそれぞれ1945年、46年、47年である。

労働組合, 労働関係調整, 労働基準

□**3** **労働基準法**の目的は、**労働条件の** ★★★ **を設定する**ことで労働者に**人たるに値する生活**、つまり ★★★ を保障することである。
★★★
◆なお、労働基準法では労働者の最低年齢を満15歳と定めている。

最低基準,
生存権

□**4** **労働基準法**は、憲法**第27条**2項の「賃金、 ★★ 、休息その他の勤労条件に関する基準は、法律でこれを定める」との規定を根拠とする法規であり、労働者保護法の基本をなすものである。
★★

就業時間

□**5** **労働条件の7つの原則**とは、労働条件の最低基準の遵守、 ★★ の原則、均等待遇の原則、 ★★ の原則、強制労働の禁止、中間搾取の禁止、公民権行使の保障である。
★★

労使対等, 男女同一賃金 ※順不同

□**6** **労働基準法**によると、使用者は労働者の国籍・ ★★ ・社会的身分を理由に**労働条件**で**差別的取り扱い**をしてはならない。
★★

信条

□**7** **労働基準法**は、使用者に対して労働者が女性であることを理由に ★★★ で**差別的取り扱いをすることを禁止**している。
★★★

賃金

□**8** **労働基準法**に規定されている**最低基準よりも不利な条**件を定めた**就業規則**、使用者と労働組合間の ★★ 、使用者と労働者間の ★★ は**無効**である。
★★
◆労働基準法に規定されている**最低基準に違反した労働契約は無効**であるが、その意味は契約全体を無効とするのではなく、**法律に違反した部分のみを無効**と扱って法律の基準に従うものとする（**部分無効の論理**）。

労働協約,
労働契約
※順不同

IX
経済

2
労働三法

353

IX 経済分野　2 労働三法

□9 最低賃金は　★★　法で定められており、決定方式としては**労働協約の地域拡張方式**と　★★　がある。

最低賃金,

審議会方式

◆最低賃金については労働基準法ではなく、特別法である最低賃金法に定められている。審議会方式は、**厚生労働大臣もしくは知事が審議会の意見を聞いて最低賃金を決定する方法**で、多く採用されている。なお、フルタイム労働者だけでなく**パートタイム労働者**も最低賃金法の適用を受ける。

□10　★★　法は国民経済の健全な発展に寄与すること、労働力の質的向上や事業の公正な競争の確保に資することなどを目的とし、最低賃金の決定にあたっては、　★★　との整合性も配慮される。

最低賃金

生活保護

□11 労働時間には上限があり、1日　★★★　時間、週　★★★　時間以内と決められている。

8, 40

◆週40時間労働制は、1987年の労働基準法改正で規定され、猶予期間を経て、97年にはすべての作業所で完全実施されることになった。

□12 **労働基準法**では、法定　★★★　労働に対して割増賃金の支払やそれに代わる休暇の付与が行われないことは**違法**とされている。

時間外

□13 1日の**始業・終業時間を労働者が弾力的に設定**できる　★★★　制と、1週間、1ヶ月、1年間の合計で**法定労働時間を超えない範囲で自由に労働時間を設定**できるとする　★★★　制が導入されている。

フレックス=タイム

変形労働時間

◆フレックス=タイム制や変形労働時間制は、効率的な労働を可能にし、**労働時間短縮を実現**する目的で1987年の改正労働基準法で導入された。

□14　★★　制とは、労働時間の算定が難しい業務を対象に、労働時間の管理を　★★　に委ね、実際の労働時間にかかわりなく労使協定で合意された時間だけ働いたとみなし、その時間分の賃金を支払う制度である。

裁量労働（みなし労働時間）,

労働者

◆仕事を労働時間に換算する裁量労働（みなし労働時間）制が専門職からホワイトカラー労働者の企画や立案などにも拡大され、SOHO (Small Office Home Office) という在宅勤務体制やリモート勤務体制を支援している。

□15 **労働基準法**では、一定の条件下で、使用者が定めた休日とは別に、　★★★　を与えることを定めている。

年次有給休暇

□16 年次有給休暇とは　★★　以上継続勤務した労働者に年間で最低　★★　日から最高　★★　日までの休暇を与えるものである。

6ヶ月,

10, 20

354

□**17** 労働基準法は、**賃金支払5原則を規定**しており、**賃金**
★★ は ★★ で、 ★★ 、月1回以上、一定の期日に、
全額を支払うことになっている。

◆賃金を現物支給すること、分割払いすることは禁止されている。

通貨, 直接

□**18** **労働基準法**が遵守されているかどうかを監視するため
★★ に各地に ★★ が置かれている。

労働基準監督署

□**19** 常時10人以上の従業員を使用する使用者は、<u>労働基</u>
★★ <u>準法</u>の規定により ★★ を作成し、所轄の<u>労働基準</u>
<u>監督署</u>に届出なければならない。

◆厚生労働省は「<u>モデル就業規則</u>」を公開し、各事業所の実状に応
じた就業規則の作成・届出を促している。

就業規則

□**20** 1947年制定の ★★ 法では、原則として営利のため
★★ の職業紹介を禁じていたが、85年の ★★ 法制定
に伴い改正され、 ★★ と呼ばれる<u>公共職業安定所</u>
以外に民間企業も職業紹介事業を行えるようになった。

職業安定,
労働者派遣（労働
者派遣事業),
ハローワーク

□**21** 時間外労働や休日労働を行わせるには、「 ★★★ 協
★★★ 定」と呼ばれる**労働組合または労働者の過半数を代表**
する者との書面による労使協定が必要である。

◆労働基準法第36条に規定されていることから、サンロクまたは
サブロク協定という。時間外労働や休日労働には、**25～50%**
の<u>割増賃金</u>を支払うことになっている。使用者による時間外労
働の強制を減らし、労働時間の短縮を実現するのが狙いである。

三六

□**22** 労働基準法は、満 ★★ 歳未満の児童の雇用を原則
★★ 的に**禁止**している。また、未成年者の ★★ を親権
者や後見人が代わって締結することも禁止されている。

15,
労働契約

□**23** 1985年の ★★★ 条約の批准に伴い、<u>労働基準法</u>が改
★★★ 正され ★★★ の保護規定の一部が削除された。

女子差別撤廃（女
性差別撤廃),
女子

□**24** <u>1986</u>年に ★★★ 法が施行され、募集・ ★★★ ・配
★★★ 置・昇進・降格・教育訓練・退職の勧奨・解雇・ ★★★ の
更新などにおける<u>性差別</u>の**防止**が規定された。

男女雇用機会均等,
採用,
労働契約

□**25** 従来、<u>女子労働者</u>については ★★★ **労働の規制**や
★★★ ★★★ の**禁止**が定められていたが、**1997年**の<u>労働基</u>
<u>準法</u>改正（99年施行）でこれらが撤廃されて**男子労働**
者と原則的に対等となった。

時間外,
深夜業（深夜労働)

IX
経済

2
労働三法

Ⅸ 経済分野　2 労働三法

□**26** 1997年の労働基準法改正に伴い男女雇用機会均等法も
★★★　改正（99年施行）され、女子労働者差別の禁止が**事業
主の ★★★ 規定から ★★★ 規定に高められ**、**違反
企業名の公表**という制裁が科されるようになった。

努力義務, 禁止義務

□**27** 2006年改正（07年施行）の男女雇用機会均等法では、
★★★　雇用条件に転勤や残業、身長や体重など合理的な理由
のない事項を付する ★★★ 差別を**禁止**し、**男性も含
めた ★★★ 防止措置を講じる義務**を事業主に課した。

間接,
セクシュアル=ハラスメント

◆2016年の男女雇用機会均等法改正では、妊娠・出産などを理由
としたハラスメントの防止措置を講じることを事業主に義務づ
けた。

□**28** 2020年6月、**改正労働施策総合推進法**（ ★★ 防止
★★　法）が施行され、大企業を対象に、職場において雇用管
理上、必要な防止措置を講じることが義務づけられた。

パワーハラスメント（パワハラ）

◆2022年4月からは中小企業にも適用される。

□**29** 労働基準法は、女子労働者のみ認められる**母性保護規
★★★　定**として ★★★ **休暇**と ★★★ **休暇**を定めているが、
子どもを持つ労働者の ★★★ **休業**については別の法
律を定め、**女子のみならず男子**労働者にも認めている。

生理, 産前産後,
※順不同
育児

◆産前休暇は原則6週、産後休暇は原則8週。育児については、育
児休業法が1991年に制定され、男女ともに休業請求権を認めた。

□**30** 2015年、 ★★ 法が制定・施行され、翌16年より
★★　301人以上の労働者を雇用する会社は、女性が働きや
すい雇用環境づくりについて、**一般事業主行動計画**の
策定や届出、外部公表の実施が義務づけられた。

女性活躍推進

◆2022年4月より労働者101人以上の事業主に義務の対象が拡大
された。

□**31** 2018年、政治分野における ★★ 法が制定・施行さ
★★　れ、各政党ではできる限り**男女の候補者数が均等**にな
るように努めることが定められた。

男女共同参画推進

◆この法律は、同じ目的で2000年にフランスで制定されたパリテ
法にならい「**日本版パリテ法**」とも呼ばれる。なお、2021年1月
時点での国会議員に占める女性の割合は、衆議院で9.9%、参
議院で22.9%である。

□**32** 長期不況の中で、企業による**リストラ**が不当解雇とい
★　う形で行われたことから、**2007年**制定の労働契約法で
「客観的に**合理的な理由**を欠き、 ★ 上相当である
と認められない」**解雇は無効**であると明記された。

社会通念

356

□33 1945年制定の労働組合法の目的は、労働者の団結権を
★★ 認めて ★★ の原則を確立し、 ★★ による労働
者の地位向上を目指すことである。

労使対等，団体交渉

□34 労働組合法は、労働組合と使用者との間で ★★ を
★★ 結んで労働条件の向上を図ることを認めている。

労働協約

□35 労働者の争議行為にはストライキ（同盟罷業）、サボ
★★★ タージュ（怠業）、 ★★★ があり、対抗手段として使
用者側には ★★★ がある。

ピケッティング，
ロックアウト

□36 労働組合の正当な争議行為については、刑事上および
★★ 民事上の ★★ が認められている。

免責

□37 労働組合法は、労働者の正当な団体行動としての行為
★ が犯罪として処罰されることなく、また、使用者から
★ を請求されることもないと規定している。

損害賠償

□38 使用者が労働組合の ★★★ 権を侵害することや、労
★★★ 働組合運動を妨害することを ★★★ といい、労働組
合法はこれを禁止している。

団結，
不当労働行為

◆例えば、学生アルバイトの労働問題を1つのきっかけに、ブラッ
クバイトユニオンが結成されるなど、非正規雇用の労働者も労
働組合を結成する権利がある。また、使用者は正当な理由がな
ければ労働組合との団体交渉を拒むことはできない。

□39 不当労働行為の具体例として、労働組合の結成や加入
★★★ しようとしたことを理由に雇用上、不利益な扱いをす
ること、労働組合に加入しないことを労働条件とす
る ★★★ を結ぶこと、労働組合に経費援助をするこ
となどがある。

黄犬契約

◆黄犬契約という言葉は、労働者に認められている権利を自ら放
棄する態度を臆病で卑屈な黄色い犬（イエロー・ドッグ）にたと
えたところに由来するといわれる。

□40 労働協約において従業員資格と労働組合員資格とを関
★★ 連づけて、労働組合員の雇用確保と労働組合の組織強
化を図る制度のことを ★★ という。

ショップ制

□41 労働組合の加入者だけが採用され、除名や脱退などで
★★ 労働組合員の資格を失った者は解雇されるショップ制
を ★★ という。

クローズド＝ショップ

IX
経済
2
労働三法

357

IX 経済分野　2 労働三法

42 企業に採用された後、一定期間内に労働組合に加入しなければならず、労働組合を除名・脱退したら解雇されるショップ制を ★★ というが、日本では実際には除名されても解雇に至らない ★★ が多い。

ユニオン=ショップ, 尻抜けユニオン

43 労働組合員資格と雇用資格が無関係である**ショップ制**を ★★ という。

オープン=ショップ

44 日本の労働組合組織率は**低下傾向**にあり、1970年には35%だったが、近年は ★★ **%を下回っている**。

20

45 労働関係調整法は、**労働争議の** ★★★ **と解決**を目的としている。

予防

46 労働組合法に基づき設置されている ★★★ は、労働関係調整法に則り、労働に関する審査や**労働争議の調整**などを行う機関であり、使用者委員・労働者委員・公益委員で構成される。

労働委員会

　◆国の機関である中央労働委員会と、都道府県の機関である都道府県労働委員会（地方労働委員会）が設置されている。

47 労働関係調整法では、労働争議の調整は ★★ →調停→ ★★ の順序で行うことが原則とされる。

斡旋, 仲裁

　◆労働委員会における労働争議の調整のうち、斡旋は、斡旋案などを参考にしながら**当事者の自主的解決**を導くのに対して、調停は調停案を作成して当事者に**受諾を勧告**し、仲裁による仲裁裁定は労働協約と同じく**法的拘束力**を持つものである。

48 使用者に不当労働行為があれば、労働者ないし労働組合は原則として**都道府県労働委員会**に ★★ **年以内**に救済を申し入れる。同委員会は ★★ の後、申立てが事実であると認定すれば、使用者に対して命令（救済命令）を発するが、使用者がこの命令に不服があれば、再審査を中央労働委員会に申立てを行うか、取消を求める ★★ を裁判所に提訴できる。

1, 調査・審問

行政訴訟（取消訴訟）

　◆不当労働行為に対しては、裁判所による救済（民事訴訟）も可能であるが、労使間の法的関係、ないし権利義務を確定することを目的とするために判決まで長い期間を要するので、通常は権利関係を暫定的に定める仮処分の制度が利用される。

49 不当解雇や賃金未払いなどの労働者個人と使用者との**労働紛争を安価で迅速に解決する簡易な方法**として、2006年より ★★ 制度が導入された。

労働審判

□50 公務員の ★★★ は一律禁止とされ、特に警察官、消防官、刑務官、自衛官、海上保安庁職員は ★★★ すべてが禁止されている。

争議権, 労働三権

□51 政令201号事件で、最高裁は公務員の団体行動権を一律に禁止する公務員関連法の規定を ★★ とする判決を下した。その根拠として、公務員を憲法第15条2項が「 ★★ 」と規定していることを挙げている。

合憲

全体の奉仕者

◆その他の合憲の理由に、①**比較衡量論**=団体行動権を認めて得られる利益（公務員の待遇が改善）＜失われる利益（国民全体の利益）、②**代償措置論**=人事院による公正な給与査定の実施、③**議会制民主主義論**=公務員の給与などは国会の予算議決によって決定され、国民代表者が認めていることなどがある。

□52 公益事業で争議行為が行われる場合、 ★★ 日前までに厚生労働大臣や知事などに通知することが必要であり、抜き打ちストは認められていない。

10

□53 公益事業などの争議行為で国民生活に重大な影響を及ぼすおそれがある場合、内閣総理大臣が、争議行為を ★★ 日間禁止することを ★★ という。

50, 緊急調整

◆1953年制定のスト規制法は、**国民の生活と安全を保護する観点**から、**電気事業や石炭鉱業**について、**発電所や変電所のスイッチを切って送電を停止する**ことや、炭坑労働の保安を害する**争議行為を禁止**している。

□54 次の図は、1995～2019年の日本における労働組合に関する統計の推移を示している。空欄A～Dにあてはまる語句を、下の語群からそれぞれ番号で答えよ。

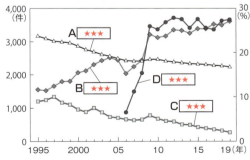

【語群】①労働組合組織率　②労働争議件数
③労働審判件数（地方裁判所の新規受理分）
④労働訴訟件数（地方裁判所の新規受理分）

A ①

B ④

C ②
D ③

Ⅸ 経済分野　3 現代日本の労働問題

3 現代日本の労働問題

ANSWERS □□□

□**1**　★★　制とは、新規卒業者は採用されたら**定年まで1つの会社で働き続けるという雇用慣行**であるが、1990年代以降、不況下の　★★　により崩壊しつつある。

終身雇用

リストラ

□**2**　★★　制とは、**勤続年数に応じて昇給する賃金形態**であり、　★★　制をバックアップするとともに社員の会社への帰属意識を高める効果を持つ。

年功序列型賃金,
終身雇用

◆これらに企業別労働組合を含めた日本独自の三大雇用慣行は、社員の**企業への帰属意識**を高め、企業内の**技術習熟と世代間の技術伝承**を促し、**企業内の人材育成**を支えたことで高度経済成長を下支えした。

□**3**　近年、年功序列型賃金制が崩れ、職務の重要度に基づく　★★　や職務遂行能力に基づく　★★　を導入する企業や、仕事の実績を査定して賃金を決める　★★　を導入する企業や団体が増えている。

職務給, 職能給,
成果主義

□**4**　日本では、労働組合は企業ごとに作られる　★★★　が一般的であるが、**労使協調になりやすく使用者の意のままになりがち**であることから　★★★　と呼ばれる。

企業別労働組合

御用組合

□**5**　現在、日本の労働組合の全国中央団体（ナショナルセンター）として存在するのは、日本労働組合総連合会（　★　）と全国労働組合総連合（　★　）である。

連合, 全労連

□**6**　**雇用の流動化**が進む日本では、若者にも**パート**、アルバイト、派遣などの　★★★　が増加し、**25歳未満の年齢層では被用者の5割**に達し、増加傾向にある。

非正社員 (非正規
雇用者)

□**7**　正社員として就職せずに**短期アルバイトなどで生計を立てている15〜34歳の若者**を　★★★　という。「フリー・アルバイター」を略した造語で、　★★★　景気の時代に、ある求人情報誌に登場したことから一般化した言葉であるが、　★★★　労働者と比べ、職務経験を蓄積し技術・技能を向上する機会は概して少ない。

フリーター,
平成 (バブル)

正規

◆フリーターは2003年に217万人とピークを迎えた後、景気回復に伴い減少に転じ、**08年**には170万人となるも、リーマン＝ショック後の不況などから再び増加し、11年は184万人となった（19年は138万人）。フリーターは企業・組織に縛られずに自由に自らの夢を実現するためにアルバイトで生計を立てる人という積極的なイメージで語られた面もあったが、長期不況の中で非正規労働者として**雇用の不安**にさらされている。

360

□8 近年、**仕事に就かず**学校教育も ★★★ も受けていない ★★★ (Not in Education, Employment or ★★★)と呼ばれる15〜34歳の若者が増加している。

職業訓練, ニート, Training

□9 完全失業率とは ★★★ に占める ★★★ の割合のことであり、各国の経済状況を示す指標の1つである。

労働力人口, 完全失業者

◆労働力人口とは、満15歳以上で働く能力と意思のある者（就業者（従業者＋休業者）＋完全失業者）で、定型的に働く能力と意思のない非労働力人口（学生や主婦、高齢者など）を除く。完全失業者とは、労働力人口のうち、調査週間中に求職活動を行ったが仕事に就けていない者である。

□10 一般に、**完全失業率**は、

完全失業率(%) = 完全失業者数 / ★★★ 人口 × 100 =

完全失業者数 / (就業者数＋完全失業者数) × 100   で計算される。

労働力

□11 **主要国の完全失業率（年平均）**を示した折れ線グラフの空欄 A 〜 C の空欄にあてはまる国を**日本**、**アメリカ**、**イギリス**からそれぞれ選べ。

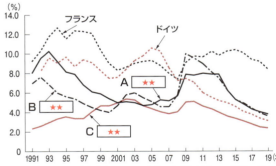

A イギリス
B アメリカ
C 日本

◆日本の完全失業率は、1990年代に上昇し始めて、2001〜03年に5％台となり、その後、景気回復により低下していることからC。イギリス、アメリカの失業率は90年代のIT好況により低下したが、アメリカは01年9月の同時多発テロで再び消費不況となって失業率が上昇したことから、Bがアメリカ、Aがイギリス。従来アメリカは日本よりも完全失業率は高かったが、90年代後半から00年代初頭にかけては逆の状況が生じた。しかし、08年のリーマン＝ショックでレイオフ（一時解雇）を含めた大量の失業者が出現し、完全失業率は急上昇した。その後、グラフ中の各国の失業率は、景気回復とそのための施策（日本のアベノミクスなど）により雇用状況の改善が見られ低下傾向にあったが、20年のコロナショックで、日本では同年2月（季節調整値）の2.4％から、緊急事態宣言発令後の5月に2.9％、10月には3.1％まで上昇した（年平均で2.8％）。

IX 経済分野　3 現代日本の労働問題

□12 日本は、オイル＝ショック以降、1980年代の<u>完全失業</u>
★★ <u>率</u>は ★★ ％台にとどまっていたが、**長期不況の影響で2001〜03年と09年**には ★★ ％台に達した。

2,

5

　◆完全失業率は、2002年には<u>5.5</u>％と最悪の記録を示し、09年も
　　<u>リーマン＝ショック</u>による雇用状況の悪化で<u>5.1</u>％に上昇した。
　　特に、**若年者の失業率が高く**、00年代初頭に<u>10</u>％を超えた。

□13 求人と求職の ★★★ を解消するには、**教育や技能の**
★★★ **訓練**などの対策が必要である。

ミスマッチ

□14 正社員と非正社員の間で待遇上の差異が生じないよう
★★ にするためには、正社員の長時間 ★★ を是正し、す
べての人が**仕事と生活の均衡（** ★★ **）**がとれる環境
を形成することが望まれる。

労働,

ワーク・ライフ・
バランス

□15 <u>公共職業安定所</u>（<u>ハローワーク</u>）で仕事を探している人
★★★ の数（ ★★★ ）に対する仕事の件数（<u>有効求人数</u>）の
割合を ★★★ という。

有効求職者数,

有効求人倍率

□16 日本の<u>有効求人倍率</u>は、**バブル期**には ★★ 倍を超
★★ **えていた**が、1993〜2005年では ★★ 倍を下回り、
06・07年は上昇したが、08〜13年は再び ★★
倍を下回った。

1,

1,

1

□17 <u>アベノミクス</u>によって**雇用状況は改善**し、2014年以降、
★★★ **完全失業率は低下傾向**となり、**有効求人倍率**は ★★★
倍を上回るようになった。19年の完全失業率（年平
均）は ★★★ ％台を記録した。

1

2

　◆2019年の完全失業率（年平均）は<u>2.4</u>％となった。また、有効求
　　人倍率は<u>1.60</u>倍と過去3番目の高水準を記録するも、<u>リーマン</u>
　　<u>＝ショック</u>後の09年以来、10年ぶりに減少に転じた。しかし、
　　20年の<u>コロナ＝ショック</u>により、年平均の完全失業率は<u>2.8</u>％、
　　有効求人倍率は<u>1.18</u>倍と雇用状況は悪化している。

□18 1987年の<u>労働基準法</u>改正で労働時間は週 ★★ 時間
★★ から段階的に短縮し、93年改正では週 ★★ 時間
労働制を実現し、2018年現在の所定内労働時間（全国
平均）は**1,600時間を下回っている。**

48,

40

□19 労働者1人あたりの ★★ を短縮し、**雇用を創出**し
★★ て<u>失業率</u>の上昇を防ぐ方法を ★★ という。

労働時間,

ワークシェアリング

　◆<u>ワークシェアリング</u>はドイツ、フランス、オランダなどで導入
　　され、失業率上昇を抑制している。

362

□**20** 2018年に ┃ **★★** ┃法が制定、19年に施行され、時間外
★★
労働（残業）の**罰則つき上限**を原則月 45 時間、年 360
時間までと定め、勤務終了から次の勤務時間までに一
定の休息時間を確保する ┃ **★★** ┃制度を導入するよう
に促した。

◆これらの施策は、労働者の<u>ワーク・ライフ・バランス</u>を図ること
に役立ち、労働者保護につながるものといえる。なお、罰則つき
時間外労働は、臨時的な特別の事情がある場合、単月で 100 時
間未満（休日労働を含む）、複数月で平均 80 時間（同）、年 720
時間を限度とすることが求められている。

働き方改革関連

勤務間インターバル

□**21** 高度の専門知識などを有し、職務の範囲が明確で一定
★
の年収要件を満たす労働者を対象に、年間 104 日以上
の休日確保措置などを講ずることで法定労働時間や休
憩、休日、深夜の割増賃金に関する規定を適用しない
┃ **★** ┃制度が、<u>働き方改革関連法</u>により導入された。

◆<u>高度プロフェッショナル</u>制度は、かつては**ホワイトカラー・エ
グゼンプション**（労働時間規定の適用免除）として導入案があっ
たが、結局、サービス残業をフリーに認めることになり労働者
に不利となるという批判から、その導入が見送られてきた。

**高度プロフェッ
ショナル**

□**22** リストラや業績の悪化によって雇用が維持しづらく
★
なった企業が、働き手の不足する企業や業態へ一定期間、
その従業員が働きに出向くことを ┃ **★** ┃という。

◆特に、2020年の<u>新型コロナウイルス感染症（COVID-19）</u>の感
染拡大による影響で大きく経営が悪化した業種の企業が、<u>雇用
シェアリング</u>に取り組むケースが出ている。

雇用シェアリング

□**23** **働き方改革**の取り組みや**リモートワークの普及**の中で、
★
仕事と休暇を組み合わせた ┃ **★** ┃と呼ばれる仕事の
形態に注目が集まっている。

◆<u>ワーケーション</u>は、仕事（ワーク）と休暇（バケーション）を組み
合わせた造語で、リゾート地や保養所で仕事や研修を行うこと
や、出張中に休暇を組み合わせて観光することなどを指す。**地
方創生、観光資源の有効活用**などへの好影響が期待されている。

ワーケーション

□**24** 2020 年 12 月、┃ **★★** ┃法が成立し、新たな働き方を形
★★
づくる組織となる「┃ **★★** ┃」が法的に位置づけられた。

◆「<u>協同労働</u>」は、労働者が自ら出資し、事業の運営などに意見を
反映でき、組合員自らが事業に従事することを基本とする組織
で、「ワーカーズコープ」などと呼ばれている。<u>労働者協同組合
法</u>が根拠法となることで、従来の NPO 法人や企業組合よりも
財務基盤が整い、幅広い事業が行えるようになる。

**労働者協同組合
（労働者協組）,
協同労働**

Ⅸ
経済

3

現代日本の労働問題

IX 経済分野　3 現代日本の労働問題

25 次のグラフは、**日本**、**アメリカ**、**ドイツ**の労働者1人あたりの**年間総実労働時間**（2018年）を示したものである。空欄 A ～ C にあてはまる国名を答えよ。

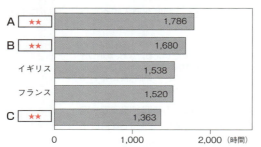

A ★★	1,786
B ★★	1,680
イギリス	1,538
フランス	1,520
C ★★	1,363

0　　　　　1,000　　　　　2,000（時間）

A　アメリカ
B　日本
C　ドイツ

◆1987年の労働基準法改正前の1985年当時、日本の年間総実労働時間は約2,100時間と長かった。なお、この統計はパートタイム労働者を含めたものであり、日本の正規労働者の勤務時間は横ばいである。

26 労働者派遣法は、当初は派遣対象事業を秘書や通訳など16の**専門職**に限定していたが、**小泉政権下の2004年改正で製造業などに拡大**するとともに、**専門職では派遣期間の上限を撤廃、その他の職業では1年から ★★ 年に延長**した。

3

◆しかし、2004年以降、製造業で「正社員切り」が続発し、派遣労働者に切り換えられていった。労働者派遣法改正は、かえって**労働者間の格差**を生み出したという批判がある。15年の労働者派遣法改正では、「専門26業務」と呼ばれる専門職に認められていた**期間を定めない派遣労働を撤廃**し、**派遣期間を最長3年**とした。一方、同一業務については人を入れ替えれば永続的に派遣労働者を就業させることが可能になった。また、3年を超える派遣労働者に対する「雇用安定措置」として、派遣元企業は派遣先企業に正社員化を働きかけ、それが実現できない場合は他の企業を紹介するか、自ら雇用しなければならないとした。

27 労働者派遣法は、 ★ 年を超えて派遣が継続されている者に、**正社員になることを要求する権利**を与えており、違反事業主には**企業名公表**という社会制裁が科されることになる。

3

28 派遣労働者の雇用関係は ★ 企業との間に存在し、指揮命令関係は ★ 企業との間で発生する。

派遣元,
派遣先

◆なお、一定の条件を満たす有期契約労働者は、無期契約に雇用条件を転換する権利が保障されている。

□29 雇用者（役員を除く）に占める就業形態を示した次のグラフ中の空欄 A ～ C に該当する就業形態を、「**正規雇用者**」「**パート、アルバイト**」「**派遣社員、契約社員、嘱託**」からそれぞれ選べ。

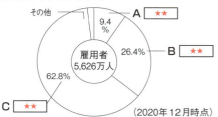

（2020年12月時点）

A 派遣社員、契約社員、嘱託

B パート、アルバイト

C 正規雇用者

□30 次のグラフは、日本における正規雇用者数と非正規雇用者数の推移を、男女別に示したものである。正規の職員と従業員を「**正規雇用者**」、パート、アルバイト、派遣社員、契約社員などを「**非正規雇用者**」とした場合、図中の**空欄A～D**にあてはまるものをそれぞれ答えよ。

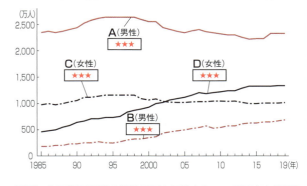

A 正規雇用者

B 非正規雇用者
C 正規雇用者
D 非正規雇用者

□31 非正規雇用者の格差是正を目的として、**2008年に改正　★★　法**が施行され、正社員なみに働く者に対する賃金などの**労働待遇差別が禁止**された。

◆この法改正により、**パートタイマーや派遣社員を正社員化**する企業が現れた。さらに、2015年の法改正では**正社員との差別的扱いを禁止**するパートタイム労働者の対象の拡大、雇用管理の改善措置規定に**違反する事業主の公表**が定められた。

パートタイム労働

IX 経済分野　③ 現代日本の労働問題

□32 働き過ぎによって死に至る　★★　に対して、**労働者**　　過労死
災害補償保険（労災保険）が支払われるようになった。

◆働き過ぎによる自殺や精神疾患にも因果関係が立証されれば労災が認定されたケースがある。また、通勤中の事故や病気、怪我にも労災が適用される。

□33 **職場のIT化**により、眼精疲労や頭痛などの症状に悩ま　　VDT（Visual
される　★　症候群など新たな職業病が増えている。　　Display
Terminals）

◆近年は、**働き方改革**や**新型コロナウイルス感染症（COVID-19）**の感染予防などで自宅などからのリモートワークが増え、眼精疲労だけでなく、心身全体の不調に陥るケースも増えている。

□34 バブル崩壊以後の長期不況とグローバル化における国　　派遣，
際競争力強化から、多くの企業は労働コスト削減のた　　非正規（非正規雇用）
めに、　★★★　労働者やパートタイマーなどを含む
　★★★　労働者を大量に採用してきた。

□35 2008年9月に　★★★　が起こり、その年末には「派遣　　リーマン=ショック
切り」や契約期間の終了に伴って派遣を打ち切る
「　★★★　」が発生した結果、失業率が上昇し、所得に　　雇い止め，
大きな差が生じる　★★★　社会の出現が問題化した。　　格差

◆2020年からのコロナ=ショックでは、解雇や雇い止めとなった人が21年4月7日時点で10万人を超えたと発表された。最も多い業種は製造業で小売業、飲食業と続く。

□36 雇用の不安定化は国民皆保険・皆　★★★　制度を根底　　年金，
から揺るがすもので、例えば低賃金の　★★★　雇用者　　非正規
の増大は年金保険料の未納者の増加や、将来の年金受
給が不能となることでの　★★★　が懸念される。　　貧困

□37 正規雇用の縮小と非正規雇用の拡大、派遣事業の職種
拡大などによって、たとえフルタイムで働いたとして
も最低生活水準を維持する収入が得られない　★★　　　ワーキング・プア
と呼ばれる低所得層が増大した。

□38 2020年4月、正規雇用と非正規雇用の不合理な待遇格
差を是正する「同一　★★　・同一　★★　」が**大企業**　　労働，賃金
に対して適用された。

◆働き方改革関連法で、非正規雇用労働者の待遇改善のために「同一労働・同一賃金」が明記された。企業は、非正規雇用者に対し、正規雇用者と同等の各種手当の支給や福利厚生を行うことになるが、その一方で、人件費の増大という経営負担が発生することになる。2021年4月からは**中小企業にも適用**されている。

366

☐ **39** **低所得者層**の教育・訓練機会の拡大策として、政府は「 ★ 支援総合プラン」や「成長力底上げ戦略」をまとめ、「職業能力プログラム」の充実を図った。

再チャレンジ

◆このような職業訓練などによる**就労機会の創出**や**就労支援**を行うことを**積極的労働市場政策**という。

☐ **40** ★ が事業主体となり、**若者に職業体験などのサービスを提供**し、**若者の能力向上や就業促進を図る**ために、就職支援サービスを1ヶ所でまとめて受けられる**ワンストップサービスセンター**を ★ という。

都道府県

ジョブカフェ

◆国から委託を受けた**民間の職業訓練校**が、若年失業者を対象に学校での職業訓練と企業での実習を並行して行うシステムをデュアルシステムという。

☐ **41** 少子高齢化と若年労働力人口の減少は、特に中小企業にとって、経営者の高齢化や後継者の不足による ★ や事業縮小、それまで培われた ★ 継承が難しくなるなどの影響が予想される。

廃業,
技能

☐ **42** 少子高齢化の進行と若年労働力人口の減少を受け、2004年に**高年齢者の雇用促進**を図る ★★ 法が改正された。

高年齢者雇用安定

◆65歳までの雇用確保措置として、①定年年齢の引き上げ、②再雇用などの継続雇用制度の導入、③定年制の廃止、のいずれかを選択する義務を事業主に課した。2012年改正では継続雇用制度は希望者全員が対象とされた。20年3月には、70歳まで就業機会を確保することを企業の努力義務とする改正高年齢者雇用安定法が成立（2021年4月施行）し、高齢者の就労機会と雇用環境の整備を進めることで一億総活躍社会の実現を目指している。

☐ **43** **地方出身者**が大学進学などのために**都市部に居住**した後、就職の際には**出身地へ戻ること**を ★ 、**出身地に戻る途中の地方都市に居住すること**を ★ 、また一方で、**都市部出身者が地方の生活を求めて地方に就職・移住すること**を ★ という。

Uターン,
Jターン

Iターン

☐ **44** ★ は、大学生などが**就業体験**することで**職業意識**を高めていくことを目的の1つとして行われている。

インターンシップ

◆新型コロナウイルス感染症（COVID-19）の感染拡大による休校や企業活動の停滞などを受け、年間を通じた複数回の採用選考など、弾力的な就職活動のあり方が示されている。

IX 経済

3 現代日本の労働問題

IX 経済分野　3 現代日本の労働問題

□ 45　1999年に ★★★ 法が成立し、性別による**差別的扱いの解消**に向けた動きがあった一方で、男女の ★★★ 格差の存在や管理職に就く女性の割合の低さなどが依然として指摘されている。

男女共同参画社会
基本,
賃金

□ 46　次のグラフは、**日本における女子労働者の労働力人口の世代別割合**を示したものである。グラフを参照し、これに関する文中の空欄にあてはまる適語を答えよ。

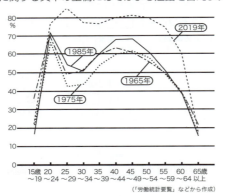

男性に比べ女性は、結婚や育児を理由に仕事を辞める者の割合が依然高いが、子どもが成長するにつれて、 ★★ 労働者として再就業する者が多い。このような女子労働者の労働力人口の世代別割合を示したグラフを一般に ★★ カーブという。このようなカーブになる原因は、女子労働者は20代で ★★ や ★★ によって**離職する者が多い**一方、30代後半から**再び就職する者が増加**することにある。しかし、2019年のグラフを見ると、このカーブが台形に近づき、カーブのくぼみは緩やかになりつつある。 ★★ 法の施行といった子育て支援の整備などにより、出産による離職が減少していると思われる。結婚時期が遅くなっていることや未婚のまま働き続ける者も増えている。

パートタイム

M字,
結婚, 出産

育児・介護休業

◆育児・介護休業法は、育児のための休業を原則として子どもが満1歳まで（保育所に入所できない場合などは最長満2歳まで）、また介護のための休業を最大93日認めている。

□**47**
★★★
　★★★ 法は、乳幼児を養育する保護者が一定期間仕事を休むことを認めるよう**事業主**に求めているが、特に **★★★** はこの制度をほとんど利用せず、制度活用のための意識の変化や就労環境の整備が課題である。

育児・介護休業

父親

◆2009年の育児・介護休業法改正で、育児休業を子どもの父と母が同時または交代で取得する場合、2人合計で1年プラス2ヶ月の、子どもが1歳2ヶ月まで育児休業を可能とする「パパ・ママ育休プラス」が導入され、**取得率の低い父親の育児休業取得の促進**を図っている。

□**48**
★★★
2014年10月、最高裁は妊娠した女性職員に対する**降格処分**について、本人の承諾がないような**降格は原則として** **★★★** 法に**違反**するという初の判断を示した。

男女雇用機会均等

◆女性は、結婚や妊娠、子育てを理由とした職場で差別的な待遇（**マタニティハラスメント**など）を受けることがある。性別役割分担の見直しが求められる昨今、女性を支援する措置など、女性が働きやすい環境の整備が必要である。

□**49**
★
1993年、**外国人**に日本で働きながら技能などを修得してもらうことで、その国の人材育成に寄与することを目的とした **★** 制度が創設されたが、単純労働の労働力不足を補うために**低賃金・長時間労働を強いている**実態も表面化している。

外国人技能実習

◆なお、2007年に雇用対策法、地域雇用開発促進法が改正され、外国人の適正な雇用管理を図るため、入職と離職など**雇用状況の届出**が義務づけられた。さらに2017年に、禁止行為等を定めた技能実習法が施行された。

□**50**
★★
2018年12月に改正 **★★** 及び難民認定法が成立、19年4月に施行され、従来、日系の者を除いて認められなかった単純労働を行う **★★** の入国を一定の条件で認め、その受け入れ拡大に対応するために**法務省の外局として** **★★** が新設された。

出入国管理

外国人

出入国在留管理庁

◆日常会話など一定の日本語能力試験に合格し、一定の技能が認められる資格（**特定技能1号**）を与えられた外国人は、運輸、宿泊、外食、介護、農業など人手不足14業種に就労するための入国とともに、最長1年ごとの更新で最大5年までの在留期間が認められるようになった。さらに高度な日本語能力と技能が認められる資格（**特定技能2号**）を与えられた外国人は、最長3年ごとの更新で本人が望めば日本での永住が可能となり、家族の帯同も認められる。この改正法の施行と同時に、従来の入国管理局を廃止し、その業務を引き継ぐ形で出入国在留管理庁が発足した。

Ⅸ
経済

3 現代日本の労働問題

IX 経済分野　**4** 社会保障の歴史

4 社会保障の歴史

ANSWERS ☐☐☐

□1 生活困窮者を**救済**することを一般に　★★　政策とい
★★
うが、これを**公費**で行うことを　★★　といい、**生活
困窮に陥ることを前もって防止**するための様々な**社会
保険制度の整備**は、一般に　★★　政策という。

◆世界初の公的扶助は、1601年に制定されたイギリスのエリザベ
ス救貧法である。

救貧,
公的扶助

防貧

□2 疾病、老齢、労働災害、失業、介護に備えて国が運営
★★
する**拠出制の危険分散システム**を　★★　という。

社会保険

□3 世界初の社会保険制度は、**19世紀後半**の**ドイツの宰**
★★
相　★★　による　★★　政策において実施された。

◆アメは社会保険制度（1883年制定の疾病保険法）、ムチは社会主
義者鎮圧法（1878年制定）である。

ビスマルク，アメ
とムチ

□4 イギリスの　★★　**夫妻**は、**資本主義の弊害を除去す**
★★
るためには、**利潤の公平な再分配**の必要性を説き、国
家の責任で国民としての**最低限度の生活を保障**する基
準となる**国民的最低限**（　★★　）を提唱した。

ウェッブ

ナショナル=ミニマム

□5 全国民に対して**国民的最低限**（ナショナル=ミニマム）
★★★
を保障するための福祉政策全体を　★★★　という。

◆社会保障法を初めて制定した国はアメリカ、完備した社会保障
法は1938年に初めてニュージーランドで制定された。アメリカ
の社会保障法は、ニュー=ディール政策の一環として、1935年に
制定された、「社会保障」という語を用いた最初の法律であった。

社会保障

□6 **イギリス**では　★★★　**報告**で「　★★★　」というスロー
★★★
ガンが掲げられ、**包括的な社会保障制度**が確立した。

◆1942年、経済学者ベバリッジがまとめたもので、全国民に対し
て国民的最低限（ナショナル=ミニマム）を保障することを社会
保障の目的とすることを報告した。

ベバリッジ（ビバリッジ），
ゆりかごから墓場
まで

□7 　★★★　という言葉は、一般に社会保障政策を通じて
★★★
国民に最低限の生活を保障するとともに、**完全雇用の
実現**を政策目標にする**国家体制**を指している。

◆福祉国家政策の根本理念は、所得、健康、住宅、教育の最低基
準を、あらゆる国民に対して社会権として保障することである。

福祉国家（積極国
家）

370

□**8** 1980年代には、イギリスの ★★★ 首相、アメリカの
★★★ ★★★ 大統領などの政権が福祉国家を見直す新自由
主義（ネオ＝リベラリズム）的な政策を実施し、法人税
減税や ★★★ を進めた。

サッチャー，
レーガン

規制緩和

□**9** 1990年代には、「第三の道」と呼ばれる政策を掲げた**イ**
★★★ **ギリス**のブレア首相、**ドイツ**のシュレーダー首相など
ヨーロッパの中道左派政権が、 ★★★ を進める一方
で、失業の増大に対しては ★★★ **訓練**などの**公的プ**
ログラムの充実を目指した。

規制緩和，
職業

□**10** 2010年、アメリカのオバマ政権は、全国民を対象とす
★★ る**医療保険制度**（**国民皆保険**、通称 ★★ ）の関連法
案を成立させ、低所得者にも民間保険に入りやすい公
的補助の制度づくりを行った。

オバマ＝ケア

◆従来、アメリカでは公的医療保険制度として、連邦政府と州が
資金を拠出する低所得者対象のメディケイドと、65歳以上の高
齢者と障がい者を対象に連邦政府が運営するメディケアがある
が、**生活自助の原則**から民間の保険を利用する者が多く、その
社会保険料も高いため、全国民が対象の**医療保険がない**ことが
懸案であった。しかし、続くトランプ政権は医療保険の加入義
務というオバマ＝ケアに反対し、制度の無効化を図ろうとした。
2021年、新たに発足したバイデン政権は、再び医療保険制度の
拡充に取り組む姿勢を明らかにしている。

IX
経済

4
社会保障の歴史

□**11** 福祉先進国である**スウェーデン**では、社会保障の財源
★★★ は ★★★ **負担が中心**で、被保険者本人の負担は極め
て少ないが、その財源は**国民**の ★★★ である。

公費，
租税

□**12** **イギリス型社会保障**は、同額の保険料を支払って同額
★ の給付を受ける ★ の平等型制度である。

均一拠出・均一給付

◆ただし、**低所得者**にとっては負担が重く感じられる一方、**高所**
得者にとっては給付が少ないと感じるという問題がある。

□**13** **フランスやイタリア**などの**大陸型社会保障**においては、
★ 財源は ★ **負担が中心**であり、 ★ 別の社会
保険制度が作られている。

事業主，職業

◆所得比例型の拠出と給付を行うため給付に格差が生じやすい。

□**14** **日本やドイツ**などの**社会保障における財源負担**は本人、
★ 事業主、公費の ★ 型である。

三者均等

□**15** 一般に、国民所得に占める「**租税＋社会保障負担金**」の
★★★ 割合を ★★★ という。

国民負担率

371

IX 経済分野 ４ 社会保障の歴史

16 次のグラフは、社会保障制度のあり方として北欧型に分類される**スウェーデン**、大陸型に分類される**ドイツ**と**フランス**、その他に**日本**と**アメリカ**という５ヶ国の**租税負担率**と**社会保障負担率**を比べたものである（2016年データ。日本は2019年度データ）。図中の空欄**A〜C**にあてはまる国名を答えよ。

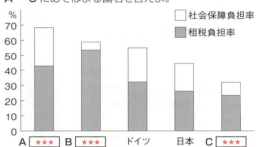

◆ Aのフランスは、租税負担率と社会保障負担率の差が少ない大陸型に分類される。Bのスウェーデンなど北欧型の国は租税負担率が大きい。Cのアメリカは自己責任という意識が強く、社会保障の役割が小さく、国民負担率が低い。なお、2020年度の日本の国民負担率は前年度から1.7％増の46.1％の過去最大となる見込みである。新型コロナウイルス感染症（COVID-19）の感染拡大の影響で企業業績が悪化し、**国民所得が減少**したことや、感染対策として３度の**補正予算が編成**され、**財政赤字が大幅に増加**したことが要因とされる。

A　フランス
B　スウェーデン
C　アメリカ

17 次の表は、主要国の社会支出の対GDP比（％）を示している。空欄**A〜C**にはアメリカ、スウェーデン、日本のいずれかがあてはまる。それぞれの国名を答えよ。

	2017年度（フランス：2015年度）
フランス	32.06
ドイツ	27.75
A ★★★	26.46
B ★★★	24.88
C ★★★	22.68
イギリス	21.07

◆**社会支出**とは、OECD（経済協力開発機構）の定義によれば、「人々の厚生水準が極端に低下した場合にそれを補うために個人や世帯に対して財政支援や給付をする公的あるいは私的供給」としている。Aのスウェーデンは、かつて高福祉の国であったが、近年は国民負担率と同じく社会支出が減少している。

A　スウェーデン
B　アメリカ
C　日本

5 日本の社会保障 (1)~特徴と課題

ANSWERS □□□

□**1** 日本の**公的扶助**の起源は、極貧者だけを対象とした
★ 1874年の ★ という国家的救済制度である。

◆以後、制度の拡充を図る議論が行われたが、当時は「怠け者が増える」など反対論が多かった。

恤救規則

□**2** 憲法**第25条**は「すべて国民は、★★★ で文化的な
★★★ ★★★ の生活を営む**権利**を有する」、続く2項で「国
は、すべての生活部面について、社会**福祉**、社会**保障**
及び公衆**衛生**の向上及び増進に努めなければならな
い」と定め、★★★ 国家の理念を明らかにしている。

◆日本国憲法下において、社会保障を受けることは**国民の権利**である。しかし、具体的な社会保障の内容は、**国の裁量に任されている**と考えられ、憲法**第25条**は**プログラム規定**や法的権利説などで解釈されている。

健康,
最低限度

福祉 (積極)

□**3** 日本の社会保障には、**保険料を支払った人を対象とす
★★★ る** ★★★ 、**社会的弱者を支援する** ★★★ 、公的扶
助、公衆衛生の4つがある。

社会保険, 社会福祉

□**4** 国が保険料を徴収し、保険事由 (病気や高齢など) が発
★★★ 生した人に現金やサービスの給付を行う**拠出制の危険
分散システム**を ★★★ という。

◆日本の社会保障制度における強制加入の公的保険は、健康保険、年金保険、雇用保険、労働者災害補償保険 (労災保険)、介護保険の5つに大別される。

社会保険

□**5** 児童や障がい者などへ**施設やサービスなどを提供する
★★★ 社会保障制度**であり、費用は主に**租税**によって賄われ
る**無拠出制のシステム**を ★★★ という。

社会福祉

□**6** **生活困窮者に最低限の生活を保障するための社会保障
★★★ 制度**であり、費用はすべて租税によって賄われる**無拠
出制のシステム**を ★★★ という。

公的扶助

□**7** 1947年に ★★ 法が制定され、日本の社会保険制度
★★ が整備され、その後に雇用福祉事業・能力開発を加え、
74年に ★★ 法に改められた。

失業保険

雇用保険

□**8** ★★ は、失業などの際に給付が得られる保険制度
★★ であり、国、★★ 、被保険者の三者が分担して資金
を拠出している。

雇用保険,
事業主

IX 経済

5 日本の社会保障(1)~特徴と課題

373

IX 経済分野　5 日本の社会保障（1）～特徴と課題

□ 9 高度経済成長期の**1958年**に、自営業者などを対象に加
★★★　える ★★★ 法が制定（**1959年**施行）され、**全国民が医
　　　療保険に加入**するという ★★★ が始まった。

国民健康保険，
国民皆保険

◆ 1961年には、すべての市町村や特別区に国民健康保険の実施が
義務づけられたことで国民皆保険が実現した。

□ 10 高度経済成長期の**1959年**に、自営業者などを対象とす
★★★　る ★★★ 法が制定（**1961年**施行）され、**全国民が老齢
　　　年金に加入**するという ★★★ が確立した。

国民年金，
国民皆年金

□ 11 **1985年**には ★★★ 法が改正され、**20歳以上の全国
★★★　民が共通の** ★★★ **に加入**し、**民間被用者**はさらに
　　　 ★★★ 、**公務員**は当時の共済年金に加入するという
　　　2階建ての年金制度となった。

国民年金，
基礎年金，
厚生年金

◆ 国民年金は20歳以上60歳未満の全国民（学生も含む）が加入
し保険料を支払う義務があることから、一般に基礎年金と呼ば
れる。これに加えて、1991年より自営業者にも任意加入の2階
建て年金制度である国民年金基金が導入された。

□ 12 基礎年金に**民間被用者や公務員などの妻も独自名義で
★　　加入する**ことになったため、**妻も独自の年金が受給可
　　　能となり** ★ 権が確立された。

婦人年金

□ 13 ★★ 年金の導入当初は**年金制度の一元化**と呼ばれ
★★　たが、**20歳以上の全国民を加入**させるとともに、**国
　　　からの** ★★ **をこの部分に集中**させることで**全国民
　　　に公平な給付**を行うことが目指された。

基礎

補助金

◆ 国庫負担金は基礎年金財源の3分の1となっていたが、2009年
より2分の1に引き上げられた。

□ 14 2015年10月に**被用者年金の一元化**が行われ、**公務員
★★★　の** ★★★ は、**民間被用者**が加入する ★★★ に統合
　　　された。

共済年金，厚生年
金

□ 15 現在、年金給付は原則 ★★★ 歳からとなっているが、
★★★　支給開始年齢を本人の希望で遅らせることもできる。

65

◆ 年金受給資格は、保険料支払期間が25年以上とされていたが、
現在は10年以上の者に与えられる。支払期間が短ければ年金受
給はそれに応じて減額される。

□ 16 高齢化が進行する中、年金受給者が増加しているため、
★★　**年金の** ★★ **者や** ★★ **者が増加**すると、年金制
　　　度自体が維持できなくなるおそれがある。

未加入，未納
※順不同

374

□**17** 年金積立金管理運用独立行政法人（ ★ ）とは、厚
★ 生年金と国民年金の積立金を管理・運用する、世界最
大規模の年金ファンドである。

GPIF

◆2006年発足の厚生労働省所管の独立行政法人で、国民が支払った年金保険料を運用し、基金を増やしている。その運用資産は約160兆円である。2020年4月より国内株式25%、外国株式25%、国内債券25%、外国債券25%の割合で運用しているが、株式というリスク性資産の割合が高すぎるとの指摘もある。

□**18** ★★ とは、会社が従業員の老後のために設ける任
★★ 意加入の私的年金で、会社が従業員に代わって運用す
る確定給付と、従業員自らが運用する確定拠出がある。

企業年金

◆**企業年金**と合わせて、現在の日本の年金制度は**3階建て**といわれる。1階部分の国民年金（基礎年金）、2階部分の厚生年金という公的年金の上に、任意に加入する**個人型確定拠出年金（iDeCo、イデコ）**などとともに企業年金が3階部分にあたる。**確定拠出年金**は、年金拠出者が拠出金を運用する年金コースを自ら選択し、その運用実績に応じて年金が付加給付されるもので、**日本版401K**と呼ばれる。将来の「備え」となる一方で、資産運用に失敗するなどのリスクが伴う。

□**19** 1974年の ★★★ 法の制定により、失業者の生活保障
★★★ に加え、雇用改善事業などが行われることになった。

雇用保険

◆1947年制定の**失業保険法**が雇用保険法に発展した。

□**20** 1983年の ★★★ 法の施行により、当時無料であった
★★★ **老人医療に一部自己負担が導入された。**

老人保健

□**21** 日本の医療保険は、**自営業者が加入する** ★★★ 、民
★★★ **間被用者が加入する** ★★★ 、**公務員などが加入する**
★★★ **に分かれており、いずれも医療費の本人負担**
割合は原則 ★★★ **割となっている。**

国民健康保険,
健康保険,
共済保険,
3

◆サラリーマンや公務員が加入する**健康保険**と**共済保険**における医療費の**本人負担割合**は、当初の0割が、1984年より1割、97年より2割、**2003年より3割**に引き上げられてきた。自営業者が加入する**国民健康保険**は、もともと3割負担である。なお、公務員などが加入する共済組合の**短期部門**が医療保険、**長期部門**が年金保険となっていた（長期部門は現在、厚生年金に統合）。

□**22** 民間被用者が**業務上で傷病に至った場合の社会保険制**
★★ **度として** ★★ **があるが、その保険料は** ★★ **の**
みが負担することになっている。

労働者災害補償保
険（労災保険）,事
業主（雇い主、雇
用主、使用者）

◆労働者災害補償保険（労災保険）は職務との因果関係が認定されれば適用されることがある。近年の事例では、アスベスト（石綿）の被害について**労災適用が認定**されている。

IX
経済

5
日本の社会保障(1)〜特徴と課題

375

IX 経済分野　5 日本の社会保障(1)〜特徴と課題

23 ★★★ は、生活困窮者に対して ★★★ の生活を保障する制度であり、公費によって賄われる。
　公的扶助，最低限度

24 公的扶助は、1950年制定の ★★ 法に基づいて生活、医療、教育、住宅、出産、生業、葬祭と ★★ の8つの扶助が認められている。
　生活保護，介護

25 下のグラフで示す生活保護給付費の割合について、空欄 A〜C にあてはまる語句を答えよ。

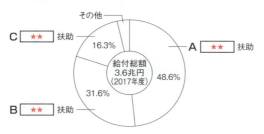

A　医療
B　生活
C　住宅

26 生活保護の中では医療扶助と ★★ 扶助が多いが、生活保護の支給には**資力調査（ミーンズ・テスト）**を行い、資産があればそれをまず用いる ★★ の原理が採用され、 ★★ の原則に則り、世帯構成員の所得合計が生活保護基準額に足りない分を扶助する。
　生活
　補足性，
　基準及び程度

27 ★★ とは、経済・社会の進展とともに希薄化した**相互扶助を補うための仕組み**のことで、生活者の不安を和らげ安心や安全を確保するものである。
　セーフティネット

◆例えば、失業者に職業を紹介し所得を保障する取り組みはセーフティネットの1つであり、**積極的労働市場政策**となる。

28 生活保護法は生活、教育、住宅などに関する8種類の扶助を定め、**憲法第25条**に規定されている国民の ★★★ 権を具体化する重要な社会保障法の1つであり、日本における最後の ★★★ として機能することが期待されている。
　生存，
　セーフティネット

◆2021年1月時点の生活保護受給者数は約205万人、約164万世帯となっている。**格差社会と少子高齢化**が進む中で、特に高齢者、単身世帯の受給者が増えている。

□29 生活保護の給付をめぐる ★★★ 訴訟に関して、1967年の最高裁判決では憲法第25条の解釈として ★★★ 説の考え方が採用された。

朝日, プログラム規定

◆プログラム規定説とは、国に対して憲法第25条の定める生存権の保障を努力目標として定めたものであり、国民が裁判を通じて直接、具体的な救済を請求できる権利として規定されたものではないとする説である。

□30 2013年に制定された ★ 法は、生活保護に至っていない生活困窮者に対する「第2のセーフティネット」として位置づけられている。

生活困窮者自立支援

□31 格差の拡大に対し、政府が全国民に無条件で一定額の最低所得を保障する ★ の導入が唱えられている。

ベーシック=インカム（基礎所得保障）

◆もともとはトマス=ペインが『農民の正義』（1797年刊）で提唱した考え方で、18世紀末からヨーロッパで議論されている。「基本所得」ともいう。国が国民すべてに無条件で生活に最低限必要となる現金を支給する政策である。

□32 次のグラフは、日本の国庫支出金に占める各費目のうち、「義務教育」「生活保護」「公共事業」の金額の変化を示したものである。グラフ中の空欄A～Cにあてはまる費目をそれぞれ答えよ。

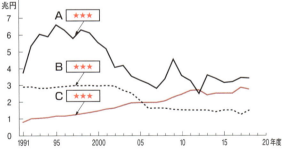

A 公共事業

B 義務教育

C 生活保護

□33 高齢者、母子家庭、障がい者など ★★ のある者に各種サービスを公費で提供することを ★★ という。

ハンディキャップ, 社会福祉

□34 福祉六法とは、 ★ 法、身体障害者福祉法、知的障害者福祉法、老人福祉法、 ★ 法、生活保護法の6つの法律である。

児童福祉, 母子及び父子並びに寡婦福祉
※順不同

◆福祉事務所は、社会福祉法に基づき都道府県や市などに設置され、生活保護など福祉六法の定める保護を実施する行政機関である。

IX 経済分野　5 日本の社会保障（1）~特徴と課題

☐35 日本の社会保障は、**社会 ★★ が偏重**されており、社会 ★★ が立ち遅れている。

保険，
福祉

☐36 医療や食品の管理、上下水道の整備、廃棄物の処理など、国民の健康増進、疾病予防、**生活の質**（QOL）を向上させるための社会保障は ★ であり、その費用のすべては ★ で賄われる。

公衆衛生，
公費（租税）

☐37 **感染症対策**は、社会保障の内の公衆衛生に属するが、1994年の**保健所法改正**で制定された ★ 法に基づき、保健所や地域保健センターが中心となり業務を行う。

地域保健

☐38 医療、看護、福祉、公衆衛生、交通や通信、物流やエネルギーなど、社会で必要不可欠とされる労働に従事する者を総称して ★ という。

エッセンシャル=
ワーカー

◆エッセンシャルとは「**不可欠な**」という意味。新型コロナウイルス感染症（COVID-19）の感染者が急増し、治療や看護にあたる医療現場の「崩壊」が懸念される中、社会を支える労働者の重要性がますます高まっている。一方で、その労働に見合う待遇には職種によって差があり、その是正が求められている。

☐39 高度経済成長後、「**成長より ★★★** 」のスローガンの下、**老人医療費の無料化**や年金への ★★★ 制導入などが行われた1973年は ★★★ と呼ばれる。

福祉，
物価スライド，
福祉元年

☐40 近年は、**高齢者などが不便なく利用できる ★★★** の設備が整備され、**誰にでも使いやすい ★★★** に配慮した商品が実用化されている。

バリアフリー，
ユニバーサルデザイン

☐41 2006年、公共施設において**高齢者や障がい者などに配慮した建設や意匠を義務づけた ★★ 法**と公共交通機関にも同様の義務づけを行う ★★ 法が統合され、★★ 法となった。

ハートビル，
交通バリアフリー，
バリアフリー新

◆バリアフリー新法とは、「**高齢者・障害者等の移動等の円滑化の促進に関する法律**」の通称である。

☐42 高齢者福祉政策について、かつては ★★ 福祉が中心であったが、現在は ★★ 福祉が重視されている。

施設，
在宅

☐43 2011年に障害者基本法が改正され、障がい者に対する ★ 規定を追加するとともに、国・地方に障がい者の自立と ★ の支援などのための施策を総合的かつ計画的に実施する責務を課した。

差別禁止，
社会参加

- □44 障がい者の自立を支援する ★★ 法は、小泉内閣下の2005年に制定、06年に施行されたが、障がい者によるサービス費用の ★★ 割を一律本人負担としたことから重い障がいを持つ者ほど重い負担金額を支払うという ★★ 性が生じることから、12年に ★★ 法と改称された。

  障害者自立支援
  1
  逆進, 障害者総合支援

- □45 2006年に採択された障害者権利条約の批准に向け、障がいを理由とする差別の解消を目指す ★★ 法が13年に成立、16年に施行された。

  障害者差別解消

  ◆ノーマライゼーションの考え方に基づき、障がい者に「合理的配慮」を行うことなどを通じて共生社会の実現を目指している。

- □46 1960年制定の ★★★ 法は、公的機関や民間企業などに法定雇用率以上の障がい者を雇用する義務を課す。

  障害者雇用促進

  ◆現実には法定雇用率を満たさない場合に支払われなければならない納付金が障がい者雇用の代わりとなってしまい、法定雇用率に達していない場合が多い。

- □47 日本の社会保障給付費について、次のグラフは「医療」「年金」「福祉その他」の部門別推移を表している。空欄A〜Cにあてはまるものをそれぞれ答えよ。

  A 年金
  B 医療
  C 福祉その他

  ◆2020年度予算の社会保障給付費は、3つの部門で約127兆円に達している。部門別に見るとAの「年金」の給付割合が45%超と最も大きく、Bの「医療」も高齢者医療によって増加傾向にある。

IX 経済分野　6 日本の社会保障(2)〜少子高齢化対策

□ **48** 次のグラフは、日本の経済や労働・社会保障に関する
★★★ 統計をそれぞれ示している。空欄 **A〜D** にあてはまる
語句を下の語群からそれぞれ番号で答えよ。

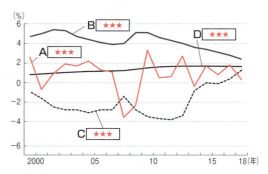

A ①
B ③

C ②
D ④

【語群】①実質経済成長率（年度データ）
　　　　②消費者物価変化率（2015年を基準にした消費
　　　　　者物価指数の変化率）
　　　　③完全失業率（年データ）
　　　　④生活保護率（1万人あたりの生活保護を受け
　　　　　ている人の割合。年平均）

◆Aの①実質経済成長率がマイナスやそれに近づいた時期は、08
年のリーマン＝ショック、11年の東日本大震災、14年の消費税
増税（5→8％）などが影響している。景気の悪化と停滞は、**B**
の③完全失業率の上昇につながる。**C**の②消費者物価変化率は、
12年12月発足の第二次安倍政権によるデフレ脱却を目指した
経済政策「アベノミクス」により、上昇に転じている。「アベノ
ミクス」景気で**A**と**C**は上昇に転じるも、**D**の④生活保護率は横
ばいであることから、生活の困窮化が見えてくる（**格差社会**）。

6 日本の社会保障(2)〜少子高齢化対策

ANSWERS □□□

□ **1** 総人口に占める65歳以上人口の割合（高齢化率、老年
★★★ 人口比率）が7％超の社会を ★★★ 、同じく14％超
を ★★★ という。

高齢化社会、
高齢社会

◆日本は**1970年**に7％、**94年**に14％、2007年には超高齢社会の
指標となる21％を超えた。18年には老年人口比率が28％を
超え、ハイスピードで高齢化が進んでいる。

□2 2010年、日本の高齢化率（老年人口比率）は ★★★ ％
を超え、20年9月時点で ★★★ ％を記録し、**世界第1**
位の超高齢社会が進行している。

◆2021年9月、65歳以上の人口は総人口（約1億2,522万人）の
29.1%（約3,640万人）と過去最多を更新したと発表された（概算）。

23,
28.7

□3 日本は、65歳以上の高齢者の人口割合について、**2025**
年に ★★★ ％を超え、**65年には** ★★★ ％**近く**に達
すると予測されている。

◆2017年発表の予測では、65年に老年人口比率は38.4%に達し、
日本の総人口は8,808万人に減少するとされる。

30, 40

□4 75歳以上の高齢者は ★★★ と呼ばれ、2020年9月
時点で全人口の14.9%（1,871万人）となっている。

後期高齢者

□5 日本の**平均寿命**は、2020年時点で**男性** ★★ **歳台、女**
性が ★★ **歳台**である。

◆男性81.64歳、女性87.74歳で、女性は香港に次いで世界第2位、
男性は香港、スイスに次いで世界第3位となる平均寿命である。

81,
87

□6 **1人の女性が生涯のうちに出産する子どもの平均人数**
を ★★★ といい、日本では**2005年に** ★★★ と最低
を記録した後、わずかに上昇に転じて15年に1.45と
なったが、以後は下がり続け、20年は1.34になった。

◆2020年の合計特殊出生率は、前年の1.36から1.34へと5年連
続で低下した。また、同年に生まれた子どもの数である出生数
も5年連続で100万人を下回る84万832人となり、1899年の
調査開始以来、過去最少を記録した。

合計特殊出生率
(TFR),
1.26

□7 日本は、**2004年をピーク**に人口が ★★★ に転じ、少
産少死型から少産多死型の人口動態を示している。

◆2021年10月1日時点の人口推計で、外国人を含む日本の総人
口は前年同月比65万人減の1億2,550万人となり、**人口減少**
社会が進んでいる。

減少

□8 「 ★★ 年問題」とは、**急速な少子高齢化**によって、
同年に65歳以上の高齢者人口が3,900万人を超え、人
口の ★★ ％超に達することで、現役世代 ★★
人が高齢者1人を支え、年金、医療、介護の負担が極
めて大きくなる時代の到来を意味する。

◆少子高齢化の影響は、**都市部よりも地方において顕著**である。高
齢かつ単身の世帯が増える中で、特に高齢化率の高い地方の高
齢者の生活支援が課題となる。例えば、移動手段が限られるこ
とから「**買い物難民**」になる単身高齢者の増加が予測される。

2040

35, 1.5

IX 経済

6 日本の社会保障(2)〜少子高齢化対策

IX 経済分野 6 日本の社会保障(2) ～少子高齢化対策

9 ★★ 次の図は、日本、アメリカ、イギリス、スウェーデン、ドイツ、フランスの**国民負担率**(2017年)と**高齢化率**(2018年)を示したものである。図中の空欄**A～C**にあてはまる国名を答えよ。

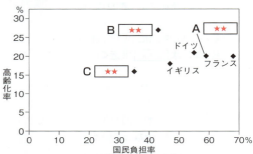

A　スウェーデン
B　日本
C　アメリカ

◆世界一の福祉国家と呼ばれた**A**のスウェーデンは、かつては70%を超える**高負担**の国であったが、近年は経済停滞で国民負担率を引き下げており、フランスの方が高い。選択肢の3ヶ国では**C**のアメリカ、**B**の日本が低いが、アメリカは生活自助、経済成長重視の考え方が強く、可処分所得を減らさないために国民負担率が著しく低い。日本は40%前後と他国と比べて低負担ではあるものの、**急速な**少子高齢化**のために上昇が予想**される。

10 ★★★ 次の図は、2018年の**合計特殊出生率**と30～34歳の**女性の労働力率**を示したものである。空欄**A～D**には、韓国、スウェーデン、日本、フランスのいずれかがあてはまる。それぞれの国名を答えよ。

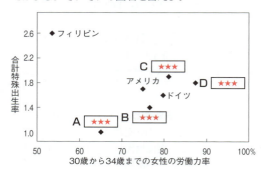

A　韓国
B　日本
C　フランス
D　スウェーデン

11 次のグラフは主要国における高齢化率について、高齢化社会となる<u>7</u>％から、高齢社会となる<u>14</u>％に到達する時期と期間を表している（推定を含む）。空欄A〜Dにはイギリス、韓国、スウェーデン、日本のいずれかがあてはまる。それぞれの国名を答えよ。

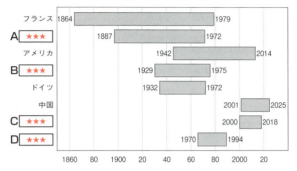

A　スウェーデン

B　イギリス

C　韓国

D　日本

◆経済成長が著しい国ほど、高齢化のスピードが速くなる傾向にある。Cの<u>韓国</u>は、Dの<u>日本</u>以上の速さで高齢化し、中国も同じように急速な高齢化が進んでいくことが予想される。

12 次の図は日本、韓国、中国における合計特殊出生率の推移と65歳以上人口の比率の推移を示したものである。図中のA〜Cにあてはまる国名を答えよ。

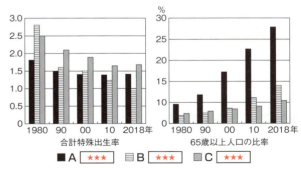

A　日本
B　韓国
C　中国

◆Cの<u>中国</u>は、1979年以来の「<u>ひとりっ子政策</u>」で合計特殊出生率は1.0程度と思われがちだが、労働力を必要とする農村の一部などは2人以上の出産も可能であったため、実際は1.5を超えた。なお、同政策は高齢化対策や若年労働者拡充のため、2016年に廃止されている。

Ⅸ 経済分野　6 日本の社会保障 (2) ～少子高齢化対策

☐13 **老人医療費**は1973年以来、□★★□ 法に基づき □★★□
★★　　化されてきたが、現在は**一部自己負担制**になっている。

老人福祉，無料

☐14 **1983年に老人の医療費自己負担制を開始した** □★★□
★★　　法が、2002年に改正され、**定額負担制**から**原則1割負**
　　　担の □★★□ 制に改められた。

老人保健

定率負担

　　　◆定額負担制とは、月あたり**上限○○○円負担**とするもの。定率負
　　　担制はかかった**医療費の一定割合**を本人が自己負担するもの。
　　　高額医療を受ける患者にとって、この制度は自己負担金が多く
　　　なる。**現役なみの所得がある高齢者**は2002年改正で**2割負担**、
　　　06年改正で**3割負担**、14年4月から70歳以上75歳未満は現
　　　役なみ所得者が**3割負担**、その他は**2割負担**となった。

☐15 **2008年4月**には、□★★□ **歳以上**の者を対象とする医
★★　　療保険制度が分離されて □★★□ が開始した。

75,

後期高齢者医療制
度

　　　◆75歳以上の後期高齢者の**医療費自己負担は原則1割**（2022年よ
　　　り原則2割予定）であるが、**現役なみ所得者**は**3割負担**となる。

☐16 1997年に高齢者の介護を社会全体で支え合う制度につ
★★★　いて定めた □★★★□ 法が制定され、2000年には**老人性**
　　　の要介護状態に至った場合に備えた**社会保険**である
　　　□★★★□ 制度が導入された。

介護保険

介護保険

　　　◆ドイツの介護保険制度をモデルとしている。これまでの家族か
　　　ら地域や社会という外部へと介護が開かれる制度である。ゆえ
　　　に、家族の介護に対して金銭的対価が支給されることではなく、
　　　介護サービスが給付される。しかし、現実には介護レベルに応
　　　じた自己負担金が発生する。

☐17 日本の介護保険制度は、満 □★★□ **歳以上の全国民**か
★★　　ら**保険料を徴収**することになっており、保険の**運営主**
　　　体は □★★□ である。

40

市区町村

　　　◆介護保険の財源には、満40歳以上の全国民から徴収する**保険料**
　　　とともに**租税**、利用者から徴収する原則1割（所得に応じて1～
　　　3割）の**負担料**があてられる。

☐18 日本の**介護保険の財源**は、50%が**被保険者**の介護保
★　　　険料、50%が □★□ となっており、後者を国と地方
　　　が折半で負担している。

公費

　　　◆被保険者50%、公費50%（内訳としては国が25%、都道府県
　　　が12.5%、市区町村が12.5%）。

☐19 **介護保険サービス**を受けようとする高齢者は、□★★□
★★　　へ申請し、□★★□ の前提となる調査を受けることが
　　　義務づけられている。

市区町村，

要介護認定

□**20** 介護サービスの利用は、[★★★] **認定**を前提とし、導入
★★★ 当初は費用の [★★★] 割、2020年現在は所得に応じて
<u>1</u>割から [★★★] 割が利用者負担である。

要介護,

1,

3

◆2014年、**医療介護総合確保推進法**が成立し、15年から被介護者の本人自己負担率が引き上げられ一定所得（年金収入であれば合計年280万円）以上の者は**2割負担**とされた。さらに18年からは「**340万円以上、3割負担**」とする法改正が行われた。

□**21** 2005年の [★★★] **法**改正によって、介護施設における
★★★ 居住費用や食費は**全額** [★★★] **負担**となった。

介護保険,

自己

◆また、介護に関して被介護者のケアから要介護にならない予防的観点へと重点が置かれるようになった。

□**22** 日本の<u>介護保険</u>は、介護サービスの形態を**導入当初**は
★★ 要 [★★] レベルと要 [★★] **5**レベルの<u>6段階</u>に、
2005年改正で要 [★★] **1・2**レベルと要 [★★] **5**レ
ベルの<u>7段階</u>に区分したが、その認定はケアマネ
ジャーなどによる一次判定の後、[★★] が行う。

支援, 介護,

支援, 介護

介護認定審査会

◆認定に対する**不服申立て**は、**介護保険審査会**に行うことができる。

□**23** <u>介護保険法</u>が定める被保険者は、要介護となる際に介
★ 護サービスの提供を受ける対象者となる第 [★] 号
保険者と、特定の病気にかかった場合に限り対象者と
なる第 [★] 号保険者があり、それぞれの開始年齢
は、前者が<u>65</u>歳、後者が [★] 歳である。

1

2,

40

□**24** <u>公的年金</u>制度は世代間の [★★] によって支えられて
★★ おり、保険料を支払う人と年金を受け取る人のバラン
スが崩れて<u>公的年金</u>の財政を圧迫し、年金財源が事実
上<ruby>破綻<rt>はたん</rt></ruby>している現在、[★★] と [★★] の適正化を
図るために、**年金の給付開始年齢を遅らせる措置や給
付額を削減**するなどの制度の見直しが行われている。

連帯

給付, 負担

※順不同

◆2020年、**年金制度改正法**が成立し、<u>22</u>年4月より公的年金受給開始年齢を本人の意思により<u>75</u>歳まで繰り下げることが可能となった。その場合、年金給付額は増額されることになる。

□**25** 現役労働者世帯の年金負担軽減のためには [★★★] の
★★★ 給付と [★★★] の適正化を図る必要性から、2004年の
年金改革関連法改正で、17年まで<u>年金</u>**保険料の段階
的** [★★★]、<u>年金</u>**給付額の段階的** [★★★] が決定した。

年金,

負担

引き上げ, 引き下げ

Ⅸ 経済

6 日本の社会保障(2) ～少子高齢化対策

IX 経済分野　6 日本の社会保障(2)〜少子高齢化対策

□26 老齢年金には**自ら支払った保険料が年金として給付される** ★★ 方式と、**現役労働者が支払った保険料で現在の老人年金を支給する** ★★ 方式がある。
★★

積立,
賦課

□27 年金の ★★ 方式とは、高齢者世代に支給する年金
★★ を、その世代が**過去に支払った保険料**とその ★★ 益で**賄う方式**であり、保険給付の原資が ★★ **変動の影響を受けやすい**という問題がある。

積立,
運用,
物価

◆積立方式は、実質的には国による強制積立預金であるから、インフレ（物価上昇）が発生すると通貨の購買力（実質価値）が低下してしまう。すなわち、インフレ抵抗力がないのが欠点といえる。また、世代間の所得再分配が果たされず、社会保障の理想型とはいえない。

□28 年金の ★★ 方式とは、高齢者世代に支給する年金
★★ を、**現役世代が支払った保険料で賄う方式**だが、保険給付の原資が少子高齢化など ★★ **の変化に影響され、現役労働世代の負担が重くなる**問題がある。

賦課

人口構造

◆賦課方式は、世代間の所得再分配が行われる点で社会保障の理想型といえる。インフレが発生した場合も、賃金が上がるので年金保険料を値上げすれば、年金給付額を増やすことができ、インフレ抵抗力があるという利点がある。

□29 現在の日本の年金制度では、年金財源の調達方式とし
★★★ て、**自らの年金保険料に公費を付加して給付**するという ★★★ 方式を採用している。

修正賦課

◆従来、日本の年金財源の調達方式は修正積立方式と呼ばれてきたが、2009年から国民（基礎）年金への国庫負担の割合が3分の1から2分の1に引き上げられ修正賦課方式と呼ばれている。

□30 2015年、公的年金の給付水準を経済情勢や人口減少や
★ 平均余命などの人口動態を勘案して**自動的に調整する** ★ が初めて適用された。

マクロ経済スライド

□31 国民年金保険の**未加入者と未納者**が、加入対象者の約
★★ 4割を占めていることから、保険料**負担中心方式**を**税負担中心方式**にする代わりに、**国民（基礎）年金の国庫負担の割合が3分の1から** ★★ **に引き上げられた。**

2分の1

◆消費税率の引き上げを条件に、基礎年金の財源に投入される国庫負担割合の引き上げが公約化された。

□32 ★★★ ★★★ 化などによって一人暮らしの高齢者が増加する中、現在の ★★★ 省は1989年、特別養護老人ホームなどの施設整備やホームヘルパー養成による在宅看護や在宅介護の推進を掲げた ★★★ を策定した。

◆正式には「**高齢者保健福祉推進10ヵ年戦略**」と呼ばれる。

核家族,
厚生労働

ゴールドプラン

□33 ★★ **ゴールドプラン**は、急速に進む高齢化に対応するため、1994年にはゴールドプランを全面的に改定した ★★ に、99年には ★★ に発展し、介護サービスの基盤整備と生活支援対策の充実が図られた。

新ゴールドプラン,
ゴールドプラン21

□34 ★★★ 1994年に政府が策定した保育所の量的拡大などの**子育て支援に関する一連の施策**を ★★★ と呼び、**99年**には ★★★ に発展した。

エンゼルプラン,
新エンゼルプラン

□35 ★★ 2003年に少子化社会対策関連法として、育児休暇取得率を高めるなど雇用環境の整備について具体的な行動計画の策定を国および地方公共団体と企業に求める ★★ 法、内閣府に**少子化社会対策会議**を設置する ★★ 法などが制定された。

次世代育成支援対策推進,
少子化社会対策基本

□36 ★★ **少子化対策**の一環として、 ★★ の施設の充実や**認可保育所の定員拡大**を図り、 ★★ の問題を解消することが目指されている。

保育所,
待機児童

□37 ★ ★ は、都道府県知事の認定を受けて**就学前の子ども**に幼児教育と保育の両方を提供し、地域の子育て支援事業を行う施設である。

認定こども園

◆認可幼稚園と認可保育所が連携する「**幼保連携型**」、認可幼稚園が保育所的機能を兼ね備える「**幼稚園型**」、認可保育所が幼稚園的機能を兼ね備える「**保育所型**」、認可外施設が認定こども園として運用される「**地方裁量型**」など地域の実状に応じたタイプが認められている。なお、保育所と認定こども園の所管官庁は、2023年4月発足予定のこども家庭庁に移される。

□38 ★★★ 育児・介護休業法によって、介護を必要とする家族を持つ労働者に対して、介護休業および勤務時間の短縮が保障される期間は ★★★ と定められている。

93日

◆介護休業法施行当初は**3ヶ月**となっていたが現在は**93日**である。一方、育児休暇は育児休業法施行当初は満1歳までとなっていたが、現在は保育所へ入所できない場合は**最長満2歳**までとなっている。

IX
経済

6 日本の社会保障(2) ～少子高齢化対策

387

IX 経済分野　6 日本の社会保障 (2) ～少子高齢化対策

□**39** **少子化対策**の施策として、2006 年の ★★ 法**改正**で、第一子・第二子は月額 5,000 円が 3 歳以降 ★★ 修了前まで支給されることになっていた。

児童手当,
小学校

　◆児童手当法は、1971 年の制定当初は 5 歳未満の第三子から月額 3,000 円支給とされていたが、順次拡大されてきた。

□**40** 2009 年成立の民主党政権下で児童手当が ★ に改称されたが、後の自民党政権下で元の名称に戻された。

子ども手当

　◆子ども手当では、所得に関係なく**子ども 1 人あたり原則 13,000 円**が支給されたが、その後年齢や子どもの人数によって支給額が分かれ、元の児童手当への改称とともに所得制限も復活した。

□**41** 2009 年に成立した民主党政権下で**国公立の高等学校の授業料の** ★★ **化**が実施され、私立についても補助金が支給されることになった。

無償

　◆後の自民党政権下で、2014 年度より所得制限が導入された。

□**42** 2019 年 5 月に成立した**改正子ども・子育て支援法**により、同年 10 月の ★★ 率の引き上げ分を財源として、3～5 歳までの子どもに関する幼稚園、保育所、認定こども園などの**利用料**を ★★ **化**した。

消費税

無償

　◆2019 年 10 月の消費税率 10％への引き上げに伴って、**全世代型社会保障**を実現するため、3～5 歳までのすべての子どもと住民税非課税世帯の 0～2 歳児の幼稚園、保育園、認定こども園などの利用料をはじめとした幼児教育、保育の無償化が開始された。20 年 4 月からは、住民税非課税世帯の学生などを対象に**高等教育 (大学など)** の**無償化**も始まった。

□**43** ★ とは、2020 年の新型コロナウイルス感染症 (COVID-19)の感染拡大を受け、生活に困窮するひとり親世帯を対象とした給付金である。

ひとり親世帯臨時
特別給付金

　◆児童扶養手当を受給している世帯に 5 万円(第 2 子以降は 1 人につき 3 万円を加算)、収入の減った世帯にはさらに 5 万円を加算して給付される。

□**44** 2023 年 4 月、**子ども政策の"司令塔"**と位置づけられる ★★ が発足予定で、厚生労働省と内閣府に分かれていた子育て支援や虐待対策などを一元的に担う。

こども家庭庁

　◆こども家庭庁には、内閣府から少子化対策や子どもの貧困対策などの事務が移され、厚労省からは保育や虐待防止などの業務が移管される。教育分野は文部科学省が引き続き所管し、幼稚園と保育所の制度を統合する「**幼保一元化**」は導入が見送られた。

特別付録

索引
INDEX

この索引には、本書の「正解」およびその用語を補う文字や用語を中心に、「見出し語」としてまとめた「重要頻出用語」が五十音順に整理されています(数字や日常用語などは一部省略または掲載していません。なお、この「見出し語」はその意味や意図に応じて該当ページの表現や表記から改変している場合があります。また、カッコ書きで掲載されている別称や別解となる語句は割愛している場合があります)。

※用語の右側にある数字は、「正解」と本文などで赤文字になっている箇所について、各節(テーマ)の初出となる主な掲載ページ数を挙げています。同じ節あるいは見開きページ内で同じ用語が重複している場合、原則として初出のページ数を掲載しています。

あ

ISIS（イラク・シリア・イスラム国）………156
ISO14000 シリーズ………278
INF（中距離核戦力）全廃条約………154,159
IMF（国際通貨基金）………248,281,296
IMF14 条国………248,292
IMF8 条国………248,292
IoT（モノのインターネット）………180,250,346
愛国心………58,124
ICT（情報通信技術）………180,263,271,345
Iターン………367
愛知ターゲット………333
IT バブル………255
アイヌ新法………32
アイヌ文化振興法………32
アウシュヴィッツ強制収容所………161
アウトソーシング………266
アウン=サン=スー=チー…10,165
アカウンタビリティ（説明責任）………78,203
赤字国債（特例国債）………232,239,251
赤字財政（積極財政）………231,239,251
アクセス権………77
アサド………156,166
旭川学力テスト事件………72
朝日訴訟………72,377
アジア・アフリカ会議（A・A 会議、バンドン会議）………151
アジアインフラ投資銀行（AIIB）………295,313
アジア開発銀行（ADB）………313
アジア太平洋経済協力（APEC）………309
アジア通貨危機………287,301,302,309,318
足尾銅山鉱毒事件………276
アスベスト（石綿）………337,375
ASEAN（東南アジア諸国連合）………168,313
ASEAN 経済共同体（AEC）………310
ASEAN 自由貿易地域（AFTA）………305,309
ASEAN 地域フォーラム（ARF）………168
麻生太郎………125
アダム=スミス………11,19,171,174,182,234,279
新しい人権………57,76
「悪貨は良貨を駆逐する」………217
斡旋………358
斡旋利得処罰法………132
圧力団体（利益集団）………119
アドルノ………341

アナウンスメント効果………122
アフガニスタン侵攻………152,153
アフガニスタン戦争………147
アフリカの年………140,151
アフリカ連合（AU）………310
安倍晋三………124,126,222
アベノミクス………179,222,240,257,258,266,320,361,380
アベノミクス景気………259,380
アポイントメント商法………275
天下り………132
アムステルダム条約………306
アムネスティ=インターナショナル………10,34
アメとムチ政策………370
アメリカ合衆国憲法………27
アメリカ軍（米軍）………54
アメリカ独立宣言………21,27
アメリカのイラン核合意離脱………159,162
アメリカ=ファースト（アメリカ第一主義）………304
アメリカ労働総同盟（AFL）………351
アラファト………161
アラブ石油輸出国機構（OAPEC）………326
アリストテレス………17
アルカイーダ………155
アル=ゴア………10
アルゼンチン通貨危機………302
暗号資産（仮想通貨）………218
「安心につながる社会保障」………260
安全保障関連法………55,126
安全保障理事会（安保理）………139,141,144
アンチダンピング………297,298
安楽死（積極的安楽死）………80

い

ESG 投資………204
EPA（経済連携協定）271,299
EBPM………23
EU（欧州連合）………37,163,299,306,308
EU 憲法………42,307
EU 大統領………307
EU の東方拡大………306
家永訴訟………72
硫黄酸化物（SOx）………325,337
育児・介護休業法………351,368,369,387
育児休業………356
池田勇人………249
違憲状態………68
違憲審査（法令審査）………83,96
違憲審査制度（違憲立法審査制度）………25,39,82
違憲判決………59,68,83
違憲立法審査権………39,66,82,96
いざなぎ景気………247,248,256,259

『石に泳ぐ魚』事件………61,78,81
イスラーム………164
イスラエル………160,161,162
イスラム国（IS）………156
依存効果………195,274
依存財源………105
イタイイタイ病………276
一院制………41,102
一次エネルギー………329
一次産品………279,311
一事不再理………63
一国二制度………172
一村一品運動………325
一般意志………21
一般財源………105,237
一般的効力………96
一般特恵関税………297,311
一般廃棄物………278
イデオロギー対立………121
遺伝子組み換え食品………272
遺伝資源………333
イニシアティヴ（住民発案）………103
委任事務………105
委任命令………92
委任立法………134
移民………304
違約金………274
イラク戦争………156
イラン・イラク戦争………162
イラン革命………251
医療扶助………376
岩戸景気………247
インサイダー取引………203
インターネットによる選挙運動………114,115
インターンシップ………367
インドシナ戦争………150
院内懲罰………90
インバウンド（訪日外国人旅客）………242,261,278,283
インフォームド=コンセント…80
インフレーション（インフレ）………171,178,194,215,216,222,241,245,250,290,292,293,301,314,386
インフレ=ターゲット………222,259

う

ヴァージニア権利章典（ヴァージニア州憲法）………26
ウィーン条約………137,333
ウイグル族………164
VDT 症候群（Visual Display Terminals 症候群）………366
ウィルソン………17,137,138
ウェストファリア条約………136
ウェッブ夫妻………370
ウクライナ………164
ウサマ=ビンラディン………155
「失われた 10 年」………210,254,257,287
「疑わしきは被告人の利益に」………63

『宴のあと』 77
内税方式 236
宇宙船地球号 324
『美しい国』 124
ウラン 327,328
売りオペレーション（売りオペ） 220
上乗せ条例 101

え

『永久平和のために（永遠平和のために）』 17
営業の自由 64,65,128
永住外国人 104
AI（人工知能） 180,250,271,345
益税 236
エコツーリズム 338
エコマーク 278
SIB（ソーシャル＝インパクト＝ボンド） 108
エッセンシャル＝ワーカー 378
NPO法人 135
NPO法（特定非営利活動促進法） 135
エネルギー革命（流体革命） 325
愛媛靖国神社玉串料支出訴訟（愛媛玉串料訴訟） 59,104
FTA（自由貿易協定） 299,300
エボラ出血熱 156
M&A（合併・買収） 194,253
M字カーブ 368
選ぶ権利 273
LDC（後発発展途上国） 315
エロア資金 245
円キャリートレード 222
エンクロージャー（囲い込み） 175
エンゲル係数 209,212
エンゲルス 176
「援助も貿易も」 312
「援助より貿易を」 311
エンゼルプラン 387
円高 216,252,265,285,288,289,290,291,341
円高不況 252
円安 287,289,290,291,301

お

黄犬契約 357
王権神授説 19,25
欧州委員会 307
欧州議会 307
欧州共同体（EC） 305
欧州経済共同体（EEC） 305
欧州裁判所 307
欧州自由貿易連合（EFTA） 305
欧州石炭鉄鋼共同体（ECSC） 305
欧州中央銀行（ECB） 306
欧州通貨単位（ECU） 306

欧州通常戦力（CFE）条約 154
欧州復興開発銀行（EBRD） 314
欧州連合（EU） 10,24,37,163,299,304,305,306,308
OECD（経済協力開発機構） 248,281,311
大きな政府 11,177
大蔵省資金運用部資金 233
大阪空港公害訴訟 81
大津事件（ロシア皇太子傷害事件） 45
ODA（政府開発援助） 284,312
ODA大綱 313
オーバーツーリズム（観光公害） 278
オープン＝ショップ 358
小笠原諸島 341
沖縄 55,168
汚染者負担の原則（PPP） 192,277,328,332
オゾン層 332,333
オゾン層破壊 338
オタワ条約 158
オバマ 10,40,157,371
オバマ＝ケア 371
小渕恵三 123
思いやり予算 54
オリンピック景気 247,248
温室効果ガス 333,334
オンブズマン（オンブズパーソン、行政監察官） 134

か

GAFA 305
カーボン＝オフセット 334
カーボン＝ニュートラル 336
カーボン＝バジェット 334
買いオペレーション（買いオペ） 220
海外直接投資 253
改革・開放 172
外貨準備（外貨準備高） 172,284,293
階級闘争 177
会計検査院 94,231
会計ビッグバン 201
外形標準課税 238
介護 376
外国 197
外国為替 281
外国為替関連業務の自由化 226
外国為替市場介入（為替介入） 219,291
外国人 57,202,369
外国人技能実習制度 369
外国人登録法 69
介護認定審査会 385
介護保険制度 384
介護保険法 384,385

解釈改憲（憲法の変遷） 51
外需依存度（輸出依存度） 251,294
外需主導型（輸出主導型） 247
改正パートタイム労働法 365
改定ガイドライン 54
開発援助委員会（DAC） 311
開発危険の抗弁権 274
開発（経済開発） 323
開発独裁 43
恢復的民権（回復的民権） 44
外部経済 192
外部効果（外部性） 190
外部不経済 190,192
外部不経済の内部化 192
外務省公電漏洩事件 81
海洋権益 41
下院（庶民院） 35
下院優越の原則 35
価格弾力性 184,185
価格の自動調節機能 182
価格破壊 215,255,256
化学兵器禁止機関（OPCW） 10
化学兵器禁止条約 158
下級裁判所 82,96
核開発疑惑 162
核拡散防止条約（NPT） 152
核家族 249,322,348,387
閣議 90
格差社会 14,342,366
学習権 72
革新政党 120
拡大EC 306
拡大再生産 170
拡大生産者責任（EPR） 339
核なき世界 10,157
核の冬 331
核兵器 145,157
核兵器禁止条約 10,158
核兵器廃絶運動 157
核兵器廃絶国際キャンペーン（ICAN） 10,158
「核兵器を作らず、持たず、持ち込ませず」 52
学問の自由 47,58,61
家計 197,223
かけがえのない地球 332
影の内閣（シャドー＝キャビネット） 36
加工組立産業 251,263
加工食品 272
加工貿易 317
可採年数 325
ガザ地区 161,163
可視化 99
貸し渋り 225,255
貸出業務（授信・与信業務） 223
貸しはがし 225
カシミール地域 164,166
可処分所得 209
課税最低限（最低課税水準） 391

238
化石燃料··········325,326,338
寡占·········176,190,191,193
過疎（過疎化）··········349
家族機能の外部化·····348,349
家族の同意··········80
片面講和··········167
かたり商法··········275
価値尺度··········217
価値貯蔵··········217
GATT（関税及び貿易に関する一般協定）··········248,281,295,296
GATT11条国··········248
GATT12条国··········248
合併特例債··········107
桂太郎··········128
家庭裁判所··········94
加藤高明··········47
過度経済力集中排除法··········245
カトリック··········164
金あまり現象··········253
下部構造··········177
株式··········131,199,221,225,315
株式会社··········198,271
株式譲渡自由の原則··········200
株主総会··········200,201
株主代表訴訟··········201
貨幣価値··········215
下方硬直化··········194
過密（過密化）··········349
神の見えざる手···11,174,182
ガリ··········147,148
ガリオア資金··········245
カリスマ的支配··········21
カルテル··········176,193,194
カルテル課徴金··········197
ガルブレイス··········195
過労死··········366
為替··········248,288
為替制限の撤廃··········292
為替ダンピング··········244
為替レート（外国為替相場）··········288
簡易裁判所··········94
簡易保険資金··········233
官営模範工場··········244
環境アセスメント（環境影響評価）··········104,278
環境NGO··········339
環境基本法··········277
環境権··········76,277
環境憲章··········339
環境省··········129,130,212,277,328,337
環境税··········328
環境庁··········130,277
環境ホルモン（内分泌かく乱物質）··········336
観光庁··········129,130,260
「観光立国」··········260
勧告的意見··········145
監査委員··········135

監査役··········200
慣習··········25,347
慣習法··········25,29,347
関税障壁··········280
官製談合··········132
関税同盟··········305,310
関税の引き下げ··········281,296
関税（保護関税）··········244,259,280,296,305,317
間接金融··········202,225,247
間接差別··········356
間接税··········205,207,234
間接選挙··········23,39,109
間接適用説··········57
間接民主制··········21,48
完全経済同盟··········310
完全雇用··········177,179
完全失業者··········361
環太平洋経済連携協定（TPP、環太平洋パートナーシップ協定）··········120,259,269,271,300
カント··········17,137
関東大震災··········244
菅直人··········125
官民競争入札··········132
官民人材交流センター··········133
管理価格··········194
管理社会··········343
管理通貨制··········177,217
管理フロート制··········294
管理貿易··········254
官僚制（ビューロクラシー）··········132

き

議員提出法案··········92
議院内閣制··········35
議院の許諾··········89
議員立法··········93
議会··········22,23,101
議会解散権··········102
議会任期固定法··········36
「GIGAスクール」構想··········346
機関委任事務··········105,106
企業··········117,197,223
企業再生支援機構··········256
企業年金··········375
企業別労働組合··········350,360
気候変動に関する政府間パネル（IPCC）··········10,336
気候変動枠組み条約··········333
基軸通貨（キー＝カレンシー）··········291
岸田文雄··········128
期日前投票··········116
技術革新（イノベーション）··········180,184,214,267,346
基準及び程度の原則··········376
基準年次の実質GDP··········213
基準年次の名目GDP··········213
規制緩和··········11,179,252,266,371

規制金利··········227
寄生地主制··········245
貴族院（日本）··········45
基礎年金··········374
北アイルランドの独立問題·164
北大西洋条約機構（NATO）··········149,154
北朝鮮··········159,168
キチンの波··········214
機動的な財政政策··········258
既得権益··········342
技能継承··········367
希望の党··········127
規模の利益（スケール＝メリット）··········176,192
基本的人権の尊重··········48,139,167
基本法農政··········269
義務教育の無償··········67,72
金大中（キムデジュン）··········10
逆ザヤ··········268
逆資産効果··········253
規約人権委員会··········31
逆進性··········236,379
逆選択··········195
逆送致（逆送）··········99
逆輸入··········253
キャッチ＝セールス··········275
キャップ＝アンド＝トレード方式··········334
キャピタル＝ゲイン（資本利得）··········253
キャピタル＝ロス（資本損失）··········253
キャメロン··········36,37
キャリアシステム··········133
求人と求職のミスマッチ·····362
旧中間層··········342
キューバ危機··········150,159
救貧政策··········370
給付と負担の適正化··········385
教育委員会··········104
教育機会の均等··········67
教育基本法··········72
教育基本法改正··········124
教育の義務··········49
教育を受ける権利··········67,71
共感··········11,174
狭義の国民所得（NI）··········205
供給曲線··········181,188
共済年金··········374
共済保険··········255,375
協賛機関··········45
共産圏··········53
教書··········38
行政委員会（独立行政委員会）··········93,134
行政改革推進法··········228
行政機関··········95
行政権··22,43,45,90,133,341
行政権の肥大化··········134
行政裁判··········97
行政事業レビュー··········135

行政指導 133
行政情報の公開を請求する権利 77
行政処分 95,196
行政訴訟（取消訴訟）135,358
行政手続法 29,134
強制投票制（義務投票制）109
行政民主化 78,86
競争原理 175
競争入札 132
供託金制度 115
協調介入 294
共通番号制度（マイナンバー制度）79
共同市場 310
共同実施 334
共同フロート制 306
協同労働 363
京都議定書 333,334,335
強要による自白 63
狂乱物価 162,250,257
共和制 21
共和党（アメリカ）39,40,138
居住、移転及び職業選択の自由 64
許認可 130,133,134
拒否権 23,38,92,102,139,144,145,167
キリスト教民主同盟（CDU）42
均一拠出・均一給付 371
金貨本位制 217
緊急事態宣言 128,261,361
緊急調整 359
緊急特別総会 145
緊急輸入制限措置（セーフガード）297,317
キングストン合意（キングストン協定）294
金権政治 119
銀行の銀行 218
金庫株 201
禁止業務規定 356
欽定憲法 44
金本位制 217,244
勤務間インターバル制度 363
金融機関（市中銀行）202,223
金融恐慌 244
金融業務の自由化 226
金融再生関連法 227,255
金融資産 197
金融資本 176
『金融資本論』 176
金融収支 282,283,284
金融庁 130,227
金融の二重構造 265
金融引き締め 247
金融ビッグバン 196,226
金利の自由化 226
勤労権 71,73
勤労者 73

く

クウェート侵攻 147,162

クーリング＝オフ 274
クエスチョン＝タイム制 36
クオータ制 67
草の根民主主義 104
クズネッツの波 214
具体的審査制（付随的審査制）83,96
グテーレス 148
国の最高法規 25,51
国の努力目標 72
クラウディング＝アウト（押しのけ効果）241
クラウド＝コンピューティング 344
グラミン銀行 10,34
グラント＝エレメント（GE）312
クリーン開発メカニズム 334
グリーン経済 336
グリーン購入法 340
グリーン＝コンシューマリズム（緑の消費者運動）340
グリーン GNP（グリーン GDP）212
グリーン＝ツーリズム 339
グリーンピース 34
グリーン＝リカバリー 336
クリミア自治共和国 164
クリミア併合 159,164
クルド人 156,163
グレーゾーン金利 276
クレジット＝クランチ（信用収縮）225
グレシャムの法則 217
クロアチア 163
クローズド＝ショップ 357
グローバル化（グローバリゼーション）256,300,366
黒字財政（緊縮財政）231
グロティウス 20,137
クロソン問題 236
軍事制裁 138

け

経営者革命 200
計画経済 170,171
景観条例 101,104
景気変動（景気循環）170,214
景気変動の調節弁（景気の安全弁）265
軽減税率 236
軽工業 176,244,261
経済安全保障（経済セキュリティ）320
経済安定化機能 229
『経済学の国民的体系（政治経済学の国民的体系）』175
経済協力開発機構（OECD）248,281,311
経済計画 171
経済財 181
経済財政諮問会議 130,258
経済産業省 130,328,337
経済社会理事会 141,142

経済成長 122,331,334
経済成長率 206,212
経済的弱者 264
経済的自由 57,58,64
経済同盟 310
経済同友会 120
経済特別区（経済特区）172
経済難民 31,314
経済のサービス化 263
経済発展段階説 180
経済連携協定（EPA）259,271,299,324
警察予備隊 51,96
形式的法治主義 25
刑事裁判 29,97,98
刑事上および民事上の免責 357
刑事訴訟法 29,62,100
刑事補償法 76
傾斜生産方式 250
経常移転収支 281,286
経常収支 252,281,288
刑罰 86
契約 19,65,275
契約自由の原則 30,58
系列企業 265
系列取引 252
ケインズ 20,177
ケインズ主義 178
CASE 346
ゲーム理論 15
ケネー 174
ケネディ 40,150,273
ケネディ＝ラウンド 297
ゲリマンダー 110
『権威主義的パーソナリティ』341
検閲 61,72
検閲の禁止 60,77
限界効用価値説 174
限界集落 324
減価償却費（固定資本減耗（引当）分）202,207
兼業農家 267
現金通貨 216,217
健康で文化的な最低限度の生活 71,373
現行犯 89
健康保険 255,373,375
原告 97
検察官 97
検察審査会 97
原子力 326,330
原子力規制委員会 131,328
原子力規制庁 131
原子力基本法 327
原水爆禁止世界大会 150
減税 179,230
憲政の常道 47
建設国債 239
減反政策 269
憲法 22,25,36,82,96
「憲法及び法律にのみ拘束され

る」 95
憲法改正 49,51
憲法改正に関する国民投票法
114,124
憲法裁判所 83,96
憲法審査会 87,90
憲法の最高法規性 25,50
憲法の番人 96
権利 50,97,347,373
権利章典 26
権利の尊重 273
減量経営 251,294
元老 46
言論の自由（表現の自由）
30,60

こ

小池百合子 127
小泉純一郎 123,131
公安条例 60
広域行政 108
合意形成 23
交易条件 311,318
公海 19
公害 192,276
公害健康被害補償法 277
公害国会 277
公開市場操作（オープン＝マーケット＝オペレーション） 219
公開選挙 109
公害対策基本法 277
公害等調整委員会 130
公企業 198
後期高齢者 381
後期高齢者医療制度 384
広義の国民所得 204
公共 65
好況 214,291
公共サービス改革法 108
公共事業関係費 232
公共職業安定所（ハローワーク） 73,355,362
公共投資 177,252
公共投資主導型 247
公共の福祉 57,58,254
拘禁 62
高金利政策 301
合計特殊出生率（TFR）
322,381
合憲 57,59,67,72,359
公債 239
公債金（公債、国債）232,240
耕作放棄地 271
合資会社 198
公私合同企業 198
孔子廟 59
公衆衛生 373,378
工場制機械工業 173
工場制手工業（マニュファクチュア） 173
工場法（一般工場法）（イギリス） 350
工場法（日本） 352

公職選挙法
50,75,104,114,118,126
硬性憲法 50
公正取引委員会
93,95,134,196
公正な競争 9
公正な社会 8
厚生年金 233,374
厚生労働省 387
厚生労働大臣 387
交戦権の否認 48,52
控訴 94
構造改革特区 255
高速増殖炉「もんじゅ」 327
拘束名簿式比例代表制 112
拘置所 64
公聴会 87
交通バリアフリー法 378
公定歩合 219,253
公的所有（社会的所有） 171
公的扶助 370,373
合同会社 198
高度経済成長期（高度成長期）
246,276,348
高度大衆消費時代 180
高度プロフェッショナル制度
363
高年齢者雇用安定法 367
公判前整理手続 98
公費（租税） 378,384
公費負担 371
公布 49
幸福追求権 57,76
公平 62,110,190,234
公法 29,57
後方地域支援活動 55
合法的支配 21
公務員 25,51,114,132
公務員の争議権 31,359
合名会社 198
公明党 121,123,125,126
拷問 63
効用 197
合理化カルテル 196
功利主義 9,28
合理的精神 20
高齢化社会 322,380
高齢社会 322,349,380
コーポレート・ガバナンス 201
コーリン＝クラーク 261
ゴールドプラン 387
ゴールドプラン21 387
小型家電リサイクル法 340
呼吸停止 80
国王大権 35
「国王は君臨すれども統治せず」 35
国債 218,223,239,245
国債依存度 240
国際開発協会（IDA）142,292
国際観光旅客税 261
国際慣習法 137
国際競争力 251

国際協力 139
国際協力機構（JICA） 228
国際刑事裁判所（ICC）
146,165
国際原子力機関（IAEA）
10,152
国際司法裁判所（ICJ）
140,145,165
国際収支 248,281,288
国際収支の天井 247
国際人権規約 31
国際通貨基金（IMF）141,291
国債費 233,240
国際復興開発銀行（IBRD）
292,314
国際紛争当事国 53
国際平和 17
国際平和支援法 56
国際連合（国連）10,139,167
国際連盟 17,138,139
国際労働機関（ILO）
9,138,141,351
国事行為 49,92
国政調査 86
国政調査権 82,86,134
国籍条項 69
国籍法 32,57,70
国籍離脱の自由 57
国選弁護人 62
国土交通省 129
国内企業物価指数 257
国内総支出（GDE） 206
国内総資本形成 207
国内総所得（GDI） 206
国内総生産（GDP）
205,212,317
国内避難民 148,165
国富 211
国民 23,48
国民皆年金 366,374
国民皆保険 366,374
国民健康保険 255,375
国民健康保険法 374
国民国家 136
国民主権 27,48,77
国民所得倍増計画 247
国民生活金融公庫 228
国民生活センター 98,273
国民総支出（GNE） 206
国民総所得（GNI）206,312
国民総生産（GNP）
205,211,312
国民の最低限（ナショナル＝ミニマム） 370
国民投票 23,24,42,50
国民投票法施行権 42
国民投票法 24,50,124
国民年金法 374
国民の協力義務 55
国民の厳粛な信託 48
国民福祉指標（国民純福祉、NNW） 211
国民負担率 239,371

国民保護法 55
国民民主党 127
国務院総理 41
国連開発計画（UNDP） 8,142,212,312
国連海洋法条約 18,136
国連環境計画（UNEP） 141,332
国連教育科学文化機関（UNESCO） 141,143,341
国連緊急軍 146
国連軍 146
国連軍縮委員会（UNDC） 143
国連軍縮特別総会 152
国連憲章第7章 146
国連憲章第6章 146
国連資源特別総会 152,314,326
国連持続可能な開発会議（リオ＋20） 336
国連児童基金（UNICEF） 141,143
国連食糧農業機関（FAO） 141,143
国連待機軍 148
国連中心主義 139,167
国連難民高等弁務官事務所（UNHCR） 141,142,148
国連人間環境会議 332
国連分担金 142
国連兵力引き離し監視軍 147
国連平和維持活動協力法（PKO協力法） 147
国連平和維持活動（PKO） 10,146
国連平和維持軍（PKF） 146
国連貿易開発会議（UNCTAD） 141,143,297,311
国連ユーゴスラビア保護軍（国連ユーゴ保護軍） 147
コジェネレーション（コージェネレーション） 330
児島惟謙 45
55年体制 120
55年体制の終焉 121
55年体制の復活 123
個人情報開示請求権 78
個人情報保護法 78
個人得票 112
個人の自由 11,26
個人の尊厳（個人の尊重） 56
コスト削減 304
コスト＝プッシュ＝インフレ 215,250
護送船団方式 227,254
『国家』 17
国家安全保障会議（日本版NSC） 56,129,131
国会 35,49,73,81,85,92,103,231
国会議員 81,90
国会単独立法の原則 84
国会中心立法の原則 84

国家権力の濫用 26,82
国家公安委員会 93
国家公務員倫理法 132
国家主席 41
国家戦略特区（国家戦略特別区域） 259
国家的利益（国益、ナショナル＝インタレスト） 18
国家賠償請求（国・地方への損害賠償請求） 75,76,337
国家法人説 19
国旗・国歌法 58
国境なき医師団（MSF） 10,34
国権の最高機関 84
国公立の高等学校の授業料の無償化 388
国庫支出金 105
固定為替相場制 291,293,306
古典派経済学 174
こども家庭庁 129,388
子ども手当 388
子どもの権利条約（児童の権利に関する条約） 33,347
コフィ＝アナン 10,148
個別的効力 96
個別的自衛権 52,56
戸別訪問 114
コマーシャリズム 343
コミンフォルム 149
コメコン（経済相互援助会議、COMECON） 149,154
コメの市場開放反対論 270
固有事務 105
御用組合 360
雇用シェアリング 363
雇用者報酬 206,207,210
雇用・設備・債務（3つの過剰） 254,256
雇用の不安定化 304,366
雇用保険 373
雇用保険法 373,375
『雇用・利子および貨幣の一般理論』 177
ゴラン高原 161
ゴルバチョフ 153,172
コロナ＝ショック 240,261,266,320,336,361
コングロマリット 194
混合経済（二重経済） 177
コンセンサス方式 297
コンツェルン 176,193,244
コンドラチェフの波 214
コンパクトシティ 325
コンビナート 194
コンビニエンスストア（コンビニ） 263
コンプライアンス（法令遵守） 203

さ

サービス 170,181
サービス収支 281
在外投票 116

再議 102
罪刑均衡の原則 62
最恵国待遇 296,298
罪刑法定主義 25,46,62,63
財源移譲 106
債権者 216
最高意思決定権 18
最高裁判所 36,49,82,91,94
最高裁判所裁判官の国民審査 49,75,76,83,96
最高裁判所裁判官の任命の保証 49
最高裁判所長官 96
最高裁判所長官の指名 83,91
在庫投資（在庫調整） 214
財産 20,21,28,74,101
財産権 46,64,65,128
財産所得 207
再審 63
財政赤字 20,178,232,252,287,295,301,308
再生可能エネルギー 329
再生可能エネルギー特別措置法 329
財政構造改革法 232
財政国会中心主義（国会財政中心主義、財政民主主義） 231
再生産 170
財政投融資（財投） 233
財政投融資特別会計 233
財政特例法 239
財政の硬直化 241
在宅福祉 378
再チャレンジ支援総合プラン 367
最低限度の生活 376
最低資本金制度 198,199
最低賃金法 352,354
財投債（財政投融資特別会計国債） 233
在日韓国・朝鮮人差別 32
サイバーテロ 160,344
財閥 244,245
財閥解体 196,245
裁判員 98
裁判外紛争解決手続（ADR） 98,273
裁判官 62,97
裁判官の懲戒処分 96
裁判公開の原則 89,97
裁判迅速化法 97
裁判請求権（裁判を受ける権利） 75
裁判を受ける権利 75
歳費特権 89
債務者 216
財務省 129,130,218
裁量労働制（みなし労働時間制） 354
作為請求権 71

395

サッチャー……37,178,226,371
砂漠化……338
砂漠化対処条約……337
サブプライム=ローン……
125,221,302
サプライ=サイド=エコノミックス
（供給側の経済学）……179
サプライチェーン（供給網）……
258,286,304
三六協定……355
差別意識……71
サミット（主要国首脳会議）……
164,295
士商法……275
サリン……166
三角合併……197
参議院……68,84,87,112,125
参議院の緊急集会……88
産業革命……28,173,335
産業競争力強化法……259
産業構造の高度化……261
産業再生機構……255,256
産業集積型企業……265
産業の空洞化……253,256
産業廃棄物……278
産業別労働組合……350
産業別労働組合会議（CIO）……
351
サンケイ新聞事件……77
三権分立……22,83
三公社の分割・民営化……129
サンシャイン計画……327
三者均等型……371
三十年戦争……136
三審制……94
参審制……98
酸性雨……332,338
参政権……26,28,30
産前産後休暇……356
残存輸入制限……298
三ちゃん農業……268
暫定予算……231
サンデル……9
三読会制……35
参入障壁（新規参入障壁）193
三バン……118
サン=ピエール……137
サンフランシスコ平和条約……
54,167
三面等価……207
三面等価の原則……206
三割自治……105

し

CSR（企業の社会的責任）……
203,278
G7（先進7ヶ国財務担当大臣
および中央銀行総裁会議）……
294
GDPデフレーター……213
G20サミット（金融サミット）……
295
C to C……264

自衛……51,145,147
J.S.ミル……28
自衛原則……146
Jターン……367
自衛のための必要最小限度の
実力……51
ジェノサイド条約……32,137
ジェンダー……347
資格商法（士商法）……275
資格争訟の裁判……90
時間外労働の規制……355
私企業……198
死刑廃止条約……31
資源……251,299
資源ナショナリズム……164,326
資源の最適配分……181,191
資源配分……277
資源配分調整……192
資源配分調整機能……229
自己決定権……80
自己資本……201
色丹島……168
自己破産……276
自作農……245
資産インフレ（ストックインフレ）
……253
資産効果……253
資産デフレ（ストックデフレ）
……215
自社株購入権（ストック・オプ
ション）……201
自主財源……105
支出国民所得（NIE）……207
市場開放要求……270
市場価格表示の国民所得……205
市場化テスト……108
市場占有率（マーケットシェア）
……191
市場統合……306
市場の失敗……190
事情判決……68,74
次世代育成支援対策推進法……
387
施設福祉……378
事前運動……113
自然環境保全法……277
事前協議……54,106
自然権……20,27,46,52,56
自然権思想……8
自然失業……179
自然増加率……322
自然独占……191
自然の生存権……339
自然法……20,24,48,66
思想および良心の自由……58
持続可能な開発……331,332
持続可能な開発目標（SDGs）……
204,316,331
下請企業……265
自治事務……102,106
市中消化の原則……241
市町村民税……235
実感なき景気回復……256,259

失業保険法……373
執行命令……92
実質経済成長率212,216,380
実質的平等……66
実質的法治主義……25
実体法……29
実定法……29
質的金融緩和……221
質の高い教育……34
実物資産……197
指定管理者制度……108
児童虐待……348
自動車リサイクル法……340
児童手当……388
児童福祉法……377
ジニ係数……14,212
自由……63,64
地場産業……265
支払準備率（預金準備率）……
219,224
死票……110
私法……29
司法官憲（裁判官）……62
司法権……22,133,341
司法権の独立……22,66,87,95
司法消極主義……53,83
私法の公法化……30
資本……170,176,248
資本移転等収支……282
資本家……170,176
資本収支……281,284,286
資本集約型産業……263
資本主義……65
資本主義経済……170,176
資本装備率……265
資本逃避（キャピタル=フライト）
……241
資本の集積……193
資本の集中……193
市民運動……122
市民革命……26,30
自民族中心主義（エスノセント
リズム）……347
事務局……141
指紋押捺制度……69
指紋採取・照合……80
シャーマン法……193
JICA（国際協力機構）……34
シャウプ勧告……246
社会規範……346
社会契約……20
社会契約説……9,19
社会権……26,
30,46,56,67,71,77,370
社会国家……20
社会参加……20
社会主義経済……171,180
社会主義市場経済……172
社会主義社会……171
社会秩序……17
社会通念……356
社会的格差……9
社会的・経済的弱者……349

社会的責任投資（SRI）……204
社会福祉……373
社会法……29
社会保険……370,373
社会保険庁……130
社会保障……351,370,373
社会保障関係費229,232,234
社会保障給付……229
社会民主党（日本）……125
社債……225
自由
……8,20,22,28,50,157,341
周恩来……151
重化学工業化……261
『自由からの逃走』……341
衆議院……45,
……68,81,84,85,87,112
衆議院議員……96,111,115
衆議院の解散……49,81,83,92
衆議院の指名……86
衆議院の優越……35,87
就業規則……355
就業時間……353
宗教的活動……59
住居の不可侵……77
自由権……19,22,
……26,30,56,58,67,71,77
重工業……192,244,261
自由国家……19
自由国家的公共の福祉……57
自由財……181
私有財産制……65,170
自由主義諸国との協力……167
重症急性呼吸器症候群（SARS）
……156
重商主義……173
終身雇用制……360
終審裁判……95
終審裁判所……96
修正資本主義……171,177,180
修正社会主義……172
修正賦課方式……386
修正予算……231
集積の利益……194
住宅需要……249
住宅扶助……376
集団安全保障方式……137
集団制裁……138,146
集団的自衛権……52,126
集中豪雨的輸出……251
自由で開かれたインド太平洋
……169
12カイリ……18,136
重農主義……174
周辺事態法……55,126
自由貿易……175,279
自由貿易協定（FTA）
……259,304,305
自由貿易体制……281
自由貿易地域……310
自由放任主義……19,174,279
住民運動……277
住民基本台帳ネットワーク（住

基ネットワーク）……79
自由民権運動……44
住民自治……101,116
自由民主党（イギリス）……36
自由民主党（自民党）（日本）
……120,125,126
住民税……106,232,235
住民訴訟……104
住民投票……24,75,103,164
住民投票条例……104
自由、無差別、多角……296
重要影響事態法……55,56
就労ビザ……324
主業農家……267
授業料の無償化……388
熟議民主主義……23
ジュグラーの波……214
熟練工……175,350
主権……18,20,27,
……44,48,136,145,167,306
主権国家……136
首相公選制……49,82
首長……102,103
首長公選制……102
首長の不信任決議……102
恤救規則……373
出店調整……266
出入国管理及び難民認定法
……31,324,369
出入国在留管理庁……324,369
首都機能移転……249
ジュネーヴ軍縮会議（CD）……143
需要……174
需要曲線……181
循環型社会（資源循環型社会）
……332
循環型社会形成推進基本法
……339
純債務国……205
準主業農家……267
シュンペーター……180
上院……36,37
上院優越事項……37
障害者基本法……33,378
障害者権利条約……33,379
障害者雇用促進法……33,379
障がい者差別……33
障害者差別解消法……379
障害者自立支援法……33,379
障害者総合支援法……33,379
障がい者に対する差別禁止規
定……378
常会（通常国会）……88
蒸気機関……180
消極的権利……26,76
証券化……302
証券取引法……227
上告……94
少産少死……322,381
少産多死……322,381
少子化社会対策基本法……387
勝者総取り方式（ウィナー＝
テイク＝オール）……39

上場……199
少数代表制……110
少数党（小政党）……110
常設仲裁裁判所……145
小選挙区……111
小選挙区制……110
小選挙区比例代表並立制
……85,111,122
肖像権……80
譲渡性預金……217
常任委員会……87
証人を求める権利……62
少年犯罪……94
少年法……99
消費……197,204,209,235,253
消費者基本法……273
消費者契約法……275
消費者（購入者）……273,340
消費者裁判手続特例法……275
消費者市民社会……274
消費者主権……273
消費者政策会議……273
消費者庁……129,130,272,274
消費者の4つの権利……273
消費者物価指数……257
消費税……106,121,125,
……126,235,255,388
消費生活センター……273
消費税法……125
消費と投資の減退……253
商品化……170
商品経済……170
上部構造……177
情報化社会……79,342
情報公開制度……66,78,104
情報公開法……78,345
上方弾力化……194
消防庁……130
情報通信技術（ICT）
……180,263,330,346
情報の非対称性……190,274
消滅可能性都市……107
消滅集落……324
条約……137
条約締結権……91
剰余価値……176
条例……75,78,84,101,102
昭和40年不況……247
職業安定法……355
職業訓練……361,371
職業裁判官……98
職業選択の自由……64
職業別の社会保険制度……371
職業別労働組合……350
殖産興業……173,244
食の安全性（食品の安全性）
……272
職能給……360
食品安全委員会……273
食品安全基本法……272
食品リサイクル法……340
職務給……360
食糧安全保障論……270

397

食糧管理制度 268
食糧管理法 268
食料・農業・農村基本法 269
『諸国民の富（国富論）』 11,174
女子差別撤廃条約（女性差別撤廃条約） 69,347,355
女性活躍推進法 356
女性人口 107
女性の自立 34
ショップ制 357
所得格差 14
所得再分配 192,237,386
所得再分配機能 229
所得収支 281,286
所得税 106,229,232,235
ジョブカフェ 367
署名 92
除名 90
署名運動 114
所有 11,21
所有（資本）と経営の分離 200
ジョンソン 37
シリア内戦 166
シリコンバレー 199
尻抜けユニオン 358
知る権利 66,77,78,81,86,126,134,273
新エネルギー 329
新エンゼルプラン 387
新型コロナウイルス感染症（COVID-19） 12,128,148,156,159,187,210,214,220,231,239,260,264,269,278,282,319,348,363,367,372,378,388
審議会 103
審議会方式 354
審議の原理 23
新疆ウイグル自治区 164,166
信教の自由 30,46,58
人権の永久不可侵性 56
人口爆発 321,338
人口ボーナス 323
人口抑制 321,323
新ゴールドプラン 387
新国際経済秩序（NIEO） 314
新国際経済秩序樹立宣言（NIEO宣言） 326
シンジケート 194
新思考外交 153
新自由主義（ネオ＝リベラリズム） 11,20,178,371
人種差別撤廃条約 32,347
新植民地主義 161
新食糧法（食料需給価格安定法） 269
人身の自由（身体の自由） 46,58,61
新START 157
神聖不可侵 27,44
心臓停止 80
信託（委託） 21,48

信託統治理事会 142
新中間層 342
新テロ対策特別措置法 124
人道的介入 142
臣民 45
人民 18,21,22,44
人民元（元） 295
人民元の切り上げ 317
人民主権 21
「人民の、人民による、人民のための政治」 22
神武景気 246
深夜業（深夜労働） 355
新ユーゴスラビア連邦 163
信用創造 224
森林法の共有林分割制限規定 65
新冷戦 152

す

水質汚濁 277
垂直的公平 237
垂直的分業 279,311
水爆 150,159
水平的公平 237
水平的分業 279,311
スーパー301条 254
スエズ運河国有化宣言 161
スエズ動乱（第二次中東戦争） 146,161
スコットランド 24,164
スタグフレーション 215,250,251,257,314
ステレオタイプ 343
ストック 204,211
ストックホルム 332
ストライキ（同盟罷業） 73,357
砂川事件 54
スパイウェア 276
スプロール現象（スプロール化現象） 349
スマートグリッド（次世代送電網） 330
スマートシティ 250
スミソニアン協定 293
スリーマイル島原子力発電所事故 327

せ

聖域なき構造改革 123,131
成果主義 360
生活協同組合 274
生活困窮者自立支援法 377
生活扶助 376
生活保護 73,354,377
生活保護法 376
生活様式（ライフスタイル） 322,342,349
請願権 75
正義 9,17
政教分離の原則 59,60
正規労働者 360
政権交代 125

制限主権論 152
制限選挙 109
生産 197,272
生産過剰 269
生産国民所得（NIP） 206,207
生産資産 211
生産手段 170,176
生産年齢人口 324
生産の無政府性 170
政治改革関連四法 122
政治献金 117,133
政治資金規正法 116
政治資金団体（政治団体） 117
政治的無関心（ポリティカル＝アパシー） 122
政治統合 307,310
成人識字率 8
精神的自由 57,58
製造物責任法（PL法） 122,274
生存権 20,71,72,353,376
生態系（エコシステム） 332
成長戦略 258
成長の限界 324,325,332
「成長より福祉」 378
政党 112,118
政党公認候補者 112
政党助成金 117,119
正当な補償 65
政府 197,223
政府委員制度 91
政府開発援助（ODA） 303,312
政府関係機関予算 231
政府系金融機関 233
政府最終消費支出 207
生物多様性条約 333
政府の失敗 192
政府ファンド 303
成文法 29
性別 74,368
性別役割分担 347,369
生命の南北問題 12
生理休暇 356
勢力均衡（バランス＝オブ＝パワー） 136,137
政令 84,92
政令指定都市 106
政令201号 352
セー 173
セーフガード（緊急輸入制限） 297,317
セーフティネット 349,376
世界遺産 341
世界恐慌（世界大不況） 30,177,214,244,351
世界銀行 292
世界食糧計画（WFP） 10
世界人権宣言 27,30,31,347
世界知的所有権機関（WIPO） 141
世界同時不況 251
世界の工場 172,173

世界貿易機関（WTO）
　　　　173,259,296,317
世界保健機関（WHO）
　　　　142,148
赤十字国際委員会……34
責任……203,331
惜敗率……112
石油……325,330
石油依存型……250
石油危機（オイル=ショック）
　　　　215,221,250,251,
　　　　257,294,315,326
石油戦略……162
石油輸出国機構（OPEC）
　　　　250,314,326
セクシュアル=ハラスメント…356
セクショナリズム（セクト主義、
　なわばり主義）……342
世襲候補者……118
世代間倫理……331
積極的権利……26,71,76
積極的平和主義……56
接続水域……18,19,136
絶対主義（絶対王政）…19,24
設備投資……192,214
説明責任（アカウンタビリティ）
　　　　78,203
セルビア人……163
セルビア=モンテネグロ連邦……
　　　　163
ゼロ=エミッション……278
ゼロ金利政策……221
セン（アマーティア=セン）……
　　　　8,142
全欧安全保障協力会議
　（CSCE）……154
全欧安全保障協力機構
　（OSCE）……155
全会一致……90,138
尖閣諸島……41,169
選挙……22,83
専業農家……267
選挙管理委員会……103
選挙区……112
選挙権……74,109
専決処分……102
全国人民代表大会（全人代）……
　　　　41
全国総合開発計画（旧全総）……
　　　　249
全国農業協同組合中央会
　（JA全中）……120
全国労働組合総連合（全労連）
　　　　360
戦後補償（戦争責任）……312
専守防衛の原則……52
先進国……311,318
先制攻撃の禁止……52
センセーショナリズム……343
先占（無主物先占）……169
『戦争と平和の法』……137
戦争難民……31
戦争放棄……48,51

全体の奉仕者……73,74,359
選挙議定書……31
選択的夫婦別姓制度……67
戦略攻撃戦力削減条約（戦略
　攻撃力削減条約）……155
戦略兵器制限交渉（SALT I）……
　　　　152
戦略防衛構想（SDI）……153
戦力不保持……51

そ

総会……140
臓器移植法……80
相互扶助……349
捜索救助活動……55
総辞職……81,88,93
総需要抑制政策……250
増税……230
総選挙……85
相続税……235
相対的貧困率……14
双方向的……343
総務省……129
総予算……87
贈与比率……312
総攬……45
ソーシャル=ネットワーク…166
SOHO（Small Office Home
　Office）……264,354
遡及処罰の禁止……63
族議員……119
属人主義……205
属地主義……205
素材産業……251,263
Society5.0……346
組織的殺人……61
租税（税金）
　　　　197,371,373,378
ソマリア内戦……165,166
空知太神社……59,104
SALT I……152,159
ソ連…144,150,153,154,159
損益計算書……203
損害賠償……75,357
尊厳死（消極的安楽死）…80
尊属殺重罰規定……68

た

ターリバーン……155,166
第一インターナショナル（国際
　労働者協会）……350
第1号被保険者……385
第一次産業……261,262
第一次所得収支……282
第一次石油危機（第一次オイル
　=ショック）
　　　　162,240,250,314
第1次戦略兵器制限交渉
　（SALT I）……152
第1次戦略兵器削減条約
　（START I）…155,157,159
第一次中東戦争（パレスチナ戦
　争）……146,161

ダイオキシン類……336
対外純資産……204,205,211
対外的独立性（最高独立性）
　　　　18,95
大学の自治……61
待機児童……387
大規模小売店舗法…252,266
対共産圏輸出統制委員会
　（COCOM）……149
第五次全国総合開発計画（五
　全総）……249
待婚期間（再婚禁止期間）…67
第三インターナショナル
　（コミンテルン）……350
第三次産業……
　　　　206,210,261,262
第三次中東戦争……161
第三世界……151
貸借対照表……203
大衆社会……121,341,342
大衆政党……119
大衆民主主義……121
対審……97
対人地雷全面禁止条約…158
大臣政務官……91
大選挙区制……110,111
大胆な金融政策（大胆な金融
　緩和）……258
対等・協力関係……105
大統領……23,35,40
大統領制……23,35,101,102
大統領選挙人……39
対内的独立性……95
第二インターナショナル…350
第2号被保険者……385
第二次国連ソマリア活動…147
第二次産業……261,262
第二次所得収支…282,283,284
第二次石油危機（第二次オイル
　=ショック）……251
第2次戦略兵器削減条約
　（START II）……155
第2次戦略兵器制限交渉
　（SALT II）……153
第二次臨時行政調査会（第二
　臨調）……129
第二の予算……234
大日本産業報国会……352
大日本帝国憲法……44
代表取締役……200
代表の原理……23
対米直接投資……285
対米輸出自主規制……252
太平洋ベルト……249
代用監獄（代用刑事施設）…64
太陽光……329
第四次中東戦争……162,250
第四の権力……341
大量消費文化……342
大量生産……121,180,326
多角の原則……296
兌換紙幣……217
滝川事件……47

399

竹島（独島）………………145,169
多元的国家論………………17
多国籍企業化………………292
多国籍軍………………146,147,148
多産少死型………………321,322
多産多死型………………321,322
多重債務問題………………276
多数決の原理………………23,28
多数代表制………………110
多党化（大政党）………………181,244
タックス=ヘイブン（租税回避
　地）………………172,305,315
脱工業社会（脱工業化社会）
　………………263
多党化………………121
田中角栄………………121,168,250
田中正造………………276
ダニエル=ベル………………263
他人資本………………201
他人に知られない権利………………81
タフト=ハートレー法………………351
多文化主義（マルチカルチュラ
　リズム）………………347
弾劾………………38,95
弾劾裁判所………………82,83
短期資金………………220
団結禁止法………………350
団結権………………73,351,353,357
談合………………132,197
単純再生産………………173
男女共同参画………………128
男女共同参画社会………………347
男女共同参画社会基本法
　………………33,69,368
男女共同参画推進法………………356
男女雇用機会均等法
　………………32,69,355,369
男女同一賃金の原則………………353
男女の賃金格差………………368
男女両性の本質的平等………………67
団体委任事務………………105
団体交渉………………357
団体交渉権………………73,351,353
団体行動権（争議権）
　………………73,353,359
団体自治………………101
弾道弾迎撃ミサイル（ABM）
　制限条約………………155

ち

治安維持法………………352
治安警察法………………352
治安立法………………46
地域経済活性化支援機構………………256
地域社会（コミュニティ）………………349
地域保健法………………378
小さな政府
　………………11,19,177,178,229,239
チェコスロバキア………………151
チェチェン紛争………………164
チェルノブイリ原子力発電所
　事故………………258,327
地球温暖化………………332

地球サミット………………331,332
地産地消………………272,325
知識集約型産業………………263
地租改正………………244
窒素酸化物（NOx）………………337
知的財産基本法………………79
知的財産権………………79,297,344
知的財産高等裁判所………………94,344
地熱………………329
チベット………………166
地方区………………111
地方交付税交付金………105,231
地方裁判所………………94,99
地方自治の本旨………………100
地方自治法………………75,100,104
地方消費税………………106,235
地方税………………102,105,246
地方選挙………………69
地方創生………………325
地方特別法（地方自治特別法）
　………………103
地方分権一括法………………105
地方分権推進法………………105
チャーチル………………139,149
チャーティスト運動………28,350
チャタレー事件………………60
中央銀行………………219
中央省庁のスリム化………129,232
中核市………………107
中間生産物………………205
中間選挙………………39
仲裁………………358
中小企業基本法………………265
中小企業庁………………266
抽象的審査制………………83,96
中選挙区制………………111
中東の春（アラブの春）………………165
中東和平会議………………162
中東和平ロードマップ………………163
中立性………………147
中流意識………………342
超過供給………………181
超過需要………………181,215
長期融資………………292
長距離越境大気汚染条約………337
調査・審問………………358
長時間労働………………362
調整インフレ論………………215
調整的正義………………17
朝鮮戦争………………145,150
朝鮮特需………………246
超然内閣………………46
直接金融………………202,225
直接税………………234
直接選挙
　………23,39,41,42,49,101,109
直接選挙制………………101
直接民主制………………21,22,75
著作権………………94
貯蓄………………197
貯蓄性向（貯蓄率）………………247
貯蓄・投資（I・S）バランス………………252

直系家族（世代家族）………………348
地理上の発見………………175
賃金………………197,353

つ

追加予算………………231
通常裁判所………………83,96
通常選挙………………85
通信の秘密………………61,77
通信傍受法………………61,123
津地鎮祭訴訟………………59
ツチ族………………165
つぼ型………………321
積立方式………………386

て

抵抗権（革命権）………………21,44
帝国議会………………48
帝国主義戦争………………176
ディスクロージャー（情報開
　示）………………200
停戦監視団………………146
停戦合意………………147
ディマンド=プル=インフレ………………215
定率負担制………………384
手形………………218
敵国条項………………139
テクノクラート………………342
テクノストレス………………344
デジタル庁………128,129,346
デジタル=デバイド（情報格差）
　………………264,345
デタント（緊張緩和）………………150
鉄工組合………………352
哲人政治………………17
手続法………………29,30
鉄のカーテン………………149
鉄のトライアングル………………133
デファクト=スタンダード………………194
デフォルト（債務不履行）………315
デフレーション（デフレ）
　………215,222,254,256,
　257,258,290,380
デフレ=スパイラル
　………215,254,256,258,259
デモンストレーション効果………………195
デリバティブ………………301
テロ対策………………80
テロ対策特別措置法………55,124
テロリズム（テロ）………………160
電子商取引（eコマース）………263
電子投票制………………114
電子マネー………………263
天然資源に対する恒久主権
　………………314,326
天皇………19,44,46,48,89,96
天皇機関説………………19,47
電力………………180,328

と

ドイモイ（刷新）………………172
同意原則………………146
同一報酬（同一賃金）………………351

同一労働・同一賃金 366	トリクルダウン理論 179	二重構造 265
東海村 327	取締役会 200	二重国籍 57
同化政策 164	TRIPs協定 298	2040年問題 381
東京地方裁判所 95,196	努力義務規定 356	日銀政策委員会 219
東京=ラウンド 297	トルーマン=ドクトリン 149	日銀引き受け 241
投資 177,199,204,253	ドル=ショック(ニクソン=ショック) 250,293	日米安全保障条約 54,167
投資収支 281	トレーサビリティ 272	日米ガイドライン(日米防衛協力のための指針) 54
同時多発テロ(9・11同時多発テロ) 155,255,361	トレード・オフ 209	日米共同防衛義務 54
党首討論制 36,90	ドント方式 113	日米構造協議 232,252
統帥権 45		日米地位協定 54
東大ポポロ劇団事件 61	**な**	日米貿易協定 300
統治権 18	内外価格差 252	日米貿易摩擦 285,318
統治行為論 53,54,66,74,83	内閣 22,43,46,85,90,96,133,196,231	日米包括経済協議 254
道徳 346	内閣人事局 129,133	日露戦争 244
東南アジア諸国連合(ASEAN) 309	内閣信任・不信任決議 83	日韓基本条約 168
投票の秘密 77	内閣総理大臣 49,53,81,88,90,91,92,93,196,359	日ソ共同宣言 139,167
道府県民税 235	内閣総理大臣の指名 83,86	ニッチ産業 266
東方外交 139	内閣提出法案 92,134	日中共同声明 168
同盟国 56	内閣の権限 91,92	日本維新の会 127
道路特定財源の一般財源化 238	内閣の首長 91	日本銀行総裁(日銀総裁) 219
道路特定財源の暫定税率 124	内閣の助言と承認 49,92	日本銀行(日銀) 218,241
道路四公団 132	内閣府 129,130,273,274,387	日本経済団体連合会(経団連) 120
同和対策事業特別措置法 70	内閣不信任決議 81,87	日本社会党 120
ドーナツ化現象 349	内国民待遇 296	日本政策金融公庫 228
ドーハ=ラウンド 259,298,300	内需主導 246,254	日本年金機構 130
トービン税 302	内部留保(利益剰余金) 202,225	日本郵便株式会社 131
特殊法人 131,178,255	中江兆民 44	日本労働組合総連合会(連合) 120,352,360
独占 191	中曽根康弘 53,129	200カイリ 18,326
独占・寡占市場 190,194	長沼ナイキ基地訴訟 54,78	日本・EU経済連携協定(日欧EPA) 300
独占禁止法 95,134,196,228,245,252,273	名古屋議定書 333	日本国および国民統合の象徴 49
独占資本 176	ナショナリズム 160	日本国憲法 27,48
独占資本主義 176,244	ナショナル=トラスト 104,338	日本列島改造論 250
特定財源 105,237	ナセル 161	入関手続の複雑化(検疫手続の複雑化) 280
特定商取引法 274	NATOの東方拡大 154	ニューサンシャイン計画 327
特定の利益の実現 119	NATO・ロシア理事会 155	ニュー=ディール政策 178,351
特定秘密保護法 78,126	7条解散 89,92	任意投票制 109
特別委員会 87	南南問題 315	人間開発指数(HDI) 8,142,212
特別会計 231	南米南部共同市場(メルコスール) 309	人間環境宣言 332
特別会(特別国会) 88	南北朝鮮(大韓民国、朝鮮民主主義人民共和国) 139	人間中心主義 339
特別協定 146	難民 142,148,165,304	人間に値する生活(人たるに値する生活) 29
特別抗告 95	難民条約(難民の地位に関する条約) 31,314	人間の安全保障 8,143,313
特別裁判所 45,94		認定こども園 387
特別引出権(SDR) 292	**に**	
特別法 30	2・1ゼネスト 352	**ね**
匿名性 345,349	新潟水俣病 276	ネオ=コンサバティズム 20,178
独立行政法人 131	ニース条約 306	ネガティブ=オプション(送りつけ商法) 275
独立国家共同体(CIS) 40	NIES(新興工業経済地域) 309,315	ネガティブ=コンセンサス方式 297
都市・生活型公害 277	ニート 361	ねじれ国会 87,121,125,126
土地基本法 254	二院制 22,84	熱帯林(熱帯雨林) 338
土地収用法 65	2回投票制 42	ネルー(ネール) 151
ドッジ=ライン 246	ニクソン 38,293	年金積立金管理運用独立行政法人(GPIF) 259,378
トマス=マン 174	二酸化炭素(CO_2) 328,330	年金への物価スライド制 378
トマ=ピケティ 9	二次エネルギー 329	
都民ファーストの会 127	21世紀の世界の工場 172	
ドメスティック・バイオレンス防止法(DV防止法) 71		
トラスト 176,193		
トランプ 38,40,154,159,162,280,300,308,371		

401

年功序列型賃金制……360
年次有給休暇……354
燃料電池……330

の

農外所得……267
農業協同組合（農協）……120
農業者戸別所得補償制度……271
農業所得……267
農業生産責任制（農業生産請負制）……172
脳死……80
濃縮ウラン……327
納税の義務……49
農村人口の減少……268
農地改革……245
農地中間管理機構法……271
能動的権利……26,76
ノーベル平和賞……10,34,157,336
ノーマライゼーション……348,379
野田佳彦……87,125
ノンバンク……220

は

ハーグ条約……33
バーゼル条約……337
パーソナル＝コミュニケーション……343
バーチャル＝リアリティ……344
パートタイム労働法……365
ハートビル法……378
廃案……93
ハイエク……178
バイオ燃料……303
バイオマス（生物資源）……329
排出権取引（排出量取引）……334
排出総量……278
陪審制……98
排他的経済水域（EEZ）……18,19
排他的取引慣行 196,252,280
配当……199
ハイパー＝インフレ……215
配分的正義……17
パグウォッシュ会議……10,157
派遣先企業……364
派遣労働者……366
橋下徹……127
橋本龍太郎……115,123
羽田孜……122
働き方改革関連法……363
発議……50,92,126
発券銀行……218
発光ダイオード（LED）……330
発展途上国（開発途上国）……143,311,318,333
鳩山由紀夫……55,125
派閥……119,123
パブリシティ権……80
パブリック＝コメント……135
バブル……211
バブル景気……14,253,287
バブル経済……254

歯舞群島……168
ハマーショルド……148
原敬……47
バリアフリー……378
バリアフリー新法……378
パリ協定……335
パリ憲章……154
バルディーズの原則……338
バルト三国……139
パレスチナ解放機構（PLO）……161
パレスチナ暫定自治協定（オスロ合意）……162
パレスチナ難民……161
パワーハラスメント防止法（パワハラ防止法）……356
パワー＝ポリティクス（力の政治、権力政治）……136
潘基文（パンギムン）……148
反ケインズ主義……20,178,230
犯罪被害者救済制度……99
犯罪被害者等基本法……99
汎セルビア主義……163
ハンディキャップ……377
半導体……251
販売時点管理システム（POSシステム）……263
判例法……29,36
販路説……173

ひ

PFI制度（プライベート・ファイナンス・イニシアティブ制度）……108
B to C……264
B to B……264
ヒエラルキー……342
被害者参加制度……100
非価格競争……195
比較生産費説……175,279
非核地帯条約……157
比較年次の名目GDP……213
東アジア地域包括的経済連携（RCEP）……309
東ティモール……140,166
東日本大震災……125,131,240,246,258,286,320,327
非関税障壁……280,297
ビキニ環礁……150
非金融資産……211
非軍事的措置……146
ピケティング……73,357
非行……95
非拘束名簿式比例代表制……112
非自発的失業……178
批准……92
批准書……92
ビスマルク……370
非正規雇用……256,366
非正規雇用者（非正規労働者、非正規雇用労働者、非正社員）……360,365,366
非石油依存型……250

被選挙権……26,74,109
非嫡出子……70
ビッグデータ……180,345
必要最低限の実力の行使……52
非同盟諸国首脳会議……151
ヒトゲノム……81
ひとり親世帯臨時特別給付金……388
ひとりっ子政策……324,383
秘密会……89
秘密選挙……74,109
罷免……49,74
ひも付き援助（タイド＝ローン）……312
表現の自由……60,61,77
費用逓減産業……191
平等……8,212
平等権……56,67
平等選挙……28,74,109
ビルト＝イン＝スタビライザー……230
比例税……235
比例代表区……111
比例代表制……111
貧困からの自由……29
貧富の差……170,212,304

ふ

ファシズム……30,47,161
フィスカル＝ポリシー（補整的（伸縮的）財政政策）……230
フィッシング……276
フィラデルフィア宣言……352
フィルタリングサービス……344
フィンテック（finTech）……264
プーチン……41
フードマイレージ……272
フェアトレード……311
フェイクニュース……345
付加価値税……235
付加価値総額……206
賦課方式……386
不換紙幣……217
不起訴……64,97
武器輸出三原則……53,126
不況……171,214,254,256,258,314
不況カルテル……196
副業的農家……267
複合汚染……272
複合家族（拡大家族）……348
複合不況……253
福祉元年……378
福祉国家（積極国家）……20,57,178,370,373
福祉国家的公共の福祉……57
福島第一原子力発電所事故（福島第一原発事故）……125,131,258,327
副大臣……91
福田康夫……124
父系血統主義……32,69
富国強兵……173,244

不在者投票 116
富士山型（ピラミッド型）321
不熟練工 175
不信任 38
不信任決議 40,93,102
婦人年金権 374
不戦条約（ブリアン=ケロッグ条約）138
不逮捕特権 89
付託 145
双子の赤字 179,252,287,301
普通教育を受けさせる義務 72
普通選挙 28,74,109
普通選挙運動 30
普通選挙権 46,350
復活当選 112
物価スライド制 378
物価変動 386
物価や景気の変動 171
復興金融金庫 245
復興金融金庫債 245
復興庁 91,129,131
ブッシュ（父）40,153
ブッシュ=ドクトリン 156
普天間基地 55,125
不当労働行為 73,357
不平等選挙 109
不平等な扱い 8
部分開放 271
不文憲法 29,36
部分的核実験禁止条約（PTBT）152,154
不文法 29
父母両系血統主義 32,69
プライス=リーダー 194
プライバシーの権利 61,77,344
プライマリーバランス（PB）240
ブラウン 37
部落差別 70
プラザ合意 252,257,285,294,301,316
ブラジル通貨危機 302
プラスチック資源循環促進法 340
Black Lives Matter (BLM) 34
プラットホームビジネス 305
プラハの春 151,153
フランクリン=ローズヴェルト 30,139,178
フランス人権宣言 21,22,27
「フリー（自由）・フェア（公正）・グローバル（国際化）」226
フリーター 360
BRICS 303,313
BRICS銀行（新開発銀行）295
ブリッジバンク（つなぎ銀行）227
不良債権 225,227,254

武力攻撃事態対処法 55
プルサーマル計画 328
ふるさと納税 108
フルシチョフ 150
ブレア 37,371
フレックス=タイム制 354
ブレトン=ウッズ体制（旧IMF体制）291
プレビッシュ報告 311
フロー 204,211
プログラム規定説 72,373,377
ブロック経済圏 244,281,295
ブロックチェーン 264
プロテスタント 164
フロム 341
プロレタリア革命（プロレタリアート革命）177
プロレタリア独裁（プロレタリアート独裁）171
フロンガス（CFC）332
文化相対主義 347
分限裁判 95
分配国民所得（NID）206
文民統制（シビリアンコントロール）53,91

へ

兵役 45
ペイオフ解禁 227
平均寿命 323
平均余命 8
平成景気（バブル景気）252,360
平成の大合併 107
平成不況（バブル不況）253
米中貿易戦争 304
ヘイトスピーチ対策法 71
平和安全法制整備法 56
平和共存 150
平和原則14カ条（14カ条の平和原則）138
平和五原則 151
平和執行部隊 147,165
平和十原則 151
平和主義 48
平和的生存権 78
「平和のための結集」決議 145
ベーシック=インカム（基礎所得保障）377
ベーシック=ヒューマン=ニーズ（BHN）9
ベースロード電源 328
ヘッジファンド 301,303
ペティ=クラークの法則 261
辺野古 55
ベバリッジ報告（ビバリッジ報告）370
ヘルシンキ宣言 154,333
ベルリン危機（第一次ベルリン危機）149
ベルリンの壁 154
ペレストロイカ 153,172

変形労働時間制 354
弁護人 62,97
ベンサム
ベンチャー企業（ベンチャービジネス）199,266
ベンチャーキャピタル 199
ベンチャーファンド 259
変動為替相場制 288,293

ほ

保安隊 51
保育所 387
法案提出権 38
防衛装備移転三原則 53,126
防衛大臣 53,91
貿易依存度 317
貿易差額主義 174
貿易収支 179,252,258,281,317
貿易制限の撤廃 296
法科大学院（ロースクール）100
包括的核実験禁止条約（CTBT）154
放棄（全面譲渡）20
放射性セシウム 272
放射性廃棄物 326,327
放射能汚染 326
法人税 232,235
法人の参入（株式会社の参入）271
法曹一元論 100
法定時間外労働 354
法定受託事務 106
法定手続の保障 62,134
法定得票数 115
法テラス（日本司法支援センター）100
法の支配 24
『法の精神』22
法の下の平等 25,46,66
防貧政策 370
報復関税 304,317
訪問販売法 274
法律 46,51,86,96,100,346
法律の拒否権 92
法律の執行権 91
法律の留保 25,46
ボーダレス化 300
保革共存政権 42
保革伯仲 121
北緯38度線 150
北米自由貿易協定（NAFTA）299,304,308
補欠選挙 85
ボゴール宣言 309
保護主義 304,310
母子及び父子並びに寡婦福祉法 377
ポジティブ=アクション（アファーマティブ=アクション）33,69
補足性の原理 376

403

保守合同 120
保守政党 120
保守党（イギリス） 36
補償 63
補償権 63
補助金（政府補助金）
　　　　　105,205,374
ポストハーベスト 272
ボスニア＝ヘルツェゴヴィナ 163
補正予算 231,242
細川護熙 122
北海道旧土人保護法 32
ポツダム宣言 167
ホッブズ 19,20
北方ジャーナル事件 61
北方領土 169
骨太の方針 130
輔弼機関 45
ホフマンの法則 261
ホメイニ 162
ポリアーキー 23
ポリシー＝ミックス 230
ポリス的動物（社会的動物、
　政治的動物） 17
ホルムズ海峡 162
本源的蓄積 175
香港 166,172,309

ま

マーシャル＝プラン 149
マーストリヒト条約（欧州連合
　条約） 306
マイナス金利 223
マイナス成長 250,255,261
マイノリティ（少数者） 347
前川レポート 252
マグナ・カルタ（大憲章） 25
マクロ経済スライド 386
マス＝メディア 121,341,342
マッカーサー 48
マッカーサー三原則 48
マッカーサー草案（GHQ 草
　案） 48
マックス＝ウェーバー 342
マニフェスト（政権公約）
　　　　　118,125,232
マネーストック 216,217,288
マネタリーベース（ベースマネー、
　ハイパワードマネー） 222
マネタリズム 179,180
マララ＝ユスフザイ 10,34
マルクス 171,176
マルサス 175,321
マルタ島 153
マルチ商法（マルチまがい商
　法） 275

み

三菱樹脂事件 58
みなし否決 124
水俣病 276
南スーダン 140,165
ミニマム＝アクセス（最低輸入

量） 271
箕面忠魂碑訴訟 59
美濃部達吉 19,47
宮澤喜一 88,121
ミレニアム開発目標（MDGs）
　　　　　9,315
民間最終消費支出 210
民間設備投資 246
民事裁判 29,97
民事訴訟法 29
「民主・自主・公開」 327
民主主義 43,60,83,100
民主的権力集中制（民主集中
　制、権力集中制） 23,40,41
民主党（アメリカ） 39,40
民主党（日本） 123,125,126
民進党 127
民族自決 138,139
民族浄化（エスニック＝クレン
　ジング） 163
民定憲法 44
民法 65,67,75,278,348

む

ムーンライト計画 327
無過失責任の原則 278
無過失損害賠償責任 274
無罪の推定 62
無差別の原則 296
無担保コールレート翌日物
　　　　　219,221
無党派層 122
ムハマド＝ユヌス 10,34
村山富市 115,123

め

名望家政党 119
名目経済成長率 212,216
名誉革命 26
メインバンク 194,228
メガバンク 226
メガロポリス（巨帯都市） 349
メタンハイドレート 329
メディア＝リテラシー（情報リテ
　ラシー） 344
メドベージェフ 41,157
メトロポリス（巨大都市） 349
メルケル 42

も

黙秘権 63
モザンビーク内戦 166
持株会社（金融持株会社）
　　　　　194,196,226
持分会社 198
モノカルチャー経済構造 311
「もはや戦後ではない」 246
問責決議 87
モンテスキュー 22
モンテネグロ 140
モントリオール議定書 333

や

焼畑移動農耕 338
薬事法の薬局距離制限規定
　　　　　64
約束手形 218
夜警国家 19
靖国神社 59,60
雇い止め 366
野党 90

ゆ

唯一の立法機関 84
唯物史観（史的唯物論） 177
友愛会 352
有価証券 199
有形資産 216
有限会社 198
有効求職者数 362
有効求人倍率 362
有効需要 20,177,178
有事法制 55
郵政民営化 119,123,131
Uターン 367
郵便法 76
ユーロ（EURO） 306
雪解け 150
輸出依存度 317
ユニオン＝ショップ 358
ユニバーサルデザイン 378
輸入依存度 317
輸入インフレ 215
輸入代替工業化 280
輸入デフレ 216
ユビキタス社会 343
「夢をつむぐ子育て支援」 260
「ゆりかごから墓場まで」 370

よ

要介護認定 384,385
容器包装リサイクル法
　　　　　278,339
要素費用表示の国民所得
　　　　　205,207
預金業務（受信業務） 223
預金通貨 216,217
預金保険制度 227
吉野作造 47
四日市ぜんそく 276
四つの自由 30
与党 90
世論 83,118,341,343
4巨頭首脳会談 150
四大財閥 244

ら

ラウンド交渉（多国間交渉）
　　　　　296
拉致問題 168
ラッセル 157
ラッダイト運動（機械打ち壊し
　運動） 350
ラッファー曲線 230

ラムサール条約⋯⋯⋯⋯⋯337

り

リーマン=ショック⋯⋯⋯⋯125,
　　202,216,221,240,256,
　　257,286,287,295,302,
　　320,360,366
リーマン=ブラザーズ⋯256,302
リヴァイアサン⋯⋯⋯⋯⋯⋯20
利益集約機能⋯⋯⋯⋯⋯⋯118
利益媒介機能⋯⋯⋯⋯⋯⋯118
リカード⋯⋯⋯⋯174,175,279
リクルート事件⋯⋯⋯⋯⋯121
リコール⋯⋯⋯82,102,103
利己心⋯⋯⋯⋯⋯⋯11,174
リサイクル (Recycle)⋯⋯339
利潤⋯⋯⋯⋯⋯⋯170,197
リスケジューリング⋯⋯⋯315
リスト⋯⋯⋯⋯⋯175,280
リストラクチャリング(リストラ)
　⋯⋯⋯⋯203,227,360
リスボン条約⋯⋯⋯⋯⋯307
立憲君主制⋯⋯⋯⋯35,47
立憲民主党⋯⋯⋯⋯⋯127
立法⋯⋯⋯⋯⋯⋯⋯⋯57
立法権⋯⋯⋯22,85,133,341
立法国家⋯⋯⋯⋯19,133
リデュース (Reduce)⋯⋯339
リバタリアニズム(自由至上主
　義)⋯⋯⋯⋯⋯⋯9,11
リフレ政策 (リフレーション政
　策)⋯⋯⋯⋯⋯⋯⋯222
リプロダクティブ=ヘルス / ライ
　ツ⋯⋯⋯⋯⋯⋯⋯⋯323
リユース (Reuse)⋯⋯⋯339
留置場⋯⋯⋯⋯⋯⋯⋯64
流通 (交換)⋯⋯⋯217,272
流通革命⋯⋯⋯⋯⋯⋯264
流通コスト⋯⋯⋯⋯⋯⋯216
流通通貨量⋯⋯⋯⋯⋯215
流動性ジレンマ論⋯⋯⋯292
領域 (領土・領海・領空)
　⋯⋯⋯⋯⋯⋯⋯18,136
両院協議会⋯⋯⋯⋯⋯⋯86
領海⋯⋯⋯⋯18,19,136
領空⋯⋯⋯⋯18,19,136
量刑⋯⋯⋯⋯⋯⋯⋯⋯98
良心⋯⋯⋯⋯⋯⋯⋯⋯95
両性の合意⋯⋯⋯⋯⋯⋯67
両性の本質的平等⋯⋯⋯67

量的金融緩和⋯⋯⋯⋯⋯220
量的・質的金融緩和⋯⋯⋯222
離陸期 (テイク=オフ)⋯⋯180
臨界⋯⋯⋯⋯⋯⋯⋯⋯327
臨時会 (臨時国会)⋯⋯⋯88

る

累進課税⋯⋯⋯⋯229,237
累進税⋯⋯⋯⋯⋯⋯⋯235
累積債務問題⋯⋯⋯302,315
ルーブル合意⋯⋯⋯⋯⋯294
ルソー⋯⋯⋯⋯⋯⋯19,21
ルワンダ内戦⋯⋯⋯⋯⋯165

れ

レアメタル⋯⋯⋯⋯⋯⋯340
例外なき関税化 (包括的関税
　化)⋯⋯270,271,296,297
令状⋯⋯⋯⋯⋯⋯61,62
冷戦終結宣言⋯⋯⋯⋯⋯153
冷戦 (冷たい戦争)
　⋯⋯271,279,283,287
レイチェル=カーソン⋯⋯332
レーガン⋯⋯40,153,301,371
連座制⋯⋯⋯⋯⋯⋯⋯115
連帯責任⋯⋯⋯⋯82,83,93
連邦大統領⋯⋯⋯⋯⋯⋯42
連立内閣⋯⋯⋯⋯⋯⋯122

ろ

労使協調主義⋯⋯⋯⋯⋯352
労使対等の原則⋯⋯353,357
老人福祉法⋯⋯⋯⋯377,384
老人保健法⋯⋯⋯⋯⋯384
労働⋯⋯170,171,176,197,362
労働委員会⋯⋯⋯⋯⋯358
労働価値⋯⋯⋯⋯⋯⋯175
労働価値説⋯⋯⋯⋯⋯171
労働関係調整法⋯⋯352,353
労働騎士団⋯⋯⋯⋯⋯351
労働基準監督署⋯⋯⋯355
労働基準法⋯66,352,353,362
労働基本権⋯⋯⋯⋯71,353
労働協約⋯⋯⋯⋯353,357
労働組合⋯⋯⋯245,352,353
労働組合員⋯⋯⋯⋯73,357
労働組合会議 (TUC)⋯⋯350
労働組合期成会⋯⋯⋯352
労働組合法⋯⋯⋯⋯73,352
労働契約⋯⋯⋯⋯353,355

労働三権⋯⋯⋯73,353,359
労働時間⋯⋯⋯⋯⋯⋯362
労働者⋯⋯⋯170,176,354
労働者協同組合法(労働者協
　組法)⋯⋯⋯⋯⋯⋯363
労働者災害補償保険 (労災保
　険)⋯⋯⋯⋯⋯⋯⋯375
労働者派遣法(労働者派遣事
　業法)⋯⋯⋯⋯355,364
労働条件の最低基準⋯⋯353
労働審判制度⋯⋯⋯⋯358
労働争議の予防と解決⋯⋯358
労働党 (イギリス)⋯⋯36,37
労働の疎外⋯⋯⋯⋯⋯176
労働力⋯⋯⋯73,170,176,249
労働力人口⋯⋯⋯⋯⋯361
老年人口比率⋯⋯322,380
老老介護⋯⋯⋯⋯⋯⋯348
ローマ=クラブ⋯324,325,332
ロールズ⋯⋯⋯⋯⋯⋯⋯9
ローレンツ曲線⋯⋯13,212
六次産業化⋯⋯⋯262,271
ロシア金融危機⋯⋯⋯⋯302
炉心溶融 (メルトダウン)⋯327
ロッキード事件⋯⋯⋯86,121
ロック⋯⋯⋯⋯19,20,22
ロックアウト⋯⋯⋯73,357
ロッチデール⋯⋯⋯⋯⋯274
ロビイスト⋯⋯⋯⋯⋯⋯119
ロヒンギャ⋯⋯⋯⋯⋯⋯165
ロンドン条約(ロンドン海洋投
　棄条約)⋯⋯⋯⋯⋯337
ロンバート型貸出制度⋯⋯220

わ

ワーキング・プア⋯⋯⋯366
ワークシェアリング⋯⋯362
ワーク・ライフ・バランス
　⋯⋯⋯⋯264,362,363
ワーケーション⋯⋯⋯⋯363
「我が国と郷土を愛する」態度
　⋯⋯⋯⋯⋯⋯⋯⋯58
ワグナー法⋯⋯⋯⋯⋯351
ワシントン条約⋯⋯⋯⋯338
忘れられる権利⋯⋯⋯⋯79
ワルシャワ条約機構 (WTO)
　⋯⋯⋯⋯⋯⋯149,154
湾岸戦争⋯⋯⋯⋯147,148
ワンクリック詐欺⋯⋯⋯276

MEMO

●2023年度「大学入学共通テスト」出題科目・試験時間など
【試験実施予定日】2023年1月14日(土)、15日(日)

教科	出題科目	試験時間(配点)	科目選択の方法
「地理歴史、公民」	世界史A 世界史B 日本史A 日本史B 地理A 地理B 現代社会 倫理 政治・経済 倫理, 政治・経済	【1科目選択】 60分(100点) 【2科目選択】 130分(200点)※1	最大2科目 受験可※2
国語	国語	80分(200点)	
外国語	英語 ※3 ドイツ語 ★ フランス語 ★ 中国語 ★ 韓国語 ★	【リーディング】(英語) 80分(100点) 【リスニング】 (英語のみ) 60分(100点)※4	1科目選択 ★の科目の問題冊子の配付を希望する場合は、出願時に申し出る。
理科①	物理基礎 化学基礎 生物基礎 地学基礎	【2科目選択】※5 60分(100点)	A ①から2科目 B ②から1科目 C ①から2科目及び 　②から1科目 D ②から2科目
数学①	数学Ⅰ 数学Ⅰ・数学A	70分(100点)	1科目選択
数学②	数学Ⅱ 数学Ⅱ・数学B 簿記・会計 ★ 情報関係基礎 ★	60分(100点)	1科目選択 ★の科目の問題冊子の配付を希望する場合は、出願時に申し出る。
理科②	物理 化学 生物 地学	【1科目選択】 60分(100点) 【2科目選択】 130分(200点)※1	A ①から2科目 B ②から1科目 C ①から2科目及び 　②から1科目 D ②から2科目

※1 「地理歴史、公民」及び理科②において2科目を選択する場合は、各科目60分ずつ試験時間を設けるが、第1解答科目・第2解答科目の間に答案回収等を行うために必要な時間10分を加え、試験時間を130分とする。
※2 地理歴史は、同一名称のA・B出題科目、公民は、同一名称を含む出題科目どうしの選択はできない。(例:×世界史Aと世界史B、×倫理と倫理, 政治・経済)
※3 外国語において「英語」を選択する受験者は、原則として、「リーディング」と「リスニング」の双方を回答する。(それ以外の外国語を選択する場合:【筆記】80分(200点))
※4 リスニングの実質解答時間は30分だが、解答開始前に受験者に配付したICプレイヤーの作動確認・音量調節を受験者本人が行うために必要な時間を加え、試験時間を60分とする。
※5 理科①については、1科目のみの受験は認められない。(2科目必須)

「公民」は、時事にかかわる事項に日々接することで学習が進みます。知らないことが出たら教科書や資料集にあたり、基本知識や理論(制度・仕組み)と結び付けるようにしましょう。国際分野は、地図帳やインターネットの地図サイトを参照し、地理的な情報を頭に入れた上で、どのようなことが原因や理由になっているのかを考えながら学習するとよいでしょう。東進の「共通テスト本番レベル模試」は、入試本番の出題を想定した形式と内容となっているので、学習の進み具合を測る「ものさし」として、試験当日の予行演習として、ぜひ受験してみましょう(詳細はQRコードからアクセス!)

大学受験 一問一答シリーズ
政治・経済一問一答【完全版】3rd edition

発行日：2021 年 7 月 21 日　初版発行
　　　　2022 年 5 月 30 日　第 3 版発行

著　者：清水雅博
発行者：永瀬昭幸
発行所：株式会社ナガセ
　　　　〒180-0003　東京都武蔵野市吉祥寺南町 1-29-2
　　　　出版事業部（東進ブックス）
　　　　TEL：0422-70-7456 ／ FAX：0422-70-7457
　　　　www.toshin.com/books（東進WEB書店）
　　　　※本書を含む東進ブックスの最新情報は、東進WEB書店をご覧ください。

編集担当：倉野英樹

編集協力：佐藤恵光　鈴木希　山下芽久　Nogy-Z
カバーデザイン：LIGHTNING
本文デザイン：東進ブックス編集部
本文イラスト：近藤恵子
DTP・印刷・製本：シナノ印刷株式会社

※本書を無断で複写・複製・転載することを禁じます。
※落丁・乱丁本は東進WEB書店 <books@toshin.com> にお問い合わせください。古書店等で本書を入手されている場合は、お取り替えできません。なお、赤シート・しおり等のお取り替えはご容赦ください。

©SHIMIZU Masahiro 2021　Printed in Japan
ISBN978-4-89085-867-5　C7330

東進ブックス

編集部より

この本を読み終えた君に オススメの3冊！

共通テスト「政治・経済」対策問題集。オリジナル問題4回を収録。著者のワンポイント解説動画付！

共通テスト「英語リーディング」対策問題集。オリジナル問題3回と本試験2回を収録。著者のワンポイント解説動画付！

共通テスト「英語リスニング」対策問題集。オリジナル問題3回と本試験2回を収録。著者のワンポイント解説動画付！

体験授業

※ 1講座(90分×1回)を受講できます。
※ お電話でご予約ください。
　連絡先は付録7ページをご覧ください。
※ お友達同士でも受講できます。

この本を書いた講師の授業を受けてみませんか？

東進では有名実力講師陣の授業を無料で体験できる『体験授業』を行っています。「わかる」授業、「完璧に」理解できるシステム、そして最後まで「頑張れる」雰囲気を実際に体験してください。

清水雅博先生の主な担当講座　※2022年度

「政治・経済 政治編／経済編」 など

東進の合格の秘訣が次ページに

合格の秘訣1 全国屈指の実力講師陣

東進の実力講師陣
数多くのベストセラー参考書を執筆!!

東進ハイスクール・
東進衛星予備校では、
そうそうたる講師陣が君を熱く指導する!

　本気で実力をつけたいと思うなら、やはり根本から理解させてくれる一流講師の授業を受けることが大切です。東進の講師は、日本全国から選りすぐられた大学受験のプロフェッショナル。何万人もの受験生を志望校合格へ導いてきたエキスパート達です。

英語

日本を代表する英語の伝道師。ベストセラーも多数。

安河内 哲也先生
[英語]

予備校界のカリスマ。抱腹絶倒の名講義を見逃すな。

今井 宏先生
[英語]

「スーパー速読法」で難解な長文問題の速読即解を可能にする「予備校界の達人」!

渡辺 勝彦先生
[英語]

雑誌「TIME」やベストセラーの翻訳も手掛け、英語界でその名を馳せる実力講師。

宮崎 尊先生
[英語]

情熱あふれる授業で、知らず知らずのうちに英語が得意教科に!

大岩 秀樹先生
[英語]

国際的な英語資格(CELTA)に、全世界の上位5%(Pass A)で合格した世界基準の英語講師。

武藤 一也先生

関西の実力講師が、全国の東進生に「わかる」感動を伝授。

慎 一之先生
[英語]

数学

数学を本質から理解できる本格派講義の完成度は群を抜く。

志田 晶先生
[数学]

「ワカル」を「デキル」に変える新しい数学は、君の思考力を刺激し、数学のイメージを覆す!

松田 聡平先生
[数学]

予備校界を代表する講師による魔法のような感動講義を東進で!

河合 正人先生
[数学]

短期間で数学力を徹底的に養成、知識を統一・体系化する!

沖田 一希先生
[数学]

付録 1

WEBで体験

東進ドットコムで授業を体験できます！
実力講師陣の詳しい紹介や、各教科の学習アドバイスも読めます。
www.toshin.com/teacher/

国語

「脱・字面読み」トレーニングで、「読む力」を根本から改革する！
輿水 淳一先生
[現代文]

明快な構造板書と豊富な具体例で必ず君を納得させる！「本物」を伝える現代文の新鋭。
西原 剛先生
[現代文]

東大・難関大志望者から絶大なる信頼を得る本質の指導を追究。
栗原 隆先生
[古文]

ビジュアル解説で古文を簡単明快に解き明かす実力講師。
富井 健二先生
[古文]

縦横無尽な知識に裏打ちされた立体的な授業に、グングン引き込まれる！
三羽 邦美先生
[古文・漢文]

幅広い教養と明解な具体例を駆使した緩急自在の講義。漢文が身近になる！
寺師 貴憲先生
[漢文]

文章で自分を表現できれば、受験も人生も成功できますよ。「笑顔と努力」で合格を！
石関 直子先生
[小論文]

理科

丁寧で色彩豊かな板書と詳しい講義で生徒を惹きつける。

宮内 舞子先生
[物理]

化学現象の基本を疑い化学全体を見通す"伝説の講義"

鎌田 真彰先生
[化学]

明朗快活な楽しい講義で、必ず「化学」が好きになる。

立脇 香奈先生
[化学]

全国の受験生が絶賛するその授業は、わかりやすさそのもの！

田部 眞哉先生
[生物]

地歴公民

入試頻出事項に的を絞った「表解板書」は圧倒的な信頼を得る。

金谷 俊一郎先生
[日本史]

つねに生徒と同じ目線に立って、入試問題に対する的確な思考法を教えてくれる。
井之上 勇先生
[日本史]

"受験世界史に荒巻あり"といわれる超実力人気講師。

荒巻 豊志先生
[世界史]

世界史を「暗記」科目だなんて言わせない。正しく理解すれば必ず伸びることを一緒に体感しよう。

加藤 和樹先生
[世界史]

わかりやすい図解と統計の説明に定評。

山岡 信幸先生
[地理]

政治と経済のメカニズムを論理的に解明しながら、入試頻出ポイントを明確に示す。

清水 雅博先生
[公民]

「今」を知ることは「未来」の扉を開くこと。受験に留まらず、目標を高く、そして強く持て！

執行 康弘先生
[公民]

合格の秘訣2 基礎から志望校対策まで合格に必要なすべてを網羅した 学習システム

映像によるIT授業を駆使した最先端の勉強法
高速学習

一人ひとりのレベル・目標にぴったりの授業

東進はすべての授業を映像化しています。その数およそ1万種類。これらの授業を個別に受講できるので、一人ひとりのレベル・目標に合った学習が可能です。1.5倍速受講ができるほか自宅からも受講できるので、今までにない効率的な学習が実現します。

1年分の授業を最短2週間から1カ月で受講

従来の予備校は、毎週1回の授業。一方、東進の高速学習なら毎日受講することができます。だから、1年分の授業も最短2週間から1カ月程度で修了可能。先取り学習や苦手科目の克服、勉強と部活との両立も実現できます。

現役合格者の声

東京大学 理科一類
大宮 拓朝くん
東京都立 武蔵高校卒

得意な科目は高2のうちに入試範囲を修了したり、苦手な科目を集中的に取り組んだり、自分の状況に合わせて早め早めの対策ができました。林修先生をはじめ、実力講師陣の授業はおススメです。

先取りカリキュラム

	高1	高2	高3
東進の学習方法	高1生の学習 → 高2生の学習 → 高3生の学習 → 受験勉強		
	高2のうちに受験全範囲を修了する		
従来の学習方法（公立高校の場合）	高1生の学習 → 高2生の学習 → 高3生の学習		

目標まで一歩ずつ確実に
スモールステップ・パーフェクトマスター

自分にぴったりのレベルから学べる 習ったことを確実に身につける

高校入門から最難関大までの12段階から自分に合ったレベルを選ぶことが可能です。「簡単すぎる」「難しすぎる」といったことがなく、志望校へ最短距離で進みます。
授業後すぐに確認テストを行い内容が身についたかを確認し、合格したら次の授業に進むので、わからない部分を残すことはありません。短期集中で徹底理解をくり返し、学力を高めます。

現役合格者の声

一橋大学 商学部
伊原 雪乃さん
千葉県 私立 市川高校卒

高1の「共通テスト同日体験受験」をきっかけに東進に入学しました。毎回の授業後に「確認テスト」があるおかげで、授業に自然と集中して取り組むことができました。コツコツ勉強を続けることが大切です。

パーフェクトマスターのしくみ

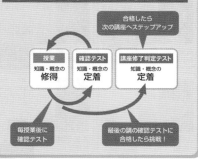

東進で勉強したいが、近くに校舎がない君は…

東進ハイスクール 在宅受講コースへ

「遠くて東進の校舎に通えない……」。そんな君も大丈夫！在宅受講コースなら自宅のパソコンを使って勉強できます。ご希望の方には、在宅受講コースのパンフレットをお送りいたします。お電話にてご連絡ください。学習・進路相談も随時可能です。

0120-531-104

徹底的に学力の土台を固める
高速マスター基礎力養成講座

高速マスター基礎力養成講座は「知識」と「トレーニング」の両面から、効率的に短期間で基礎学力を徹底的に身につけるための講座です。英単語をはじめとして、数学や国語の基礎項目も効率よく学習できます。オンラインで利用できるため、校舎だけでなく、スマートフォンアプリで学習することも可能です。

現役合格者の声

早稲田大学 法学部
小松 朋生くん
埼玉県立 川越高校卒

サッカー部と両立しながら志望校に合格できました。それは「高速マスター基礎力養成講座」に全力で取り組んだおかげだと思っています。スキマ時間でも、机に座って集中してでもできるおススメのコンテンツです。

東進公式スマートフォンアプリ
東進式マスター登場！
（英単語／英熟語／英文法／基本例文）

スマートフォンアプリでスキマ時間も徹底活用！

1）スモールステップ・パーフェクトマスター！
頻出度（重要度）の高い英単語から始め、1つのSTAGE（計100語）を完全修得すると次のSTAGEに進めるようになります。

2）自分の英単語力が一目でわかる！
トップ画面に「修得語数・修得率」をメーター表示。自分が今何語修得しているのか、どこを優先的に学習すべきなのか一目でわかります。

3）「覚えていない単語」だけを集中攻略できる！
未修得の単語、または「My単語（自分でチェック登録した単語）」だけをテストする出題設定が可能です。
すでに覚えている単語を何度も学習するような無駄を省き、効率良く単語力を高めることができます。

- 共通テスト対応 英単語1800
- 共通テスト対応 英熟語750
- 英文法 750
- 英語基本例文300

「共通テスト対応英単語1800」2022年共通テストカバー率99.5%！

君の合格力を徹底的に高める
志望校対策

第一志望校突破のために、志望校対策にどこよりもこだわり、合格力を徹底的に極める質・量ともに抜群の学習システムを提供します。従来からの「過去問演習講座」に加え、AIを活用した「志望校別単元ジャンル演習講座」、「第一志望校対策演習講座」で合格力を飛躍的に高めます。東進が持つ大学受験に関するビッグデータをもとに、個別対応の演習プログラムを実現しました。限られた時間の中で、君の得点力を最大化します。

現役合格者の声

東京工業大学 環境・社会理工学院
小林 杏彩さん
東京都 私立 豊島岡女子学園高校卒

志望校を高1の頃から決めていて、高3の夏以降は目標をしっかり持って「過去問演習」、「志望校別単元ジャンル演習講座」を進めていきました。苦手教科を克服するのに役立ちました。

大学受験に必須の演習
過去問演習講座

1. 最大10年分の徹底演習
2. 厳正な採点、添削指導
3. 5日以内のスピード返却
4. 再添削指導で着実に得点力強化
5. 実力講師陣による解説授業

東進×AIでかつてない志望校対策
志望校別単元ジャンル演習講座

過去問演習講座の実施状況や、東進模試の結果など、東進で活用したすべての学習履歴をAIが総合的に分析。学習の優先順位をつけ、志望校別に「必勝必達演習セット」として十分な演習問題を提供します。問題の演習が分析した、大学入試問題の膨大なデータベースから提供されます。苦手を克服し、一人ひとりに適切な志望校対策を実現する日本初の学習システムです。

志望校合格に向けた最後の切り札
第一志望校対策演習講座

第一志望校の総合演習に特化し、大学が求める解答力を身につけていきます。対応大学は校舎にお問い合わせください。

付録 4

合格の秘訣3 東進模試 申込受付中
※お問い合わせ先は付録7ページをご覧ください。

学力を伸ばす模試

本番を想定した「厳正実施」
統一実施日の「厳正実施」で、実際の入試と同じレベル・形式・試験範囲の「本番レベル」模試。相対評価に加え、絶対評価で学力の伸びを具体的な点数で把握できます。

12大学のべ35回の「大学別模試」の実施
予備校界随一のラインアップで志望校に特化した"学力の精密検査"として活用できます(同日体験受験を含む)。

単元・ジャンル別の学力分析
対策すべき単元・ジャンルを一覧で明示。学習の優先順位がつけられます。

中5日で成績表返却
WEBでは最短中3日で成績を確認できます。
※マーク型の模試のみ

合格指導解説授業
模試受験後に合格指導解説授業を実施。重要ポイントが手に取るようにわかります。

東進模試 ラインアップ 2022年度

模試名	対象	回数
共通テスト本番レベル模試	受験生/高2生/高1生 ※高1は難関大志望者	年4回
高校レベル記述模試	高2生/高1生	年2回
全国統一高校生テスト ●問題は学年別	高3生/高2生/高1生	年2回
全国統一中学生テスト ●問題は学年別	中3生/中2生/中1生	年2回
早慶上理・難関国公立大模試	受験生	年5回
全国有名国公私大模試	受験生	年5回
東大本番レベル模試	受験生	各年4回
高2東大本番レベル模試	高2生	

※共通テスト本番レベル模試との総合評価※

模試名	対象	回数
京大本番レベル模試	受験生	年4回
北大本番レベル模試	受験生	年2回
東北大本番レベル模試	受験生	年2回
名大本番レベル模試	受験生	年3回
阪大本番レベル模試	受験生	年3回
九大本番レベル模試	受験生	年3回
東工大本番レベル模試	受験生	年2回
一橋大本番レベル模試	受験生	年2回
千葉大本番レベル模試	受験生	年1回
神戸大本番レベル模試	受験生	年1回
広島大本番レベル模試	受験生	年1回
大学合格基礎力判定テスト	受験生/高2生/高1生	年4回
共通テスト同日体験受験	高2生/高1生	年1回
東大入試同日体験受験	高2生/高1生 ※高1は意欲ある東大志望者	年1回
東北大入試同日体験受験	高2生/高1生 ※高1は意欲ある東北大志望者	年1回
名大入試同日体験受験	高2生/高1生 ※高1は意欲ある名大志望者	年1回
医学部82大学判定テスト	受験生	年2回
中学学力判定テスト	中2生/中1生	年4回

※共通テスト本番レベル模試との総合評価※

※ 最終回が共通テスト後の受験となる模試は、共通テスト自己採点との総合評価となります。
※ 2022年度に実施予定の模試は、今後の状況により変更する場合があります。最新の情報はホームページでご確認ください。

東進へのお問い合わせ・資料請求は
東進ドットコム www.toshin.com
もしくは下記のフリーコールへ！

ハッキリ言って合格実績が自慢です！ 大学受験なら、
東進ハイスクール　0120-104-555（トーシン ゴーゴーゴー）

●東京都

[中央地区]
- 市ヶ谷校　0120-104-205
- 新宿エルタワー校　0120-104-121
- ＊新宿校大学受験本科　0120-104-020
- 高田馬場校　0120-104-770
- 人形町校　0120-104-075

[城北地区]
- 赤羽校　0120-104-293
- 本郷三丁目校　0120-104-068
- 茗荷谷校　0120-738-104

[城東地区]
- 綾瀬校　0120-104-762
- 金町校　0120-452-104
- 亀戸校　0120-104-889
- ★北千住校　0120-693-104
- 錦糸町校　0120-104-249
- 豊洲校　0120-104-282
- 西新井校　0120-266-104
- 西葛西校　0120-289-104
- 船堀校　0120-104-201
- 門前仲町校　0120-104-016

[城西地区]
- 池袋校　0120-104-062
- 大泉学園校　0120-104-862
- 荻窪校　0120-687-104
- 高円寺校　0120-104-627
- 石神井校　0120-104-159
- 巣鴨校　0120-104-780
- 成増校　0120-028-104
- 練馬校　0120-104-643

[城南地区]
- 大井町校　0120-575-104
- 蒲田校　0120-265-104
- 五反田校　0120-672-104
- 三軒茶屋校　0120-104-739
- 渋谷駅西口校　0120-389-104
- 下北沢校　0120-104-672
- 自由が丘校　0120-964-104
- 成城学園前駅北口校　0120-104-616
- 千歳烏山校　0120-104-331
- 千歳船橋校　0120-104-825
- 都立大学駅前校　0120-275-104
- 中目黒校　0120-104-261
- 二子玉川校　0120-104-959

[東京都下]
- 吉祥寺校　0120-104-775
- 国立校　0120-104-599
- 国分寺校　0120-622-104
- 立川駅北口校　0120-104-662
- 田無校　0120-104-272
- 調布校　0120-104-305
- 八王子校　0120-896-104
- 東久留米校　0120-565-104
- 府中校　0120-104-676
- ★町田校　0120-104-507
- 三鷹校　0120-104-149
- 武蔵小金井校　0120-480-104
- 武蔵境校　0120-104-769

●神奈川県
- 青葉台校　0120-104-947
- 厚木校　0120-104-716
- 川崎校　0120-226-104
- 湘南台東口校　0120-104-706
- 新百合ヶ丘校　0120-104-182
- センター南駅前校　0120-104-722
- たまプラーザ校　0120-104-445
- 鶴見校　0120-876-104
- 登戸校　0120-104-157
- 平塚校　0120-104-742
- 藤沢校　0120-104-549
- 武蔵小杉校　0120-165-104
- ★横浜校　0120-104-473

●埼玉県
- 浦和校　0120-104-561
- 大宮校　0120-104-858
- 春日部校　0120-104-508
- 川口校　0120-917-104
- 川越校　0120-104-538
- 小手指校　0120-104-759
- 志木校　0120-104-202
- せんげん台校　0120-104-388
- 草加校　0120-104-690
- 所沢校　0120-104-594
- ★南浦和校　0120-104-573
- 与野校　0120-104-755

●千葉県
- 我孫子校　0120-104-253
- 市川駅前校　0120-104-381
- 稲毛海岸校　0120-104-575
- 海浜幕張校　0120-104-926
- ★柏校　0120-104-353
- 北習志野校　0120-344-104
- 新浦安校　0120-556-104
- 新松戸校　0120-104-354
- 千葉校　0120-104-564
- ★津田沼校　0120-104-724
- 成田駅前校　0120-104-346
- 船橋校　0120-104-514
- 松戸校　0120-104-257
- 南柏校　0120-104-439
- 八千代台校　0120-104-863

●茨城県
- つくば校　0120-403-104
- 取手校　0120-104-328

●静岡県
- ★静岡校　0120-104-585

●長野県
- ★長野校　0120-104-586

●奈良県
- ★奈良校　0120-104-597

★ は高卒本科（高卒生）設置校
＊ は高卒生専用校舎
□ は中学部設置校

※変更の可能性があります。
最新情報はウェブサイトで確認できます。

全国約1,000校、10万人の高校生が通う、
東進衛星予備校　0120-104-531（トーシン ゴーサイン）

東進ドットコム
ここでしか見られない受験と教育の最新情報が満載！
www.toshin.com

大学案内
最新の入試に対応した大学情報をまとめて掲載。偏差値ランキングもこちらから！

大学入試過去問データベース
君が目指す大学の過去問を素早く検索できる！2022年入試の過去問も閲覧可能！
大学入試問題 過去問データベース 185大学 最大28年分を無料で閲覧！

東進TV
東進のYouTube公式チャンネル「東進TV」。日本全国の学生レポーターがお送りする大学・学部紹介は必見！

東進WEB書店
ベストセラー参考書から、夢膨らむ人生の参考書まで、君の学びをバックアップ！

※2022年4月現在